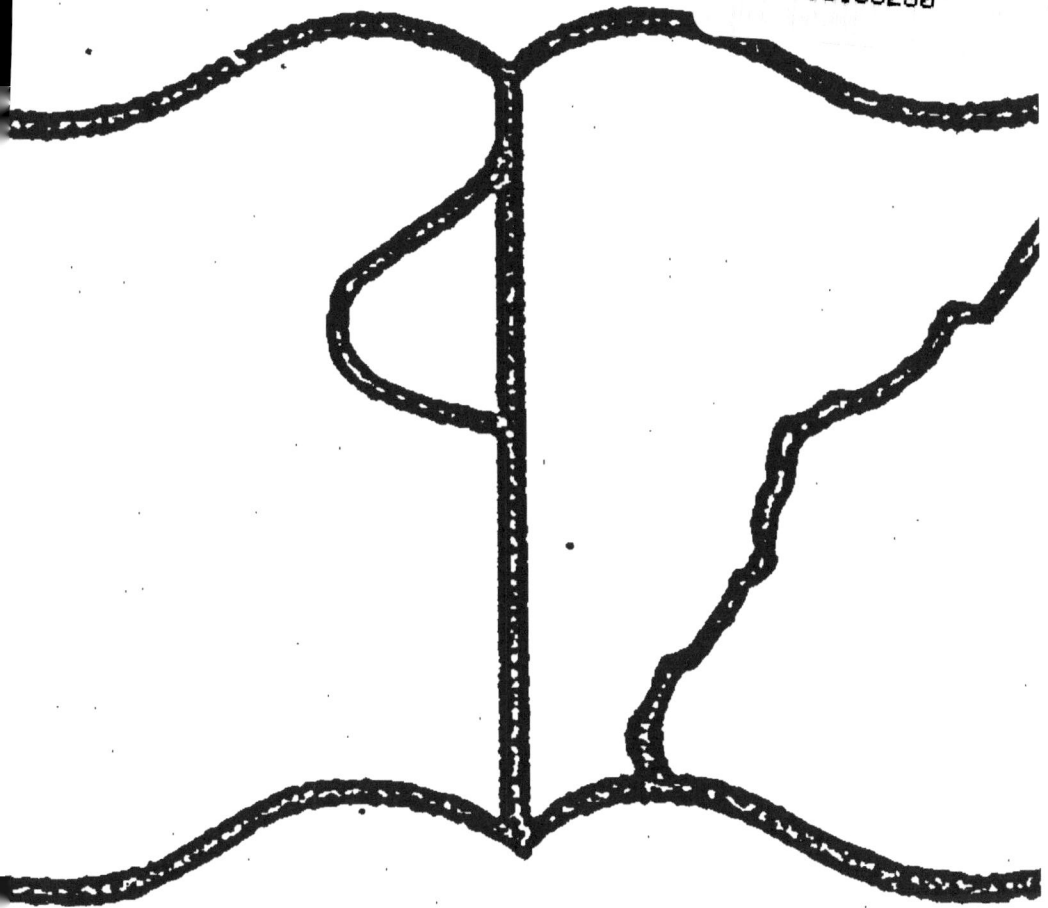

COUVERTURES SUPERIEURE ET INFERIEURE
DETERIOREES

Semaine Littéraire du Courrier des Etats-Unis.

LA

FRANC-MAÇONNERIE DES FEMMES,

PAR

224.

CHARLES MONSELET.

NEW-YORK,

CHARLES LASSALLE, ÉDITEUR,

73, *Franklin Street.*

1856.

LA FRANC-MAÇONNERIE

DES FEMMES.

PREMIÈRE PARTIE.

I.

Un coup de feu retentit dans la nuit.

— Qu'est-ce que c'est ? dit un monsieur en passant sa tête par la portière d'un coupé qui roulait sur le chemin d'Ecouen à Saint-Denis.

Le cocher arrêta, et regarda de tous les côtés. Il était onze heures du soir environ.

Bien que la campagne fût rase en cet endroit, la lune n'éclairait que des vapeurs épaisses et mobiles, comme celles qui s'exhalaient du flanc des chevaux en sueur.

— Eh bien ? répéta le monsieur.

— Eh bien ! dit le cocher, je crois que cela part de la maison de Mme Abadie.

— Où est cette maison ?

— Là-bas, sur la droite, dit le cocher en indiquant avec le manche de son fouet un point blanc.

— Avance prudemment et prête l'oreille.

La voiture roula au pas pendant dix minutes.

Elle s'arrêta à peu de distance d'une maison neuve et isolée au bord de la route.

Alors le monsieur rouvrit la portière.

— Entends-tu quelque chose ?

— Plus rien.

— Aperçoit-on de la lumière aux carreaux ?

— Aucune.

— C'est qu'alors, tu te seras trompé, et que le bruit ne venait pas de là ?

— Hum ! c'est drôle, pourtant ! murmura le cocher.

— Qu'est-ce qui est drôle ?

— Le chien n'aboie pas comme il fait toujours au passage des voitures.

— Ah !.... Y a-t-il un jardin derrière la maison ?

— Oui, monsieur, un grand jardin où Mme Abadie a même dépensé beaucoup d'argent à ce qu'on dit.

— Et qu'est-ce que c'est que cette Mme Abadie ?

— C'est une vieille.

— Que fait-elle ?

— Elle ne fait rien, c'est une bourgeoise. Voilà un an qu'elle est venue habiter cette maison, dont elle est propriétaire.

— Mais elle n'y vit pas seule, je pense ?

— Oh ! non, monsieur ; Mme Abadie aime trop la société pour cela ; elle reçoit beaucoup de visites, surtout des dames. En outre, il y a avec elle une domestique, sans compter François.

— François ?

— C'est le jardinier.

— Allons, dit le monsieur, il est clair que ce

n'est pas de là qu'a pu partir ce coup de feu. Continue ton chemin.

Et le monsieur rentra décidément dans sa voiture.

Mais la voiture ne bougea pas de place.

— Va donc! cria-t-il; à quoi penses-tu?

— Je pense, dit le cocher, que je viens tout à l'heure de quitter François à Ecouen, où il était en train de faire son piquet à l'auberge de la *Tête-Noire*.

— Je conviens que ceci change les choses : le chien qui n'aboie pas, le jardinier qui est absent.... Mais, enfin, il reste la domestique; ainsi donc, en route!

Malgré cette seconde invitation, la voiture persista dans son immobilité.

— Attendez, monsieur!

— Quoi encore?

— On ouvre tout doucement une fenêtre du premier étage.

— Diable!

— Une tête d'homme.... il regarde par ici.... il referme brusquement la fenêtre.... Entendez-vous maintenant ce bruit dans la maison? On dirait une dégringolade de pommes de terre dans un grenier.

— C'est vrai! dit le monsieur, qui, cette fois, sauta hors du coupé.

— Quand je vous le disais!

— Il faut éclaircir cela.

— Quelle est votre intention?

— Reste sur ton siége pendant que je vais frapper à la porte.

Le monsieur se dirigea vers la maison; arrivé devant, il s'arrêta, eut l'air de réfléchir, et revint sur ses pas.

— Vous n'avez pas frappé? dit le cocher.

— C'est inutile, la porte est ouverte.

— Oh! oh!

— Siffle, et fais claquer ton fouet pendant que je vais entrer.

— Vous voulez donc entrer, monsieur?

— Certainement.

— Seul?

— Tu sais bien que j'ai toujours sur moi quelques joujoux de voyage.

— Prenez garde! dit le cocher en hochant la tête.

— Si tu ne m'as pas revu au bout de dix minutes, ou si je ne me suis pas fait entendre, tu pourras venir me chercher. Mais, bah! je parie qu'il s'agit d'un accident insignifiant....

En parlant ainsi, le monsieur s'était avancé jusque sur le seuil de la maison de Mme Abadie.

Il le franchit, et se trouva dans une cour.

Le premier objet qu'il heurta du pied, fut le cadavre d'un gros chien.

— Mauvais présage, murmura-t-il.

Il monta un petit perron; là aussi la porte était entrebâillée.

Il la poussa.

Les ténèbres étaient complètes.

Malgré cela, l'idée de reculer ne lui vint point. Seulement, il demeura immobile pendant quelques minutes, afin d'accoutumer ses yeux à l'obscurité. Bientôt il distingua un escalier, d'où tombait une lueur faible. Au même instant, son oreille fut frappée par des sons douloureux.

S'orientant vers l'escalier, il le gravit à la hâte; mais, parvenu aux marches supérieures, son pied glissa, et il fut obligé de s'appuyer à la rampe pour ne pas tomber plusieurs fois. Il eut l'explication de ce fait par le spectacle d'un lampe renversée et brisée sur le palier du premier étage; la mèche, gisante au milieu de l'huile répandue, jetait ces éclairs mourants qui l'avaient guidé jusque-là.

Les gémissements redoublaient et devenaient plus distincts; ils sortaient d'une chambre située sur le derrière de la maison. Le monsieur y pénétra à travers des chaises culbutées et des objets épars.

Son premier soin fut d'aller à une fenêtre et de l'ouvrir toute grande. La clarté qu'elle envoya, reproduite immédiatement par une glace, lui fit apercevoir deux candélabres sur la cheminée. Il prit une bougie à l'un d'eux et retourna sur le palier l'allumer à la lampe.

Ce qu'il vit alors le remplit d'horreur.

Au milieu d'une chambre à coucher où tout avait été mis au pillage, une femme de soixante cinq à soixante-dix ans était attachée à un fauteuil; de nombreuses traces rouges sur sa camisole attestaient les blessures qu'elle avait reçues.

Un mouchoir couvrait sa bouche.

Le monsieur s'empressa de dénouer ce mouchoir et il se pencha vers elle. Les yeux de la victime, excessivement dilatés, brillèrent d'un éclat étrange.

Les premiers mots qu'elle proféra furent ceux-ci :

— Là-haut.... là-haut....

D'après cette indication, il se précipitait déjà hors de la chambre lorsqu'un tumulte qui se fit dans le jardin le détourna de son projet. Deux individus cassant les arbrisseaux et renversant les pots de fleurs, s'enfuyaient à toutes jambes.

Il arma précipitamment un pistolet de poche, et ajusta dans leur direction.

La balle se perdit probablement dans le jardin, car, une minute après, il les revit tous les deux à cheval sur le mur d'enceinte ; et avant qu'il eût eu le temps d'armer un second pistolet, ils avaient disparu.

— Maladroit ! dit-il en s'apostrophant lui-même.

Se retournant, il aperçut son cocher que le bruit de l'arme avait attiré, et qui demeurait saisi d'épouvante au milieu de la chambre.

— Miséricorde ! que se passe-t-il ici , monsieur ?

— Allume une autre bougie et visite la maison du haut en bas ; moi, je vais secourir cette pauvre femme. Fais vite, et reviens me rendre compte de ce que tu auras vu.

— Oui, monsieur.

Resté seul avec Mme Abadie, le monsieur coupa les cordes qui la retenaient au fauteuil. Il l'interrogea ensuite sur ses blessures, mais elle remua tristement la tête. Elle pouvait à peine parler ; elle portait la main à sa gorge. Après de longs efforts, elle parvint à demander à boire.

Pendant qu'elle buvait avidement, il l'examinait. Elle avait dû être jadis très belle, et ses traits gardaient encore un grand caractère.

— Merci, monsieur, dit-elle en lui remettant le verre et en le regardant à son tour avec attention.

— Vous sentez-vous mieux ?

— Oui.... mais.... tout est fini, répondit-elle avec un sourire de certitude ; et, écartant sa camisole, elle montra sa poitrine entaillée à trois ou quatre places.

Le monsieur recula.

— Il faut vite envoyer chercher un médecin , dit-il, et je vais....

— Non ! restez ! s'écria-t-elle avec vivacité ; restez ! il arriverait peut-être trop tard, et.... il faut que je vous parle.

Les pas lourds et précipités du cocher se firent entendre en ce moment.

Il entra, la figure bouleversée.

— Eh bien ? interrogea le monsieur.

— Ah ! grand Dieu ! ils ont défoncé tous les meubles, ils ont tout volé, tout emporté !

Qui eût regardé alors Mme Abadie eût surpris chez elle un geste de dénégation, et eût vu ses yeux se diriger involontairement vers la partie de la chambre où brillait cette glace que nous avons signalée.

— Mais.... ce n'est pas tout, ajouta le cocher avec une espèce d'hésitation ; si vous saviez....

— Quoi donc ?

— La domestique....

— Je sais, balbutia Mme Abadie ; pauvre Joséphine !.... elle a voulu me défendre, elle a essayé de crier.... ils l'ont tuée.

— Oui, monsieur ; là, à côté ; c'est horrible !

— Cours vite à Ecouen.... non, à Saint-Denis ! p. éviens la justice ! Il n'y a pas une seconde à perdre !

En entendant cet ordre, Mme Abadie s'agita sur son fauteuil et essaya d'étendre le bras, comme pour retenir le cocher qui s'apprêtait à obéir.

— Non ! s'écria-t-elle d'une voix étouffée.

Les deux hommes la regardèrent avec étonnement.

— Pas encore ! ajouta-t-elle ; pas de justice !

— Mais il importe que vous fassiez votre déclaration....

— Eh bien !.... à vous.... à vous d'abord ! et ensuite, si j'ai la force.... oh ! donnez-moi à boire !

— Tenez !

— Maintenant , murmura-t-elle après avoir bu, renvoyez cet homme, je vous prie.

Le monsieur fit un signe à son cocher, qui s'éloigna.

Il est peut-être singulier que les peintres, qui demandent trop souvent leurs inspirations aux œuvres des romanciers et des poètes, ne soient pas sollicités davantage par la vie réelle, si féconde en poésie et en terreur. A la scène que nous décrivons par exemple, rien ne manquait pour tenter une palette passionnée, ni le sentiment dramatique, ni les oppositions de lumière, ni le mystère, ni le désordre. Les rideaux et les draps traînaient à terre, à demi déchirés et portant l'empreinte de doigts sanglants ; les meubles étaient hors de leur place ; des clous de souliers avaient éraillé le parquet. Le grand silence extérieur et la pâle nuit qu'il faisait, aperçue par la croisée ouverte, ajoutaient à l'harmonie de ce tableau d'assassinat et préparaient l'esprit aux choses qui allaient se dire et se faire.

— Je vous écoute, madame, prononça le monsieur, dès qu'il se vit seul avec Mme Abadie.

— Voulez-vous avancer mon fauteuil près de la cheminée.... là.... plus près encore.

Sa main s'éleva en tremblant et se promena le long du mur, jusqu'à ce qu'elle eût rencontré un point caché par la tapisserie.

Aussitôt, la glace qui surmontait la cheminée glissa sur une rainure et démasqua un placard.

— Monsieur, dit Mme Abadie, j'attends de vous un service suprême.... un de ces services qu'une mourante seule a le droit de réclamer.

— Parlez, madame, et, quelles que soient vos confidences, soyez certaine que vous avez affaire à un homme d'honneur.

Elle parut rassurée par ces paroles.

— Ouvrez le placard, dit-elle ; il y a, entre autres pièces, mon testament officiel et légalisé ; il appartient de droit à la justice ; ce n'est donc pas de cela qu'il s'agit. Il y a des coupons de rente au porteur, et.... de l'or.... vingt mille francs dans un sac.... le voyez-vous ?

— Oui, madame.

— Vous n'êtes peut-être pas riche, continua-t-elle avec hésitation, il est juste que vous soyez indemnisé des peines et des dérangements que vous causera ma demande ; prenez ces vingt mille francs.

— C'est inutile, dit-il en souriant.

— Pourquoi ?

— C'est que j'ai soixante mille francs de rente, et que cela suffit à mes nécessités.

— Pardonnez donc à mon indiscrétion, dit Mme Abadie ; j'arrive maintenant à l'essentiel, car je sens qu'il faut que je me hâte.... Voyez-vous un coffret au fond du placard ?

— Un coffret ? oui.

— Donnez-le-moi, dit-elle.

Lorsqu'elle l'eut :

— L'honneur et les intérêts de plus de cent familles sont contenus là-dedans. C'est un dépôt sacré qui me fut transmis et que je transmets à mon tour. Vous remettrez ce coffret, le plus tôt possible, à Mme la marquise de Pressigny.

— A Paris ?

— Non. Depuis un ou deux mois, la marquise de Pressigny habite, avec la comtesse d'Ingrande, sa sœur, la petite ville de la Teste de Buch, au bord de l'Océan, du côté des Landes, je crois.

— Il suffit.

— Rien, dans le fait de ce dépôt ne doit alarmer votre conscience ; je vous ai parlé tout à l'heure de mon testament : tout ce que je possède y est affecté à mes héritiers naturels. Ce coffret ne renferme autre chose que mon testament moral, c'est-à-dire....

Elle parut hésiter.

— — Achevez.

— C'est-à-dire la transmission d'un pouvoir auquel se rattachent, comme je viens de vous le faire entendre, les intérêts les plus considérables. Excusez les réserves dont je suis forcée de m'entourer ; il m'est impossible de m'expliquer davantage, et même sans les circonstances exceptionnelles et terribles où je me trouve, je n'en aurais pas tant dit.

— Je ne vous ai rien demandé, madame.

— C'est vrai ; mais, partagée entre la crainte de passer à vos yeux pour une.... visionnaire, et le désir de vous convaincre de l'importance de cette mission, j'ai cru devoir soulever le coin d'un secret qui n'appartient pas à moi seule.

— Soyez tranquille, dit-il ; j'ordonne à ma mémoire, et de la conversation de cette nuit, je n'emporterai qu'une idée : celle de la sainteté de mon engagement.

Mme Abadie lui adressa un regard de reconnaissance, et reprit :

— Il se peut que, plus tard, dans le monde, vous soyez tenté de rapprocher certains événements de mes dernières paroles. Promettez-moi de ne pas chercher à approfondir ce qui doit toujours rester un mystère.

— Je vous promets d'oublier ma mission dès qu'elle sera remplie.

— Bien ! A ce prix, monsieur, et quoique votre position vous fasse heureux et indépendant, une protection invisible planera sur votre vie, tous les chemins seront doux sous vos pas.... Oh ! n'allez pas croire que c'est une diseuse de bonne aventure qui vous parle ainsi ; c'est une femme à qui ses relations ont fait une espèce de puissance, puissance obscure et certaine, et dont rien, pas même la mort, ne pourra empêcher les effets.

Ces derniers mots avaient épuisé les forces de Mme Abadie.

Le monsieur s'en aperçut ; il prit le coffret d'entre ses mains.

— Et la clé ? demanda-t-il.

— C'est inutile ; il s'ouvre à l'aide d'un secret connu de la marquise de Pressigny. En outre les volontés qui y sont renfermées ont été écrites avec une *grille* particulière.

A mesure qu'elle parlait, les taches rouges augmentaient sur sa robe, en même temps que, par un contraste effrayant, la pâleur dévorait ses traits.

— Est-ce tout ? dit le monsieur à qui n'échappait aucun de ces alarmants symptômes.

— Prenez bien toutes vos précautions.... pour arriver auprès de la marquise.... la plus grande prudence, entendez-vous ?

— Oui, oui ; après ?

— Attendez.... mon Dieu ! accordez-moi un instant encore.... Que vous disais-je ?....Non, je ne peux pas....

— Du courage !

— Non.... dit-elle en essayant de relever sa tête ; non....adieu....adieu ! Vous pouvez.... rappeler.... votre domestique.

Ces mots furent les derniers qu'elle prononça; des convulsions s'emparèrent de tout son corps ; et la douleur, un instant comprimée par une incroyable énergie morale et physique, reconquit brutalement ses droits sur elle. Comme un vent rapide, la décomposition s'abattit sur son visage et en détruisit immédiatement l'intelligence; les doigts se raidirent et s'écartèrent ; la bouche s'entr'ouvrit, pareille à un ressort qui se détend; un frisson courut dans les pieds, et la vie se retira de cette pauvre femme.

Quelques instants après, le monsieur au coupé reprenait la route de Saint-Denis.

Tout se passa dans les formes accoutumées. Il instruisit l'autorité judiciaire du drame dont il avait été le témoin trop tardif; mais il tint secrètes les promesses faites à la mourante, et son premier soin fut de déposer en lieu sûr la cassette qu'elle lui avait remise.

Le surlendemain, les journaux contenaient l'article suivant :

« Encore un de ces événements épouvantables et mystérieux dont les environs de Paris semblent avoir le monopole ! dans la nuit du 10 au 11 la dame Abadie, habitant sur sa propriété, aux environs d'Ecouen, a été victime, elle et sa domestique, d'un horrible assassinat dont les auteurs sont, jusqu'à présent, demeurés inconnus. On suppose que la cupidité seule a été le mobile de ce double meurtre, qui fait actuellement le sujet de tout l'arrondissement, où Mme Abadie était généralement aimée et estimée.

» La justice s'est transportée immédiatement sur les lieux et a procédé à un commencement d'enquête. Il résulte des faits que les meurtriers, surpris par quelque bruit du dehors, ont abandonné la moitié de leur butin, on a constaté la soustraction d'un grand nombre d'objets de valeur et de la presque totalité de l'argenterie. Les papiers scellés, parmi lesquels se trou-

vait le testament de la défunte, ont été respectés, ce qui tend à écarter tout soupçon de vengeance particulière.

» La dame Abadie passait pour être beaucoup plus riche qu'elle ne l'était en réalité ; cette réputation, elle la devait à quelques relations élevées qu'elle avait su toujours entretenir, on ne sait comment, dans quelques salons parisiens. Il était permis de s'en étonner, car le passé de Mme Abadie n'avait pas toujours été à l'abri de la médisance ; douée d'une beauté peu commune, et d'un grand fonds d'esprit naturel, elle avait joué un rôle autrefois, mais ce rôle n'était pas de ceux qui ouvrent les portes du monde aristocratique. Quelques personnes, ses contemporaines, s'obstinaient à reconnaître en elle une de ces *déesses de la Raison* que le fanatisme révolutionnaire promena jadis publiquement dans les rues. Sous le Directoire, Mme Abadie, qui a toujours eu le rare privilége de rencontrer, sinon l'oubli, du moins l'indulgence, brilla un instant à côté des femmes les plus à la mode.

» Elle avait été mariée deux fois ; les tribunaux de la Restauration ont eu à retentir de ses débats conjugaux.

» Dans ces dernières années, Mme Abadie semblait avoir pris à tâche de faire oublier, par des pratiques charitables et pieuses, ce que sa renommée avait eu d'un peu scandaleux. Elle y avait presque complètement réussi, et nul doute qu'elle ne se fût éteinte dans le silence sans la catastrophe qui a si brusquement mis fin à ses jours. L'enquête a révélé qu'elle venait d'achever ses soixante-dix-huit ans ; le meilleur observateur ne lui en aurait pas donné plus de soixante-cinq. »

II.

LES BAINS DE MER DE LA TESTE DE BUCH.

Les bains de mer de La Teste de Buch empruntent une physionomie tout à fait énergique aux sites sauvages dont ils sont environnés. Cela ne ressemble ni à Dieppe, ni à Boulogne, ni à Royan.

Située dans le vaste et triste rayon tracé par les Landes, La Teste de Buch était absolument inconnue il y a peu d'années ; et des résiniers et des pêcheurs formaient toute sa population. Pour peindre trivialement et brièvement, c'était un trou. A peine eût-on rencontré une voiture publique pour s'y faire conduire. Quant à y aller prendre les bains de mer, personne n'y songeait. Les Bordelais savaient, par tradition, que ce côté de leur province était habité par des hommes étranges couverts de peaux de bêtes et hissés sur de grands bâtons. Mais là s'arrêtaient leurs renseignements.

C'est à la spéculation, dont on a le bon goût de ne plus tant médire aujourd'hui, qu'est due la révélation du port de La Teste. On se rappelle sans doute la faveur qui accueillit les idées de défrichement vers le milieu du règne de Louis-Philippe. Tous les départements se couvrirent de compagnies agricoles ; on défrichait, défrichait, défrichait... Entre autres, la compagnie d'Arcachon fit merveille ; elle créa des prairies des fourneaux, et un matin elle attacha à l'un des faubourgs de Bordeaux deux lignes de fer parallèles, qui entraînèrent la population à travers un pays jusqu'alors inconnu.

Pays fantastique, morne et légendaire !

Une terre brute, couverte de ronces et de brandes ; des marais immenses, parsemés de loin en loin de bouquets de pins d'une hauteur prodigieuse ; puis, tout-à-coup, des taillis épais où, derrière les chênes et les arbousiers, s'entendent les rauques plaintes des loups ; çà et là, une vieille auberge aux fenêtres fermées, à la porte entr'ouverte ; des oies sauvages, des cigognes, des hérons ; une rivière sinueuse et qui passe sans bruit entre ses marges plates ; des villages déserts qui s'appellent Toquetoucaud, la Croix-d'Ilhins, Cantaranne, Biganos ; de temps en temps la fumée d'une usine ; puis, lorsqu'on approche de La Teste, tout un horizon de prés salés où l'on voit par centaines des tentes de pêcheurs et des filets tendus, qui brillent au soleil comme, par une belle matinée d'automne, brillent dans les champs les toiles légères des araignées !

Disons-le toutefois : malgré la création de ce chemin de fer, la renommée des bains de La Teste n'a pas dépassé les limites du département de la Gironde. Il ne faut pas trop déplorer cette indifférence de la foule ; laissons les gens se bousculer au Havre-de-Grace, et gardons pour nous ce coin de terre sur lequel la mode n'a pas encore arrêté son lorgnon. La poésie qu'on y respire est de celle qui comprime le cœur, élève la pensée, sollicite même les larmes, et qui fait fuir à toutes jambes les personnes venues *pour s'amuser.*

Là, en effet, aucun de ces contrastes embusqués au détour des chemins, contrastes si fréquents sur les côtes de la Normandie, où les fermes les plus attrayantes verdoient à quelques pas des falaises les plus sinistres. A La Teste de Buch (et comme ce vieux nom dur et noir est en harmonie avec la contrée !), tout est uniforme : de la mer, du sable et des pins. Avec ces trois choses, Dieu a créé là des chefs-d'œuvre de solennité et de mélancolie, des forêts sombres qui s'étendent à perte de vue, des dunes que le vent rebrousse et déplace ; enfin, un immense lac, effrayant de majesté, et qui semble appeler les grottes de l'Ecosse. C'est le bassin d'Arcachon.

Le bassin d'Arcachon, dont le passé est fort dangereux, présente un des plus beaux coups-d'œil du monde.

C'était pour jouir de ce coup-d'œil que deux sœurs, Mme la comtesse d'Ingrande et Mme la marquise de Pressigny avaient loué depuis quelques mois une maison sur la plage.

Cette maison était située sur la côte sud du bassin et adossée à la grande forêt de La Teste.

Tout y était disposé pour le bien-être et contre les atteintes de la chaleur ; la majeure partie des chambres donnait sur une terrasse carrelée et couverte.

Les deux sœurs, femmes du plus haut monde, vivaient là dans une retraite absolue, environnées de quatre domestiques.

Un matin du mois d'août 1843, trois semaines après l'événement que nous venons de raconter, la comtesse d'Ingrande, sa fille Amélie, et la marquise de Pressigny, brodaient auprès d'une fenêtre de leur salon, lorsque la femme de chambre entra, tenant à la main une carte de visite.

—Qu'est-ce qu'il y a, Thérèse ? demanda la comtesse d'Ingrande, sans se tourner.

— Madame, c'est encore la carte de ce même monsieur qui depuis trois jours sollicite l'honneur de présenter ses respects à mesdames.

Mme d'Ingrande tendit le bras et prit la carte de visite. On y lisait ce seul nom : *Blanchard.* Point d'armoiries, aucune qualification.

—C'est bien, dit Mme d'Ingrande après avoir jeté la carte sur une console.

— Que faut-il répondre à ce monsieur ? dit la femme de chambre.

—Qu'est-ce que vous lui avez répondu hier ?

—Que mesdames étaient souffrantes.

—Et avant-hier ?

—Que mesdames ne recevaient pas aux bains de mer.

— Eh bien ! aujourd'hui, Thérèse, prenez un louis dans ma bourse, et allez le lui porter.

La femme de chambre hésita.

— Oh ! madame, dit-elle, ce monsieur n'a pas du tout l'air d'un mendiant : il est mis avec goût et il s'exprime très bien.

—Raison de plus pour lui faire sentir son manque de convenance. Faites ce que je vous dis.

La femme de chambre s'inclina.

—Vous reviendrez me rendre compte de votre commission, ajouta Mme d'Ingrande.

Le départ de Thérèse, qui était sortie à reculons et tout embarrassée, fut suivi d'un moment de silence, qu'expliquait en partie le ton de sévérité employé par Mme la comtesse d'Ingrande.

Ce fut Amélie, sa fille, qui rompit la première le silence. Amélie était une enfant de quatorze ans, très belle déjà.

— Pourquoi donc, maman, dit-elle, ne voulez-vous pas recevoir ce monsieur ?

— C'est bien simple, répondit Mme d'Ingrande, et j'ai peine à comprendre votre interrogation, Amélie. Je ne reçois que les gens que je connais ou qui me sont présentés.

—S'il avait à vous communiquer quelque chose d'important ?

—Il peut écrire ou s'adresser à notre homme d'affaires. D'ailleurs, qu'est-ce que c'est qu'un monsieur.... Blanchard, et que pouvons-nous avoir de commun avec lui ?

— Il nous aurait peut-être amusées, hasarda la jeune fille avec un demi-sourire.

— Vous êtes singulière, Amélie ; à vous entendre, on douterait de l'éducation que vous avez reçue. Etes-vous donc aussi ignorante des usages du monde que vous voulez le paraître, ou êtes-vous guidée par un esprit d'opposition ? S'il fallait vous écouter, notre porte resterait perpétuellement ouverte, et les passants auraient le droit de venir chez nous comme dans un hôtel. Tout cela pour vous *amuser*.

Amélie ne répondit pas. Elle s'était remise à sa broderie.

— Vous devez bien savoir, continua Mme d'Ingrande, que c'est précisément pour éviter des rencontres imprévues que j'ai loué cette maison. Il n'eut pas été décent avec notre nom et notre fortune, d'aller demeurer dans un de ces établissements de bains, où tout le monde a le droit de vous saluer et de s'associer à vos ha-

bitudes. Cela vous eût cependant convenu, à vous, Amélie....

— Je n'ai pas dit cela, maman, prononça la jeune fille.

— Non, mais je connais votre caractère plein de curiosité ; j'ai surpris vos regards toujours portés au delà du cercle où doit être renfermée votre existence. Les distractions que vous pouvez vous procurer en dehors du monde sont celles que vous préférez. Prenez-y garde : le monde est exclusif ; il vous veut tout entière ; il s'accommode mal des idées d'indépendance ; il ne voit dans les *fantaisies* qu'un terme honnête inventé pour déguiser les infractions à ses lois.— N'est-il pas vrai, madame ?

Ces derniers mots avaient été adressés directement à la marquise de Pressigny, qui, jusqu'alors, ne s'était pas mêlée à l'entretien.

La marquise de Pressigny était la sœur aînée de Mme d'Ingrande. Elle pouvait bien avoir cinquante ans. C'était une de ces heureuses physionomies où se trouvent réunis la bonté, l'esprit et la distinction. Il y avait plus de vingt ans qu'elle était veuve. Dans les hauts salons, où elle régnait sans rivale sur les premiers plans du royaume de la Tapisserie, elle contrastait vivement, par son aménité, avec sa sœur, dont la beauté altière ne faisait naître qu'un seul sentiment : l'admiration.

Mme la marquise de Pressigny avait été jadis au nombre des cinq ou six jeunes femmes qui ramenèrent, coûte que coûte, sous la Restauration les traditions légères de la cour de Louis XVI ; aussi n'était-il pas rare d'entendre quelques ex-beaux s'entretenir d'elle avec un malicieux enthousiasme, dans une embrasure de fenêtre, tout en caressant sur leurs tempes des mèches grisonnantes qui avaient été autrefois des boucles noires, et en tendant par habitude les restes d'un jarret pour lequel le pantalon était ce qu'est le port après le naufrage.

Cette réputation rose-tendre de la marquise avait souvent éveillé les froncements de sourcils de Mme d'Ingrande. Il en était résulté entre les deux sœurs un antagonisme sourd, une perpétuelle petite guerre d'épigrammes et d'allusions. Jamais de blessures, mais des égratignures toujours.

A ce jeu, bien qu'elle ne fût pas précisément la plus forte, Mme d'Ingrande était cependant la première à allonger un bout de griffe. Elle choisissait de préférence pour ses attaques les instants où Amélie était présente, parce que, dans ce cas, la marquise de Pressigny se contentait de baisser pacifiquement la tête ou d'appeler à son aide un de ces sourires qui font pressentir la repartie en arrêt au coin des lèvres.

Cette fois, à l'approbation que lui demandait Mme d'Ingrande, la marquise répondit simplement :

— Vous avez toujours raison, madame.

Mais son regard, qui s'arrêta avec bienveillance sur Amélie, protestait en même temps contre cet acquiescement banal.

Mme d'Ingrande surprit ce regard, et murmura :

— Et vous, vous avez bien tort de gâter de la sorte Amélie.

— Que voulez-vous ? dit Mme de Pressigny d'un ton enjoué ; chacune de nous l'aime à sa façon : vous êtes sa mère et vous la grondez, moi, je suis sa tante et je la console. Nous remplissons l'une et l'autre notre devoir.

— En d'autres termes, reprit Mme d'Ingrande, vous détruisez l'effet de mes remontrances, pour y substituer je ne sais quelles théories empruntées à des mœurs frivoles, dont, par bonheur, il ne reste plus de traces maintenant.

— Oh ! des théories !.... Parce que j'aime à voir en elle les grâces de son âge, parce que je souris à ses ardeurs d'enfant ! Voilà de bien grands mots pour peu de chose, et ne croirait-on pas que je cache au fond de ma boîte à ouvrage tout un arsenal de philosophie !

Mme d'Ingrande allait répliquer ; mais la femme de chambre qui rentrait en ce moment suspendit la discussion.

— Ah ! c'est vous, Thérèse ; vous avez fait ce que je vous ai ordonné ?

— Oui, madame.

— Eh bien ! qu'a-t-il dit ?

— Ce monsieur a pris la pièce d'or en riant, et il l'a mise dans sa poche. Et puis....

— Et puis, quoi ?

— Et puis.... Il a dit qu'il reviendrait demain.

Mme d'Ingrande se mordit les lèvres de colère, tandis que la marquise de Pressigny avait toutes les peines du monde à contenir une envie de rire.

— Retirez-vous, dit Mme d'Ingrande à Thérèse.

Quand la femme de chambre fut sortie :

— L'impertinent ! s'écria-t-elle en arrêtant ses regards sur Amélie et la marquise.

Mais la tante et la nièce brodaient, avec un parti pris de silence.

— Il est bien étrange, continua Mme d'Ingrande à qui pesait sa propre irritation, que vous ne preniez point la défense de cet inconnu ? Ce serait là, cependant, un beau thème à vos paradoxes. L'avez-vous entendu, madame ; il reviendra demain !

— Oui, et peut-être après-demain, ajouta tranquillement la marquise ; car cet homme paraît être absolu dans ses résolutions.

— Quelle effronterie ! Je le ferai chasser par Baptiste et Germain.

— Prenez garde, ma sœur, cela ne se fait plus guère aujourd'hui. Vos procédés sont comme mes théories, empruntés à des mœurs dont il ne reste plus de traces.

— Alors, je m'adresserai au maire de La Teste.

— C'est mieux, cela.

— Et je le prierai de me débarrasser de cet importun.

— A la bonne heure !

— Mme d'Ingrande se tut. L'incident était vidé, comme on dit en style parlementaire. Les trois femmes reprirent leurs aiguilles, et n'interrompirent plus leur occupation que pour jeter de temps en temps un regard sur la plage et respirer cet air de la mer qui, à La Teste, semble être plus puissant qu'ailleurs.

Mme d'Ingrande, qui surveillait de fort près l'éducation de sa fille, n'avait pas choisi sans dessein cette magnifique solitude. Ainsi qu'on a pu le remarquer déjà, le caractère de la comtesse d'Ingrande avait été trempé aux sources les plus limpides et les plus froides de l'aristocratie. Elle possédait à un degré exclusif et suprême cette fierté native, rebelle à tout raisonnement, et qui trouve sa raison d'être dans cinq ou six types fournis par les annales de l'ancienne noblesse. L'histoire de nos soixante dernières années ne se présentait jamais à son esprit que sous l'image d'un ouragan, et elle ne doutait pas une seule minute du retour de la belle saison politique. Pour être plus sévère, elle n'était cependant pas moins coquette que la marquise de Pressigny, sa sœur ; seulement c'était une autre variété de coquetterie. Reine de France, elle eût érigé en loi la tradition espagnole qui condamnait à mort les infortunés convaincus d'avoir touché à leur souveraine. Son esprit, bien que des meilleurs, était continuellement sérieux ; il semblait obéir aux lignes droites et superbes de son visage. Elle avait alors trente-huit ans, et certainement nul ne les lui eût attribués, sans le voisinage de sa fille ; ce témoignage vivant et charmant avait dû même hâter sa retraite du monde ; mais, avec cette autorité de sentiment qu'elle apportait dans toutes ses actions, la comtesse s'était résignée au sacrifice de son resplendissant automne. Sa fortune était, comme sa noblesse, une des plus grandes de la province, où elle possédait, entre Nantes et Angers, des terrains considérables : bois, îles entières, collines, prairies fertilisées par la Loire.

Elle habitait, la plupart du temps, son domaine d'Ingrande, à trois quarts d'heure de la jolie ville de ce nom ; elle n'allait à Paris qu'une fois l'an, en hiver, uniquement pour perpétuer ses relations avec le faubourg Saint-Germain, en vue de l'avenir de sa fille. Mais c'était tout au plus si elle y demeurait trois semaines et si elle consentait à se montrer dans quelques bals officiels, —tant elle craignait de rencontrer son mari.

Il sera si fréquemment parlé du comte d'Ingrande pendant le cours de ce récit que nous nous croyons dispensé de placer ici son portrait.

— Qu'il suffise de dire que les deux époux, après une première année de mariage, s'étaient résolus d'un commun accord, à vivre chacun de leur côté.

Le comte n'avait fait aucune difficulté pour abandonner à sa femme l'éducation de leur fille Amélie. Où eût-il rencontré d'ailleurs une plus admirable institutrice ? Cette mère aimait sa fille comme on aime son blason, et les soins qu'elle lui donnait étaient de ceux qu'on apporte à un arbre généalogique. Aussi Amélie, à quatorze ans, était-elle moins une jeune personne du dix-neuvième siècle qu'une héroïne du treizième ; elle nageait comme une amazone des âges épiques, elle tirait l'épée comme la chevalière d'Eon ; au gymnase Amoros, elle était la plus agile et la plus souple ; enfin, elle avait la science et la poésie infusées, comme Clémence Isaure, si tant est que Clémence Isaure ait jamais existé.

La comtesse d'Ingrande pouvait donc, à bon droit, s'applaudir de son ouvrage ; la mère n'avait pas autant de motifs de se féliciter. En faisant tout pour l'esprit et le corps, elle avait absolument négligé le cœur. Amélie avait appris à commander et à obéir, mais non à aimer. Sa mère en retour de ses soins, ne lui demandait que cette reconnaissance banale, qui équivaut à un acquit au bas d'une quittance.

On n'aura donc pas de peine à comprendre comment toute la tendresse d'Amélie s'était tournée vers sa tante la marquise de Pressigny.

Il y avait une demi-heure que ces trois femmes brodaient. Tout à coup la porte du salon s'ouvrit, et Thérèse annonça, de ce ton indifférent avec lequel on annonce un familier :

— M. de Trémeleu.

Un jeune homme entra, vêtu avec distinction.

— Bonjour, Irenée, dit Mme d'Ingrande, en lui tendant la main.

Il prit cette main, et ensuite il s'inclina profondément devant la marquise de Pressigny et devant Amélie.

—Irénée, dit Mme d'Ingrande, qui poursuivait toujours son projet, vous allez me rendre un service.

— C'est trop de bonheur pour moi, répondit-il.

— Mais auparavant prenez place, ajouta-t-elle, en lui désignant un siége.

M. de Tremeleu obéit.

— Vous devez connaître tout le monde aux bains de La Teste ? demanda Mme d'Ingrande.

—Autant qu'on peut connaître tout le monde lorsqu'on est arrivé comme moi depuis huit jours seulement.

— Vous habitez cependant l'Hôtel ?

— Il est vrai, madame ; mais vous savez quel est mon caractère : je fuis les réunions trop nombreuses ; je vis retiré....

La marquise de Pressigny eut un hochement de tête, et dit avec un léger accent d'ironie :

— Oui, vous jouez au beau Ténébreux ; du moins, c'est la prétention que vous avez.

— Une prétention, madame la marquise ? répéta M. de Trémeleu.

— Fort innocente, sans doute, mais je maintiens le mot ; car enfin, cet hiver, à Bruxelles, l'on vous citait comme un des habitués du théâtre de la Monnaie.

Le jeune homme parut contrarié.

— En effet, dit-il, la musique est une de mes rares distractions.

—Et l'année dernière, contina la marquise, à Londres, ne vous a-t-on pas vu, durant toute la saison, déchirer vos gants chaque soir à Covent Garden.

— C'est encore vrai, madame, mais comment êtes-vous informée....

— Bon, nous autres femmes, est-ce que nous n'avons pas notre police secrète !

— Vous croyez que je vais sourire, dit M. de Trémeleu, et n'accepter ces paroles que sous bénéfice de plaisanterie. Sachez donc que j'ai souvent et très sérieusement évoqué ce soupçon ; oui, les femmes, j'entends celles qui agissent dans les hautes sphères, doivent disposer d'une police, à l'égal de tous les pouvoirs organisés. Elles ont, j'en suis presque certain, leurs espions, leurs courriers et leur télégraphie. S'ils n'en était pas ainsi, nous verrions se produire dans la société une bien plus grande quantité de scandales et de catastrophes. L'apparence de régularité avec laquelle fonctionne le monde des salons ne doit être imputée, selon moi, ni à la moralité ni à l'éducation, mais en notable partie à cette administration occulte dont vous venez de parler, madame, et dont....

— Et dont je suis probablement le Fouché ; c'est ce que vous voulez dire ? Mais, poursuivit en souriant Mme la marquise de Pressigny, y a-t-il vraiment bien besoin d'être affiliée à des compagnies secrètes pour savoir que vous avez passé une saison à Londres ?

— La troupe anglaise était réellement supérieure cette année-là, dit le jeune homme, de plus en plus embarrassé.

La marquise ne le tint pas quitte du reste de l'interrogatoire.

— Quelle était la cantatrice à la mode, demanda-t-elle, Marianna ou Jenny Lind ?

Cette fois, M. de Trémelen la regarda pendant quelque temps sans lui répondre ; il semblait vouloir percer le sens de cette question.

Enfin, il se décida.

— A Londres, c'était la Marianna, dit-il.

— Et à Bruxelles ?

— Encore la Marianna.

— Je ne l'ai jamais entendue, reprit la marquise avec une affectation d'insouciance ; on lui prête beaucoup de talent. Est-elle Espagnole ou Italienne ?

— Je crois que c'est tout simplement une Française. Les directeurs auront donné à son nom une désinence artistique, Marianna au lieu de Marianne ou de Marie. C'est assez leur habitude. Mais.... pour en revenir aux questions de Mme d'Ingrande, continua M. de Trémelen, évidemment désireux de changer la conversation, comme il n'y a pas de théâtre à La Teste, et par conséquent pas d'opéras possibles, je tourne forcément à l'ermite, je ne vois que très peu de personnes.

— Peut-être, cependant, avez-vous entendu prononcer le nom de celle qui me préoccupe ? dit Mme d'Ingrande.

— Voyons, madame.

— Monsieur Blanchard.

— Oh ! certes, s'écria M. de Trémelen en souriant, qui ne connaît pas ici M. Blanchard ?

— C'est sans doute un artiste ? dit Mme d'Ingrande.

— Du tout.

— Bah ! un homme du monde ? fit-elle avec un ton d'incrédulité.

— Ni l'un ni l'autre. M. Blanchard est un type. C'est un original qui passe sa vie à médire de l'originalité.

— Est-il riche ?

— Immensément.

— Son âge ?

— Quarante ou quarante-cinq ans. Beaucoup d'esprit, d'ailleurs. A l'hôtel des bains, c'est à qui recherchera sa conversation.

— Mais.... ce nom de Blanchard ? dit Mme d'Ingrande.

— Encore une de ses fantaisies. Ce nom n'est pas le sien, c'est un pseudonyme imaginé pour dérouter les curieux.

— Vraiment ?

— Blanchard appartient à l'une des plus anciennes familles nobles de l'Agenais. Jeune, il a été dans les gardes-du-corps. Puis, comme l'ambition est toujours demeurée pour lui à l'état de passion inconnue, un matin il a jeté l'uniforme aux orties pour voyager mieux à son aise. On affirme qu'il est resté huit jours à se demander s'il s'appellerait Blanchard, Moreau ou Duval. Enfin, Blanchard l'a emporté. S'il existait dans le monde un nom plus insignifiant et plus commun, soyez assurée que c'est celui-là qu'il eût choisi.

— Allons, murmura Mme Ingrande, je vois, d'après ce que vous me dites, que c'est un homme inoffensif.

— Assurément. Mais à mon tour, madame, me sera-t-il permis de vous demander quels rapports peuvent exister entre vous et M. Blanchard ?

— C'est la chose la plus singulière du monde. Figurez-vous, Irénée, que ce monsieur a entrepris le siège de notre salon.

— En vérité ?

— Voilà trois jours qu'il nous fait remettre sa carte avec une obstination inqualifiable.

— Prenez garde, madame ; M. Blanchard arrive toujours à son but.

— Ah! mon Dieu! dit la comtesse en badinant; est-ce qu'il disposerait, lui aussi, de quelque puissance mystérieuse?

— Il est persistant; voilà tout.

— Eh bien! malgré sa persistance, je vous réponds bien, moi, qu'il ne mettra jamais les pieds ici!

— Ne répondez de rien.

— Vous ligueriez-vous avec lui contre moi? demanda Mme d'Ingrande.

— Au contraire; mais....

— Mais quoi?

— Je crains bien que votre résistance n'augmente son désir.

— Oh! il est insupportable, à la fin, votre M. Blanchard! Dites-lui que nous ne voyons personne, absolument personne.

— Il ne me croira pas; il saura, en s'informant, que j'ai l'honneur d'être reçu chez vous tous les jours.

Mais vous, c'est bien différent, mon cher Irénée; vous êtes presque de la famille; je vous ai connu enfant; vos domaines sont voisins des nôtres; M. de Trémeleu, votre grand-père, avait émigré avec le mien; et puis, enfin, je ne compte pas toute l'affection que nous avons pour vous...

Irénée s'inclina en signe de gratitude.

— M. Blanchard, dit-il, connaîtra dès ce soir vos intentions.

A partir de cet épisode, la conversation ne fit plus que s'égarer dans les généralités.

Quelques voiles blanches commençaient à courir sur le bassin d'Arcachon, dont elles rompaient agréablement les grandes lignes. Les unes se dirigeaient vers l'île des Oiseaux, qui doit son nom à la quantité prodigieuse d'oiseaux de mer auxquels elle sert de refuge; les autres, vers la chapelle de Notre-Dame, située au milieu de houx et de chênes énormes.

C'étaient de ces petites embarcations appelées *tilloles* dans le pays, et ne pouvant contenir plus de six personnes.

Amélie, dont l'attention était distraite par ce spectacle, regarda la marquise de Pressigny avec un sourire qui, sans doute, équivalait à une prière, car celle-ci, s'adressant immédiatement à la comtesse:

— A propos, ma chère sœur, dit-elle, avez-vous pensé à demander le canot pour trois heures?

— J'ai chargé Thérèse de ce soin, répondit Mme d'Ingrande.

— Est-ce que vous faites aujourd'hui une promenade en mer? dit Irénée.

— Oui, nous nous proposons d'aller jusqu'au cap Ferret; vous savez combien Amélie est folle de natation. Je ne l'en blâme pas; c'est moi qui ai développé ce goût chez elle.

— Il ne lui fallait que cela pour être tout à fait une petite sirène, dit la marquise, qui avait gardé l'esprit de son temps.

Plusieurs propos de même nature, furent encore échangés, après lesquels Irénée se leva pour prendre congé de Mme la comtesse d'Ingrande.

— N'oubliez pas, lui dit-elle, que vous vous êtes chargé de faire entendre raison à M. Blanchard.

— Je tâcherai, du moins.

Il saluait, lorsque la marquise de Pressigny ajouta, par manière de post-scriptum:

— A propos, vous savez qu'il y a demain un concert de charité à la mairie de la Teste. On est venu plus de vingt fois nous fatiguer pour y assister; il a bien fallu se rendre, à la fin. Nous ne pouvons manquer de vous voir par là.... vous qui aimez tant la musique!

Irénée sortit en rougissant un peu.

Cinq minutes après, Mme d'Ingrande dit à sa fille:

— Amélie, mon enfant, allez vous habiller.

La jeune fille obéit, après avoir été présenter son front aux lèvres de sa mère et de sa tante.

Dès que la porte du salon se fut refermée derrière elle, la comtesse d'Ingrande, abandonnant son canevas, interpella la marquise de Pressigny:

— Apprenez-moi, madame, pourquoi vous faites depuis quelque temps à M. de Trémeleu cette petite guerre d'épigrammes? Il faut que votre caractère se soit transformé tout à coup, car je vous sais habituellement bienveillante pour les jeunes gens. En quoi donc Irénée, que j'honore d'une estime particulière, a-t-il pu démériter de votre faveur?

— C'est justement cette estime toute particulière dont vous l'honorez qui fait que je me tiens vis-à-vis de lui sur mes gardes.

— Ce n'est ni une réponse ni une raison, cela. M. de Trémeleu n'est-il pas un excellent gentilhomme, du ton et de l'esprit le meilleur?

— Je n'en pourrais disconvenir sans injustice, répondit la marquise.

— Auriez-vous des renseignements fâcheux sur sa moralité? Ma sœur, vous avez tenté maintes fois de m'enseigner l'indulgence pour certaines folies inhérentes à la jeunesse et au rang ; êtes-vous devenue plus sévère que moi sur ce chapitre ?

— Ce n'est pas de cela qu'il s'agit ; comme vous, je tiens Irénée pour un brave et charmant garçon.

— Sa fortune serait-elle gravement compromise par des prodigalités ? continua la comtesse.

— Je n'ai pas lieu de le supposer.

— Eh bien, alors ?....

— Eh bien ! alors, dit la marquise, je vais parler plus clairement. Il ne m'a pas été difficile, vous le pensez bien, de pénétrer les projets que vous avez sur M. de Trémeleu. Dans deux ans d'ici, Amélie ne sera plus une enfant ; et, bien que son cœur n'ait pas encore parlé, vos désirs ont déjà préparé pour elle un mariage où toutes les convenances se trouvent réunies.

— Ah ! vous l'avouez ! dit Mme d'Ingrande.

— De grand cœur ; et moi-même, ce serait avec une satisfaction égale à la vôtre que je verrais Irénée devenir l'époux d'Amélie ; mais je crains que cet hymen ne soit impossible.

— Impossible ! Et pourquoi ?

— Parce qu'Irénée n'aime pas Amélie.

— Qu'en savez-vous ?

— Je m'en suis aperçue à mille riens, à mille nuances sur lesquels il est bien difficile de me tromper, moi.

— Songez à l'âge de ma fille, dit la comtesse, et ne vous étonnez point si les regards d'Irénée ne se sont encore portés sur elle qu'avec indifférence. Elle est si jeune !

— Soit, répliqua la marquise ; mais si le cœur de M. de Trémeleu était occupé ailleurs ?

— Occupé....

— Ou plutôt absorbé. Qu'en diriez-vous ?

— Ce n'est que dans deux ans que je veux marier ma fille. D'ici là, Irénée a le temps de revenir de ses écarts. Deux ans sont suffisants à éteindre une amourette.

— Une amourette, oui. Mais un amour, mais une passion....

— Comment ?

— Savez-vous, continua la marquise de Pressigny avec une vivacité qui étonna sa sœur, savez-vous pourquoi M. de Trémeleu est venu à La Teste, surtout après s'être, un mois auparavant, excusé de ne pouvoir nous y accompagner ?

— J'imagine que c'est précisément pour té-

moigner à nos yeux de la sincérité de ses excuses et de la réalité de ses motifs. N'est-ce pas cela ?

— Non. Rien, au contraire, ne saurait lui être plus désagréable que notre présence à La Teste.

— Mais pourquoi ?

— Parce qu'il y vient joindre une femme que depuis huit jours il attend d'un instant à l'autre.

— Une femme ! répéta Mme d'Ingrande, dont l'étonnement redoublait à chaque parole de la marquise.

— Oui, une femme, celle-là même qu'il a suivie à Londres et à Bruxelles.

— Comment ! cette chanteuse, cette Marianne ou Marianna ?

— Ne l'avez-vous donc pas soupçonné ?

Mme d'Ingrande ne répondit point. Elle fixa ses yeux sur ceux de la marquise.

— Par quel hasard, demanda-t-elle, semblez-vous si bien informée des actions de M. de Trémeleu ?

La marquise de Pressigny laissa échapper un sourire qui lui était particulier.

— Que vous importe, dit-elle, pourvu que mes renseignements soient exacts ?

— Du mystère....

— Peut-être ; mais n'allez pas m'en faire un reproche, puisqu'il s'agit du bonheur de votre fille.

— Vous ne faites rien comme les autres, ma sœur ; et grâce à la manie que vous avez d'envelopper vos moindres actions d'une apparence secrète, on serait presque tenté de croire à ce que M. de Trémeleu disait tout à l'heure.

— Que disait-il donc tout à l'heure ?

— Ne vous en souvenez-vous déjà plus ?

— Mon Dieu non ! répondit la marquise.

— Il parlait d'un pouvoir occulte, d'une certaine police des femmes organisée comme la police des hommes.

— Eh ! mais, cela ne serait pas si mal imaginé.

— Dans tous les cas, je vous suis reconnaissante de vos avis, reprit Mme d'Ingrande ; seulement, et jusqu'à de nouveaux éclaircissements, vous me permettez de ne pas partager vos alarmes, que je trouve prématurées.

— Soit, ma sœur ; attendez.

Les pas légers d'Amélie se firent entendre.

Elle reparut dans le salon, vêtue pour la mer, c'est à dire enveloppée d'un peignoir de couleur bleue, qui laissait soupçonner le sombre fourreau adopté généralement par les baigneuses. Et il fallait qu'Amélie fût bien jolie pour continuer à l'être sous ce disgracieux costume. En outre, son front était presque entièrement dérobé sous les ombres d'un grand chapeau de paille fabriqué à Panama, merveilleux travail d'une valeur de plus de mille francs, et qui avait coûté la vue à l'ouvrier qui l'avait tressé.

— Le canot nous attend, ma mère ! dit-elle.

Irénée de Trémeleu avait repris le chemin qui conduit à La Teste. Il marchait assez rapidement, non pas qu'il eût hâte d'arriver, mais les railleries et les insinuations de la marquise de Pressigny avaient touché juste. C'était effectivement pour rencontrer une femme qu'il était venu à l'improviste s'enfouir dans ces landes de Gascogne qui, alors, comme nous l'avons dit, ne figuraient sur aucun itinéraire à la mode.

L'hôtel où il était descendu depuis huit jours ressemblait à tous les hôtels de bains de mer. C'étaient les mêmes traditions d'harmonie britannique, unies au même mauvais goût de France. Décoré du titre superlativement ambitieux d'*Hôtel du Globe et des Etrangers* (que pensez-vous du : *et des Etrangers ?*), cet établissement avait pour propriétaire un sieur Huot, en qui la banlieue de Paris eût à peine reconnu les capacités nécessaires pour faire un aubergiste.

Aujourd'hui que La Teste de Buch a reçu sa consécration, un grand nombre de maisons meublées et de restaurans s'y sont élevés; mais à l'époque où nous écrivons, l'hôtel de M. Huot, si médiocre qu'il fût, était le seul où l'on pût décemment se commettre.

L'*Hôtel du Globe et des Etrangers* était situé sur la côte, où, matin et soir, des barques attendaient le bon plaisir des baigneurs.

Mais les baigneurs se faisaient rares, et, comme les années précédentes, la saison promettait de s'écouler au milieu de l'indifférence unanime des touristes.

Ce jour-là, cependant, en se rapprochant de l'hôtel, Irénée crut apercevoir sur le visage de M. Huot, campé fièrement au seuil de sa porte, des marques certaines de satisfaction.

Lorsque, à son tour, il aperçut Irénée, M. Huot accentua davantage encore son contentement : il se frotta les mains, poussa des bouffées d'air et imprima à ses jambes de joyeuses saccades.

Irénée doubla le pas.

— Eh bien ? demanda-t-il à l'hôtelier, quand il fut devant lui.

— Eh bien ! monsieur de Trémeleu, vous voyez un homme qui peut enfin répondre à la question que vous lui adressez tous les jours.

Vous voyez un homme était la locution favorite du propriétaire de l'*Hôtel du Globe et des Etrangers.*

— Il vient de vous arriver de nouveaux voyageurs ? interrogea rapidement Irénée.

— Juste.

— Ah !.... et combien ?

— Deux seulement, un monsieur et une dame. Ce n'est pas beaucoup, mais les fortes chaleurs vont certainement m'en envoyer d'autres ; d'autant plus....

— Leurs noms ?

— D'autant plus, continua M. Huot, que vous voyez un homme qui, depuis un mois, fait mettre des annonces dans tous les journaux, dans la *Guienne*, dans le *Mémorial bordelais*, dans la *Sylphide de la Garonne....*

— Très bien. Mais leurs noms ? répéta Irénée avec anxiété.

— Les noms de qui ?

— De cette dame, de ce monsieur....

— Oh ! s'écria M. Huot, je ne les leur ai pas encore demandés ; demain, plus tard.... il sera toujours temps. Ce sont des personnes de distinction.

Irénée, dépité, tourna le dos à M. Huot.

— Est-ce tout ce que monsieur désire savoir ? demanda celui-ci.

— Puisque vous n'avez rien de plus à m'apprendre ! répliqua Irénée avec humeur.

— Vous voyez un homme au désespoir....

— Ah çà ! monsieur Huot, à quoi vous sert donc votre registre ?

— Il me sert à inscrire les noms des personnes qui me font l'honneur de descendre chez moi. Mais monsieur comprendra facilement que je ne puis pas saisir les gens au débotté. Un maître d'hôtel ne doit pas se montrer aussi rigoureux qu'un gendarme.

— Au moins avez-vous vu ce monsieur et cette dame ?

— Je n'ai pas eu ce plaisir. Vous voyez un homme qui se trouvait alors à Gujan, où j'avais été consulter un chirurgien de mes amis sur l'annonce que je fais mettre dans tous les journaux. Ce sont mes domestiques qui les ont reçus : ils ont beaucoup de bagage. On leur a donné les chambres 7 et 8, sur le devant, celles qui ont un papier neuf et des commodes-toilettes.

Irénée interrompit M. Huot :

— Où sont-ils maintenant ?

— Une heure environ après leur arrivée, ils ont demandé un canot.

— Un canot ?

— Pour faire une promenade sur le bassin ; c'est assez l'usage des voyageurs. Nous avons un nouveau tarif depuis quelques jours : pour la Pointe de l'Aiguillon, 2 francs ; pour la Chapelle, aller et retour 4 francs....

— De quel côté se sont-ils dirigés ?

— Ma foi ! vous voyez un homme qui n'en sait rien.... Ah ! mais j'y pense ! dit M. Huot en se frappant le front.

— Quoi donc ?

— M. Blanchard était là quand ils se sont embarqués ; il n'a pas quitté l'hôtel d'aujourd'hui. Il vous renseignera parfaitement.

— Croyez-vous ?

— Vous voyez un homme qui peut vous l'affirmer.

Sans écouter cette dernière phrase, qui était à tous les discours de M. Huot ce qu'est un refrain à une ballade, Irénée s'empressa de gagner l'escalier du premier étage, où s'étendait le grand salon de l'*Hôtel du Globe et des Étrangers*.

Il y trouva M. Blanchard, qui se promenait de long en large.

III.

M. Blanchard avait passé la quarantième année ; c'était un homme assez laid, mais sa laideur était celle des gens d'intelligence et de grande éducation. Au premier aspect, on pouvait le prendre pour un Anglais, sur le calme de ses manières et le ton mesuré de sa conversation. On était détrompé bientôt par ses échappées : c'était tantôt un paradoxe inouï qui dardait une langue de vipère entre les fleurs de son honnête éloquence ; c'était sa bouche, jusque-là si candide qui se desserrait pour mieux décocher l'épigramme sifflante ; c'était la vie extraordinaire qui se peignait tout à coup dans ses yeux bien français. Il était un peu gros, mais son embonpoint n'avait rien de vulgaire, et son esprit original y gagnait un masque de plus.

A la vue d'Irénée, M. Blanchard tira un porte-cigares.

— Fumez-moi cela, dit-il en faisant craquer sous ses doigts un pur havane.

— Volontiers, répondit Irénée, mais à une condition.

— Voyons votre condition.

— C'est que cela ne vous empêchera pas de continuer à vous promener dans cette chambre, si du moins tel est votre bon plaisir.

— Soit, dit M. Blanchard.

Et le parquet du salon recommença à gémir méthodiquement sous ses pas.

Irénée était allé se jeter dans un fauteuil, en cherchant comment il pourrait amener la conversation sur les deux voyageurs nouvellement arrivés. Il connaissait la perspicacité de M. Blanchard, et il ne voulait pas l'éveiller tout d'abord.

Au dixième tour.

— Comment trouvez-vous ces cigares ? demanda M. Blanchard.

— Délicieux ! parfaits !

— S'ils ne se recommandaient par eux-mêmes, je pourrais vous raconter d'où ils viennent, et vous initier aux ruses des forbans qui me les ont vendus, mais ce sont des histoires que je réserve pour les fumeurs blasés.

Ayant dit, il se remit à marcher.

Irène le suivit des yeux, silencieusement pendant cinq minutes.

Ces cinq minutes écoulées, il se décida à entamer la conversation ; la commission dont l'avait chargé la comtesse d'Ingrande lui servit d'entrée en matière.

— Monsieur Blanchard ! dit-il, en changeant de position sur son fauteuil.

— Monsieur de Trémeleu ?

— Loin de moi l'intention d'être indiscret ; mais gageons que je devine ce qui vous préoccupe.

— Ce qui me préoccupe.... maintenant ? dit M. Blanchard, qui s'était arrêté tout à coup.

— Oui.

— Ma foi ! je suis curieux de mettre votre science à l'épreuve.

— C'est l'affaire de deux mots, dit le jeune homme en souriant ; je sors de chez Mme la comtesse d'Ingrande et de chez Mme la marquise de Pressigny.

— Quoi ! vous les connaissez !

— Depuis mon enfance.

— Bah !

— Suis-je bon devin ?

— Excellent, répondit M. Blanchard, excellent! Mais alors, puisque ces dames sont de votre connaissance, vous pouvez me dire....

— Tout ce que vous voudrez.... et, plus particulièrement ce que vous ne voudriez pas.

— Je comprends....elles vous ont parlé de moi.

— Mieux que cela, elles m'ont institué leur ambassadeur auprès de vous.

— Diable! un ambassadeur! Voyons vite les paroles que vous m'apportez.

—Soyez bien assuré, d'abord, mon cher monsieur Blanchard, qu'en ce qui vous concerne personnellement....

— Hum! vilain début!

— Et que, pour ce qui est de mon intervention dans cette circonstance....

— Vous êtes un charmant jeune homme, je le sais; mais le message, arrivez au message.

— Premièrement, les motifs de votre obstination échappent tout à fait à Mme d'Ingrande.

— Il n'y a rien de plus naturel, cependant : la société de la Teste ne m'offre qu'une médiocre distraction; la comtesse d'Ingrande et la marquise de Pressigny sont, à ce qu'on assure, deux femmes d'un esprit très distingué; j'ai le plus grand désir de les connaître.

— Voilà tout?

— Voilà tout.

— Un tel désir, dit Irénée, n'a rien d'exorbitant, en effet; mais je crains qu'il ne vienne échouer contre leurs résolutions.

— Est-ce votre opinion?

— C'est du moins ce qu'elles m'ont donné à entendre ce matin.

— De sorte qu'elles me repoussent?

— Non....elles vous ajournent.

— Comment cela? demanda M. Blanchard.

— C'est-à-dire qu'elles seront charmées en tout temps de vous recevoir soit à Paris, soit à Ingrande, où leur salon est ouvert toute l'année; mais qu'à La Teste vous tombez fatalement sous le coup de la loi qu'elles se sont imposée de ne recevoir personne. Comprenez-vous?

— Parfaitement, et je les remercie de leurs bonnes dispositions pour l'avenir, quoique je n'en userai sans doute jamais.

— Pourquoi donc? demanda à son tour Irénée.

— Pour deux raisons : la première, c'est que je n'irai probablement jamais à Ingrande; la seconde, c'est qu'une fois à Paris, j'aurai oublié

la comtesse et la marquise. Leur connaissance n'a de valeur pour moi que dans ce désert.

— Ainsi....

— Ainsi j'en serai quitte pour chercher un autre moyen de me trouver avec elles.

— Un autre moyen?

— Certainement. Me croyez-vous donc absolument dépourvu d'imagination? Et ne peut-on s'introduire autrement chez les gens qu'en frappant à leur porte?

— Ma foi! j'avoue que jusqu'à ce jour je me suis contenté de ce procédé-là, les autres me paraissant trop exclusivement du ressort du théâtre et de la *Gazette des Tribunaux*.

— Allons! dit M. Blanchard je vois que de nous deux, c'est moi qui suis le jeune homme.

Il reprit sa promenade à travers la chambre.

Irénée s'approcha d'une des fenêtres, et ses regards interrogèrent l'étendue.

— Voyez-vous, reprit subitement M. Blanchard en revenant se placer devant Irénée, je tiens scrupuleusement à faire ce que j'ai décidé de faire. C'est une de mes principales règles de conduite, la principale vraiment. Mon grand souci a toujours été de me tenir parole. Je me jette à moi-même des défis, que je ramasse intrépidement, je m'appelle dans le champ clos de l'inusité et du difficile. La chose que, tout d'abord, j'hésite à accomplir, est justement celle qui va me séduire tout à l'heure; il n'y a absolument que de l'esprit de suite, ce qui constitue le respect de la volonté humaine. Je suis aidé dans mon système par une fortune suffisante, et mes idées ne se meuvent que dans un milieu moral. On sait avec quel soin j'évite l'attention publique, et les efforts que je fais pour dérober mes actes aux indiscrétions des journaux : — Je ne loue pas de salle de spectacle à moi tout seul; je ne me mets pas obstinément à la suite de dompteurs de bêtes féroces, dans l'espérance de les voir dévorer par leurs pensionnaires; je n'ai pas fait tailler de montagne à mon image; je n'ai pas pris le turban comme M. de Bonneval; je n'habite pas une maison roulante; je n'ai mis le feu à aucun temple; enfin, je suis ce que l'on appelle un homme de la vie privée, et c'est exclusivement dans la vie privée que je cherche mes sensations. Je ne tiens pas précisément à me divertir, ce serait là l'indice d'une ambition démesurée, mais je tiens du moins à ne pas trop m'ennuyer, ce qui est plus modeste. Les jouissances matérielles ne sont que secondaires pour moi, c'est dans l'ordre spirituel que s'agitent tous mes caprices. En voulez-vous un exemple ? Un soir, dans un salon, où cinquante personnes environ étaient réunies, je m'amusai à penser tout haut. Rare jouissance, n'est-ce pas ? plaisir inestimable ! Un quart d'heure après, un domestique vint me présenter mon chapeau, et j'avais dix duels sur les bras pour le lendemain. Je n'avais pas fait autre chose cependant que de dire à quelques femmes qu'elles étaient laides et à quelques hommes qu'ils manquaient d'esprit.

Irénée ne put s'empêcher de rire.

— Il est à regretter, dit-il, qu'Hoffmann ne vous ait pas connu.

— Pourquoi ?

— Parce que bien certainement il eût fait de vous le héros d'un de ses contes.

— Monsieur de Trémelen, vous êtes comme tout le monde ; votre jugement s'arrête à la superficie. Vous me faites l'honneur de me trouver fantastique parce que j'outre le naturel. La science magnétique a été bien plus loin que moi dans la manifestation de phénomènes de la volonté.

— La science magnétique, oui. Mais en agissant tout éveillé, comme vous faites, les obstacles doivent se dresser devant vous à chaque pas.

— A chaque pas, c'est vrai, et c'est ce qui donne à ma vie cette animation, cet imprévu que vos usages se font une loi d'exclure ! Ainsi, croiriez-vous que mes souhaits les plus simples sont ceux dont la réalisation est la plus difficile? Il faut que je vous cite un fait à l'appui. Je n'aime pas à dîner seul. Arrivé de la veille seulement dans une ville de frontière, il y a deux ans, et n'y connaissant personne, je résolus d'inviter à ma table le premier individu que je rencontrerais. C'était bien simple, n'est-ce pas ? Dans cette intention, j'allai me poster sur le cours le plus parcouru, et là, j'accostai successivement plusieurs particuliers dont le costume et la physionomie me semblaient de tout point convenables. La plupart me refusèrent avec politesse, non sans dissimuler cependant certaines nuances de surprise ou de méfiance ; ils alléguaient, les uns, une invitation antérieure, les autres des habitudes de famille dont ils ne pouvaient se départir. Un d'entre eux, plus ouvert et plus expansif, voulait à toute force m'emmener chez lui, ce qui était le contraire de mon projet, ainsi que je lui en fis la remarque. Ne réussissant pas auprès des gens de condition, ou que je jugeais tels, je crus nécessaire de descendre d'un éche-

lon et de m'adresser aux classes dites excentriques; professeurs aux habits négligés, mais noirs, rêveurs en plein air, bohèmes mélancoliques n'ayant conservé de dignité que sur le front Eh bien ! je fus encore refusé par ceux-ci, oui refusé ; ici par orgueil, là par humilité. Le plus pâle, le plus jeune, le plus amaigri de ces oisifs du pavé, celui dont les coudes avaient le plus de mailles à partir avec l'infortune, me répondit, en baissant les yeux, et avec l'accent d'une jeune vierge :—Monsieur, il n'y a pas un quart d'heure que j'ai dîné. Une grande stupeur me saisit Mais je me remis bientôt et je lui offris un cure-dent.

— Oh ! c'était cruel !

— Que voulez-vous ? je commençais à être irrité par cette accumulation de résistances. Le plus raisonnable de tous ces drôles ne consentait à accepter mon offre qu'à la condition d'aller quérir sa femme, sa belle-mère et ses deux enfants, pour leur faire partager cette bonne fortune. Je lui tournai le dos. Cependant mon appétit me pressait. De guerre lasse, j'allai droit à un commissionnaire qui se tenait planté au coin d'une rue, un digne Savoyard en veste de velours vert.— Veux-tu dîner avec moi ? lui dis-je brusquement. — Volontiers, mon bourgeois, si c'est vous qui payez, me répondit-il d'un air réjoui. — Allons, viens tout de suite ! — Excusez, mais je ne peux pas quitter mon poste avant la nuit ; c'est comme une faction, ça, c'est sacré. Dame ! on a la confiance du quartier, et on se doit à ses clients. — Mais la nuit, m'écriai-je, c'est dans deux heures !—Possible. On peut venir d'ici là pour une commission, une malle à porter, un voyageur à conduire, et je perdrais la pratique de l'hôtel. Les affaires avant le plaisir. — Tu te feras remplacer. — Il n'y a pas moyen, bourgeois ; j'en suis fâché pour moi comme pour vous, mais c'est deux heures à faire, je ne sors pas de là. — Tu boiras du champagne à l'ordinaire.— Bravo ! mais à la nuit. —Tu mangeras tout ce que tu voudras.—Très bien ! mais dans deux heures ; bah ! deux petites heures sont bien vite passées, bourgeois, et vous n'en aurez que plus d'appétit.—Mais non!—Alors, n'en parlons plus. Ma confusion était à son comble ; enfin, croyant avoir trouvé un moyen triomphant: —Ecoute, lui dis-je ; pendant les deux heures qui vont s'écouler, tu ne peux guère espérer avoir plus de quatre commissions à faire ; mettons ces quatre commissions, l'une dans l'autre, à trois francs chacune ; cela ferait douze francs, n'est-ce pas ? voilà un louis, quitte ton coin de rue, et viens-t'en dîner avec moi. A ces mots, mon Savoyard devint pourpre de colère : —Je n'accepte d'argent, s'écria-t-il, qu'en échange de mon travail, et je ne veux pas être payé pour m'amuser ! Si vous n'avez pas autre chose à faire qu'à vous moquer de moi et à m'humilier, vous pouvez passer votre chemin.—Ah ! parbleu ! fis-je à mon tour, exaspéré, je suis bien libre de t'employer à ma guise, pourvu que je te paie ; suis-moi ! Et je l'empoignai au collet.—Bourgeois pas de violence, me dit-il, ou je cogne ! — Bon ! j'en ai mis à la raison bien d'autres que toi. — Parole ?.... Et nous voilà nous boxant sur la voie publique, comme au bon temps de lord Seymour : à la mâchoire, au front, à la poitrine, comme cela et puis comme cela. Bref, il fallut nous séparer. La fatalité était sur moi. J'eus un doigt meurtri, et je dînai seul.

— C'est jouer de malheur, en effet, dit Irénée, qui n'écoutait qu'à demi.

— De toutes mes mésaventures, reprit M. Blanchard, celle-là est la plus humiliante sous sa frivolité. D'ordinaire, je réussis dans tout ce que je tente. Le monde, peu fait aux agressions spontanées, ne m'oppose que cette résistance involontaire qui naît de l'étonnement. Et savez-vous d'où me vient cette résolution, cette témérité constante ?

— Ma foi, non !

— D'un excès de timidité.

Irénée lâcha successivement trois ou quatre bouffées de cigare, et ne répondit point. Il commençait à craindre que son interlocuteur ne se moquât de lui.

—Personne, continua M. Blanchard, n'a souffert plus que moi de cette timidité maudite, qui a empoisonné mon enfance et ma jeunesse. Les sauvageries précoces de Rousseau, les puérilités de Sterne n'approchent pas de tout ce que cette maladie étrange m'a fait ressentir de douloureux et d'horrible. Comment vos médecins n'ont-ils pas encore écrit un livre sur la timidité ? Ils ne savent donc pas que, chez beaucoup de sujets, c'est l'avant-courrière du suicide, du crime ou de la folie ? j'ai vécu jusqu'à vingt-cinq ans avec cette lèpre inexplicable, et le récit des efforts surhumains que j'ai faits pour m'en débarrasser remplirait des in-octavos. Ah ! l'on croit que la physiologie a tout dit ! Moi qui devenais rouge comme un soleil couchant dès qu'un mot m'était adressé ; moi qui, dans ma gorge étranglée, ne pouvais trouver une syllabe en réponse à la

moindre interrogation, je me suis ordonné de prendre tout à coup la parole au milieu des sociétés les plus imposantes et les plus nombreuses. Un regard de femme m'interdisait, un frôlement de robe me faisait fuir ; je me suis imposé la tâche d'aller hardiment au-devant des femmes, de les regarder en face et fixement, dussé-je en pleurer ; de leur présenter la main, et même de leur serrer les doigts, dussé-je en mourir de confusion ! Et plus j'excitais de surprise par ces actes imprévus, plus je m'applaudissais de mon triomphe sur moi-même. J'avais du sang dans les yeux, mille crampes et mille convulsions dans le corps ; mais j'allais toujours, m'obéissant avec une frénésie impitoyable. Bien des fois je me suis évanoui, bien des fois la nature a trahi mon courage, mais c'était du moins en pleine lutte que je succombais.

Irénée dit :

— C'est la première fois que je vois représenter la timidité sous des couleurs aussi âpres.

— Il n'est pas d'actes insensés que je n'aie accomplis, à cette époque, pour dompter ce mal bizarre, ironique, qui martèle sans profit toutes les fibres de la sensibilité, qui use inutilement toute énergie, qui détourne toute volonté, et dont sont mortes, j'en suis certain, bien des natures énergiques, pour qui la timidité a été ce qu'est la paille dans une barre de fer. Figurez-vous donc : sentir sa tête pleine d'éloquence, son cœur plein de passion, être capable de tous les héroïsmes, de toutes les grâces, de tous les esprits, raffoler des aventures, savoir que chez soi, en présence de sa glace, on a l'élégance de Molé et de Brummel, s'éblouir du feu de ses propres monologues.... Et puis, vienne un témoin ou deux, plus rien, mais absolument rien ! Posséder les facultés les plus rares, et ne pouvoir toucher le ressort qui mettrait en jeu ces facultés. C'est plus que dérisoire, c'est infernal. Aussi, croyez-moi, l'homme qui réussit à étouffer la timidité entre ses bras, cet homme-là ne devra plus rien redouter au monde. Je vous parlais tout à l'heure des actions insensées que j'ai commises pour atteindre à ce résultat. Savez-vous qu'il m'arrivait quelquefois de monter dans la première maison venue, et, là, de frapper à une porte quelconque, d'entrer chez des gens que je ne connaissais pas, de m'y asseoir et de causer de tout ce qui me passait par la tête ! Ah ! la volonté n'est pas un vain mot, je l'ai expérimenté de toutes les manières ; j'ai compris tout ce qu'avaient coûté au prince de Bénévent son masque pâle et son sourire glacé. Entre les hommes et moi, j'ai chassé les ombres que la timidité avait élevées patiemment et traîtreusement.

Pendant que M. Blanchard parlait ainsi, Irénée s'était penché sur l'appui de la fenêtre.

Il suivait avec attention la marche de deux barques qui semblaient se diriger vers l'*Hôtel du Globe et des Etrangers*.

En ne se voyant plus écouté, M. Blanchard regarda Irénée pendant quelques minutes, silencieusement ; puis, allant à lui, il le toucha légèrement à l'épaule, comme on fait pour une personne que l'on veut réveiller.

— Oh ! pardon ! s'écria Irénée confus.

— Vous êtes distrait, dit M. Blanchard.

— Excusez-moi ; si vous saviez....

— Si je savais ?

— Tenez, apercevez-vous ces deux barques là-bas ?

— Oui, elles voguent de concert et vont sans doute aborder en face de nous.

— Eh bien ! dans l'une de ces deux barques probablement, il y a ma vie.

— Parlez-vous sérieusement ?

Irénée, pour toute réponse, se retourna vers M. Blanchard et lui tendit une main qui brûlait.

— Eh mais ! dit M. Blanchard en se penchant aussi à la fenêtre ; l'une de ces deux barques est celle de l'hôtel.

— Vous en êtes sûr ?

— Parbleu ! elle emportait d'ici, il y a quelques heures à peine, une femme très jolie qu'accompagnait un jeune homme. Je me suis croisé avec eux dans l'escalier, et j'ai même surpris ces paroles : — Souffrez-vous toujours autant, Marianna ?

— Marianna !

Après avoir répété ce nom, Irénée ne quitta plus des yeux le point que traçaient les deux voiles sur le bassin.

Debout, derrière, M. Blanchard attendait.

— Je reconnais le canot de l'hôtel, en effet, murmura Irénée, mais alors, c'est bien extraordinaire....

— Pourquoi donc ?

— C'est que, si je ne me trompe pas, l'autre canot est celui de la comtesse d'Ingrande.

— De la comtesse ?

— Oui ; je distingue maintenant la bande bleue.

Ils se turent d'un commun accord, pendant que les deux embarcations continuaient de s'avancer parallèlement.

Elles ne furent bientôt qu'à une faible distance de terre.

Alors Irénée, tressaillant, s'écria :

— Ah ! mon Dieu !

— Qu'avez-vous ? demanda M. Blanchard.

— Ne voyez-vous pas, étendu au fond de cette barque, quelque chose de blanc :....

— Attendez. Oui. Comme qui dirait une femme.... une femme évanouie....

— Marianna, sans doute ! Il lui sera arrivé quelque accident. Venez ! venez !

Il s'élança, éperdu.

M. Blanchard le suivit, après quelques secondes de réflexion, car la réflexion ne perdait jamais ses droits chez M. Blanchard.

Les deux barques allaient aborder.

Au fond de la première, on apercevait distinctement une femme couchée, aux vêtements humides, la tête reposant entre les mains d'un jeune homme.

Ce fut à cette barque que courut immédiatement Irénée de Trémeleu....

A peine le plus âgé des deux rameurs qui les conduisaient eut-il sauté sur le rivage pour la faire avancer, qu'il se sentit saisir au collet.

— Oh ! s'écria-t-il avec humeur en se retournant ; qu'est-ce donc qui vous prend, monsieur Irénée ?

— Cette femme.... réponds.... c'est toi, Péché, qui l'as conduite.... d'où vient son évanouissement ?

Le Testérin qu'on appelait Péché, et qui ressemblait à un dogue bourru, répondit avec un haussement d'épaule :

— Ah bah ! une misère. Il faut toujours que les femmes s'évanouissent, vous savez bien. Celle-ci a été effrayée par les crabes qu'elle a vus dans mon bateau. Elle s'est reculée trop brusquement et elle est tombée à l'eau, presque à la hauteur du cap Ferret.

— Mais c'est un des endroits les plus dangereux du bassin.

— Je crois bien. Aussi nous a-t-elle donné un fier mal pour la repêcher. Un instant, nous avons cru que nous n'en viendrions pas à bout, et sans mademoiselle d'Ingrande....

— Mademoiselle d'Ingrande ?

— Oui ; cette brave petite s'est jetée à la nage, au risque d'être engloutie par les tourbillons, et, en trois tours de bras, crac ! elle vous l'a empoignée et ramenée par la ceinture. Je dis qu'il était temps.

Péché attira la barque avec les deux mains, et la fit échouer sur le sable.

Marianna n'avait pas encore ouvert les yeux. Le jeune homme qui l'accompagnait la prit dans ses bras et la débarqua avec précaution, aidé du second rameur.

Lorsqu'il eut touché terre, il se trouva face à face avec Irénée.

Il s'arrêta.

— Vous ici, monsieur ! dit-il.

— Ne vous attendiez-vous donc plus à me revoir ? répondit Irénée avec hauteur.

— Le moment et le lieu seraient mal choisis pour une discussion, vous le comprenez ; je ne doute pas que vous ne me fournissiez l'occasion d'une prochaine rencontre. A bientôt donc, monsieur, à bientôt.

— Et si la vie de Marianna est en danger, malheur à vous ! lui cria Irénée.

Le jeune homme allait répliquer ; mais, rappelé aux devoirs de sa situation par un mouvement de Marianna, il se dirigea promptement vers l'hôtel avec son fardeau.

M. Blanchard avait comprimé le bras d'Irénée, en lui recommandant la prudence.

Mais sa recommandation arrivait trop tard ; placées dans la seconde barque, Mme d'Ingrande, la marquise de Pressigny et Amélie avaient assisté à cette scène rapide, et si les paroles n'étaient point parvenues jusqu'à leurs oreilles, du moins aucun des mouvements, aucun des gestes des interlocuteurs n'avait été perdu pour leurs yeux.

— Ma sœur, commencez-vous à être convaincue ? murmura la marquise à l'oreille de Mme d'Ingrande.

Celle-ci ne répondit point.

Malgré son trouble, Irénée comprit qu'il ne pouvait se dispenser, sans manquer aux convenances, d'aller saluer la comtesse, et de féliciter Amélie sur le courage qu'elle venait de déployer. C'est ce qu'il fit avec une gaucherie et un malaise qui n'échappèrent pas aux trois femmes.

Il termina en leur demandant si elles ne comptaient pas mettre pied à terre.

— Non, répondit la comtesse ; il nous suffit de savoir que cette personne est en sûreté. A propos, Irénée, vous pouvez peut-être nous dire qui elle est ?

— Moi, madame ?.... balbutia-t-il.

— N'avez-vous pas adressé la parole au jeune homme qui l'accompagnait ?

— En effet ; je m'informais à lui, je....

— Est-ce sa femme ou sa sœur ?

— Elle vous l'apprendra sans doute elle-même en vous faisant sa visite, dit Irénée avec effort.

— Quelle qu'elle soit, ajouta la marquise de Pressigny, n'est-ce pas qu'elle est belle ?

Il tressaillit, mais demeura muet.

— Rentrons, dit Mme d'Ingrande.

Et, saisissant tout à coup sa fille entre ses bras, elle l'embrassa brusquement sur le front.

A cette marque de tendresse, incompréhensible pour elle, Amélie leva sur sa mère ses grands yeux étonnés, pendant que la barque s'éloignait dans la direction de la Pointe du Sud.

Il ne resta plus sur la plage qu'Irénée et M. Blanchard.

Irénée, dont le trouble avait fait place à une sombre rêverie, paraissait avoir oublié qu'il eût un compagnon. Il ne sortit de cet état que lorsque M. Blanchard, qui jusque-là s'était tenu dans la plus grande réserve, l'engagea amicalement à regagner l'hôtel du Globe. Irénée le regarda alors avec fixité, et, cédant à une pensée soudaine :

— Voulez-vous, lui dit-il, que je vous présente demain à Mme d'Ingrande et à Mme de Pressigny ?

— Plus que jamais, répondit M. Blanchard ; mais qu'allez-vous me demander en échange de ce service ?

— Peu de chose.

— Encore....

— La grâce de me servir de témoin, d'ici à quelques jours probablement.

— Un duel ?

— Un duel, dit Irénée.

— Avec qui ?

— Est-ce que vous ne m'avez pas entendu tout à l'heure échanger des paroles avec un jeune homme ?

— C'est vrai. Son nom ?

— Philippe Beyle.

— Philippe Beyle.... j'ai vu ce nom quelque part.... Ah ! n'appartient-il pas à la diplomatie ?

— L'année dernière il était attaché à une ambassade, je crois, ou à un consulat.

— Monsieur de Trémelen, j'accepte la proposition que vous venez de me faire. Il importe donc qu'aucun malentendu ne se glisse entre nous : demain, vous m'introduirez chez la marquise de Pressigny, chez la comtesse d'Ingrande....

— Demain, affirma Irénée.

— Et après-demain ou un autre jour, je me mets à votre disposition pour toute rencontre avec M. Philippe Beyle.

— C'est convenu.

— Très bien ; seulement, ces clauses une fois arrêtées, il me reste encore à exprimer un vœu. Oh ! un vœu bien simple et tout naturel. La droiture de votre jugement me permet de croire que vous ne refuserez pas d'y souscrire.

— Voyons, monsieur.

— Bien que je ne doute en aucune façon de la justice de votre cause, il est cependant de ma conscience et de ma responsabilité de vous demander l'historique de vos dissensions avec M. Philippe Beyle. Soyez tranquille, je ne vous ferai aucune déclamation contre le duel. Je remplis une formalité, pas autre chose. J'ignore quelle opinion aura éveillé en vous notre entretien de tout à l'heure ; quelle qu'elle soit, sachez qu'il est certains principes d'humanité, certaines lois morales que je regarde comme inflexibles, et desquelles je ne me suis jamais écarté.

Irénée garda le silence pendant quelque temps.

— Vous avez raison, dit-il à la fin, et malgré tout ce qu'un tel récit ranimera en moi de souvenirs douloureux, malgré la rougeur qui pourra me gagner le front lors de quelques épisodes, c'est une confidence que je vous dois, je le sens, et qu'à votre place j'eusse provoquée ainsi que vous venez de le faire.

Une poignée de mains fut échangée.

— Montons dans ma chambre, ajouta Irénée ; nous y serons plus à notre aise qu'ici.

Ils quittaient la plage, lorsqu'Irénée s'entendit appeler à quelques pas.

C'était le batelier connu sous le nom étrange de Péché.

— Eh bien ! que me veux-tu ? s'écria Irénée.

Se tournant vers M. Blanchard :

— Etes-vous curieux de connaître un sorcier testérin, un jeteur de sorts, un paysan à maléfices ? Tenez, regardez-moi cette face-là.

Péché sortait en ce moment de son bateau, où il était resté pendant toute cette conversation.

Il souriait, mais comme sourient les paysans quand on se moque d'eux.

Son visage, qui avait la tête brun-rouge d'une pomme de pin, offrait un amas de rides qui le constituait en état de grimace permanente.

C'était pourtant un homme dans la force de l'âge, trapu, musclé comme un triton de Rubens ; mais sa lutte quotidienne avec les éléments l'avait revêtu d'une écorce qui semblait ne plus appartenir à l'espèce humaine.

Son costume était simple : une chemise bleue et un pantalon de toile, retroussé sur le genou. Pas de chapeau : sa crinière épaisse lui en tenait lieu.

— Faites excuse, dit-il en s'approchant d'Irénée ; mais comme vous paraissez connaître cette jeune dame, j'ai supposé que vous consentiriez peut-être à vous charger d'une commission auprès d'elle.

— Une commission ? de toi ? fit Irénée.

— Oh ! il ne s'agit que de lui rendre cet objet que je viens de trouver dans mon bateau.

En même temps, Péché présentait un de ces petits livres reliés en chagrin et connu sous le nom de carnets anglais.

Irénée le prit ; mais, s'adressant au batelier :

— Qui te dit que cet objet appartient plutôt à *elle* qu'à *lui* ?

— C'est que la dame écrivait dessus quelques minutes avant de tomber dans l'eau.

— Il suffit, dit Irénée en introduisant le petit portefeuille dans la poche de son gilet.

M. Blanchard observait attentivement l'expression malicieuse qui faisait briller et trembler l'œil du Testérin.

Il voulut l'interroger à son tour.

— Un mot, encore, brave homme, lui dit-il.

— A moi, monsieur ?

— A vous. Pourquoi ne trouvez-vous pas préférable de rendre vous-même ce carnet aux mains de leurs véritables propriétaires ? En agissant autrement, et en employant un intermédiaire, vous vous privez peut-être d'une récompense méritée.

Péché fit un mouvement et regarda M. Blanchard ; puis, avec un ricanement grossier :

— Ma foi, monsieur, répondit-il, s'il est vrai que je sois sorcier, comme disent les autres, je crois bien que vous êtes un peu de ma famille. Mais à bon chat, bon rat. Qui est-ce qui vous dit que ce que j'ai fait ne me vaudra pas deux récompenses au lieu d'une ?

M. Blanchard eut un geste de dégoût.

— Après cela, continua sournoisement Péché, si M. de Trémeleu pense comme vous, il n'a qu'à me rendre la chose....

Sa main se tendait déjà pour ravoir le carnet.

— Non, dit vivement Irénée ; tu as bien agi, et en voici la preuve.

Le main de Péché se referma sur une pièce de cinq francs.

Irénée et M. Blanchard rentrèrent immédiatement à l'hôtel du *Globe.* Là, dans une chambre du premier étage, et selon l'engagement qu'il avait pris, Irénée initia son nouveau témoin à l'histoire de ses relations avec Marianna, la jeune femme si impatiemment attendue et tout à l'heure si brusquement mise en scène. Comme c'est sur cet important récit que pivote notre action entière, nous prendrons la liberté de nous substituer à Irénée, et cela autant pour accuser ou repousser certains épisodes, que pour sauver à nos lecteurs la monotonie d'un soliloque trop prolongé.

IV.

ÉTUDE DE FEMME.

Un jour qu'Irénée de Trémeleu passait dans la Faubourg Poissonnière, il fut frappé de la beauté d'une jeune fille qui marchait vite et seule, plusieurs cahiers de musique sous le bras.

A je ne sais quoi de délibéré dans la démarche, de certain dans le port de tête et de déjà savant dans le coup d'œil, de Trémeleu, qui avait le pied parisien, comme d'autres ont le pied marin, reconnut immédiatement une élève du Conservatoire, section du chant.

Il était précisément l'heure à laquelle ces jeunes personnes sortent de leur classe, bandes coquettes où l'avenir recrute ses cantatrices altières, têtes brunes et blondes qui iront plus tard s'épanouir sous les lustres de la Fenice, dé Covent-Garden ou de l'Opéra.

M. de Trémeleu, qui était alors un jeune homme absolument voué au plaisir, mit son pas à l'unisson de celui de la jeune fille, et, sans trop réfléchir, il la suivit à une distance bienséante.

Tout en la suivant :

— Voici pourtant, se disait-il, une enfant de seize ans à peine, en brodequins de coutil, en robe modeste, avec un chapeau dont la coiffe et les rubans ont été changés autant de fois que le manche et la lame du couteau de Jeannot ; c'est pauvre, c'est inconnu.... et dans quelques années peut-être cela se lèvera et traversera le monde, à la façon des ouragans. Des passions, des désespoirs, des consolations, des courages seront éveillés par elle dans cette course folle qu'entreprennent les femmes de théâtre au milieu des enthousiasmes et des opulences. Après l'avoir vue et entendue, des hommes en perdront le boire et le manger, se ruineront, accompliront des crimes même ; d'autres, au contraire, sentiront leur front se relever plus illuminé et plus glorieux. Elle sera maudite, elle sera bénie. De tous ceux qui passent à côté d'elle aujourd'hui en la regardant d'un œil indifférent, il y en aura peut-être un qui sanglottera plus tard à sa porte, en la suppliant d'accepter sa fortune, son nom, son existence, et qui sera orgueilleusement refusé par cette petite — dont les souliers usés trempent à cette heure dans le ruisseau !

En pensant ainsi, Irénée de Trémeleu ne se doutait pas qu'il venait de tirer son propre horoscope.

Il suivit la jeune fille jusque dans la rue de Chabrol.

Elle entra dans une de ces grandes et hautes maisons que l'on s'est avisé récemment de construire, avec d'immenses croisées, de vastes cours, pour y loger spécialement des peintres.

M. de Trémeleu fit prendre des renseignements, et, au bout de deux jours, il sut tout ce qu'il voulait savoir au sujet de la jeune élève du Conservatoire.

Elle s'appelait Marianne Rupert ; son berceau avait été environné de ténèbres. Mise au monde en plein Paris, dans une mansarde de la rue du Four-Saint-Honoré, les deux premiers visages dont elle gardait souvenir étaient celui d'un homme rouge et très violent, son père, et celui d'une femme qui passait ses jours à tortiller des chiffons et à arranger ses cheveux devant un miroir, sa belle-mère.

Les époux Rupert tenaient une boutique de peintre-colleur ; mastic, vitres, pinceaux, essences.

Après avoir passé quelque temps à l'école des sœurs, Marianne, dès qu'elle fut un peu grande, fut employée aux travaux de la maison : on lui fit balayer la cour, éplucher de la laine pour les matelas, récurer les chandeliers le samedi. En même temps, son père commença à devenir brutal envers elle. Et puis, il était venu d'autres enfants aux époux Rupert.

La veille du jour où Marianne devait faire sa première communion, son père lui appliqua un soufflet énorme. Il sortait d'un dîner et avait la tête échauffée. Le lendemain, elle alla à l'église avec une bosse au-dessus de l'œil. Sa belle-mère lui avait taillé un costume blanc dans une vieille robe de mariée ; elle lui avait donné, en outre, des gants de percale et des souliers puce. Néanmoins, la petite, qui ressemblait à un chien coiffé, se croyait naïvement la mieux de toutes.

Marianne, à douze ans, faisait déjà les gros savonnages, et elle se levait au point du jour afin d'aller rincer le linge à la fontaine. Elle aidait aussi à la cuisine. La haine de ses parents croissait en proportion des services qu'elle leur rendait. Elle tremblait de tous ses membres quand elle entendait la voix de son père. Arrive donc ici ! lui criait-il, et regarde-moi cela ; c'est donc bien fait, cela, c'est donc bien essuyé ? pif ! paf !....

Demandait-elle à manger, sa belle-mère lui répondait : Ne faudrait-il pas te pendre un pain de six livres au cou ? Tu mangeras quand tu auras fini de travailler. Et souvent le soir s'avançait qu'elle n'avait rien pris encore ; car la belle-mère tenait les provisions sous clé. Dans ce cas, la pauvre enfant s'avisait quelquefois d'un stratagème : comme on avait crédit chez les fournisseurs, elle prenait chez l'épicier une livre et demie de fromage au lieu d'une livre seulement qu'on l'y envoyait chercher, et elle mangeait en chemin, à la dérobée, la demi-livre de surplus. Souvent aussi elle se nourrissait de la graisse dans laquelle on faisait frire le poisson. Le pain qui tombait sous les tables, elle le ramassait avec soin et le cachait dans ses poches pour le dévorer le soir dans le grenier où elle couchait sans chandelle.

Ses vêtements ne lui tenaient pas sur le corps ; elle n'avait qu'une robe et qu'un petit bonnet à trois pièces. On lui laissait ses bas jusqu'à ce qu'ils lui tombassent des pieds, en raison du proverbe : « Tant qu'il y a de la jambe, il y a du talon. »

Il semblait qu'elle ne fît plus partie de la famille. Chez les gens du peuple, plus qu'ailleurs, il survient de ces changements extraordinaires, de ces revirements d'affection que rien ne motive. Une première brutalité, souvent irréfléchie, en amène une seconde qui est calculée. C'est que là où le père devait se repentir, il a au contraire essayé de se justifier. Il a cherché une raison à sa colère, et il en a trouvé une. Désormais l'habitude est prise : son sourcil demeurera froncé pour son enfant, car un père ne

doit pas montrer d'illogisme dans sa conduite ; désormais il se mettra à l'affût de toutes les occasions propres à attiser sa colère, et les occasions viendront au-devant de lui. La colère est progressive comme l'ivresse ; elle engendrera la haine, et la haine appellera la cruauté. Ainsi, pour avoir voulu être infaillible une première fois, il descendra un à un tous les degrés de la démence et de l'inhumanité. L'orgueil, dans les basses classes, lorsqu'il est poussé jusqu'à l'entêtement, produit des résultats épouvantables.

Plus le peintre-colleur battait sa fille, plus elle lui devenait odieuse. L'injustice arrivait chez lui à des vertiges surprenants. Il lui trouvait tous les défauts, toutes les laideurs, toutes les insipidités ; il n'aurait jamais voulu l'avoir sous les yeux, disait-il, et quand il ne la voyait pas, il criait avec fureur après elle. Peu à peu, il s'était forgé un raisonnement qui eût étonné même une brute ; il pensait : Puisque je la bats si souvent et si fort, il faut donc que ce soit un monstre ?

En conséquence de ce principe, on ne trouverait pas dans toute l'enfance de Marianne quelque chose qui ressemblât à un plaisir, même à un loisir.

Les dimanches, dans l'après-dînée, sa petite tête mélancolique apparaissait quelquefois un instant à la lucarne du grenier ; de là, elle regardait dans la rue les petites filles. Les petites filles sautaient, se trémoussaient, jouaient à la *marchande de rubans ;* pour tirer au sort celle qui devait jouer le rôle principal dans le jeu, elles se rassemblaient autour de la plus grande, qui les comptait du bout du doigt en répétant une de ces mélopées naïves qui se transmettent de générations en générations, telles que :

> Belle pomme d'or à la révérence....

ou bien :

> Une poule sur un mur, etc.

Il y en a d'autres moins connues, celle-ci, par exemple :

> Un i, un l,
> Ma tante Michel,
> Des raves, des choux,
> Des raisins doux.
> Ne passez pas
> Par mon jardin,
> Ne cueillez pas
> Mon romarin,
> Ni ma violette.
> Mistouflette !

Mistonflette à vêpres,
Qui chante comme les prêtres,
Pimpon d'or,
Chapeau d'épinette,
La plus belle
Ira dehors!

Et quels cris d'oiseau poussait celle sur qui le doigt s'arrêtait ! Et après les jeux, quelles belles rondes ! Tout le chapelet défilait, depuis les *Compagnons de la Marjolaine* jusqu'aux *Trois cents soldats revenant de la guerre* ; et ces voix claires résonnaient dans le crépuscule d'été, ces cheveux s'agitaient ; elles recommençaient toujours :

La violette se double,
La violette se doublera....

Marianne les regardait avec des yeux démesurés.

Il ne fallait pas que les époux Rupert la trouvassent endormie lorsqu'ils revenaient de la promenade avec leurs autres enfants. Son père la *tricotait* alors avec un rotin qu'il avait rapporté des Iles, ou bien il la cinglait à tour de bras avec des *liures* de cotrets rassemblées en poignées de verges. Tout le quartier avait connaissance de ces mauvais traitements et s'en indignait, mais il ne se trouvait personne pour les dénoncer : ni le boulanger d'en face, ni le boucher, ni le perruquier, ni le charcutier ; car tous ces gens-là avaient la pratique du peintre et ne voulaient pas la perdre par une dénonciation.

Il n'y a pas de caractère possible avec une telle éducation, il n'y a que des sensations et une sorte d'habitude machinale et plaintive. Marianne comprenait vaguement qu'elle faisait l'office d'une bête de somme, mais sa pensée n'allait pas jusqu'à rêver l'affranchissement. La nuit la plus absolue régnait dans son intelligence et dans son cœur ; elle ne se rendait compte de rien,—elle n'avait pas le temps ;—elle n'aimait ni n'abhorrait personne, pas même son père ; elle le craignait simplement. Cependant nous ne pouvons passer sous silence un trait caractéristique, résultat, ou plutôt contre-coup singulier des brutalités réitérées auxquelles elle était en butte.

Dans la maison du peintre, il y avait, au fond d'un corridor commun, un appartement habité par un pauvre couple : l'homme, la femme et une petite fille de six ans à peu près. L'homme travaillait sur le pont de Bercy, la femme faisait des ménages ; tous les deux partaient le matin pour ne rentrer que le soir ; ils laissaient la petite fille seule au logis avec un sou de lait pour sa nourriture. Régulièrement, lorsque la nuit tombait, cette petite fille, qui avait peur des ténèbres, venait timidement se placer sur le seuil de la porte d'allée, en attendant ses parents. Elle était laide, et tout son être exprimait la souffrance. Vêtue rien que d'un lambeau d'indienne pendant l'hiver, elle repliait ses bras et cachait ses mains sous ses aisselles pour éviter le froid. La douleur résignée de cette attitude serait difficilement rendue. Eh bien ! Marianne ne manquait jamais, chaque fois qu'elle traversait ce corridor, de lui donner en passant une calotte ou un coup de poing. La petite fille s'enfuyait en criant et la redoutait comme la peste.

Quelle satisfaction secrète trouvait donc Marianne à reporter sur une autre une partie des barbaries paternelles ? Il y a-là des questions d'animalité qui font frémir. Effroyables joies que celles qui consistent à se venger des coupables sur les innocents ! La laideur de cette petite malheureuse, sa physionomie mélancolique, rien ne pouvait désarmer Marianne, qui semblait dire en la battant :—Je fais donc souffrir quelqu'un moi aussi !

Marianne allait finir sa douzième année.

Elle aimait à chanter. Elle retenait avec une facilité surprenante les airs que venaient écorcher les orgues dans la cour de la maison.

Cette aptitude précoce frappa un professeur de musique qui demeurait au troisième étage. Il offrit aux parents de développer les dispositions de Marianne, et, comme il ne demandait aucun argent pour cela il obtint facilement leur consentement. Tous les jours, après avoir fait les grosses commissions du matin, l'enfant venait s'asseoir au piano du professeur, honteuse et charmée ; elle recueillait ses moindres paroles avec cette avidité, cette crainte, ces grands yeux ouverts, cette haleine retenue, cette sueur, qui attestait la dévotion de la vocation.

Les progrès de Marianne furent tels, que le professeur se rendit chez un éditeur de musique connu par ses *idées*, et le pria de venir entendre son élève. Marianne chanta devant ces deux hommes, lesquels, très satisfaits intérieurement, se gardèrent bien d'en témoigner quelque chose devant elle. L'éditeur, particulièrement, s'était composé un visage impénétrable ; les mains appuyées sur la pomme de sa canne, il regardait fixement la petite fille, de manière à l'intimider ; quelquefois seulement, avec son pied, il marquait la mesure. — Lorsqu'elle eut chanté pendant une heure environ, ils la renvoyèrent sans une caresse.

Marianne pleura, et crut n'avoir aucun talent.

Alors, entre le professeur et l'éditeur *à idées*, il y eut une très longue conversation, à la suite de laquelle tous les deux se rendirent chez le père et la mère de Marianne.

Là, un singulier traité, mais dont les exemples sont nombreux dans notre époque, fut conclu entre ces quatres personnes.

Ils la vendirent pour une certaine somme et pour un certain temps, c'est-à-dire jusqu'à sa majorité.

Jusqu'à sa majorité Marianne demeurait la propriété de l'éditeur de musique, qui se chargeait de l'élever, de la placer au Conservatoire, de contracter pour elle des engagements, de la *lancer*, enfin, le tout à ses risques et périls.

Mais aussi, tout ce que le talent de Marianne pourrait produire de bénéfices d'ici à l'expiration du traité, revenait de droit à l'éditeur de musique.

C'était comme une terre qu'il affermait pour un certain laps d'années.

L'idée pouvait être mauvaise. — Elle fut excellente, grâce à la vigoureuse et sincère organisation artistique de Marianne Rupert.

Le marché pouvait être déplorable, — il fut superbe ! On redoutait les maladies, la croissance. On fut ravi ; *l'élève* grandit en pleine santé, et rien n'altéra sa voix pendant les années qui séparent l'enfance de la jeunesse.

Une chose aussi, sur laquelle on n'avait pas compté, et qui vint surprendre délicieusement l'éditeur, ce fut le rapide développement de la beauté de Marianne. Hors de la mansarde paternelle, transportée dans un plus vaste milieu d'air, soumise à un régime approprié à sa nouvelle condition, elle se transforma tout à fait : elle perdit ce cachet de souffrance et de gêne qui s'attache fatalement aux filles du peuple, fleurs des miasmes parisiens, gaîtés malsaines des maisons noires. Sa tête, que l'habitude de la réprimande lui avait fait tenir courbée, se releva aux appels mystérieux et éclatants de son avenir. Ses cheveux étaient rares et courts, dépourvus de sève ; ils tombaient sous le peigne ou se cassaient dans la main ; en moins d'un an, ils s'épaissirent et se lustrèrent. Ses mains, que ne gerça plus l'eau *seconde*, acquirent une blancheur vivante. L'œil naquit pour la pensée,

la bouche pour le sourire. Le corps entier s'élança, gracieux et puissant, comme sous le travail invisible d'un statuaire.

Dans les premiers temps, elle n'eut pas connaissance de sa beauté. L'éducation exclusivement artistique qu'elle recevait fut un bien moral pour elle.

Et puis il faut dire aussi que l'éditeur manifestait pour Marianne des vigilances de duègne, cela se concevra sans effort. Il avait commis à sa garde une de ses parentes à lui, très-malheureuse du côté de la fortune, et qui avait par conséquent tout intérêt à le bien servir. Cette dame conduisait Marianne au Conservatoire et l'en ramenait régulièrement ; le reste de la journée, pendant ses études, elle demeurait à côté du piano, occupée à coudre.

Cela n'empêcha pas que, le premier jour où cette personne se vit retenue au logis par un violent rhumatisme, Marianne ne fît la rencontre d'Irénée de Trémelen.

Irénée était, nous l'avons déjà dit, jeune, riche et oisif. Il entreprit d'éveiller le cœur de Marianne, et il y réussit.

Les moyens qu'il employa sont vieux comme le monde. Il écrivit, il parla.

Sur ces entrefaites, les rhumatismes de la dame augmentèrent.

Irénée ne croyait d'abord qu'à une amourette ; mais peu à peu la candeur de Marianne, son intelligence croissante, la puissance de son exaltation en matière d'art, tout cela, joint à l'honnêteté qui tenait de son sang et de sa famille, opéra tellement sur son imagination que ce qui n'avait été qu'une fantaisie ne tarda pas à prendre les proportions d'une passion véritable.

De son côté, Marianne aima Irénée, mais comme on aime pour la première fois, c'est-à-dire timidement, avec plus de curiosité que d'ardeur. Leur liaison fut pure.

A dix-sept ans, Marianne Rupert, qui ne s'était produite que dans des concerts, où son succès avait été considérable, revêtit pour la première fois la pourpre des prima-donna et parut sur le Théâtre-Italien. « Tout Paris était là, » selon l'expression accoutumée des gazettes, et Dieu sait si ce *tout Paris* est fait pour donner le vertige ! En présence de ces habits noirs et de ces robes blanches, vis-à-vis de ces épaules écrasées de diamants, de ces cheveux semés d'étincelles, de ces bras nus reposant sur le velours des loges, devant ce silence et devant cette flamme, sous l'obsession de ces grosses lorgnettes jumelles qui ressemblent à des canons, l'enfant de la rue du Four-Saint-Honoré sentit tout à coup une commotion au cœur, le sang parut jaillir sous son fard, et ses yeux se fermèrent pendant trois minutes. Mais un radieux effort de volonté dissipa cette impression. Marianne, s'indignant contre elle-même, fit trois pas de statue vers la rampe, et donnant d'un regard le signal au chef d'orchestre dont le bâton était resté immobile, elle attaqua son air d'entrée avec une énergie qui renversa dans leurs stalles les habitués les plus blasés.

La foudre des applaudissements tomba sur elle avant que la dernière note n'expirât dans son gosier.

Il y eut des fleurs jetées, des cris, cent conversations au foyer, —tout l'attirail d'un triomphe parisien.

Remontée dans sa loge après le premier acte, Marianne s'affaissa dans un fauteuil en murmurant :—Suis-je vivante ?

Et elle demeura ainsi muette, sans mouvement, enveloppée dans la nue de sa gloire naissante, jusqu'à ce qu'un soupir poussé à côté d'elle l'eût tirée de cette extase.

C'était Irénée de Trémeleu.

Elle l'avait oublié.

Sur l'affiche, Marianne était devenue Marianna ; c'était encore une des idées de l'éditeur. Elle le laissa faire, il était dans son droit. Elle le laissa également contracter pour elle un engagement à l'étranger, car, au point de vue de l'éditeur, il suffisait qu'elle eût reçu la consécration du public le plus intelligent de l'Europe. Ensuite, il voulait la soustraire aux enivrements de toute sorte qui suivent les succès de théâtre.

Mais, si actif et si attentif qu'il se montrât, il ne put empêcher cependant qu'avant son départ pour Londres certains hommages ne parvinssent sous les yeux et aux oreilles de Marianne. Les financiers, ces éternels tentateurs, les journalistes et les grands seigneurs de toutes les nations descendirent dans les coulisses et se pressèrent sous les quinquets des portants, pour encenser de plus près la moderne idole. Sa loge se trouva chaque soir encombrée de bouquets merveilleux, éclos dans les serres de l'impossible ; chaque soir en dépit de ses défenses réitérées, l'habilleuse affecta de laisser traîner sur la toilette les présens de Turcaret et les billets doux de Moncade.

Marianna n'avait pas quitté son appartement de la rue de Chabrol ; seulement la dame aux rhumatismes avait été remplacée.— La curiosité vint la poursuivre jusque-là ; le garçon de théâtre, chargé de lui porter les bulletins de répétition, eut désormais tous les matins ses mains pleines de messages et de cartes de visite.

Parmi les cartes qui se représentaient le plus obstinément dans sa loge des Italiens et dans son appartement, Marianna finit par remarquer celle d'un jeune homme, appelé M. Philippe Beyle.

Irénée la remarqua aussi.

Écrivons-le ici en lettres de feu ; entre tous les supplices que le poète florentin se plaît à entasser dans les cercles de son poème infernal, il n'en est pas de comparable à celui qui consiste à aimer une comédienne. On ferait un lac à couvrir l'Europe avec les larmes et le sang que ces femmes brillantes ont fait répandre depuis l'invention des spectacles.—Irénée, dès qu'il vit un lustre resplendir sur l'objet de son adoration eut le pressentiment des souffrances qui l'attendaient. Il jeta, ce soir-là, un regard haineux sur la salle entière, et il comptait qu'entre lui et le public la lutte allait commencer.

Se rencontrant avec l'éditeur de musique dans une pensée commune, il hâta le départ de Marianna pour l'Angleterre.

Marianna quitta Paris avec un certain regret ; il lui en coûtait d'abandonner ainsi *son public* ; et, malgré tous les raisonnements que l'amour suggéra à Irénée, elle lui en voulut un peu de ce qu'elle appelait son égoïsme.

Il faut dire aussi qu'en dehors de son talent et de sa beauté, Marianna n'avait rien de supérieur aux autres femmes. C'était un esprit à créer, une âme à animer. On ne pouvait donc pas s'étonner des premiers éblouissements de son amour-propre. Pourquoi d'ailleurs aurait-elle partagé les craintes d'Irénée lorsque l'art, la faisait passer sous sa plus belle porte, ne lui promettait que des enchantements ?

Quelques affaires firent que M. de Trémeleu ne partit point en même temps que Marianna. Il resta un mois à Paris.

Ce mois devait lui être funeste.

La première carte que reçut Marianna, deux jours après son arrivée à Londres, fut celle de M. Philippe Beyle.

M. Philippe Beyle n'était pas, comme Irénée, un personnage discret et posé. Son extérieur, des plus favorables, du reste, annonçait la bonne humeur et l'audace. Il était grand, il parlait haut et agissait vite. Quelque chose se sentait en lui de la race des courtisans militaires de l'époque de Louis XIII.

Il afficha tout de suite et bruyamment ses prétentions sur la Marianna. C'était un excellent moyen, sinon pour écarter ses rivaux, du moins pour les intimider,—car bien que puissent en maugréer les cœurs délicats, il n'y a que les *ficelles* qui réussissent en amour comme en littérature.

A toutes les subtilités du sentiment, la majorité des femmes préférera toujours la déclamation et les témérités.

Et c'est dans la majorité des femmes que nous avons classé Marianna.

Aussi lui fut-il impossible, à la fin, c'est-à-dire au bout de quelques jours,—de ne pas accorder son attention à ce jeune homme singulier qui lui envoyait des fleurs matin et soir, des lettres soir et matin, qui au théâtre ne la quittait pas des lorgnettes, et qu'elle était assurée de rencontrer sur son passage chaque fois qu'elle se hasardait à sortir.

Cette obsession qui lui parut être, à juste titre, assez impertinente, eut pour résultat progressif de la mettre en colère,— puis de la faire rire,—et finalement de la toucher.

Elle compara la physionomie hardie et gaie de Philippe Beyle au visage chagrin d'Irénée. Ces façons d'agir, un peu vulgaires, sans doute, mais pleines d'entraînement et chassant devant elles les réflexions, l'étourdirent comme eût pu le faire un vin trop fort. Elle voulut être aimée avec joie, elle qui n'avait été aimée qu'avec mélancolie ; elle croyait, sans se rendre compte des nuances, que, de ces hommes, le supérieur était celui qui sollicitait l'amour avec despotisme au lieu de l'attendre avec humilité. Enfin Marianna estimait trop Irénée pour l'aimer ardemment ;—ces choses-là, nous le savons, sont cruelles à jeter sur le papier.

Bref, Marianna, qui n'avait pas failli avec Irénée de Trémelen, succomba avec Philippe Beyle.

Elle avait dix-huit ans.

Philippe en avait vingt-huit environ ; il était spirituel et raisonnait ses folies. Il avait été plusieurs fois riche, et chaque fois il avait jeté sa richesse par les fenêtres, comme on fait d'une poignée de pralines. Il ne comprenait pas qu'on fût opulent à demi ; il voulait l'être tout entier, et il s'avançait vers l'avenir avec l'assurance d'un fils de famille qui aurait une lettre de crédit illimitée sur une maison de banque.

Ses parents, qui étaient de gros marchands de Normandie en avaient fait d'abord un auditeur au conseil d'Etat, ce qui lui avait permis de se pousser dans les salons de la finance et à la cour de Louis-Philippe. Il n'en demandait pas davantage. Ses instincts, plutôt que ses goûts, l'éloignaient de l'aristocratie, dont il croyait le rôle presque terminé.—Après être resté au conseil juste le temps nécessaire pour apprendre à marcher et à s'asseoir, il prit sa volée à travers l'Europe et courut les ambassades. Grace à de hautes protections et surtout à maintes importunités électorales, il obtint du gouvernement quelques menues missions—ou commissions,—qui lui entr'ouvrirent la porte des cabinets diplomatiques.

A cette époque, l'opinion du monde sur Philippe Beyle pouvait se résumer par ce mot des gens qui clignent de l'œil : — Oh celui-là n'est pas embarrassé de faire son chemin !

Dans ses vagabondages, il avait en effet conquis une brutale mais réelle expérience des hommes et des faits.

Quant aux femmes, il avait le don de les asservir après les avoir fascinées.

Ce n'était pas que, comme tout le monde, Philippe n'eût aimé, n'eût souffert, n'eût maudit ;—il était trop intelligent pour n'avoir pas été victime avant de devenir bourreau ; — mais il avait l'habitude de dire que son noviciat était terminé.

D'ailleurs, il approchait de l'âge où selon un philosophe du dix-huitième siècle, qui, de la vie la plus enivrante, a tiré les enseignements les plus amers, il faut que le cœur se brise ou se bronze.

Philippe Beyle sentait chaque jour que son cœur allait se bronzer.

Tel était l'homme avec qui Irénée se trouva en présence lors de son arrivée à Londres.

Il songea à repartir immédiatement pour Paris : il n'en eut pas la force. Son amour s'était accru pendant un mois de séparation, employé par lui à caresser des projets, à préparer des plans pour un avenir tout de calme et de demi-jour poétique. Il ne voulut pas renoncer en une heure à des rêves si longtemps et si délicieusement élaborés, à des rêves pétris pour ainsi dire avec le meilleur de son sang et dorés de tous les rayons de son imagination. Il appela à son secours les raisonnements les plus étranges il é voqua les espérances les plus paradoxales. Vainement la dignité étendait-elle sur lui son beau bras de marbre pour tenter un dernier rappel, il repoussa brusquement la dignité et se plongea entier dans sa chère et douloureuse erreur.

Irénée resta donc à Londres. Spectateur assidu de l'Opéra, on put le voir pendant deux mois, assis à la même place, les yeux avidement fixés sur la scène quand paraissait la Marianna, — le front tristement incliné sur la main quand elle avait disparu.

Souffre, jeune homme ! abaisse ton regard pour qu'on n'y voie pas trembler la lumière de tes larmes ! Porte les doigts à ta gorge pour y arrêter les sanglots qui s'y pressent. Que ton âme s'épanche et filtre à travers les notes gémissantes de la musique des grands maîtres.

Souffre ! c'est l'âge de souffrir. Ton cœur a du sang pour tous les glaives ; ne crains pas d'aller au-devant des blessures !

On sera peut-être surpris par la scène que je vais essayer de rendre ; mais j'atteste cependant qu'elle est bien dans le sentiment passionné.

Irénée se présenta chez Philippe Beyle, qu'il n'avait jamais rencontré que dans les corridors du théâtre, où leurs regards avaient été ce que sont les regards des gens du monde, c'est-à-dire froids, et, en apparence, indifférents.

— Monsieur, dit Irénée, vous vous attendiez probablement tôt ou tard à ma visite, car vous ne pouvez ignorer la nature et la force de l'intimité qui m'attachaient à Marianna. Vous avez remporté sur moi un avantage, en présence duquel tout homme sensé devrait renoncer à ses prétentions.—mais je ne suis pas un homme sensé, je suis un homme qui aime. La question ainsi posée, il semblerait qu'il n'y eût qu'un seul moyen de la vider ; pourtant ce n'est pas à ce moyen que j'aurai recours. Non, je n'aurai pas le mauvais goût de demander une préférence aux chances d'une provocation. Il est inutile que, devant vous, je cherche à justifier ce côté de ma résolution : plusieurs rencontres sérieuses sauvegardent suffisamment à cet égard ma dignité.

Philippe Beyle, quoique étonné, s'inclina.

Irénée poursuivit :

— Le but de ma visite est plus simple et en même temps plus conforme aux lois du véritable honneur : il consiste à vous demander si vous croyez aimer Marianna autant que je l'aime, et si vous êtes disposé à faire pour son avenir et pour son bonheur ce que je ferais, moi. Je sais

que j'excite au plus haut point votre étonnement, mais je sais aussi que les démarches les plus étranges échappent entièrement au ridicule, lorsqu'elles ont un but honnête et qu'elles sont accomplies avec simplicité. Or, voici ce que je ferais pour Marianna, si Marianna m'était rendue ; je romprais immédiatement le traité qui la lie à son exploiteur, quelque exorbitant que soit le dédit attaché à la rupture de ce traité ; je l'arracherais à une profession qui offense autant la pudeur qu'elle dénature et émousse les sensations intimes ; enfin, et bien qu'il ne me soit plus permis maintenant de réaliser des projets de mariage que j'avais conçus il y a trois mois, je ne lui en consacrerais pas moins mon existence tout entière ; j'irais vivre avec elle à l'étranger, au sein d'un luxe qu'il m'est facile de lui donner et dans l'oubli d'un passé, pour lequel le ciel, moins inflexible que le monde, a réservé des trésors d'indulgence. Je ferais cela, monsieur, et je croirais encore ne pas faire assez, car j'aime Marianna presque autant que l'honneur. En venant ici, et en dégageant mes paroles de toute solennité, j'ai espéré, je l'avoue, que vous placeriez dans votre conscience votre amour et le mien, et que vous les peseriez tous les deux. Nous appartenons à la même génération, au même milieu social, il ne peut y avoir aucun motif de haine entre nous. Examinez donc ma demande avec sang-froid et répondez-y avec probité ; sachez si vous êtes capable de tous les sacrifices que je suis disposé à accomplir en faveur de Marianna, et songez bien surtout que ne pas faire autant que moi pour elle, c'est confesser l'infériorité de votre amour.

Il se tut, il avait fini.

Philippe Beyle demeura embarrassé pendant quelques minutes ; on le serait à moins. Ce langage l'avait troublé, et son premier mouvement lui avait conseillé de tendre une main cordiale à Irénée. C'eût été bien et digne. Mais, en sa qualité de diplomate, Philippe Beyle n'écoutait jamais son premier mouvement.

D'ailleurs, quelques mots maladroits échappés à Irénée sur sa fortune et sur *le luxe dont il lui était facile d'entourer Marianna*, avaient éveillé sa susceptibilité. Il se sentit blessé également de ses précautions pour aplanir la distance que le blason établissait entre eux. Sous l'amant, il flaira le riche et le noble. Ces préoccupations l'emportèrent, et sa loyale résolution s'évanouit aussitôt.

Il chercha et trouva une de ces réponses

qui empourprent la figure mieux qu'un soufflet.

Il dit :

— Monsieur, j'apprécie votre démarche et je
m'en trouve honoré, mais vous m'excuserez de
ne pas vous suivre sur le terrain où vous m'appelez. Je suis peu expert en matière de sentiment ; il me semble, toutefois, que le bonheur
d'une personne vient plutôt de celui qu'elle aime
que de celui qui l'aime. Penser autrement, c'est
se placer à un point de vue peut-être égoïste.
Soyez sans crainte pour l'avenir de Mlle Marianna, il est aussi en sûreté dans mes mains que
dans les vôtres.

Irénée ne répondit pas ; il salua et sortit.

On n'en entendit plus parler pendant un an.

Cette année vit s'éteindre l'amour de Philippe Beyle pour Marianna et redoubler l'amour
de Marianna pour Philippe Beyle.

Philippe Beyle avait compté sur une liaison
publique et éclatante ; il s'était promis de tirer
honneur de cette nouvelle maîtresse, comme on
tire honneur d'un diamant ou d'un coursier. Marianna trompa ses espérances. Au lieu de l'être
lumineux, posédé, extrême, qu'il s'était flatté
de trouver ou de développer en elle, il ne trouva qu'une femme aimante et paisible. A peine
s'il put la décider à souper deux ou trois fois
en société de quelques-uns de ses amis.

— Autant vaudrait m'être épris d'une bourgeoise, pensait-il, en la regardant à son piano,
d'où rien ne pouvait la détacher pendant de
longues heures.

Marianna avait, en effet, la sérénité de la confiance. L'idée d'une trahison lui semblait inad-
missible, car elle jugeait du cœur de Philippe
d'après le sien, cercle vicieux où se laissent
tomber la plupart des femmes! N'avait-elle pas
tout sacrifié pour lui, même sa première et sa
meilleure tendresse ? Et pouvait-il ne pas avoir
sans cesse présente à la mémoire l'importance
de ce sacrifice ?

Ces réflexions, qu'elle n'avait faites qu'une
fois, avaient suffi pour assurer son repos.

Il fallut bien cependant finir par s'apercevoir
du désappointement de Philippe Beyle et du
refroidissement qui en fut la suite. Mais cette
cruelle lumière ne lui arriva que lentement, et
pour ainsi dire rayon par rayon.

Dès lors, tout ce qu'avait souffert Irénée, elle
commença à le souffrir à son tour.

Son talent se ressentit de cette épreuve ; sa

voix s'altéra, son jeu perdit en certitude et en
autorité.

Alarmé, l'éditeur de musique accourut chez
elle, l'accablant de doléances et de reproches,
l'accusant d'ingratitude, allant plus loin encore,
et voulant rechercher dans la vie privée les
causes de ce commencement de décadence. La
rougeur au front, Marianna se tourna vers Philippe Beyle, comme pour lui demander de la
soustraire à de tels outrages. Mais Philippe
Beyle n'était pas assez riche pour payer une
rançon et briser ainsi cette tutelle cynique. Il
se contenta du seul moyen qui fut en son pouvoir, lequel moyen consistait à saisir l'éditeur-
négrier par les épaules, à le pousser véhémente-
ment vers la porte, et à lui faire descendre sur
les reins une majeure partie de l'escalier.

Mauvaises raisons, après tout.

Dans ces conditions nouvelles, le bonheur ne
devait plus trouver que peu de place entre Philippe et Marianna.

Le seul motif qui empêchât Philippe de
rompre ouvertement, c'était le souvenir de son
entretien avec Irénée de Trémeleu, vis à vis
duquel l'amour-propre l'avait porté à répondre
en quelque sorte de la destinée de Marianna.
Homme de vanité avant tout, il se trouvait lié
par cet engagement, qu'il maudissait plusieurs
fois le jour. Il était bien résolu à ne pas quitter cette femme ; mais tout ce qu'on peut faire
pour qu'une femme vous quitte, il le fit.

Hélas ! ses indifférences, ses dégoûts, ses brutalités même, eurent un résultat inattendu.

Marianna n'était qu'amoureuse de Philippe ;
elle en devint affolée.

De maîtresse, elle tomba au rang d'esclave.

Il fut vaincu et se résigna, n'attendant plus
sa liberté que du hasard.

Après l'expiration de l'engagement à Covent-
Garden, la volonté de l'éditeur de Musique appela la Marianna à Bruxelles pour y donner
quelques représentations. Elle était alors très
fatiguée. Philippe Beyle l'accompagna avec la
mélancolie machinale d'un mari. Il continua à
Bruxelles la vie qu'il avait menée à Londres ;
des trois, des quatre jours se passait souvent
sans qu'il parût chez Marianna. On lui connut
des intrigues, et il poussa même l'impudence
jusqu'à se montrer au théâtre, en loge, avec ses
nouvelles conquêtes.

Des conquêtes ! Il n'y a que la rhétorique
française pour consacrer ces jolies façons de
dire.

Pendant ce temps-là, les pleurs et les veilles passées dans l'attente achevaient de détruire les forces de Marianna.

Elle fut sifflée un soir, Philippe, qui assistait précisément au spectacle, en galante et joyeuse compagnie, ne put se défendre d'une émotion pénible ; il saisit un prétexte et sortit de la loge.

La première personne avec laquelle il se trouva face à face, dans le corridor, fut Irénée.

Celui-ci, très pâle, mais impassible, le regarda au front et passa devant lui sans le saluer.

Philippe froissa ses gants, et alla chercher de l'air dans la rue....

Le même soir, après la représentation, comme Marianna le voyait silencieux et sombre, assis sur un canapé, elle lui dit pendant qu'elle défaisait ses cheveux :

— Vous êtes triste, Philippe, parce qu'on m'a égayée. Bah ! j'y ai à peine fait attention, moi. Ne connaissez-vous pas les caprices du public ? Et puis, je ne sais pas au juste si cela partait de la salle ; le machiniste, qui est le plus excellent des hommes, a voulu me prouver que ce coup de sifflet avait été lâché par lui, involontairement, comme cela se pratique pour le changement de décor. Ne trouvez-vous pas, Philippe, cette invention tout à fait habile et touchante ?

Et, se tournant vers lui, elle lui montra un visage où la bouche souriait, tandis que les yeux s'efforçaient à retenir des larmes.

Mais ce visage, il ne le vit pas.

Il ne voyait rien.

Le regard attaché au tapis, il ne pensait qu'à la rencontre inattendue d'Irénée.

Il se demandait ce que pouvait signifier sa présence à Bruxelles.

Il ne tarda pas à l'apprendre, car le lendemain, dès le matin, deux messieurs lui remettaient une lettre de M. de Trémeleu.

Voici ce que contenait cette lettre :

« Monsieur,

» Il y a une chose dont vous ne devez plus douter à l'heure qu'il est : c'est que je m'y serais pris autrement que vous pour assurer le bonheur de Mlle Marianna Rupert.

» Après avoir brisé l'amour de la femme, vous voilà sur le point de briser la carrière de l'artiste.

» Au fond de votre conscience, vous trouverez la qualification de votre conduite ; et, lors-

que vous l'aurez trouvée, vous comprendrez quel genre de satisfaction j'attends de vous.

» DE TRÉMELEU. »

Après cette lecture, Philippe Beyle prit, avec les deux témoins, les arrangements accoutumés ; un rendez-vous fut convenu.

Un duel, soit ! Philippe respirait, au moins. Cela lui pesait d'avoir à rougir devant un homme.

A l'heure fixée, plein d'impatience, il se rendit le premier sur le terrain.

Mais sa surprise fut grande lorsqu'il vit arriver, seuls, les témoins de M. de Trémeleu.

Irénée, une heure auparavant, avait reçu de Paris un message, lui apprenant que son père venait de tomber très dangereusement malade. Il n'y avait pas un moment à perdre, il n'y avait pas non plus à hésiter. Irénée n'eut que le temps de se jeter dans un wagon, après avoir laissé quelques lignes à ses témoins, pour les informer de cet incident exceptionnel.

Philippe Beyle connaissait trop bien les lois du véritable honneur pour ne pas s'incliner devant un obstacle de cette nature, pour ne pas faire céder son impatience devant la sainteté d'un tel motif.

Le duel de ces deux hommes se trouva donc forcément ajourné.

V.

Ce récit, où nous n'avons épargné ni les réflexions personnelles, ni les détails que comporte notre privilége de conteur, fut fait d'une manière beaucoup plus succincte à M. Blanchard par Irénée ; en revanche, il fut compliqué par l'expression du visage, par le geste et par ces intervalles de silence qui attestent la solennité et la profondeur d'un sentiment.

Irénée termina ainsi :

— J'arrivai à Paris pour assister aux derniers jours de mon père, frappé d'une paralysie. Ma douleur devait être exclusive, elle le fut. Puis vinrent les tracas de la succession ; ma présence n'était pas seulement nécessaire, elle était indispensable. Bref, trois mois s'écoulèrent, pendant lesquels il me fut impossible de songer à mon engagement envers M. Beyle, car ce n'était pas rien que mes intérêts qui se débattaient chez les gens d'affaires, c'étaient aussi ceux de mes proches. Au bout de ce laps de temps, j'écrivis, je pris des informations, je sus que Marianna et lui avaient quitté Bruxelles et qu'ils voyageaient ensemble. Grâce à un valet de chambre habile que je mis sur leurs traces, j'appris qu'ils devaient passer un mois aux bains de mer de La Teste de Buch. J'ai pris les devants, et suis venu y attendre mon adversaire, le reste vous est connu.

Depuis qu'il écoutait et qu'il regardait ce jeune homme, l'attitude de M. Blanchard était devenue sérieuse et réfléchie.

— Je vous ai promis de vous servir de témoin, lui dit-il ; je vous en servirai. Vous devez vous battre, je le reconnais ; en conséquence, demain, j'irai trouver M. Philippe Beyle.

Il se leva.

— Toutes armes vous sont indifférentes, n'est-ce pas ? ajouta-t-il.

— Absolument.

— A demain donc, et.... préparez ma présentation chez Mmes d'Ingrande et de Pressigny, dit-il, en souriant, vous savez combien j'y tiens.

Il se retira sur ces paroles.

Demeuré seul dans sa chambre, Irénée se souvint du carnet anglais qui lui avait été remis par le batelier Péché. Ce carnet appartenait en effet à Marianna ; ses initiales étaient gravées en or sur la reliure ; un petit crayon le fermait comme un verrou ferme une porte. Irénée tira le verrou. Tout scrupule lui semblait puéril dans les circonstances suprêmes où il se trouvait ; et au moment d'exposer sa vie pour une femme adorée, il ressaisissait d'elle, tout ce qu'il en pouvait ressaisir.

Il ouvrit donc le carnet, sans hésitation, mais non sans émotion. C'était comme un dernier entretien qu'il allait avoir avec Marianna ; c'était sa pensée avec laquelle il allait communiquer pour la dernière fois.

Ses yeux se mouillèrent lorsqu'ils reconnurent l'écriture.

Comme tous les petits cahiers de ce genre, ce carnet était une sorte de journal intime, où, parmi des dates insignifiantes et des adresses de fournisseurs, se rencontraient, par intervalles, des pensées écrites sous la fièvre des plus douloureuses impressions. Nous n'en détachons que les plus caractéristiques :

« Liége, 3 Avril. — Ce soir, après mon quatrième acte des Huguenots, j'ai été rappelée, et on m'a jetée une riche couronne sur chacune des feuilles de laquelle était inscrit un de mes rôles principaux. Il y avait longtemps que je

n'espérais un semblable triomphe. Philippe était là, dans une stalle, qu'il n'a pas quittée de la soirée. Combien j'étais heureuse ! C'est sa présence qui m'a électrisée.

» Mardi. — Ph. est singulier depuis quelques jours. J'ai une peur effroyable qu'il ne soit pas jaloux. Hier matin il a vu sur ma cheminée ce bouquet véritablement merveilleux que m'a envoyé le banquier N. Il m'a questionnée à ce propos, mais sans passion, en badinant avec ma chienne, et visiblement peu soucieux de mes réponses. A déjeûner, cependant, il est revenu sur le bouquet, comme par un remords de politesse ; mais alors, par un contraste trop grossier pour que j'aie pu en être dupe, il a été sarcastique, inquisiteur, blessant.

» Non, il n'est pas jaloux, il n'est que taquin.

» Le 12. — Dans un an, je n'aurai plus de voix. Il m'a été impossible de finir Norma, vendredi ; on a dû baisser le rideau. Nous partirons pour l'Italie, c'est convenu ; on dit que c'est le pays des miracles. L'Italie ou toute autre contrée, que m'importe ! pourvu qu'il ne me quitte point. »

Venaient ensuite des notes de voyage, un itinéraire.

Aux derniers feuillets seulement, le journal intime recommençait, mais sans dates, cette fois, sans indications de lieu. L'écriture hâtive, égarée, des phrases sans suite, accusaient de violentes secousses morales.

« .... Si j'avais à me venger d'un homme, je me garderais bien de le faire mourir.

» — Quelle scène affreuse ! Il m'a brisée par ses paroles amères et emportées. La coupe était trop pleine : le flot de ses ennuis et de ses lassitudes a débordé enfin. Qu'il m'a fait souffrir !

» — Je me croyais bonne, me serais-je trompée jusqu'à présent ? Le malheur a révélé en moi des abîmes de cruauté. Mes nuits, si calmes autrefois, ne sont remplies maintenant que de rêves atroces ; je me complais dans ces images de supplice. Qu'est-ce que cela veut donc dire ? Mon Dieu ! si vous avez condamné mon cœur, sauvez du moins ma pauvre tête !

» — Cet homme est pire que le bourreau. Il a des réactions inattendues. Depuis la scène de l'autre jour, il est devenu froid, convenable, presque automatique. J'ai voulu me jeter à ses genoux et les embrasser ; je ne sais quelles paroles il m'a adressées, mais il a souri, et il a sonné ma domestique en lui disant que j'étais indisposée. Je crois que j'aimais encore mieux sa rage et ses yeux pleins d'éclairs, me lançant l'insulte ?.... »

Des mots interrompus, presque effacés :

« — Et cependant, si je voulais !.... un pouvoir immense.... une vengeance certaine.... ou plutôt toutes les vengeances !.... et, pour cela, rien qu'un mot à dire, rien que ma volonté à manifester !.... des moyens d'action sans bornes.... Oh ! fasse le ciel que je n'en use jamais !.... »

C'étaient les dernières lignes du carnet.

Lignes étranges, qui firent rêver longtemps Irénée et qu'il finit par attribuer à un désordre d'esprit.

— Pas un mot pour moi ! pas un souvenir ! murmura-t-il avec abattement.

L'heure du dîner était venue.

Irénée descendit à la table d'hôte, où il trouva M. Blanchard en train de parler franc, c'est-à-dire de déclarer le potage une dérision, le vin une piquette et l'hôtelier un imbécile.

— Monsieur, vous voyez un homme confus...., répétait M. Huot, en s'inclinant.

Philippe Beyle et Marianna ne parurent pas à la table d'hôte. Ils s'étaient fait servir dans leur appartement. On sut de l'hôtelier que la jeune femme était à peu près rétablie, et que selon toutes les probabilités, elle pourrait paraître aux fêtes du lendemain, peut-être même au concert ou au bal qui devaient suivre les régates.

Car, il y avait le lendemain, régates et bal à La Teste-de-Buch.

VI.

LA COURSE AUX ÉCHASSES.

Le lendemain, dans la matinée, la voiture de l'*Hôtel du Globe* emmenait Marianna vers la Pointe-du-Sud où nous savons que demeurait la comtesse d'Ingrande.

Marianna était seule. Cet aveu de sa position équivoque la fit recevoir froidement par la comtesse ; mais Marianna s'y attendait et ne fut pas surprise.

La seule chose qui aurait pu la surprendre, et la seule précisément qu'elle ne remarqua pas, c'était l'extrême attention avec laquelle la marquise de Pressigny l'examinait de la tête aux pieds. Il entrait évidemment plus que de la cu-

riosité dans le regard fin et patient dont l'enveloppait la douairière.

Marianna fut simple et digne dans l'expression de sa reconnaissance pour Amélie ; les paroles qu'elle trouva gagnèrent immédiatement le cœur de la jeune fille, qui, sans le regard impérieux de sa mère, lui eût tout de suite tendu la main.

— Vous m'avez sauvée d'un grand péril, dit Marianna, du plus grand de tous, à ce qu'on prétend, du péril de la mort ; je dois vous en remercier bien que je n'aie guère de motifs de tenir à la vie, mais parce que vous avez fait entrer dans mon cœur une affection nouvelle et respectueuse.

Elle ne prolongea pas sa visite au delà de quelques minutes ; après s'être levée, elle s'adressa une fois encore à Amélie :

— Mademoiselle, j'ai toutes les superstitions d'une enfant du peuple ; et, si petite que soit la place que je doive occuper dans votre souvenir, si grande que soit la distance qui nous séparera toujours, je croirais ne pas vous avoir exprimé ma gratitude si je ne vous en laissais un témoignage.

— Un témoignage ? murmura la comtesse d'Ingrande.

— Oh ! madame, dit vivement Marianna, vous ramasseriez bien un coquillage sur le bord de la mer, vous permettrez bien à votre fille de recevoir ce joyau, qui ne vaut quelque chose que par son origine.

Et elle présenta humblement à Amélie une petite cassolette d'un travail très simple, en effet, mais exquis.

Amélie la prit, après avoir consulté de l'œil sa mère, dont elle considéra le silence comme une permission.

— Quelle est donc l'origine de cet objet ? demanda la marquise de Pressigny, s'emparant de la parole pour la première fois.

— C'est un des princes de l'art, c'est Rossini qui me l'a donnée cet été, après une représentation de *Sémiramide*, où on l'avait entraîné presque par force.

La même commotion se produisit à la fois chez la comtesse et chez la marquise.

— Ce qui rehaussait ce don dans l'esprit du maestro, continua Marianna, et ce qui le rendait doublement précieux, c'est que cette cassolette avait précédemment appartenue à la Malibran.

— Ma fille ne connaît pas la Malibran, madame, dit la comtesse d'Ingrande.

Marianna rougit légèrement.

Elle se tourna vers Amélie.

— La Malibran, lui dit-elle avec un accent triste, était une de ces pauvres femmes dont le ciel fait l'âme visible comme la lumière d'une lampe, et qui n'ont de génie qu'à la condition d'en mourir bien vite. C'était une cantatrice, mademoiselle. Peut-être, lorsque quelques années auront ajouté à votre beauté, entendrez-vous résonner ce nom dans les salons qui vous attendent ou dans les loges armoriées du Théâtre-Italien ; ne craignez pas de prêter l'oreille : ce nom ne réveillera autour de vous que de touchants souvenirs et de douces sympathies ; c'est le privilége de ces femmes qui marchent si courageusement de la rampe à la tombe. Alors, mademoiselle, vous à qui toutes les félicités de ce monde doivent rendre la bienveillance facile, daignez vous rappeler celle dont vous avez conservé la vie, et au nom glorieux de la Malibran joignez quelquefois le nom indigne de la Marianna.

— La Marianna ! répéta brusquement Mme d'Ingrande.

Et son regard alla frapper celui de la marquise de Pressigny, qui souriait, comme si elle se fût attendue à cette révélation.

—Vous êtes la Marianna.... la chanteuse Marianna ? répéta Mme d'Ingrande.

— Oui, madame, répondit Marianna étonnée.

Amélie regardait et écoutait sans comprendre.

Marianna s'était levée, avons-nous dit ; elle allait se retirer, lorsque Mme d'Ingrande se levant à son tour, et de l'air de quelqu'un qui prend une décision, lui parla de la sorte :

— L'action de ma fille ne mérite pas autre chose que des remercîments ; ce qu'elle a fait pour vous, elle l'eût fait pour toute autre. Reprenez donc ce bijou, madame, reprenez-le ; il n'est pas convenable que vous vous en dessaisissiez.

En prononçant ces paroles, où elle avait mis tout ce que la voix peut contenir d'outrageant, Mme d'Ingrande prit la cassolette des mains d'Amélie et la rendit à Marianna.

— Oh ! murmura celle-ci sous l'affront, en contenant deux larmes près de jaillir.

Rejetée au fond de la voiture qui l'avait amenée, le mouchoir sur la bouche, Marianna, pendant le trajet de la Pointe-du-Sud à La Teste, jura une haine éternelle à l'orgueilleuse famille d'Ingrande.

On était au milieu de la journée. Des bruits de voix se multipliaient ; des détonations annonçaient la fête. Le long du rivage passaient de joyeuses carrossées de bourgeois arrivés par le premier convoi du chemin de fer, et des caravanes de baigneurs montant d'étranges petits chevaux, pris au lacet dans les landes du Maransin et balayant le sable de leur queue.

Sans les émotions qui l'agitaient, Marianna n'eût certainement pas manqué d'accorder un coup-d'œil aux sites admirables et exceptionnels dont elle était environnée.

D'un côté, s'étendait le bassin d'Arcachon, vaste antichambre de la mer ; de l'autre, la forêt de La Teste, toute parfumée d'une odeur de résine.—De distance en distance, au milieu de ces masses épaisses de verdure sombre, s'ouvraient de larges allées, ménagées pour prévenir les incendies, si rapides et si violents dans la contrée ; ces chemins s'appellent en gascon des *bire-huc*, comme qui dirait *détourne feu*. La couleur monotone et attristante des pins était rompue quelquefois par l'osier rouge des vignes et la ronce ordinaire, qui élançaient des pousses folles ; quelquefois aussi, mais à demi étouffés dans le sable, se montraient les coquelicots et des orties blanches ; alors, le contraste devenait d'autant plus charmant qu'il était inattendu.

Quand, du paysage, le regard allait aux rares maisons qui se dessinaient sur la nudité de la plage, on constatait avec plaisir qu'aucune d'elles n'offrait encore ce caractère colifichet qui déshonore tous les bains de mer. Point de ces chalets qui ont l'air de sortir de la vitrine d'un pâtissier, point d'imitations du style gothique. C'était tout simplement des maisons en pierre carrées,—un peu mornes, comme les lieux où elles s'élevaient.

L'endroit désigné sous le nom de débarcadère d'Eyrac était le point central de la fête ; on y avait dressé une sorte d'amphithéâtre destiné aux notables de la localité et au public payant.

Des mâts pavoisés et des lanternes de couleur témoignaient de la magnificence municipale, la même par toute la France. Baigneurs et baigneuses remplissaient déjà les gradins ; les ombrelles bigarrées endoyaient au soleil ; l'or des chapeaux de paille, qui étaient en majorité, donnait l'idée d'une moisson mouvante. Quant à la population laborieuse de La Teste aux résiniers, aux bergers, aux pêcheurs ils étaient tous groupés au bas de l'estrade, sur la grève, attendant le spectacle où la plupart d'entre eux allaient être acteurs, et regardant le bassin sillonné par les yoles, les tilloles, les péniches et les boths qui devaient concourir. Ce tableau réunissait le pittoresque et la grandeur. Dans ces types noircis par le vent de la mer, courbés par les tempêtes, plus furieuses sur les côtes de Gascogne que partout ailleurs, il ne fallait pas trop chercher la beauté ; mais on y trouvait à amples doses l'énergie, la vigueur, l'adresse. La double habitude du travail et du péril, dans un des endroits les plus arides de la terre, avait fini par rendre leurs traits rebelles à la gaîté. La Teste-de-Buch ne contenait peut-être pas trois cabarets à cette époque.

Il y a des peuplades qui ne rient jamais.

De même, on eût vainement tâché de surprendre un air de jeunesse sur la physionomie des femmes ; mariées presque toutes à des marins, elles portaient uniformément le costume noir, comme si elles ne vivaient que dans la perspective et l'inquiétude constante du veuvage. Marinières elles-mêmes, elles avaient les jambes nues jusqu'au-dessus du genou ; leur tête était enveloppée d'un mouchoir en *marmotte*, et surmontée d'un chapeau de paille posé en éteignoir, avec d'épais rubans de velours.

Les régates devaient être précédées d'une course aux échasses, divertissement tout local et qui vaut la peine d'être décrit.

Nous laisserons donc Marianna rentrer seule et farouche à *l'Hôtel du Globe* ; et nous demanderons à nos lecteurs la permission de les faire assister à la course aux échasses, sur la plage d'Eyrac. — Qui sait si nous n'y rencontrerons pas quelques-uns des autres acteurs de cette histoire ?

Il y avait, comme on dit en langue hippique, six hommes et quatre femmes d'*engagés* pour cette course originale. A La Teste, les femmes partagent tous les exercices des hommes. Ils étaient donc dix, dix *tchankas*, pour nous servir du patois landais, qu'on serait tenté de confondre avec les idiomes japonais ou chinois.

Les *tchankas*, sont les personnes montées sur des échasses ; se *tchanker* signifie ; monter sur des échasses.

Ces dix *tchankas* avaient tous le même costume, celui de la tradition, sans distinction de sexe, c'est-à-dire un berret sur la tête, un man-

teau de laine retenu aux épaules par-dessus un pourpoint boutonné, les pieds nus et les jambes enveloppées d'un *camano* ou fourrure, fixée par des jarretières rouges. Leurs échasses les élevaient de cinq à six pieds de terre. Une perche leur servait de troisième point d'appui. Vus à une certaine distance, ils ressemblaient à de gigantesques sauterelles. Mais en ce moment leur côté poétique était singulièrement amoindri par cet entourage d'habits noirs et de capotes roses ; c'est dans la lande rase qu'il faut voir le *tchanka* immobile et dressé comme un triangle solitaire, à l'heure où le soleil s'enfonce dans les bruyères ensanglantées de l'horizon ; ou bien encore lorsque, adossé contre un pin, il tricote silencieusement des bas, en gardant un troupeau de moutons maigres et noirs.

Sévères, muets, au milieu de la foule qui les examinait avec curiosité, leur pensée était concentrée uniquement sur le gain qu'ils allaient se disputer, gain modique cependant, puisqu'il ne s'agissait que d'une récompense de vingt francs pour le vainqueur. Mais vingt francs aux yeux d'un *tchanka* représentent une fortune !

Bientôt, au signal donné par le président de la fête, ils se répandirent tous les dix sur la plage, en poussant des hurlements.

Sauf ces enjambées immenses et régulières dont il est impossible de rendre l'image, on aurait cru assister à une fantasia arabe. C'étaient les mêmes évolutions accomplies avec le même vertige, dans des conditions qui frisaient l'impossible, et dans un sol où chaque échasse en s'enfonçant creusait un trou d'un pied environ. Leurs manteaux soulevés par le vent, comme ceux des cavaliers arabes, ils couraient et pivotaient sur eux-mêmes, aussi lestement que s'ils eussent été à pied. Les femmes ne le cédaient en rien aux hommes : une d'elles arriva la seconde au but indiqué ; on les distinguait à leurs cris plus aigus.

Pour terminer et couronner la course, une clôture de vingt pieds de large fut franchie par les dix *tchankas*, aux applaudissements unanimes.

Le vainqueur proclamé fut Péché, — le batelier de *l'Hôtel du Globe*, — qui cumulait diverses professions.

Cette course aux échasses fut suivie d'exercices particuliers exécutés par les *tchankas*, dans le but de provoquer la générosité de l'amphithéâtre.

Ils sautèrent à pieds joints, ils s'assirent et se relevèrent sans efforts.

D'autres ramassèrent en courant des pièces de monnaie qu'on leur jeta, et ce spectacle ne fut pas moins extraordinaire. Lancé à fond de train on voyait tout à coup l'homme s'arrêter, les échasses fléchir, s'abattre, puis quelque chose s'agiter entre trois grands bois comme le corps d'un faucheux entre ses grandes pattes ; — cela durait le temps d'un éclair, — et, avant qu'on eût poussé un cri, les échasses se redressaient, l'homme reparaissait au sommet et reprenait sa course !

Il était deux heures lorsque les régates commencèrent ; le soleil s'était caché depuis quelques instants, comme pour laisser au bassin d'Arcachon tout son éclat et toute sa netteté. L'air devenait plus pesant, la brise plus rare et plus chargée des parfums aromatiques de la forêt. Au loin, élevant leurs assises fantastiques, les dunes paraissaient avoir été transformées en cristallisations lumineuses.

Ce fut dans ce moment, le plus splendide de la journée, que toutes les barques du concours, obéissant à la même impulsion, se mirent en mouvement ; les voiles claquèrent et se tendirent ; les rames se soulevèrent à la fois, plongèrent et reparurent, déchirant l'eau comme une dentelle. Une puissante clameur, celle du départ, retentit et se perdit dans l'immensité sans écho ; les barques s'éloignèrent, diminuèrent rapidement et bientôt n'apparurent sur le bassin, redevenu limpide, que comme des diamans promenés sur un vaste miroir.

Parmi les spectateurs, il n'y en avait qu'un, un seul, dont l'attention n'était pas exclusivement acquise à cet éclatant tableau.

C'était Irénée.

Depuis la veille, il n'avait pas revu M. Blanchard ; sa perplexité était au comble. Un des garçons de l'hôtel affirmait l'avoir aperçu, de grand matin, se dirigeant vers la gare du chemin de fer de Bordeaux.

Irénée ne pouvait tenir en place ; ses yeux ne cessaient d'interroger la multitude et les chemins. Il voyait avec désespoir s'avancer la journée.

Tout à coup une main qui se posa sur son épaule et l'obligea à se retourner, lui fit pousser une exclamation de soulagement.

M. Blanchard, tout poudreux, était auprès de lui.

— Eh bien ? lui demanda précipitamment Irénée.

— Eh bien ! tout est arrangé ; vous vous battez demain, au point du jour, dans les dunes.

— L'arme ?

— Au pistolet, répondit M. Blanchard.

— Au pistolet, soit ; c'est l'arme du hasard, l'arme des jugements de Dieu.

— Il n'y aura pas d'autres témoins que moi et le batelier chargé de nous conduire.

— Il n'importe, dit Irénée ; en vous chargeant du soin de ces dispositions, j'ai approuvé d'avance tout ce que vous feriez. Mais apprenez-moi pourquoi je ne vous ai pas vu plus tôt aujourd'hui ; ignorez-vous que je dévorais les minutes en vous attendant ?

M. Blanchard répondit :

— Un duel ne s'improvise pas, vous le savez bien, surtout dans le désert où nous sommes. Où trouverez-vous un armurier ici ? J'ai dû prendre le premier convoi du chemin de fer et aller acheter nos pistolets à Bordeaux, où d'ailleurs m'appelaient mes propres affaires....

Irénée fit un geste de discrétion.

— Oh ! continua M. Blanchard, la moindre des choses... un dépôt à retirer d'entre les mains d'un notaire.... Après tout, e n'ai pas perdu de temps, je crois.

— Non, certainement, s'empressa de dire Irénée, et il ne me reste plus, à mon tour, qu'à m'acquitter de la promesse que je vous ai faite.

— Je vous attendais là.

— Mme d'Ingrande, vaincue par les sollicitations du maire de La Teste, a promis d'assister au concert de charité qui doit avoir lieu ce soir. Elle y viendra avec sa fille et avec sa sœur.

— Avec la marquise de Pressigny... vous en êtes bien sûr ? demanda M. Blanchard.

— Leur parole est engagée.

— Après !

— Ce sera, si du moins vous le trouvez bon, cette circonstance que je choisirai pour votre présentation.

M. Blanchard parut réfléchir.

— Oui, dit-il au bout de quelques instants ; et comme s'il se parlait à lui-même, oui, vous avez raison....Autant là que chez elle ; c'est un terrain neutre.... Et puis au milieu du bruit, parmi la foule, je saisirai plus aisément l'occasion... C'est convenu, à ce soir.

Irénée était trop préoccupé lui-même pour prêter une grande attention aux paroles de M. Blanchard, échappées d'ailleurs à mi-voix.

Mais en le voyant près de s'éloigner :

— Où allez-vous ? demanda Irénée.

— Prévenir notre batelier et prendre heure avec lui pour demain matin. Je l'aperçois en bas, au milieu de ces sauvages et de ces sauvagesses.

En effet, Péché (car c'était de lui qu'il était question) se trouvait en ce moment le point de mire et d'envie de ses compatriotes. Cependant, comme tout triomphe a son envers, quelques tchankas, plus mécontents que les autres, menaçaient de lui faire un mauvais parti ; ils l'accusaient d'avoir traîtreusement fourvoyé son bâton dans les échasses de deux ou trois d'entre eux au moment où ils allaient peut-être atteindre le but avant lui. L'approche de M. Blanchard empêcha ou du moins suspendit leurs projets ; ils s'arrêtèrent pour le laisser causer avec Péché, ainsi qu'il en manifestait l'intention.

La conversation ne fut pas longue. Nous avons donné à entendre que Péché n'était pas un homme absolument scrupuleux. Sans être mis au fait par M. Blanchard, il promit de se trouver à cinq heures du matin, avec sa barque, à quelque distance de l'hôtel, et de le conduire, lui et ses amis, dans un endroit où, selon son expression, ils ne courraient pas le risque d'être dérangés.

Satisfait de cette assurance, M. Blanchard reprit le chemin par où il était venu, — ne songeant plus qu'à sa présentation du soir à la comtesse d'Ingrande, et surtout à la marquise de Pressigny.

Cette pensée fixe l'empêcha de s'apercevoir que, depuis un quart d'heure environ, il était suivi de loin et épié par une femme, dont un voile épais ne permettait pas de distinguer la physionomie.

VII.

Les salons et les jardins de la Mairie avaient été ouverts pour le concert et le bal, compléments indispensables des régates annuelles. Salons et jardins étaient attenants, et par une inversion d'heureux goût, les jardins étaient remplis de lustres, tandis que les salons étaient encombrés de fleurs.

Ajoutons que la philantropie avait fait de son mieux pour l'organisation et la composition du concert. On s'était procuré un pianiste décoré

par la reine d'Espagne, et ces éternels douze chanteurs Montagnards, qui selon les latitudes et la mode se transforment tour à tour en chanteurs tyroliens, écossais, suisses, hongrois ; voire en pifferari.

Cette fois, ils avaient consenti à n'être tout simplement que des chanteurs pyrénéens. Une veste de velours noir et des guêtres hautes composaient leur costume national, annoncé parmi les séductions du programme, et qui, à bien y regarder de près, représente généralement le costume des montagnards de tous les pays.

Deux ou trois grands airs d'opéra devaient être chantés en outre par quelques-unes de ces mélancoliques demoiselles qui n'appartiennent ni au théâtre ni au monde, et qui, dans les régions musicales, remplissent à peu près le même emploi que les poissons volants dans l'ordre de la création.

L'orchestre, recruté parmi les sociétés philharmoniques du département, résumait incontestablement la partie brillante du concert.

A la tombée de la nuit, c'est-à-dire vers huit heures, les invités commencèrent à arriver. Il faisait chaud, l'on ne voyait que des robes blanches. Ce charme particulier qui naît des soirées brûlantes dans le voisinage de la mer, s'étendait graduellement et augmentait ; chaque objet semblait s'idéaliser ; les arbres s'élançaient avec un jet plus pur ; l'herbe se faisait sous les pieds douce et fuyante ; la musique montait vers le ciel pâle en notes d'une suavité qui surprenait les exécutants eux-mêmes ; c'est qu'entre les instruments et les lèvres humaines, il y avait place pour le souffle de la nature.

Dans cette atmosphère exquise passaient et repassaient des femmes, tête nue, bouquet à la main.

Mais avant d'aborder les épisodes de cette soirée, nous nous rendrons chez Irénée de Trémelen. Le trajet nous paraîtra d'autant plus court que l'Hôtel du Globe était voisin de la Mairie, et que les deux jardins se touchaient.

Irénée était seul, et écrivait.

Il écrivait, comme font les plus indifférents à la veille d'un duel. Brave et d'une bravoure éprouvée plusieurs fois, il ne pouvait dans cette occasion soustraire sa volonté à l'influence des pressentiments. Son visage en avait reçu une teinte plus sombre ; d'involontaires crispations faisaient dévier la plume entre ses doigts. Mais il ne s'arrêtait pas, il écrivait toujours ; on aurait dit qu'il ne voulait pas penser.

Sur ces entrefaites, on frappa doucement à sa porte.

Il laissa échapper un mouvement d'humeur et alla ouvrir.

Une pâleur extrême se répandit sur ses traits lorsqu'il reconnut Marianna.

— Vous.... dit-il.

Il n'osa pas l'appeler par son nom.

— Moi, Irénée.

Elle était parée pour la fête ; ses cheveux noirs frissonnaient sur ses belles épaules découvertes.

Irénée la saisit par la main et la fit entrer dans sa chambre.

Sans le quitter des yeux, elle s'assit sur un canapé.

Lui resta debout.

Il était loin de s'attendre à pareille visite, et un tremblement nerveux agitait tout son corps ; il fut quelques instants sans pouvoir parler.

Remis de ce premier coup :

— Que voulez-vous ? demanda-t-il.

— Vous le savez.

Irénée baissa la tête et se tut.

— Je veux qu'il vive, ajouta-t-elle.

Et comme il continuait à garder le silence :

— Un hasard m'a tout révélé. Ce matin, en revenant de chez Mme d'Ingrande, et au moment où j'allais rentrer chez moi, j'entendis du bruit dans la chambre de Philippe. Je prêtai l'oreille. Votre témoin était avec lui ; j'appris tout : votre rencontre pour demain, le lieu du rendez-vous, l'arme choisie. Irénée, j'ai rassemblé mes forces et mes résolutions pour venir vous supplier.

— Vous avez supposé que je renoncerais à ce duel ?

— J'ai tout espéré de votre cœur et de mes prières.

— Mais cet homme ne vous aime pas, vous le savez bien, ou plutôt il ne vous a jamais aimée.

— Irénée !

— Non, il ne vous a jamais aimée. Avec lui, votre vie est un martyre de toutes les heures.

— Qui vous a dit cela ? C'est faux !

— Pauvre femme ! murmura-t-il.

Il alla vers la table, où il écrivait ; il y prit le carnet que nous connaissons et le présenta à Marianna.

Elle demeura confondue et muette.

— Vous voyez que je suis bien instruit, lui dit-il ; cet homme, c'est votre malheur ; vous ne pouvez plus le nier.

Marianna soupira.

— Loin de vous aimer, il vous hait, continua Irénée. Vous lui pesez, vous lui êtes à charge !

— Je le sais, dit-elle.

— Alors, pourquoi voulez-vous qu'il vive ?

— Parce que je l'aime.

Irénée la regarda longuement et tristement.

Tout son sang, toute son âme, tous ses souvenirs, toutes ses espérances, il les mit dans les paroles suivantes :

— Vous commencez à vivre, Marianna ; vous ne savez pas ce que c'est qu'une affection mal placée ; vous ignorez l'influence qu'une première erreur de ce genre exerce sur tout l'avenir. Écoutez-moi et croyez-moi : cet homme est mauvais, je vous le répète ; je le sais par moi-même, je le sais par d'autres. Laissez Dieu décider de son sort.

— Vous êtes cruel, Irénée.

— Non, je ne suis que juste.

— Vous êtes personnel, alors ; c'est votre amour-propre que vous voulez venger ; c'est une satisfaction que vous voulez tirer de cette rencontre.

Irénée haussa les épaules.

— Vous me serez reconnaissante plus tard de ce que je vais faire pour vous, lui dit-il.

— Reconnaissante de la mort de Philippe ? Parlez-vous sérieusement, ou n'est-ce qu'une plaisanterie atroce ? Vous avez nommé Dieu tout-à-l'heure ; Dieu n'a besoin de personne pour tenir sa place. Et puis, Philippe n'est pas tel qu'on le dit et que j'ai pu le dire moi-même dans un instant de dépit. Je le connais mieux que vous, il me semble ; depuis un an je le vois vivre tous les jours, tandis que vous, vous n'avez vu et vous n'avez pu apprécier que deux ou trois actes de sa vie. Comment voulez-vous juger quelqu'un là-dessus ? Philippe a du bon, je vous assure.

— Oui, murmura ironiquement Irénée.

— Je l'ai vu une fois pleurer à mon chevet, lorsque j'étais malade.

— Rien qu'une fois ?

— D'ailleurs, quand ce serait un monstre, que vous importe ? Je l'aime tel qu'il est, je l'aime pour moi. C'est de l'égoïsme, j'en conviens. Mais je ne reconnais pas au monde le droit de venir me dire : L'homme que vous aimez est mauvais, rangez-vous, nous allons le tuer.

— Aveuglement ! dit Irénée.

— Non, non, répliqua Marianna ; j'y vois bien clair. Suis-je donc la première esclave qui ne veuille pas quitter son maître ? Vous qui avez observé, vous avez dû rencontrer de ces exemples de fascination. Philippe tient ma vie, comme si un pouvoir surnaturel la lui avait livrée ; devant lui, je ne sais que ployer et aimer.

— Mais vos souffrances ?

— Je m'y accoutume, et je m'y accoutumerai de plus en plus. J'étais une enfant autrefois ; mes larmes coulaient pour des piqûres d'épingle, je ne pleure plus aujourd'hui....

— Même pour des coups de poignard, ajouta Irénée en secouant la tête.

— Irénée, sacrifiez-moi votre ressentiment contre Philippe ; je vous en prie les mains jointes !

— Cela ne se peut pas, Marianna.

— C'est donc moi que vous voulez frapper à travers lui ? s'écria-t-elle.

— Eh ! qui vous assure que je le tuerai ? qui vous dit que ce n'est pas moi plutôt qui succomberai dans cette lutte ? Esperez, Marianna, ajouta-t-il avec amertume ; espérez !

Marianna se révolta sous cette parole injuste. Elle fit un pas comme pour se retirer, mais à moitié chemin elle s'arrêta.

— Eh bien, dit-elle, j'endurerai tout ; je subirai vos cruautés jusqu'à la fin. Dieu sait que je vous ai voué tout ce que mon cœur contient d'estime et de reconnaissance. Mais puisque vous pouvez méconnaître de la sorte mes sentiments, eh bien ! je descendrai jusqu'au dernier degré de l'humanité ; je vous priais à mains jointes, je vous supplieral à genoux.

— Oh ! Marianna !

— Il ne faut pas que ce duel ait lieu ; il ne faut pas que l'un de vous soit taché du sang de l'autre. L'insulte que vous avez faite à Philippe ne peut être mortelle. Renoncez à votre projet funeste.

— C'est trop tard à présent.

— Non !

— Marianna, il est des choses fatales. Cette rencontre est du nombre. Rien ne saurait l'empêcher.

— Vous irez sur le terrain ?

— J'irai.

— Vous ajusterez Philippe ?

Et, sans lui laisser le temps de répondre, elle s'écrie :

— Ah ! si vous faites cela, je vous exécrerai !....

Irénée la considéra avec une expression de douloureuse surprise.

— Vous m'exécrerez ? dit-il lentement et comme s'il ne comprenait pas bien.

La femme fit un brusque mouvement de tête qui signifiait : Oui.

Il se detourna pour ne pas laisser voir ce qu'il souffrait.

Deux minutes se passèrent dans un pénible silence.

Tout ce qu'il y avait de farouche dans la nature de Marianna était réveillé et tendu. Ses yeux brillaient d'un feu fixe dans la demi-obscurité où elle était posée.

— Exécré par elle ! murmura encore Irénée.

La musique des jardins montait en ce moment jusqu'à eux, par la croisée restée ouverte. Un vent incertain agitait la bougie. Ce bruit inégal et cette lueur tremblante était bien à l'unisson de cette scène d'anxiété.

— Allons ! dit Irénée, c'est assez de son oubli, je ne veux pas de sa haine.

— Eh bien ? demanda Marianna, qui ne respirait plus.

— Que votre destinée s'accomplisse, malheureuse femme, et que cet homme, vive donc, puisque votre vie est liée à la sienne !

— Ah ! merci, Irénée ! !

— Qu'il vive, pour combler la mesure et mériter jusqu'au bout vos malédictions !

Marianna n'écoutait pas.

Elle s'était précipitée sur la main d'Irénée et elle la couvrait de larmes de joie.

Il s'arracha à ces transports qui lui faisaient mal, et d'une voix altérée par l'émotion :

— Me reste-t-il encore un sacrifice à vous faire, après celui de ma dignité ? Je ne crois pas. Séparons-nous donc, Marianna, et cette fois pour toujours.

— Pour toujours, répéta-t-elle machinalement.

— Adieu, lui dit-il.

— Adieu et merci éternel ! dit Marianna en sortant à reculons....

Dix minutes après, Irénée descendait dans les jardins de la Mairie pour respirer. Il étouffait.

— Ah ! vous voilà ! s'écria M. Blanchard en le prenant par le bras ; venez, la marquise de Pressigny et la comtesse d'Ingrande sont arrivées.

Il se laissa entraîner.

Tous deux pénétrèrent dans la salle du concert.

Les douze chanteurs montagnards terminaient un chœur national, où ils avaient parfaitement donné l'idée d'une rangée de tuyaux d'orgue.

L'auditoire entier applaudissait, à l'exception de Mme d'Ingrande et de sa sœur.

On sait qu'elles ne s'étaient rendues à l'invitation du maire qu'a la dernière extrémité, et parce qu'elles ne pouvaient pas faire autrement.

Du reste, elles avaient suffisamment témoigné de leur mauvaise grâce par la simplicité exagérée de leur mise, et en arrivant aussi tard que possible.

Néanmoins, elles avaient amené Amélie.

Rien de cela n'avait empêché le maire de la Teste, gentilhomme ruiné et ensablé, ancien page du roi Charles X, de leur faire un accueil empreint de toutes les traditions de la vieille cour.

Les places les meilleures leur avaient été réservées, c'est-à-dire celles du devant; mais, par caprice, les deux sœurs s'étaient obstinées à ne pas vouloir bouger du coin le plus obscur du salon.

Ce fut de cet endroit qu'elles aperçurent Irénée.

Elles lui firent signe d'approcher.

— Mais venez donc, lui dit la comtesse, lorsqu'il se trouva près d'elle; venez donc! nous sommes perdues au milieu de cette cohue.

Irénée, implacablement suivi de M. Blanchard, cherchait un exorde.

— Qu'est-ce que vous avez? lui demanda la comtesse; est-ce la musique de ces butors qui agit sur vous? Vous paraissez bouleversé.

— C'est que je crains une chose, dit-il en tâchant de sourire.

— Quelle chose? dit Mme d'Ingrande.

— Je crains que vous ne regrettiez tout à l'heure de m'avoir appelé auprès de vous.

— Bah!

— Oui; vous voyez devant vous un traître, un félon....

— Vous nous faites frémir?

— Un homme qui a trahi votre confiance, ajouta-t-il en démasquant à demi son compagnon.

— Mais encore....

— Madame d'Ingrande, madame de Pressigny, je vous présente.... M. Blanchard.

La sensation prévue par Irénée se produisit chez les deux sœurs, qui demeurèrent stupéfaites.

M. Blanchard, tout à fait en lumière alors, prit la parole.

— C'est sur moi, mesdames, dit-il, que doit retomber toute votre colère, et je suis prêt à en supporter le poids. M. de Trémeleu a eu la main forcée, il vous l'apprendra plus tard. En attendant, je vous devais, je me devais à moi-même une restitution....

— Une restitution? répéta Mme d'Ingrande froidement.

— Ne vous souvenez-vous donc plus?.... dit M. Blanchard.

Un louis brilla au bout de ses doigts.

Mme d'Ingrande sourit malgré elle.

— M. de Trémeleu avait eu raison de nous dire, monsieur, que vous arriviez toujours à votre but.

Ces mots avaient été prononcés par la marquise de Pressigny.

M. Blanchard s'inclina profondément devant elle et répondit:

— Je ne croirai pas y être arrivé, madame, tant que je n'aurai pas été gracié d'une obstination bien compréhensible d'ailleurs, et d'un subterfuge bien innocent.

— Ceci vous regarde, dit la marquise.

— Comment?

— Madame la marquise a raison, dit Irénée; vous voilà dans la place, le plus fort est fait; vous y êtes entré par surprise; mais, enfin, à la guerre comme à la guerre! C'est à vous maintenant de faire oublier votre triomphe.

— Et nous vous prevenons que nous nous en souviendrons longtemps, ajouta la marquise de Pressigny.

M. Blanchard ne la quittait pas des yeux.

Ce fut auprès d'elle qu'il s'assit.

Amélie occupait le côté opposé, près de sa mère. Elle n'était attentive qu'au concert, un des premiers auxquels elle assistait.

Depuis quelques instants surtout, son regard était fixé sur l'estrade des musiciens, où une femme venait de monter, cérémonieusement conduite par le maire lui-même.

Amélie saisit le bras de la comtesse d'Ingrande.

— Ah! maman, s'écria-t-elle, regarde donc; c'est cette dame de ce matin!

La comtesse regarda; c'était bien Marianna, en effet. Prévenu de son arrivée, le maire de La Teste avait été la prier, dans la journée, de prêter son concours illustre à la fête et de chanter pour les pauvres. Marianna, en proie à mille inquiétudes et encore souffrante de l'accident de la veille, avait refusé. Mais, le soir venu, rassurée et rendue à la santé par la promesse qu'Irénée lui avait faite, elle revint sur sa résolution, et céda aux sollicitations nouvelles qui lui furent adressées.

Un murmure d'aise et de curiosité agita la salle lorsque cette nouvelle s'y fut répandue. Le nom et le talent de la Marianna n'étaient un mystère pour personne ; c'était une bonne fortune pour ce hameau.

Dès qu'elle parut sur cette humble estrade, les premiers applaudissements furent pour sa beauté. Certaine qu'elle était de la vie de Philippe Beyle, elle rayonnait pour ainsi dire ; ses yeux embrassaient tout, la bouche souriait avec un air de victoire mêlé de bonté ; une respiration ample et régulière soulevait les ondes de sa splendide poitrine ; il y avait longtemps qu'elle ne s'était sentie si puissamment animée.

Dans ce moment, ses regards, qui allaient partout, rencontrèrent ceux de la comtesse d'Ingrande. Une pourpre plus chaude et plus active passa sur la figure de la Marianna ; elle puisa dans la vue et dans la présence de cette femme déjà détestée une ardeur plus grande encore. Forte de l'admiration qu'elle entendait bruire autour d'elle, fière d'un talent dont elle avait la conscience, elle voulut se relever sous l'affront qui l'avait ployée le matin.

S'accompagnant elle-même au piano, Marianna chanta pendant une demi-heure environ. Jamais une âme ne s'était mieux fondue dans une voix, et jamais cette voix n'avait été tour à tour si tendre, si sonore, si impérieuse. Elle ne rechercha par ces effets extravagans qui tendent à transformer le larynx en cascade ; elle resta dans la tradition des maîtres grands et simples. Emue elle-même, elle ne chercha qu'à émouvoir ; exaltée, elle essaya de communiquer son exaltation à ceux qui l'écoutaient. Il n'y eut plus à ce piano une cantatrice de profession ; il y eut une femme inspirée. Elle s'éleva jusqu'à ces hauteurs qui avoisinent le rêve, sommets vertigineux et que l'on ne gravit pas sans danger, témoin l'Antonia d'Hoffman ; elle y transporta ses auditeurs, devenus silencieux à force d'enthousiasme. Déjà l'image d'un concert s'était effacée graduellement à leurs yeux ; ils éprouvaient ce malaise et cette stupeur éblouie, si intenses dans les phenomènes du magnétisme

artistique ; on eût dit que leurs âmes allaient se détacher de leurs corps, pour voler à l'appel de cette âme chantante, comme ces abeilles qu'on représente attirées et groupées par le son de la cymbale.

Aussi, lorsque le charme s'interrompit, lorsque Marianna, en se taisant, les eut rendus à la vie réelle, quelque chose comme un vaste soupir d'allégement courut à travers la salle.

Il fut suivi d'une explosion de battements de mains et de cris.

La Marianna avait été sublime.

— Qu'avez-vous donc, Amélie ? dit Mme d'Ingrande en voyant les yeux de sa fille brillants de larmes.

— Ah ! ma mère, c'est si beau ! répondit-elle.

Les applaudissements duraient encore.

Mme d'Ingrande ne cacha pas un mouvement d'humeur, et elle se retourna pour parler à Irénée.

Irénée avait disparu ; il ne lui était plus possible de voir Marianna, il ne lui était plus possible de l'entendre.

Il était sorti, autant pour la fuir que pour songer aux moyens de se dégager vis-à-vis de Philippe Beyle, selon la promesse peut-être imprudente qu'elle venait de lui arracher.

Restaient M. Blanchard et la marquise de Pressigny.

Mais, en outre de l'instinctive répulsion que la comtesse d'Ingrande éprouvait pour cet inconnu, il était en ce moment engagé dans une conversation tellement intime avec la marquise, qu'elle ne jugea pas à propos de les déranger.

M. Blanchard parlait très bas, et la marquise de Pressigny l'écoutait avec une expression marquée d'intérêt et d'inquiétude.

— Madame, avait-il commencé par lui dire, je viens de faire cent soixante lieues pour vous rencontrer.

— Moi, monsieur ?

— Oui, madame.

— Si je comprends bien ce marivaudage de maître de poste, cela veut dire que vous venez de Paris.

— D'un peu plus loin.... de Saint-Denis.

— De Saint-Denis ? murmura la marquise étonnée.

— Il y a quinze jours, j'étais au chevet d'une personne dont les journaux vous auront sans doute appris la fin sinistre.

— De quelle personne voulez-vous parler, monsieur ?

— De Mme Abadie.

— Mme Abadie.... répéta la marquise, en se troublant un peu ; qu'est-ce qui vous fait supposer que je connaissais cette femme ?

— Une chose bien simple : un message dont elle m'a chargé pour vous.

— Parlez plus bas ! dit vivement la marquise de Pressigny.

— En effet, les plus grandes précautions m'ont été recommandées ; voilà pourquoi j'ai choisi ce lieu et cette foule, pensant que je courais moins le risque d'y être épié que partout ailleurs.

— Et.... ce message ?

— Pas autre chose qu'un petit coffret à remettre entre vos mains.

— Je sais, dit Mme de Pressigny, dont les yeux s'éclairèrent.

M. Blanchard ne cessait de l'observer. Il s'intéressait à ce drame, au milieu duquel le hasard l'avait jeté et où il sentait bien qu'il jouait un rôle important.

La marquise reprit :

— Ce coffret, l'avez-vous.

— Oui.

— C'est bien ; pas un mot de plus ; ma sœur nous examine et commence à s'inquiéter de cet entretien. terminons-le donc. Le concert touche à sa fin, et je compte, monsieur, que vous voudrez bien nous faire l'honneur de nous accompagner jusqu'à notre voiture.

VIII.

OPINIONS DE PHILIPPE BEYLE SUR LES FEMMES.

Irénée errait depuis longtemps dans les jardins, indifférent aux charmes de la soirée, et recherchant de préférence les allées désertes, lorsqu'il fut distrait par un grand bruit de voix et d'éclats de rire qui s'élevait d'un pavillon situé à l'une des extrémités du bâtiment de la Mairie.

Machinalement, il s'avança.

Ce pavillon, brillamment éclairé, avait été transformé pour cette circonstance en salon de jeu.

Mais, en ce moment, les tables d'écarté et de bouillotte étaient à peu près inoccupées ; une causerie bruyante avait remplacé les émotions du tapis vert.

Par les croisées, restées ouvertes à cause de la chaleur, Irénée aperçut une vingtaine d'hommes entourant Philippe Beyle, dont la verve narquoise défrayait leur bonne humeur.

Il fut curieux de connaître le sujet de l'entretien, et, à moitié caché par quelques arbustes, il prêta l'oreille.

Philippe Beyle parlait des femmes.

—Elles sont, disait-il, le principe de tout mal et de tout désordre ; je ne leur reconnais aucune vertu, aucune qualité...

Les assistants se récrièrent.

—Non, continua Philippe, aucune vertu. Pas plus à l'état sauvage qu'à l'état civilisé : à Taïti, il y a les navigateurs ; à la cour de France, il y a les millions de Mazarin et le : *Vous m'en direz tant !* de la reine. Les prix de vertu ? M. de Monthyon ? vous savez aussi bien que moi ce que c'est : l'apothéose des vieilles servantes qui ont religieusement coiffé tous les soirs, pendant cinquante ans, le même bonhomme avec le même bonnet de coton !

— Pourtant, les rosières.... hasarda quelqu'un.

—Des rosières ! où cela ? à Nanterre ? Bah ! des Èves dans un pays où il n'y a pas de pommes.

—L'histoire fourmille de traits de vertu, monsieur, dit avec solennité un personnage dont les lunettes d'or étincelaient comme un lustre de théâtre.

—Oui, je sais. Pour désigner une femme vertueuse, on dit une Lucrèce. L'Agnès de l'*École des Femmes* a également donné son nom aux innocentes. Convenez que voilà deux exemples qui ont bien l'air de deux mystifications. Ensuite ?

Le monsieur aux lunettes éblouissantes interrogea sa mémoire, mais sa mémoire ne lui répondit pas.

— Tenez, reprit Philippe, en fait de vertu, il ne s'est trouvé qu'un homme sensé ; c'est celui qui a érigé ce décret à son usage : « La femme de César ne doit pas être soupçonnée. » Après cela, il s'est frotté les mains et il a dormi tranquille. A la bonne heure ! celui-là a vu clair dans la question ; d'un seul mot, il l'a définie et résolue.

— Passe pour la vertu, murmura d'un ton aimable un homme entre deux âges ; je ne suis pas fort éloigné du scepticisme de Monsieur sur ce chapitre. Mais refuser aux femmes d'autres qualités, les leur refuser toutes même, comme je crois l'avoir entendu, c'est ce qui me paraît plus difficile à soutenir.

Et quel accent délicieux et flûté ce Monsieur avait, en soutenant cette thèse !

— Pourquoi cela ? et de quelles qualités voulez-vous les doter ?

—Mais.... leur sensibilité, leur tendresse !

— Des nerfs, et rien de plus. Autant de larmes pour un épagneul que pour un homme. De la manie, et non de la passion. Croyez-moi, c'est précisément dans la gamme des sentiments que leur infériorité absolue et complète éclate davantage. Aucune idée de l'honneur : c'est une femme qui empêchera d'aller se battre en duel son amant soufflété. Pas de magnanimité : c'est une femme qui fera pourrir Latude pendant trente ans dans les bastilles. Pas de poésie : relisez *Joconde*, et demandez-vous pourquoi une femme préféra un nain stupide à son mari spirituel et beau ?

L'amour d'une femme, allons donc ! D'abord cela ne dure pas, ou bien, si cela dure, cela ne s'appelle plus de l'amour. Cela s'appelle de l'habitude, du calcul ou de l'orgueil.

— Eh bien !...les sublimités de l'amour maternel ?

— Le pélican est tout aussi sublime, répondit Philippe.

— La mère et le lion de Florence ?

— C'est le lion qui a le beau rôle.

L'interlocuteur s'obstinait ; il multiplia ses citations.

—Vous n'effacerez pas, dit-il, d'un trait de satire, le dévouement d'Antigone nourissant son père.

— Non ; mais je lui opposerai la femme du siège de Paris, faisant rôtir son enfant pour le manger.

Personne ne répliquant, Philippe Beyle continua :

— Voilà pour le cœur. Maintenant, faut-il parler de leur esprit ? A quoi bon ? L'esprit a nom Beaumarchais, Voltaire, Rivarol ; tout autre nom pâlit à côté de ceux-là. De leur industrie ? ce qu'elles font aujourd'hui, un métier le fera demain. De leur gaîté ? Où avez-vous vu une femme gaie ? une femme gaie n'existe pas. Une femme sera ou bruyante, ou bavarde, ou mordante ; elle ne sera pas gaie.

Il y eut des marques d'assentiment.

— La plupart les femmes meurent à leur retour d'âge ; c'est constaté par les statistiques. Ne vous semble-t-il point par là que, passé cette époque, le destin ait voulu consacrer leur inutilité flagrante ? Triste rôle, en effet, que le rôle des vieilles femmes dans la société ! Des gardes-malades, des radoteuses ou des épouvantails. Une grand'mère ne conquiert l'affection de ses petits-enfants qu'à la condition d'avoir ses poches remplies de gâteaux, et elle n'est supportable aux yeux que tout autant que sa robe et ses coiffes ont le caractère artiste du temps passé.

—Pauvres grand'mères, et vous aussi ! dit une voix qu'Irénée crut reconnaître.

— Faut-il que je me résume ? demanda Philippe.

— Oui ! oui !

— C'est que je vais bien m'éloigner des traditions de M. Legouvé.

—Bah ! dirent les assistants.

— Eh bien ! donc, voici mes conclusions : la femme ne vaut que par ses attraits lorsqu'elle est jeune, que par sa fécondité lorsqu'elle est mûre, et elle ne vaut rien du tout quand elle est vieille.

Des rires unanimes couronnèrent cette facétie.

Quelqu'un essaya de protester cependant.

— Le mal que vous dites des femmes prouve deux choses : ou que vous avez beaucoup souffert par elles, ou que vous en souffrirez beaucoup.

Celui qui parlait ainsi était M. Blanchard.

Un contraction légère anima les sourcils de Philippe Beyle, mais il s'était trop mis en avant pour reculer ; il se sentait d'ailleurs en veine de riposte.

— Souffrir par les femmes ! dit-il après avoir salué M. Blanchard ; ce serait confesser leur importance, et je ne suis pas encore près de le faire.

— Prenez garde ! de plus forts et de plus grands que vous ont vu crouler leur philosophie sous un coup d'éventail.

— Qui cela ? ces colosses menés en laisse étaient-ils vraiment des colosses ; les avez-vous mesurés ? Le vrai génie est solitaire, soyez-en certain. Homère ne partage sa gloire avec aucune femme. Newton meurt vierge. Regardez : est-ce avec un cortège d'amoureuses que se présentent à nous Christophe Colomb, Guttenberg, Shakspeare ? Voilà de grands noms, je crois, des gloires et des forces. Qui leur opposerez-vous ? Molière ? mais Molière n'a jamais saisi la plume que pour se moquer des femmes ou pour les maudire ; son esprit n'a été perpétuellement occupé qu'à venger son cœur. Dante ? Il a voulu railler avec sa Béatrix de neuf ans. Pétrarque ? ah ! Pétrarque ! une oie autant qu'un cygne !

— Plaisanteries et paradoxes ! murmura M. Blanchard.

— Après cela, je parle pour moi. Je défie bien les femmes de m'arrêter ou de m'empêcher dans mon chemin. A défaut d'autres mérites, j'ai l'orgueil de mon sexe et je suis jaloux de tous ses priviléges. On dit que l'amour fait accomplir de grandes choses ; c'est possible, mais je plains de tout mon cœur l'homme qui ne fait de grandes choses qu'en vue d'une femme. Livrer bataille pour un ruban ou un baiser, inventer un système de bateaux à vapeur dans l'espoir d'obtenir un regard de deux beaux yeux, voilà des actes de faiblesse indignes. Aussi, je promets bien....

— Ne promettez pas !

— Je jure, alors, dit Philippe en riant.

— Je vous conseille de ne pas jurer.

En disant cela, les yeux de M. Blanchard pétillaient d'une expression très singulière. Ses mots devenaient de plus en plus taquins. On sentait que la conversation allait brûler tout à l'heure entre ces deux hommes.

Déjà même, le silence commençait à se faire autour d'eux.

M. Blanchard reprit le premier :

— Je vais tâcher d'être aussi poli que possible pour vous dire que je ne crois pas à la prétention que vous avez de vous soustraire à l'influence des femmes.

Le début était précis.

Philippe Boyle fit un mouvement.

— Oh ! soyez, tranquille, ajouta M. Blanchard ; ce n'est pas à coups d'érudition que je vous répondrai.

— C'est dommage, dit Philippe en ricanant.

— Mes arguments ne gisent pas dans les dictionnaires et dans les livres d'histoire ; ils sont vivants, et c'est ce qui établit leur supériorité.

— Je ne comprends plus.

— Habitué à exprimer hautement et partout mon opinion, voilà une demi-heure que j'étais au supplice en vous écoutant. Pour qui me connaît, c'est une des plus grandes contraintes que je me sois jamais imposées. Non pas que je ne rende hommage à votre enjouement et à votre esprit : l'un et l'autre sont fort brillants sans doute ; mais c'est que vos théories me paraissent d'autant plus fragiles et votre profession de foi d'autant plus hasardée que je savais n'avoir qu'un mot à dire, qu'un ressort à toucher, pour vous établir immédiatement en flagrante contradiction avec vous-même.

— Expliquez-vous plus clairement, monsieur, dit Philippe inquiet ; jusqu'à présent vous n'avez parlé que par énigmes.

— Soit, dit M. Blanchard ; je vais donc me faire entendre. Il y a à côté, dans ces salons, une jeune femme, belle et intelligente, que nous venons tous de voir et d'applaudir : c'est la Marianna.

Philippe frémit.

— Vous oubliez.... murmura-t-il.

— Je n'oublie rien, vous le verrez. La Marianna (je la nomme par son nom d'artiste honorée et glorieuse) est attachée, dit-on, par des liens que vous envient beaucoup d'hommes, mais qui, d'après vos principes, sont pour vous sans doute bien légers et surtout bien fragiles. Tranchons le mot, la Marianna est votre maîtresse.

— Monsieur !

— C'est de notoriété, ici comme partout.

— Assez, monsieur ! dit Philippe avec impétuosité ; il est des sujets de conversation dont la seule convenance doit interdire le choix.

— J'ai touché le ressort, se contenta de dire M. Blanchard froidement.

Philippe se contint ; il était appuyé contre une table, il se dirigea et alla s'adosser à la cheminée, pour obéir à ce besoin de mouvement qu'imprime un sentiment de colère contenu.

Il se trouvait alors tout à fait en face de M. Blanchard.

— Où voulez-vous en venir, monsieur ? lui demanda-t-il.

— A une proposition.

— Voyons, je vous écoute.

— Si votre thèse de tout à l'heure n'a d'autre valeur que celle d'un jeu d'esprit, ma proposition vous paraîtra toute naturelle et vous l'accueillerez comme la chose la plus simple du monde, comme une plaisanterie renouvelée de la Régence. Dans le cas contraire....

— Eh bien !

— Votre courroux me donnera infailliblement raison, en ce sens qu'il réduira à néant vos affirmations et vos prétentions à la philosophie en matière de femmes.

— Au fait, monsieur.

— J'y arrive ; et la dernière phrase de ce préambule sera pour vous prier d'excuser ce que ma

proposition contient d'un peu suranné et de théâtral....

Philippe Beyle cherchait à lire dans les yeux
de M. Blanchard, dont le sangfroid l'irritait graduellement, mais lui imposait.

— Enfin, cette proposition? dit-il.

—La voici. Je vous joue ce que vous voudrez,
ce diamant, par exemple (il détacha une bague
de son doigt), qui est magnifique et d'un prix
royal ; je vous le joue à l'écarté ou à toute autre partie qu'il vous conviendra de choisir ;—je
vous le joue contre la Marianna.

Philippe se redressa comme par un choc d'é-
lectricité.

— Est-ce folie ou insulte, monsieur ! s'écria-
t-il en faisant un pas.

M. Blanchard, par contraste, était demeuré
immobile et souriant.

— Quand je vous le disais ? dit-il aux assistants stupéfaits.

Puis s'adressant directement à Philippe, sans
paraître comprendre son emportement, sans vouloir s'apercevoir de sa pâleur :

— Niez donc les femmes ! et voyez ce qu'elles
vous font faire. Que j'ajoute un mot de plus, et
vous allez me provoquer au sujet d'une femme !
et vous allez vous battre pour une femme ! Et,
supposons que je vous tue, c'est une femme qui
aura causé votre mort.

Philippe Beyle le regarda pendant quelques
secondes en silence, avec des yeux où la rage
et la confusion étaient peintes.

— Jouer une femme, murmura-t-il enfin, c'est
plus que théâtral, c'est fou ! car ni vous ni moi
nous ne pouvons engager la volonté de cette femme. Votre proposition ne peut que me mettre en
demeure d'abdiquer les droits que vous me supposez sur la Marianna.

— C'est ainsi que je l'entends, dit M. Blanchard.

Les railleurs s'étaient déjà rencontrés contre
Philippe.

Il comprit le danger de sa situation, et, par
un effort d'orgueil, il la surmonta.

Allant à une table, il y prit un paquet de cartes et dit à M. Blanchard:

— Eh bien ! j'accepte.

Sa voix était altérée, son geste était convul-
sif, mais son visage était calme.

Si l'attention n'avait pas été si exclusivement
concentrée sur cette scène, on aurait pu remarquer une singulière agitation dans les arbres
qui formaient un rideau à la croisée ouverte et
qui servaient de poste d'observation à Irénée
de Trémeleu.

—Etes-vous prêt, monsieur ? dit Philippe ; je
vous répète que j'accepte.

Il mêlait déjà les cartes.

Le sourire de M. Blanchard disparut, et ce
fut d'un ton grave qu'il répondit :

— Le fait de votre acceptation suffit pour lever tous mes doutes ; je n'hésite pas à vous en
donner acte, en présence d'une preuve aussi con-
vaincante. Restons-en donc là d'une discussion
que mon intention n'était pas de pousser plus
avant, et d'où vous sortez d'ailleurs avec les honneurs de la guerre.

—Est-ce une nouvelle gageure ?

M. Blanchard fit un geste de dénégation.

— Alors, c'est de la magnanimité, ajouta
Philippe en raillant ; dans ce cas, je vous préviens que je ne suis pas homme à me contenter
de cette défaite. Je veux jouer, à mon tour. Vous
aviez raison tout-à-l'heure, et je le reconnais :
mes théories exigent une épreuve ; il ne faut pas
que le mot de fanfaronnade puisse être murmu-
sé. C'est vous qui avez porté la discussion sur
son terrain extrême ; elle y restera, monsieur.
Voici les cartes, commençons.

M. Blanchard ne bougea pas.

Témoin d'un duel pour le lendemain, il ne
pouvait prendre Philippe à partie pour son
compte.

— Eh bien !... vous ou un autre ! s'écria Philippe en s'exaltant de plus en plus ; qui est-ce
qui veut s'ériger en champion du beau sexe ?

Un jeune homme se décida à sortir du cercle
et à s'avancer ; un jeune homme rouge comme
une pivoine, mais résolu, élégant, quelque fils de
propriétaire, sans doute.

Il ne pouvait y avoir en effet qu'un jeune
homme pour ramasser un tel défi.

Philippe Beyle réprima un mouvement de surprise, et entraîna son nouveau partner à une table de jeu.

Autour d'eux les spectateurs se resserrèrent.

Irénée en avait vu et entendu assez ; ne se
sentant plus maître de lui, il s'enfuit à travers
les jardins, pour empêcher l'explosion de son
indignation.

Ses poings se contractaient ; il respirait à doses inégales et bruyantes.

Il n'avait pas fait vingt pas qu'au détour d'une
charmille il se trouva face à face avec Marianna.

Elle était radieuse ; tous les triomphes et tou

tes les félicités remplissaient son cœur et le débordaient.

A sa vue, Irénée poussa une exclamation presque sauvage.

— Vous ! s'écria-t-il ; ah ! vous arrivez à propos ; venez ! venez !

Marianna recula effrayée.

— Qu'avez-vous donc ? demanda-t-elle.

— Venez ! répéta-t-il en la saisissant par le bras et en la conduisant vers le pavillon du jeu.

La partie était commencée ; c'était une partie d'écarté ; autour des joueurs chacun se taisait ; seul, Philippe Beyle continuait de parler et de railler.

— Tenez ! dit Irénée en le lui désignant du doigt ; regardez : voilà l'homme à qui vous avez tout sacrifié ! Savez-vous ce qu'il fait là, publiquement, hautement ?

— Irénée ! Irénée ! vous me rendez tremblante.

— Il vous joue, vous, Marianna ; il vous joue avec le premier venu, contre la première chose venue ! Vous êtes l'enjeu de cette partie qui se débat sous vingt regards !

— Ah cela n'est pas vrai !

— Vous ne me croyez pas ? Attendez donc, et écoutez !

Presque au même instant, Philippe élevait la voix et disait à son jeune adversaire :

— La fortune vous favorise, monsieur ; encore quelques coups de cartes, et la Marianna sera décidément à vous....

Un cri surhumain se fit entendre.

C'était Marianna qui s'évanouissait, et tombait sur l'herbe....

Tout le monde s'élança hors du pavillon, Philippe Beyle le premier.

— Infâme ! trois fois infâme ! lui cria Irénée dans le paroxysme de l'égarement.

On se jeta entre eux, tandis que quelques personnes transportèrent Marianna à l'hôtel.

....

A la même heure, Mme la marquise de Pressigny rentrait dans son appartement.

Elle renvoya sa femme de chambre plus tôt que de coutume, mit le verrou à la porte et ferma soigneusement les lourds rideaux de la fenêtre.

Toutes ces précautions prises, elle ouvrit d'une main frémissante d'impatience, le coffret que M. Blanchard lui avait remis à l'issue du concert.

Elle en retira d'abord un parchemin couvert de signes particuliers, et qu'elle parcourut rapidement, d'un air de satisfaction triomphante,

Puis son regard revint au coffret et y plongea de nouveau.

Sous le parchemin, se trouvait la plaque d'un ordre inconnu.

C'était une croix à sept pointes, en pierreries, suspendue à un large ruban bleu-azur.

Le tout reposait sur un coussin de satin blanc.

Mme la marquise de Pressigny demeura un moment immobile et comme éblouie par le feu que les pierreries lançaient.

Lorsqu'elle fut revenue de son extase :

— Grande-maîtresse ! dit-elle avec orgueil ; je suis GRANDE-MAITRESSE DE LA FRANC-MAÇONNERIE DES FEMMES !

IX.

UN DUEL DANS LES DUNES.

Cette fois, après l'éclatant scandale de la veille, le duel projeté entre Irénée de Trémeleu et Philippe Beyle ne pouvait manquer d'avoir lieu.

Aussi, dès le point du jour, une barque amarrée à quelque distance de l'hôtel du Globe et montée par Péché, recevait les deux adversaires, accompagnés de M. Blanchard.

Ils se dirigèrent vers les dunes.

Un vent d'orage ridait l'eau du bassin ; des nuages tristes couvraient le ciel.

De ces quatre personnages, aucun ne souffla mot pendant le trajet, qui dura plus d'une heure. En outre des préoccupations qui les agitaient, le spectacle des dunes grandissant devant eux à chaque coup de rame semblait leur commander le silence.

Ce n'étaient plus comme la veille, des murailles fantastiques pleines d'accidents lumineux ; la magie avait disparu avec le soleil ; il ne restait qu'un chaos et qu'un désert.

Mais ce chaos et ce désert ne ressemblaient à aucun autre ; et trop peu de personnes ont exploré ce côté de notre pays, pour que nous ne nous croyions pas obligé d'en retracer quelques aspects principaux.

Cette chaîne de dunes qui borde la côte de la Gascogne se déroule pendant soixante-quinze lieues.

Pendant soixante-quinze lieues, c'est-à-dire depuis l'embouchure de la Gironde, jusqu'à celle de l'Adour, de la tour de Cordouan à la baie de Saint-Jean-de-Luz, le sable entasse et multiplie ses Alpes blêmes, pétries par les pluies, sculptées par l'orage, et durcies par le soleil.

C'est un autre océan, à côté de l'Océan ; — ce sont des vagues pétrifiées à côté des vagues vivantes.

Autrefois des villes s'élevaient à la place de ces masses inféconds ; une multitude de ports découpaient cette côte, à présent si redoutée, et ouvraient un accès facile aux navigateurs. Toutes ces anses ont été remplies par une invasion de sable, invasion lente, mais constante, mais implacable et dont l'origine remonte à plus de trois mille ans ; invasion plus effrayante, plus terrible dans ses effets que la flamme et la guerre, puisqu'elle supprime jusqu'au lieu même du désastre !

Autrefois à cet endroit où la vague roule son écume et sa plainte, se dressaient les massives forteresses des célèbres captaux de Buch, — ces sinistres guerriers dont la légende appelle depuis longtemps un poète. Sous ce tombeau mobile, Mimizan florissait au moyen-âge ; Anchise faisait un commerce considérable. Tout a péri par l'invasion.

A la pointe de Grave, rongée sans relâche par l'Atlantique, les marins aperçoivent distinctement au fond des eaux, par un temps clair des remparts et des tours. Ce sont les restes de l'antique Noviomagum. D'autres cités rappellent le sort d'Herculanum ; tel est le Vieux-Soulac, dont l'église, enterrée à mi-corps, continue d'élever, en signe de détresse son clocher abandonné.

On croirait lire des ballades, d'invraisemblables traditions. Ce déluge de sable qui s'avance et qui monte, pareil à l'autre déluge, cet empiètement patient et continu, ce fléau devant lequel reculent incessamment les générations, cette disparition graduelle des cités, des seigneuries, des hameaux ; cet ensevelissement sans bruit d'un pays jadis populeux et riche, tout cela m'effraie et confond ; et la science a beau dire le mot de toutes ces ruines, l'esprit s'obstine sans cesse à en chercher les causes plus haut !

Les dunes ont l'inégalité des flots de la mer, et leur élévation varie de cinquante à deux cents pieds, même davantage, quelques-unes, ont deux lieues d'épaisseur. Les vents et le temps forment entre elles des vallons, souvent d'une longueur de plusieurs milles. Les dunes les plus hautes sont celles du centre ; les fortes

pluies n'ont sur elles d'autre effet que d'arrondir leurs sommets et d'augmenter la largeur de leurs bases. Une tempête dans les dunes est une chose terrible et sublime.

Alors, les collines de l'Ecriture, galopant comme des béliers, ne sont plus de vaines images, mais la réalité même, dans la splendeur géante. Aux aboiements de la mer, les dunes s'ébranlent, s'abaissent, se séparent, se précipitent, s'ébranlent, s'égrènent ; le vent les harcèle et chasse dans l'air leurs premières couches comme un épais brouillard. Les genêts épineux, les pins naissants, dont les racines sont mises soudainement à nu, se débattent et sifflent dans la tourmente ; ils sont emportés par elle avec des morceaux de bois pourri, des feuilles de goëmon et des débris de coquilles.

A l'époque du règne de Louis XVI, un jeune homme, l'ingénieur Brémontier, qui parcourait pour la première fois le golfe de Gascogne, vit une de ces montagnes de sable, haute de soixante mètres environ, marcher et s'avancer de plusieurs pieds dans les terres, pendant le court espace de deux heures. Ce jeune homme ne put songer sans effroi que toute l'énorme masse des dunes réunies, ébranlée par la même commotion, avait dû faire le même chemin que la montagne au pied de laquelle il se trouvait.

Dès lors, il osa concevoir le projet de les arrêter. S'adressant à la fois à la mer, au vent et au sable, il eut le triple orgueil de s'écrier : — Vous n'irez pas plus loin !

Est-il besoin de dire qu'il fut regardé comme un fou ?

Un demi-siècle plus tard, cependant, la Restauration, émerveillée et reconnaissante, érigeait à Brémontier une colonne en marbre noir, au milieu même d'une de ces dunes dont il avait arrêté l'humeur aventureuse, à quelques pas de la Teste, sauvée par lui d'une imminente destruction.

L'œuvre de Brémontier se continue tous les jours ; des semis de pins et de genêts essaient d'opposer une barrière aux envahissements de l'Océan ; des fascines et des clayonnages s'étendent sur tout le littoral ; et, grâce à ces précautions, on a, sinon fixé les dunes de Gascogne, du moins ralenti leur marche et retardé de quelques siècles la ruine d'une contrée.

Chaque dune a un nom qui lui a été donné par les pêcheurs, les résiniers et les géologues. Parmi celles qui font une digue au bassin d'Arcachon, il y a la Rousse, la Dufour, le Pin-Turlin, la Mauvaise et le Chat : ces appellations, dont quelques unes ne manquent pas de pittoresque, ont été créées pour désigner une forme, rappeler un sinistre ou consacrer le nom d'un honorable adjoint au maire.

Celle vers laquelle se dirigeaient Philippe Beyle et Irénée de Trémeleu, conduits par Péché, s'appelait la Jeanne-Dubois.

Elle n'était guère distante de la mer que d'une demi-lieue. De loin, elle se détachait au milieu des autres dunes par son aridité plus absolue, par sa blancheur plus blessante, par sa perspective plus monotone. Son sommet dévasté, comme un front de penseur en révolte, accusait l'inutilité des ensemencements, maintes fois tentés sur elle.

Ce fut à la Jeanne-Dubois qu'on aborda, dans une baie dont le sable très fin était piqué à mille places.

— Qu'est-ce que c'est que cela ? demanda M. Blanchard.

— Ce sont les puces de mer qui font ces trous, lui répondit le batelier.

Chaque pas soulevait en effet une myriade de ces insectes.

Pour atteindre au niveau de la dune, dont les bords sont tous escarpés, il est absolument nécessaire de s'aider des pieds et des mains ; c'est ce que firent nos personnages pendant un assez long quart d'heure.

Leur ascension ne s'opéra pas sans difficulté, à cause des éboulements qu'ils suscitaient presque à chaque minute.

— S'il avait plu, dit Péché, les sables résisteraient davantage ; mais voilà trois semaines que la sècheresse dure, et rien ne les rend mobiles comme la chaleur.

Ils arrivèrent enfin à un terrain à peu près horizontal, et d'où le regard embrassait presque entièrement le bassin d'Arcachon ; seulement la position n'y était pas tenable, le vent y soufflait avec furie.

— Cherchons un autre endroit, dit M. Blanchard, en faisant tous ses efforts pour maintenir son chapeau sur sa tête ; celui-ci est vraiment désagréable, même pour....

Il n'acheva pas sa phrase, une bourrasque, la lui enleva sur ses lèvres.

— Fermez les yeux ! cria Péché.

Mais son avertissement porta trop tard.

Des tourbillons de sable fondirent sur les voyageurs, s'attaquant à leurs yeux, à leur nez,

à leur bouche ; en un instant, ils furent suffoqués.

— Que le diable emporte cet ensorcelé pays ! murmura Philippe Beyle.

— Mène-nous vite ailleurs, dit M. Blanchard, dès qu'il put parler.

— Je le veux bien, répondit Péché, mais il se peut que nous fassions du chemin avant de trouver un emplacement convenable.

Il prit les devants et l'on se mit en marche.

Le sol était sourd, comme pour les pas du crime ; on eût dit quatre personnes chaussées de pantoufles. Aucun bruit, pas même de reptile. Quelquefois seulement, une pomme de pin se détachait de son arbre isolé et tombait lourdement.

On entra dans un vallon, qui ne produisait guère que quelques espèces de gramen, aux jets traçans et genouillés. Ces herbes sont la nourriture des veaux et des vaches. Cette stérilité, jointe à ce silence continu, dissout la pensée, ouvre de vagues perspectives sur le néant. La tristesse des *sierras*, dont on a tant parlé, n'est rien en comparaison de la tristesse de ces dunes.

— Hum.... mauvais vent.... vent d'ouest, murmurait Péché.

A un détour où le vallon commençait à se resserrer, il se retourna et dit :

— Suivez la trace des troupeaux.

— Pourquoi donc? demanda M. Blanchard.

— Ah ! pourquoi.... pourquoi....pour éviter les *lettes*, parbleu !

— Et qu'est-ce que c'est que les *lettes ?*

Le paysan haussa les épaules et ricana.

— Vous le savez aussi bien que moi, dit-il.

La suspicion perpétuelle dans laquelle les habitants de la campagne tiennent ceux de la ville se manifestait ici dans sa plus inepte extravagance.

M. Blanchard demeura étonné, mais il n'insista pas. Ni le moment ni le lieu n'étaient opportuns.

A défaut de Péché, nous tâcherons, nous, de faire faire connaître les *lettes* au lecteur.

Ce sont des amas d'eau, de plusieurs pieds de profondeur quelquefois, ayant filtré des dunes les plus hautes, à la suite des pluies, et recouverts d'une couche très fine de sable, transportée là grain à grain par le vent, puis durcie et immobilisée par la chaleur. Ces petits lacs ainsi voilés sont excessivement dangereux. Malheur à l'imprudent qui se hasarde sur leur surface trompeuse! La croûte de sable se déchire s'écroule, et l'on s'enterre parfois jusqu'aux reins.

Dans ce cas-là, le mieux est de ne pas précipiter ses mouvements. Une fois l'équilibre de ces sables dérangé, ils se tassent d'eux-mêmes; il ne faut que donner le temps à ce tassement de s'opérer. Alors seulement, on lève une jambe et l'on reste sans mouvement pendant quelques minutes. Un nouveau tassement s'opère sous le poids retiré, et le fond devient plus solide. On soulève l'autre jambe avec les mêmes précautions, et successivement chaque membre; après quoi on se traîne, comme à la nage, vers une partie élevée.

Les animaux, soit instinct, soit expérience, emploient ce moyen méthodique pour sortir des *lettes*.

C'étaient ces perfides cloaques que Péché voulait éviter; il s'arrêtait de temps en temps pour tâter le terrain avec son pied.

Philippe Beyle le suivait d'un air insouciant.

Irénée de Trémeleu et M. Blanchard venaient en derniers, à distance, et s'entretenaient à mi-voix.

Irénée paraissait plus sombre que de coutume.

— Savez-vous, lui dit M. Blanchard, que vous rompez absolument avec les traditions, et que vous n'avez rien des allures obligées en pareille partie?

— C'est vrai, répondit-il en essayant de sourire; il faut que la maussaderie de ce temps ait déteint sur mon esprit. Moi-même je ne me reconnais plus.

— Combien de fois vous êtes-vous battu dans votre vie?

— Trois fois, dans trois ans.

— Est-ce que chaque fois vous aviez votre figure d'aujourd'hui?

— Non. J'étais plutôt gai que triste; mon sang battait avec une vivacité charmante; sur la route, je trouvais tout beau, tout attrayant, tandis qu'aujourd'hui....

— Eh bien! aujourd'hui?

— Ah! ça n'est plus cela, mon cher monsieur Blanchard; comme autrefois encore, ma main est calme, certainement, mais tâtez-la, elle est brûlante et lourde. J'ai un voile sur les yeux; en revanche, je n'en ai plus sur la pensée: j'y vois clair, effrayamment clair!

— Diable! c'est ce que nous appelons des pressentiments.

— Oui, des pressentiments, dit Irénée.

— Il faut faire attention à cela; il y a plusieurs remèdes aux pressentiments; par exemple, clouez-vous un air de chanson dans la tête et ne cessez pas de le fredonner.

— Inutile, dit Irénée.

— Prenez garde! cela peut vous jouer quelque méchant tour.

— Je le sais.

— Et croyez-moi, à votre place....

— A ma place, dit Irénée, vous penseriez comme je pense. La clairvoyance m'arrive trop tard; elle me laisse sans courage. J'aperçois le vide de ma jeunesse. Ah! qu'il vaut bien mieux s'attacher à une idée qu'à une affection!

M. Blanchard se tut.

Irénée reprit avec un accent d'amertume:

— Qu'est-ce que j'ai fait de ma vie jusqu'à présent, de ma richesse, de mon instruction? A quelle chose, je ne dirai pas grande, mais seulement honorable ou fertile, ai-je employé mes années les meilleures et les plus belles? Oisif que j'étais, j'ai voulu m'approprier l'existence d'une femme. Voilà une belle œuvre! Encore si j'y avais réussi!

— Bah! ne pensez plus au temps perdu, pensez au temps à venir.

— Mon temps à venir est gâté. Quelles fleurs et quels fruits peut donner un arbre qui ne vit plus par sa racine?

— Vous êtes à peine entré dans la vie, dit M. Blanchard.

— Oui, je connais cet argument; je suis à peine entré dans la vie; mais par quelle porte y suis-je entré? par la porte mauvaise, par la porte infernale, par la porte au seuil de laquelle on laisse l'espérance. Maintenant il faut que je retourne sur mes pas. Ma foi, je n'en ai plus la force. Adopter de nouveaux principes, piétiner sur mes anciens sentiments, recommencer l'apprentissage du monde à un autre point de vue, et cela, pourquoi? pour me tromper encore peut-être. Cela n'en vaut pas la peine.

— Voilà de fâcheuses dispositions pour un matin de duel.

— Oh! cette femme! murmura Irénée.

Pendant quelque temps ils marchèrent en silence.

— Tenez, fit tout à coup Irénée en montrant Philippe Beyle, c'est cet homme qui a raison, c'est cet homme qui est fort? Il a plus vite fait que de maudire les femmes; il les nie. Cet homme me vengera.

— En attendant, murmura M. Blanchard, songez à votre défense personnelle, car vous m'inquiétez réellement.

— Ma défense ?.... vous avez raison.... dit-il machinalement.

— Avez-vous le coup d'œil juste ?

— Oui.

— Le poignet assuré ?

— Très assuré.

— Allons ! tout se passera bien. Heureusement que ce n'est pas avec le moral que l'on tire, car, sans cela, je vous regarderais comme un homme mort.

Irénée de Trémelen sourit sans répondre.

On était enfin parvenu dans une espèce de plaine, d'une étendue suffisante, couleur café au lait, et protégée contre le vent par quelques escarpements de terrain, où poussaient quelques touffes de genêts, hautes de un à deux mètres.

De là, on ne voyait ni le bassin d'Arcachon ni la mer ; l'œil était emprisonné par les dunes environnantes, au sommet desquelles apparaissaient quelquefois des chevaux sauvages, effarés, et qui rebroussaient chemin aussitôt.

Nous avons dit quel ciel gris et funèbre il y avait.

A terre, on remarqua, sur divers points, des traces de charbon ; c'étaient les restes de quelques feux de bruyères, allumés sans doute par des naufragés.

Il fut décidé que le duel aurait lieu à cette place.

Philippe Beyle, qui n'avait pas cessé d'apporter dans cette excursion la curiosité d'un touriste, regarda autour de lui, et dit :

— Ce paysage a furieusement le spleen.

Les préliminaires ne pouvaient être longs ; M. Blanchard et Péché ayant l'un et l'autre mesuré le terrain, les deux adversaires furent placés à trente pas.

Chacun avait la faculté d'avancer de cinq pas, ce qui restreignait la distance à vingt.

Le sort devait décider qui des deux tirerait le premier.

Le sort décida que ce serait Philippe Beyle.

Il reçut l'arme des mains de M. Blanchard.

De son côté, Irénée de Trémelen s'était mis en position.

Alors les témoins s'éloignèrent, et il se fit ce silence solennel qu'il faut avoir entendu une fois, si l'on veut, plus tard, établir une échelle de comparaison, entre les émotions principales de la vie.

Ensuite, M. Blanchard frappa trois coups avec les mains.

Au troisième, Philippe Beyle usa du droit qu'il avait de faire cinq pas en avant.

Il les fit, s'arrêta et visa, — ni trop hâtivement, ni trop lentement, mais comme il faut viser.

Le coup partit, et Irénée tomba.

FIN DE LA PREMIÈRE PARTIE.

LA FRANC-MAÇONNERIE

DES FEMMES.

SECONDE PARTIE.

I.

LE FAUBOURG MONTMARTRE.

D'ici à peu d'années, la grande portion de terrains comprise sous la dénomination de faubourg Montmartre nous aura rendu entièrement la physionomie de l'ancien Palais-Royal.

Ce quartier, où l'on se hâte de construire, appartient déjà exclusivement au luxe de contrebande et aux vices spéculateurs, comme autrefois la Colonnade, les Galeries de bois et l'Allée des soupirs.

La population féminine y a des allures auxquelles le naïf provincial ne serait point trompé. Plus qu'ailleurs le châle y affecte de provoquantes ondulations ; le chapeau, enrubanné comme un mai de village, se renverse de manière à faire croire qu'il va quitter la nuque ; les volants remplissent tout le trottoir, s'enflent à la moindre brise et produisent ce bruit délicieux pour lequel a été inventé l'imitatif et joli mot de *froufrou*.

Les appartements du faubourg Montmartre se ressentent des mœurs qu'ils abritent ; chacun d'eux est machiné comme un plancher de théâtre ; double entrée, double sortie, vue secrète sur l'escalier, portes de dégagement, placards tournants et cabinets de toilette à double fond, comme les tabatières du vieux temps.

C'est un aimable faubourg.

On n'y est occupé, comme dans les opéras-comiques, qu'à *célébrer le champagne et l'amour.* Dans l'après-midi, principalement au sortir de la Bourse, des hommes viennent s'y étendre sur des canapés, fumer un cigarre ou deux et s'entretenir de choses insignifiantes avec de jeunes dames de trente-quatre ans, en robe de chambre, et qui, selon la mode, portent les cheveux retroussés à la Marie-Stuart ou crespelés à l'antique.

Ce divertissement quotidien coûte excessivement cher à ces hommes.

Un an après les événements que nous venons de rapporter, un monsieur montait, d'une façon aussi légère que pouvaient le lui permettre ses soixante ans, l'escalier d'une maison de la rue Saint-Georges, la rue la plus élégante du faubourg Montmartre.

On eût dit que cet escalier devait aboutir pour lui au troisième ciel, tant ce vieux monsieur accomplissait avec aise son ascension.

Il ne s'arrêta que lorsqu'il fut arrivé au quatrième étage devant le pied de biche traditionnel.

Alors, pendant cinq minutes, il s'occupa sérieusement à reprendre sa respiration.

A Paris, un quatrième étage, qui suppose toujours une terrasse, a presque la même valeur qu'un premier étage.

Après s'être épongé le front avec son mouchoir, avoir rallié ses favoris avec un petit peigne, chassé avec le pouce et l'index deux ou trois grains de poussière sur son pantalon, — le vieux monsieur dirigea sa main vers le cordon de sonnette.

Mais il se ravisa tout à coup.

Au lieu de sonner, il frappa.

Bien doucement d'abord, comme un Némorin qui veut éveiller sa bien aimée; un peu plus fort ensuite, comme un jaloux qui s'inquiète et qui s'impatiente.

— Attendez donc! s'écria de l'intérieur une voix; vous êtes bien pressé aujourd'hui.

La porte s'ouvrit, et une petite domestique parut.

— Tiens c'est monsieur le comte, dit-elle; je croyais que c'était le porteur d'eau.

— Oui, Fanny, oui, c'est moi; plus bas, je t'en prie.

— Pourquoi donc est-ce que vous n'avez pas sonné? Il n'y a que les fournisseurs qui frappent.

— Pourquoi.... pourquoi....

— Ah! c'est vrai, j'oubliais.... c'est pour nous surprendre, pour nous espionner, n'est-ce pas? Toujours vos mêmes farces! Y a-t-il du sens commun à venir chez les gens d'aussi bon matin.

— Quelle heure est-il donc, Fanny? demanda le personnage qui vient d'être désigné sous le nom de M. le comte.

— Allons, faites votre ingénu; vous savez qu'il est à peine onze heures. Vous en seriez bien plus avancé si madame ne voulait pas vous recevoir!

— Quoi! Fanny, tu croirais?.... dit le comte en pâlissant.

— Dame! c'est à quoi vous vous exposez. Mais rassurez-vous; madame est levée depuis deux heures.

— A-t-elle été au théâtre, hier soir?

— Elle n'a paru qu'un instant dans son avant-scène des Variétés. Ah! la jolie toilette qu'elle avait! un chapeau blanc avec un tour de tête de petites bruyères rose-pâle. Vrai, monsieur le comte, il vaut tout autant que vous ne l'ayez pas vue, car vous en auriez perdu la tête.

— Hélas! murmura le comte.

— Oui, je sais bien que le plus fort est fait.

Il faut avouer, à votre avantage, que vous avez une fière tendresse pour madame; aussi cela m'enrage de lui voir si peu de reconnaissance pour vous. Ce n'est pas faute de lui faire votre éloge, pourtant; je suis toute la journée: M. le comte par-ci, M. le comte par-là. Et Dieu m'est témoin que ce n'est pas l'intérêt qui m'y pousse, quoique vous soyez aussi généreux avec moi qu'on puisse l'être; mais j'ai un cœur avant tout, et je dis, moi, qu'il y a cruauté à faire souffrir un pauvre homme qui vous veut tant de bien, et qui sacrifierait tout pour vous épargner la moindre égratignure.

Le comte n'écoutait pas les bavardages de la petite domestique.

Il s'était planté devant une glace et s'y examinait avec mélancolie, en passant et repassant la main sur son visage, comme s'il eût voulu en adoucir les rides.

— Tu dis donc que Pandore a été aux Variétés?

— Oui, monsieur le comte.

— Seule?

— Avec son amie Sara.

— Une grande blonde?

— Justement.

— Et, après le spectacle?

— Après le spectacle, madame a reconduit Sara dans son coupé; puis elle est rentrée ici où j'avais préparé pour elle une tasse de thé. Elle a feuilleté les volumes que vous lui aviez choisis et envoyés; et, a une heure moins un quart, elle dormait du sommeil d'un enfant.

Le comte regarda la petite bonne entre les deux yeux, et, plaçant un doigt contre le nez, à la manière des gens méfians:

— Fanny! Fanny! dit-il.

— Bien vrai, monsieur le comte.

— Comment! Pandore ne s'est pas arrêtée en chemin à la Maison-Dorée?

— Non, monsieur le comte.

— Ni au café Anglais?

— Pas davantage.

— Il m'est cependant revenu aux oreilles que....

— Laissez donc! encore un de vos traquenards; je connais cela. Eh bien, après? Quand madame aurait été souper, qu'est-ce que vous auriez à dire? Vous savez qu'elle se moque pas mal de votre jalousie!

— C'est vrai, dit tristement le comte.

Il baissa la tête, et son œil rencontra en ce

moment un papier carré au milieu des chiffons que Fanny était en train de balayer.

Il le ramassa le plus délicatement qu'il lui fut possible.

— Qu'est-ce que cela ? fit-il.

— Pardine ! vous le voyez bien, c'est une enveloppe de lettre.

— Oui, c'est une enveloppe : *A Mademoiselle Pandore, rue Saint-Georges, 27.*

— Ah ça ! s'écria la domestique en riant, est-ce que vous allez souvent venir fouiller dans notre ménage ? Si cela vous amuse de déchiffrer les paperasses, tenez, il y en a plein un panier derrière la porte.

— Le cachet est singulier, dit le comte, qui tournait et retournait l'enveloppe ; un essaim d'abeilles frappant au visage un imprudent, avec ces mots : « Toutes pour une, une pour toutes. »

— Tiens ! je n'avais pas remarqué cela, dit Fanny, en regardant à son tour.

— Tu sais donc quand est arrivée cette lettre ?

— Oui ; il y a une heure environ.

— Qui est-ce qui l'a apportée ?

— Une femme.

— Une femme ?

— Elle était déjà venue deux fois hier ; elle ne voulait remettre cette lettre qu'à madame elle-même.

— Diable ! murmura le comte ; et, ce matin...

— Ce matin, je l'ai introduite auprès de madame.

— Qu'est-ce qu'elles se sont dit ?

— Je l'ignore, car madame m'a immédiatement ordonné de me retirer.

— Sotte ! à ton âge, tu ne sais pas encore écouter aux serrures ?

— Monsieur le comte, je suis honnête.

Il haussa les épaules et regarda de nouveau le cachet de l'enveloppe qu'il tenait toujours à la main.

— « Toutes pour une, une pour toutes, » répéta-t-il ; qu'est-ce que cela peut signifier ?

Le son d'un timbre parti de la chambre à coucher de Pandore, interrompit sa méditation.

— C'est madame qui sonne, dit la petite domestique.

— Attends un peu, dit le comte, en ouvrant son porte-monnaie.

— Qu'est-ce que vous voulez ?

— Je veux récompenser ton honnêteté.

Il lui mit un louis dans la main.

Un second coup de timbre se fit entendre, plus impérieux que le premier.

— Ah ! mon Dieu ! s'écria Fanny en s'empressant.

— Ce n'est pas tout, continua le comte en montrant une autre pièce d'or.

— Quoi encore ? demanda-t-elle, s'arrêtant court.

— Ceci sera pour toi, si....

— Dites donc vite, madame va s'impatienter.

— Si tu peux m'avoir cette lettre dont je n'ai que l'enveloppe.

— Oh !

Un troisième coup de timbre étouffa l'exclamation de Fanny, qui s'élança vers la chambre à coucher, pendant que le comte mettait tranquillement l'enveloppe dans sa poche.

Mais Fanny ne fut pas assez prompte, car la porte s'ouvrit violemment, et Pandore parut.

Trois ou quatre peintres en France, à peine, pourraient rendre l'effet de cette belle physionomie irritée. Un écrivain doit y renoncer ; les substantifs ne sont pas assez gros de tempêtes, les adjectifs n'ont pas assez d'éclat.

Pandore était entortillée d'un peignoir à dentelles ; ses cheveux blonds rebroussés vers les tempes lui donnaient l'air d'un jeune czar.

Elle n'aperçut pas le comte, elle ne vit que Fanny.

— Qu'est-ce que vous faites là ? dit-elle en lui marchant sur les pieds ; est-ce que vous vous moquez de moi, par hasard ?

— Non, madame, balbutia la soubrette ; excusez-moi, c'était....

— C'était quoi ?

— C'était M. le comte d'Ingrande qui me retenait.

Les yeux de Pandore tombèrent alors sur le comte, qui mâchonnait par contenance des pastilles de Vichy.

Sa colère ne fut pas calmée par cette attitude.

— Le comte n'a que faire ici, vous le savez bien ! continua-t-elle ; est-ce que vous êtes à son service ou au mien ? Si la maison ne vous convient pas, il n'y a point besoin d'attendre qu'elle vous tombe sur le dos.

— Est-ce son déjeûner que madame désire ? demanda timidement Fanny.

— Non, ce n'est pas mon déjeûner, dit Pandore, en cherchant du regard, c'est....

— C'est ?

— L'enveloppe de cette lettre que j'ai reçue tout à l'heure.

Le comte d'Ingrande et Fanny échangèrent un rapide coup d'œil.

— L'enveloppe ? répéta cette dernière avec embarras.

— Eh bien ! oui, l'enveloppe ! est-ce que je ne m'exprime pas en français ?

— Si fait, madame, si fait, dit Fanny ; mais c'est que je l'ai prise avec d'autres papiers pour allumer mon feu, il n'y a qu'un instant.

— Je l'aurais parié ! s'écria Pandore en frappant du pied : êtes-vous sûre de l'avoir brûlée, au moins ?

— Oh ! oui ! madame, c'était cette enveloppe sur laquelle il y avait....

— Allons, c'est bon ! dit brièvement Pandore.

Et elle tourna le dos.

Puis, du fond de sa chambre où elle était rentrée, elle cria :

— Eh bien ! monsieur le comte, vous ne venez donc pas me souhaiter le bonjour, ce matin ?

Le comte se précipita comme une bourrasque dans la chambre à coucher.

Il y avait là, comme dans toutes les pièces de cette sorte et comme chez toutes les femmes de la classe de Pandore, mille de ces somptuosités au rabais qui attestent l'amoindrissement et la corruption du goût : une pendule de bronze, des tentures économiques, la réunion de tous les styles, des chaises sculptées en moyen-âge et des écrans rocaille, une table de laque, des peintures modernes représentant comme toujours des nymphes couchées dans les herbes, car les disciples de Diaz ne sortent pas de là, deux étagères encombrées de niaiseries, de coquillages, d'oiseaux filés, de frégates en ivoire, de joujoux suisses, de flacons, de paysages en liège, d'idoles japonaises, de coupes dorées, de Tircis en pâte tendre, de pantoufles de fées, de corbeilles microscopiques et de nudités en plâtre renouvelées de Pradier.

Une jardinière, placée auprès de la cheminée, était remplie des fleurs de la saison.

Lorsque le comte d'Ingrande fut entré, Pandore lui tendit la main.

— Ma chère enfant, dit-il après y avoir posé ses lèvres, j'ai assisté une fois dans ma vie au lever de M. de Talleyrand.... C'est vous dire combien j'étais jeune, s'empressa-t-il d'ajouter. Eh bien ! ma parole d'honneur, je n'ai pas été

plus impressionné en face du célèbre diplomate que je ne viens de l'être à présent. Franchement, vous étiez superbe.

— Alors, criez brava, et n'en parlons plus.

Elle alla vers la table, y prit une lettre qu'elle relut d'un air songeur, sans s'occuper du comte.

— Ce doit être cela, pensa-t-il.

La lettre relue, Pandore la serra dans un des tiroirs de son secrétaire.

Ce secrétaire, justifiant par hasard son nom, était à secret.

— Diable ! se dit le comte, ce sera plus difficile.

Comme les chattes qui, à un moment donné, abdiquent leurs nerfs, Pandore s'étendit avec nonchalance sur un divan ; ses yeux, si ardents tout à l'heure, se voilèrent à moitié ; ses lèvres s'entr'ouvrirent pour le sourire. Voyant d'aussi câlines dispositions, le comte s'empara d'une chaise et s'assit auprès d'elle.

— Connaissez-vous M. Philippe Beyle ? lui demanda-t-elle, en renversant tout à fait sa jolie tête sur un coussin.

— M. Philippe Beyle ? répéta machinalement le comte.

— Oui.

— Pourquoi me faites-vous cette question ?

— Vous êtes bien curieux ! s'écria Pandore. Depuis quand ai-je l'habitude de vous rendre compte de mes motifs ?

— Pardonnez-moi ; c'est que, voyez-vous, j'étais à mille lieues de votre demande. Je voulais dire : Quel intérêt prenez-vous à M. Philippe Beyle ?

— C'est précisément ce que je veux vous laisser ignorer, mon cher ami. Tenez, vous n'êtes et ne serez jamais qu'un grand enfant, dit-elle en se soulevant sur son coude, et vous finirez par me guérir entièrement de ma franchise avec vous.

— Oh ! Pandore !

— Comment ! je désire être renseignée sur quelqu'un ; pour cela, je m'adresse bonnement à vous, de but en blanc, comme au premier venu ; et au lieu de me répondre avec autant de simplicité que j'en mets à vous interroger, voilà votre imagination qui prend la galopade ; vous forgez tout de suite un tas de mystères....

— Mais non !

— Fallait-il donc user avec vous de misérables subterfuges ; causer pendant une demi-heure de mes robes, des pièces nouvelles, pour arriver sans secousse à mon interrogatoire ? Faire comme la Thibé dans *Angelo*: «Vous portez là une bien jolie clé.... Oh! je no la veux pas cette clé!» A quelles sortes de femmes avez-vous donc eu affaire, pour que vous ayez toujours besoin d'être joué et trompé? Il faut que l'on vous donne éternellement la comédie, n'est-ce pas? Sans cela vous êtes dépaysé, comme maintenant.

— Ma chère Pandore, vous ne m'avez pas compris.

— Allons, allons, je vous croyais un homme plus fort; dorénavant, j'agirai avec vous d'*après les principes*.

— M. Philippe Beyle est un homme de trente ans au moins.... commença le comte.

— Laissez-moi tranquille avec votre M. Philippe Beyle! Je sais à qui m'informer de lui.

— Oh! dit le comte, en avançant les lèvres; il y a informations et informations.

— Vous voulez me prendre par la curiosité, je le vois, mais vous n'y réussirez pas.

— J'en sais plus long que d'autres sur ce monsieur, continua le comte; et vous vous êtes méprise sur le sens de mes paroles; car, si j'ai été indiscret au point de répondre à votre question par une autre question, c'était uniquement pour vous prémunir contre tout le mal que j'avais à dire de lui.

— Du mal? dit Pandore en tendant le cou.

— Voilà pourquoi je jugeais convenable de m'enquérir du degré d'intimité qui vous rattache à M. Beyle.

— Mais je ne l'ai jamais vu, entendez-vous!

— Jamais? souligna le comte.

— Pas même en peinture.

— Alors, je suis à mon aise pour parler de lui.

— Oh! que de préambules! c'est donc un bien grand scélérat?

— C'est pis qu'un scélérat: c'est un ambitieux.

Pandore haussa les épaules.

— Vous avez des maximes au moins étranges, remarqua-t-elle.

— Interrogez nos plus profonds politiques, continua le comte; tous vous diront que, dans un Etat sagement constitué, un ambitieux est un élément de désorganisation bien autrement redoutable qu'un chef de brigands.

— Il est inutile de vous demander si c'est aux levers de M. de Talleyrand que vous avez appris à penser de la sorte, dit Pandore. Et.... ce scélérat.... cet ambitieux.... possède-t-il

le physique de l'emploi? l'air bien sombre, physionomie bien farouche?

— Ah! voilà le principal pour vous. Eh bien! non, son visage est calme et même souriant, mais d'un souriant qui va jusqu'au moqueur. C'est un homme qui se possède, comme tous ceux qui ont une vraie force, et je ne serais pas surpris qu'il fît son chemin; mais, en attendant....

— En attendant?

— Il ne fait rien qui vaille. Il était attaché d'ambassade l'an dernier; il est, dit-on, inscrit pour un secrétariat. Tout cela est bien; pourtant ses chances semblent diminuer de jour en jour; il n'en est plus maintenant à compter les passe-droits.

— D'où vient cela?

— Les uns disent qu'il ne cache pas assez son esprit. On lui attribue deux ou trois épigrammes anti-ministérielles, dont il se défend comme un beau diable. Les autres l'accusent de fournir des notes à un journal de l'opposition. C'est toute une coalition contre lui.

— A-t-il les femmes de son côté? interrogea Pandore.

— Ah bien! oui, les femmes! ce sont elles qui se montrent le plus acharnées contre lui, répondit le comte d'Ingrande.

— Vraiment?

— Je ne sais ce que Philippe leur a fait, mais les traits les plus acérés lui viennent surtout de leurs mains.

— C'est surprenant! murmura Pandore avec un sourire dont l'expression équivoque échappa au comte.

Celui-ci continua:

— Je n'en citerai qu'un exemple parmi dix. Il n'y a pas longtemps, Philippe se montrait fort assidu auprès de la femme d'un conseiller d'Etat, toujours en vue de ce secrétariat d'ambassade auquel ses efforts ne peuvent atteindre. Le mari est une de nos capacités, la femme est une de nos influences. Philippe, suffisamment lié avec le mari, s'enrôla de très bonne grâce dans les sigisbés qui font cortège autour du char de la conseillère.

— Le char! les sigisbés! mon Dieu! que vous avez une rhétorique vieillie!

— Agir de la sorte, poursuivit le comte, c'était, dans tous les cas, faire acte de bonne politique. Mais je ne sais comment il arriva que la conseillère voulut y voir autre chose que de la politique. Les soins de notre ambitieux lui parurent être de ceux qui ont la galanterie pour mobile ; et, sans que la conduite do Philippe y eût donné motif, figurez-vous qu'il se vit prendre au sérieux par elle.

— Bon ! et quel âge a votre conseillère ?

— Un peu moins de quarante ans.

— Belle ?

— Hum !.... beaucoup de distinction.

— La position de M. Beyle était scabreuse, dit Pandore en faisant la moue.

— Très scabreuse ; vous allez en juger. Du moment où il plut à cette femme de voir de l'amour dans les attentions de Philippe, il n'y eut plus pour celui-ci que deux partis à prendre : ou se retirer, ce qui était maladroit et impoli, ou poursuivre la partie engagée, c'est-à-dire entrer hardiment dans la voie qu'elle lui indiquait.

— Et ce fut sans doute à cette dernière résolution qu'il s'arrêta ?

— Ma foi ! oui ; il prit ses inscriptions, bon jeu, bon argent, arbora les cravates les plus sentimentales et se compromit de la meilleure foi du monde, supposant que la conseillère lui serait favorable auprès de son mari.

— Le niais ! combien de temps dura ce vaudeville ?

— Trois semaines, un mois, après quoi la conseillère, l'ayant sans doute amené là où elle le voulait, le dénonça vertueusement au conseiller.

— De manière que M. Beyle en fut pour ses espérances ruinées et pour sa courte honte, dit Pandore en riant du bout des lèvres.

— Juste ! les brocards furent même poussés si loin qu'il jugea qu'un voyage à Bade était indispensable à la guérison de sa vanité.

— A Bade ?

— Ce fut ce qui le sauva en partie, car, n'y allant pas pour prendre les eaux, il y joua comme un désespéré qu'il était, et (pardonnez-moi une expression empruntée encore à une rhétorique surannée) la Fortune se chargea de le venger des rigueurs de l'Amour.

— Bah ! ne vous gênez pas, dites : Plutus et Cupidon.

— Ah ! ah ! très joli ! s'écria le comte en voulant saisir au bord du sofa la petite main qu'y laissait pendre négligemment Pandore.

— Voyons, soyez sérieux, dit-elle ; car elle prenait un vif intérêt à ce récit.

— Prêchez au moins d'exemple, spirituel démon !

— M. Philippe Beyle a donc été heureux au jeu ?

— Insolemment heureux. On affirme qu'il a réalisé des bénéfices hyperboliques. C'est une compensation à son double échec en politique et en amour.

Il y eut, après ces mots, un temps de silence.

— Est-ce tout ce que vous avez à m'apprendre sur lui ? dit Pandore.

— Tout.

— Cherchez bien.

— Ma science se borne à des renseignements ; mais si vous voulez que je résume, mon opinion.....

— Résumez.

— Je vous dirai que M. Beyle a toutes les qualités et tous les défauts. En un mot, c'est un homme complet. Conséquemment, il faut se défier de lui.

Pandore ne répliqua pas.

Elle réfléchissait.

Son front, où d'ordinaire on ne lisait que les joies ou les contrariétés insignifiantes de la vie facile, s'était couvert d'une ombre sérieuse. Ses lèvres étaient serrées.

Tout à coup elle se leva.

Elle avait pris une décision.

— Monsieur le comte, dit-elle avec un accent indéfinissable, m'aimez-vous bien réellement ?

Le comte, saisi à l'improviste par cette interrogation et pressentant un orage, ne put trouver autre chose que l'exclamation usitée en pareille circonstance :

— Si je vous aime !

— Dans ce cas, continua Pandore, cela est fâcheux pour vous, car, moi, je ne vous aime pas.

— Je le sais, soupira le comte.

— Et je ne vous aimerai jamais.

— Oh ! Pandore !

— Jamais !

Le comte passa sa main sur son front.

Pandore fit deux ou trois fois le tour de la chambre, comme pour lui laisser le temps de se remettre de ce coup.

Ensuite, elle revint se poser devant lui.

— Et je vous prie en outre, monsieur le comte, de cesser à l'avenir vos visites.

— Hein ?

Il regarda vivement autour de lui, secoua les

oreilles ; et ses yeux agrandis se fixèrent, sans comprendre, sur Pandore.

— Cesser....mes....visites !

— Oui.

— Ah ! ah ! ah ! fit-il en essayant de rire ; je comprends.... c'est une nouvelle plaisanterie... Bon ! bon !

Mais Pandore demeurait sérieuse.

—Non, ce n'est pas une plaisanterie, monsieur le comte, rien n'est plus grave, au contraire. Mon intention bien arrêtée est d'interrompre toute relation avec vous.

Cela dit, elle tourna sur ses talons, alla fouiller dans un pot à tabac qui se trouvait sur la cheminée, et revint s'asseoir en roulant entre ses doigts une cigarette.

— A présent, dit-elle, vous n'avez pas comme les condamnés, vingt-quatre heures pour maudire vos juges ; mais je vous accorde volontiers une demi-heure, bonne mesure, pour exhaler votre désespoir et m'accabler des noms les plus odieux. Allez.

Elle alluma sa cigarette.

Le comte restait muet et cloué à la même place.

—Tenez, continua-t-elle après l'avoir regardé attentivement, savez-vous, mon cher comte, ce que vous devriez faire ? Oh ! je sais que les conseils, et surtout les plus sages, sont ordinairement mal reçus dans ces occasions ; mais cela m'est égal. Eh bien ! vous devriez vous montrer homme d'esprit jusqu'au bout. Vous auriez, du moins, les honneurs de la guerre. Mon parti est irrévocable, cela est décidé ; tendez-moi donc la main, embrassez-moi une dernière fois sur le front, et quittons-nous bons amis.

La main de Pandore resta vainement tendue.

—Vous ne voulez pas ? dit-elle ; à votre aise, mon cher ! Je vous préviens que je sais à l'avance tout ce que vous allez me débiter. Cela est noté comme une symphonie ; les reproches, l'attendrissement, les injures, le sang-froid affecté, les promesses, les retours sur le passé. Ne comptez pas m'apprendre quelque chose de neuf là-dessus. Vous ne ferez pas mieux que les autres : un peu plus un peu moins éloquent, voilà tout. D'ailleurs vous deviez bien vous attendre à ce qui vous arrive aujourd'hui, je vous l'avais déjà fait prévoir à plusieurs reprises. Je ne vaux pas mieux que toutes les femmes ; vous ne m'avez fait que du bien, je ne vous ai fait que du mal ; c'est moi qui me lasse la première. Je vous

assure que votre histoire est celle de tout le monde. Restons-en donc là tous les deux. Je suis une ingrate, c'est convenu ; je n'ai pas de cœur, la belle nouveauté ! Epargnez-moi des récriminations que je m'offre moi-même à vous réciter... et sans faire une faute ! ajouta-t-elle de l'air d'un enfant qui est sûr de sa leçon.

M. d'Ingrande ne l'avait, apparemment pas écoutée ; car, après qu'elle eut fini, les seules paroles qu'il murmura, comme se répondant à lui-même, furent celles-ci :

— Oui, je suis vieux !

Et ces paroles il les accompagna d'un sourire amer.

Pandore jeta sa cigarette avec impatience et haussa les épaules.

— Qui est-ce ce qui vous parle de votre âge ? dit-elle et où votre fatuité va-t-elle chercher des motifs à ma résolution ? Vous n'êtes ni vieux, ni jeune, vous avez l'âge de tous les gens riches de Paris. Et puis, d'ailleurs, quand même vous seriez cacochyme, quand vous seriez absurdement laid, qu'est ce que cela prouve ? Les femmes, vous le savez bien, s'entichent tous les jours d'un monstre, et n'en portent que plus haut la tête. Trop vieux ! trop vieux ! Ne croirait-on pas, à vous entendre, que mon escalier n'est encombré que de petits messieurs ?

—Je ne dis pas cela, Pandore.

— Qu'est-ce que vous dites donc alors ?

— Je dis, répliqua tristement le comte, que vingt-cinq ans de plus ou de moins changent bien des choses ; qu'une femme est toujours femme, après tout ; et qu'à la voix suppliante, au sourire empressé du vieillard, elle préférera sans cesse la parole dégagée, le geste impérieux du jeune homme.

—Avec de belles moustaches, ajouta ironiquement Pandore ; et de beaux cheveux, et un bel uniforme. C'est ce que vous voulez dire, n'est-ce pas ? Ainsi voilà où vous en êtes : vous vous imaginez, avec tous ceux de votre génération sans doute, que nous raffolons des aides-de-camp et des jeunes-premiers de vaudeville. Eh ! mon Dieu, il faut bien que les hommes forts disent quelque chose ; au dix-huitième siècle, ils disaient que toutes les duchesses adoraient leurs grands laquais. Ma foi, si vous ne trouvez rien de mieux à m'adresser, je vous donne le conseil de vous en tenir là, mon cher comte.

Elle se leva.

— Je n'ai pas voulu vous blesser, Pandore, dit M. d'Ingrande.

— Oh ! je le pense bien !

— Ma raison s'efforce à expliquer votre conduite, et pour cela je me cherche des torts.

Pandore allumait une seconde cigarette.

Un peu embarrassé par ce qu'il voulait lui dire, M. d'Ingrande la regarda faire pendant quelques minutes.

Enfin, il se rapprocha d'elle, et d'une voix rendue craintive par l'émotion :

— Mon enfant, est-ce que je ne suis plus assez riche pour vous ?

— Peut-être, répondit-elle froidement.

— Je vous ai offert maintes fois un logement plus digne de vos goûts, et une existence plus digne de vous-même ; pourquoi m'avoir toujours refusé, dans ce cas ?

— Que sais-je ! dit-elle en lançant un filet de fumée.

— Si mince gentillâtre que je sois, je puis cependant encore lutter de faste avec la plupart des tenants du Jockey's Club, et si vous consentiez à me mettre à l'épreuve....

— Quand je vous disais, interrompit Pandore, que votre discours était calqué sur ceux de tout le monde ! Après la scène de la douleur, la grande scène de la tentation ; mais celle-ci est la plus commune de toutes. Vous allez m'offrir des bijoux, n'est-ce pas ? des dentelles, des cachemires ; et des voitures qui rimeront avec *de riches parures* !

— Raillez, ma chère Pandore, raillez à votre aise ; mais, lorsque vous aurez fini, tâchez du moins de vous apercevoir que mon cœur est brisé.

Pandore fronça le sourcil, ce qui était sa manière d'être attendrie.

— Voyons, dit-elle, renoncez à votre affection pour moi. Il le faut ; je ne peux pas vous en dire davantage, mais il le faut. D'ailleurs, je ne mérite pas votre estime ; je vous ai trompé, je vous ai rendu ridicule. Est-ce que j'ai jamais eu une seule bonne parole pour vous, répondez ? Je vous brise le cœur, dites-vous ; c'est faiblesse de votre part ; placez mieux votre sensibilité. On peut se sentir écrasé par la mort d'une mère, par la trahison d'une épouse, par l'ingratitude d'un enfant : ce sont des causes, cela, mais se laisser briser le cœur par la première venue, par une personne rencontrée au Ranelagh ou au bal de l'Opéra ; être vaincu par l'abandon de mademoiselle Pandore, *sans profession*, voilà ce qui est inconcevable et indigne d'un homme comme vous ! Je n'ai pas même de reconnaissance : à peine serez-vous

hors d'ici que je ne penserai plus à vous. C'est manque de dignité que de me supplier comme vous faites ; vos ancêtres à talons rouges traitaient autrement ces sortes d'affaires : dès que leur congé leur était signifié, ils baisaient galamment la main de leur traîtresse et sortaient sur une pirouette.

Ce speech avait sans doute coûté à la jeune fille, car elle détourna la tête et fit semblant de regarder par la croisée.

Le comte lui répondit :

— Vous vous calomniez, ma chère enfant ; vous valez mieux que vous ne voulez le faire croire. Votre cœur est vivant et sain encore, car ce qui tue le cœur ou le corrompt, c'est moins la vie que la pensée. Vous êtes trop jeune pour avoir beaucoup réfléchi, vous n'avez pas eu le temps et votre science du mal, croyez-moi, est heureusement fort incomplète. Le ciel qui m'a fait de vieux jours m'a permis plusieurs fois de me rencontrer avec quelques-unes de ces héroïnes funestes, fronts et cœurs de marbre, auxquelles vous croyez naïvement ressembler. Rassurez-vous ; vous n'êtes, Dieu merci, qu'une petite pensionnaire, qu'une élève de Mme Campan auprès de ces sombres génies de votre sexe, qui n'ont charge d'âmes que pour mieux les torturer. Vous n'êtes cruelle que par accès, vous n'êtes insensible que par vanité ; et dans ce moment même où vous vous essayez à ce double rôle, vous avouez céder à une nécessité mystérieuse....

— C'est vrai, dit Pandore.

— Eh bien ! mauvaise enfant, cessez de chercher à vous avilir, vous ne me persuaderez pas. Je vous aime en connaissance de cause. Et quand même vous seriez telle que vous voulez le paraître, quand un précoce mépris de vous-même et des autres vous aurait durci l'âme, croyez-vous que mon amour, ou ma faiblesse, comme vous l'appelez, en serait subitement guéri ? Hélas ! non. L'amour est d'autant plus tenace chez les vieillards qu'il est désespéré. Je manque de dignité, vous dites juste, je manque de force, c'est la vérité. Mais les hommes qui sont forts et dignes avec les femmes sont ceux qui ne les aiment pas.

— Bah ! après moi, une autre ! Vous aimerez Sara ou Ferdinande, ou Mélanie. Le cœur des hommes ne chôme jamais.

— À mon âge, dit-il, on ne recommence pas continuellement ses affections.

— Alors, mon cher comte, à la grâce de Dieu!

Ce mot avait été prononcé de façon à ne comporter aucune nouvelle réplique.

M. d'Ingrande prit son chapeau.

L'amant à qui l'on donne son congé, l'emprunteur qu'on éconduit sans miséricorde, le poète dont un libraire refuse le manuscrit, ont tous la même manière muette et navrante de prendre leur chapeau.

— Adieu, Pandore, dit-il.

— Adieu.

Il touchait la porte de la chambre lorsque Pandore qui semblait réfléchir, le rappela.

— Attendez! s'écria-t-elle.

Le comte, étonné, revint sur ses pas.

Pandore avait été à son secrétaire, l'avait ouvert, et en avait retiré la fameuse lettre au cachet énigmatique.

Cette lettre, elle la relut de nouveau, mais en paraissant cette fois en commenter les moindres syllabes.

— Mon cher comte, dit-elle après avoir abandonné le papier, j'ai pitié de vous; et puisque vous m'aimez réellement, moitié par habitude, moitié par amour-propre, sans doute (ne m'interrompez pas!), je vais vous proposer un arrangement.

— Un arrangement?....

— Eh bien! oui, un arrangement.... du verbe arranger... ou concilier, si vous aimez mieux. Vous n'entendez rien aujourd'hui!

— Parlez, Pandore, et tout ce que vous voudrez que je fasse, je le ferai.

— Oh! je ne serai pas exigeante. Quel jour du mois sommes-nous?

— Le vingt-six juillet.

— C'est bien.

Elle compta sur ses doigts.

— Monsieur le comte, reprit-elle, vous allez voyager pendant trois mois.

— Voyager!

— Je ne répéterai plus. Connaissez-vous Londres?

— Oui.

— Tant pis. Et Madrid?

— Non.

— Alors vous irez à Madrid.

— Mais.... balbutia le comte stupéfait.

— A moins que vous ne préfériez Naples, Venise ou Constantinople; cela m'est indifférent.

— Pandore....

— C'est aujourd'hui le vingt-six juillet, avez-vous dit; soyez de retour le vingt-six octobre.

— Le vingt-six octobre? Et alors?

— Dans la soirée, trouvez-vous à l'Opéra-Comique. Vous y avez toujours votre loge, n'est-ce pas?

— Oui, Pandore.

— J'y viendrai. Alors je ne me souviendrai plus de la conversation que nous venons d'avoir. Je.... me laisserai aimer, puisque vous le désirez ainsi. Mais partez, partez aujourd'hui même, demain au plus tard!

— Soit, dit le comte d'Ingrande; mais de votre côté, rappelez-vous votre promesse; dans trois mois, jour pour jour, je viendrai en demander l'exécution.

— C'est convenu.

— Jusque-là ne me donnerez-vous pas un seul mot d'explication?

— Pas un seul.

— Allons, puisqu'il le faut, je me résigne. Ah! votre conduite est bien étrange, Pandore, et moi je suis bien fou! N'importe; demain, j'aurai quitté Paris. A revoir, Pandore.

— A revoir, comte, dit-elle en lui tendant la main, qu'il baisa cette fois.

II.

PHILIPPE BEYLE A SON AMI LÉOPOLD.

Paris, 28 juillet.

Vivat! mon cher ami, vivat! me voilà encore *revenu sur l'eau*, comme on dit dans le langage intime. Je viens de gagner quatre-vingt mille francs aux jeux de Bade; quatre-vingt mille francs, entends-tu, pas un liard de moins. Et je date ma lettre de Paris. Paris et quatre-vingt mille francs, que c'est beau!

Je les tiens là, sous mes doigts, en billets de banque hideux, crasseux, déchirés et recollés. Rien que par l'empreinte désespérée des doigts qui ont passé sur ces chiffons, je lis des drames de toute sorte. Il y a de ces billets froissés, ternis, tachés de larmes, qui attestent de touchantes luttes entre la ruine et la probité; il y en a qui ont fait le tour du monde cousus dans des vêtements, et l'on s'en aperçoit aux mille plis dont ils sont accablés. D'autres, piqués comme une dentelle par l'épingle des banquiers, gardent cette raideur et cette morgue commerciales qui les ont préservés du contact des passions. J'en al reconnu quelques-uns à l'odeur qui devaient sortir en ligne directe du porte-monnaie de telle ou telle grande dame. Quels qu'ils soient, je les tiens; ils sont en liasse sur ma table au moment où je t'écris; et quand ma main veut s'appuyer sur eux ils la repoussent doucement, comme ferait un moelleux coussin.

Ah ! le beau coussin, en effet ! Et celui-là n'est pas *rembourré de remords*, ainsi que le fameux oreiller dont nous parlent les mélodrames ; il ne m'occasionne d'autres insomnies que celles de la joie. Vivat donc !—Conviens-en, mon cher, il était temps, mais là, bien temps, que ce renfort m'arrivât, car, mes troupes désertaient à l'envi. Un instant de plus, et je n'avais que ma dignité d'homme pour tout bien. Franchement ce n'est pas assez pour quelqu'un qui a l'habitude des dîners du café de Paris, des bals du faubourg Saint-Germain et des parties de whist du club. Aussi je ne sais trop ce qu'il serait advenu de moi sans cette liasse bienheureuse. — Oh ! parbleu, je ne me serais pas fait sauter la cervelle : tu sais que j'ai tous les courages. Quant au malheur proprement dit, il n'a rien qui m'épouvante ; il m'intéresse à l'égal d'un problème.

Donc, voici l'argent qui est revenu à mon domicile. Mais sais-tu qu'est-ce qui est revenu en même temps que l'argent ? (tu vas te moquer de moi et tu auras raison.) L'amour, mon cher Léopold, l'amour ! Je suis plus rouge qu'un écolier en t'écrivant cela. Je croyais pourtant être bien guéri depuis Marianna; suis-je donc condamné à toujours m'étonner moi-même ?

Mais voyons, suis-je bien réellement amoureux ? Il faut que tu décides la question, et pour cela, je vais me mettre en frais de narration vis-à-vis de toi. Si, comme je le présume, ma lettre t'arrive de bon matin, remets-en tranquillement la lecture après ton déjeuner, et, les lèvres encore brûlantes de café, l'œil éclairci, prends-moi comme tu prendrais un feuilleton : tâche de comprendre mon enthousiasme en songeant combien l'objet en est récent, excuse mes explosions de style, et enfin sois indulgent pour le dialogue.

C'est avant-hier 26 juillet 1844, à minuit et demi, que je suis tombé amoureux de la plus damnable fille du monde. Son portrait viendra plus tard ; tu n'y échapperas pas ; j'ai envoyé quérir à cet effet un pot de carmin, de la neige et de la nacre. C'était à table, dans le salon bleu des Provençaux ; nous étions sept, desquels il faut soustraire deux femmes,—des actrices, si tu

veux,—pas plus laides que d'autres et d'une conversation possible.

Les hommes, c'étaient Forestier, de Colombin, Marc et un nigaud de province amené par Colombin, ahuri, avec des bijoux sur sa chemise, sur son gilet et sur ses mains. Son nom était Bécheux ; il me parut qu'on s'égayait de ce jocrisse orné. Je laissai faire ; je m'attaquai sérieusement au souper, car j'ai oublié de t'apprendre que de jour en jour j'incline davantage vers la gastronomie, ce qui me fait grand'peur : on dit que c'est le vice des hommes finis.

Attention ! voici le coup de théâtre ! Il y avait un quart d'heure environ que nous nous battions en duel avec des viandes de toute espèce, lorsque la porte s'ouvrit avec un grand bruit de soie, que des odeurs nouvelles firent invasion dans notre chambre, et qu'une capote rose parut.

— Bonsoir, Pandore, dit Marc.

Je ne savais pas qu'on comptât sur cette nouvelle personne ; je me reculai pour lui faire place. Elle s'assit sans prendre garde à moi, souriant aux hommes et appelant les femmes *ma petite*. J'avais sur les genoux la moitié de sa robe, qui était d'une couleur hardie et d'une étoffe bruyante. Dès son entrée, le garçon l'avait débarrassée de sa capote et de son châle ; elle était bien faite ; la vivacité de ses mouvements m'amusait. Je ne la connaissais pas.

— Vous arrivez bien tard, lui dit M. Bécheux en riant, comme s'il disait une chose plaisante.

— Qu'est-ce que cela vous fait, pourvu que j'arrive ? répondit-elle avec cette insolence tranquille, qui est aujourd'hui de mode chez les femmes.

Le garçon posa devant elle une assiette d'huîtres de Noirmoutiers.

— Non, dit-elle.

Colombin, qui était à l'autre bout de la table, éleva son lorgnon à la hauteur de l'œil, et l'assujétissant :

— Je vous prie de nous apprendre, chère Pandore, quel est le malencontreux luthier qui a tendu vos nerfs de façon à leur faire exécuter ce soir la symphonie de la mauvaise humeur ?

—Ah ! comme c'est joliment dit ! s'écria Marc.

—Quoi ? qu'est-ce que c'est ? quoi ? quoi ? demanda M. Bécheux, en se penchant à droite et à gauche.

— C'est monsieur qui commence à remuer le

sao aux mots, comme on remue un sac de boules de loto, répondit Pandore.

— Ah! ah! oui, le loto, je connais, dit M. Bécheux; trente-trois, les deux bossus...; quatre, le chapeau du commissaire....

J'adressai la parole à ma voisine pour lui demander ce qu'elle désirait, car je la voyais promener ses regards sur la table :

— Comment, monsieur?

Cette habitude qu'ont les femmes de vous faire répéter vos paroles, bien qu'elles les aient parfaitement entendues, désarçonne certains individus; mais tu comprends que, moi, depuis longtemps je suis rompu à ces manières.

Je souris donc et je répétai ma phrase.

Pandore, sans daigner me regarder, fit une petite inclinaison de tête, moins que rien, ce qui était une façon de ne pas répondre; et, comme si elle eût craint de me voir continuer la conversation, elle se hâta d'apostropher une de ses amies, la plus lointaine.

— Sara, envoie-moi la sauce au crevettes.

— Oh! madame!.... s'écria M. Bécheux, en fondant sur le plat désigné et en le lui présentant.

J'avais reporté mon attention sur le souper, mais ce n'était qu'une feinte résignation. Après dix minutes de repos, mes troupes essayèrent une nouvelle sortie, qui ne fut pas mieux accueillie que la première.

Je me piquai au jeu et redoublai tellement d'assiduité auprès de Mlle Pandore, qu'à la fin elle s'écria en se tournant de trois-quarts vers moi :

— Mais qu'est-ce que vous me voulez donc, monsieur? Je ne vous connais pas, moi. Dites-moi des choses plus drôles que cela, si vous tenez à ce que je vous écoute. Quand votre esprit aura fait le tour de la table, il arriva peut-être jusqu'à moi.

Ces paroles, prononcées sur un ton très haut et avec le dessein de me couvrir de confusion, ne laissèrent pas d'étonner les convives.

— Tu es bien dure pour ce pauvre Philippe, dit Marc à Pandore.

— Madame a raison, dis-je, je ne suis pas amusant. Par bonheur, il est encore temps de me réhabiliter. Je vais, sur la simple énonciation du désir de madame, imiter avec la voix le bruit d'une bouteille de vin de Champagne qu'on débouche, faire le ventriloque, et, si elle l'exige, chanter l'Entr'acte du Paradis.

— Ah! oui, l'Entr'acte du Paradis! demanda M. Bécheux.

— Eh bien! allez, dit Pandore impassiblement.

Je haussai les épaules et repris, impatienté à mon tour de ce manège trop prolongé :

— Je ne comprends pas bien vos cruautés, ma jolie voisine; ai-je quelque chose sur moi qui me voue au ridicule et que j'ignore? ce serait charité de me le dire. Cependant mon habit ne date pas de la Restauration, je n'ai pas l'accent provençal, je ne remue pas perpétuellement la jambe en mangeant. Qu'est-ce donc? Me prenez-vous pour un artiste? rassurez-vous, je ne suis ni peintre, ni pianiste, ni homme de lettres; je ne suis pas non plus un acteur puisque je porte la barbe toute entière. Mon visage n'est-il pas pour le moins aussi supportable que ceux de ces messieurs?....

Un orage de réclamations se forma.

— Qu'est-ce que tu dis donc là-bas? s'écria Colombin.

— Rien, mon bon, rien. Voyons, ai-je dans les cheveux un parfum qui vous entête? Non. Alors il ne faut pas m'accabler; vos sarcasmes tombent mal; je suis aussi parisien que vous pouvez être parisienne. Vos mots de femme, je les connais tous; j'en ai fait plus de la moitié.

— Philippe a raison, dit Marc.

— Je suis de cet avis, ajouta Colombin; seulement Philippe a oublié dans son plaidoyer une phrase essentielle, et que je recommande à Bécheux; c'est celle-ci, elle est classique : «Tant de barbarie sied-il à un si charmant visage!»

Pandore, s'adressant à moi, demi-sérieuse :

— Vous voyez, ils se moquent de moi, à présent, et par votre fait. Etes-vous content?

La glace était à peu près rompue; la conversation s'entama dès-lors entre nous.

— Vous allez me faire la cour? dit-elle avec un petit air d'effroi très bien joué.

— Oui.

— J'avais raison de me défier de vous. Au moins, je vous en supplie, ne vous exprimez pas comme tout le monde, soyez nouveau, étonnez-moi.

— Je vous remercie de ces indications.

— Oh! reprit Pandore, n'y cherchez pas autre chose que le désir de vous épargner ainsi qu'à moi d'inutiles et banales escarmouches. Je veux bien vous fournir des armes, mais je ne renonce pas à la défense.

— C'est au mieux, répliquai-je, et l'on voit

que vous connaissez le proverbe : Fais ce que
dois, advienne que pourra.

— Il est impertinent votre proverbe.

— Il est si vieux !

— Mais je ne serai pas en reste avec lui ; et,
pour commencer, il faut que je vous fasse une
question hardie....

— Tant mieux ! dis-je.

— Vous savez combien les femmes aiment à
tendre la corde de l'indiscrétion ; je vais être
avec vous aussi indiscrète que possible.

— Je vous.écoute.

— Puisque vous venez de manifester à mon
égard des dispositions résolument hostiles, puisque vous annoncez nettement votre dessein de
me faire la cour, permettez-moi de vous demander....

— Quoi ?

— Si vous comptez réussir.

A cette question, hardie en effet, je dressai
l'oreille comme un cheval qui entend le canon.
Mais presque aussitôt flairant un piège, je le
tournai.

— Cela n'est pas l'important, répondis-je.

— Comment ? dit-elle intriguée.

— L'important est que ma cour soit bien faite.

— Ah ! J'entends ; au Théâtre-Français on
nomme cela la tradition.

— Justin !

— Précisément, dis-je.

Elle venait d'appeler le garçon.

Le garçon accourut, attentif et le corps en
avant.

— Des volants et des raquettes ! s'écria Pandore.

— Madame a dit ?.... interrogea le garçon.

— J'ai dit : des volans et des raquettes. Vous
voyez bien que monsieur veut jouer un proverbe
avec moi.

—Ah ! ah ! très joli !firent Colombin et Marc.

— Je demande, ajouta Forestier, que Justin
réponde : — Madame ils sont finis.

Les rires redoublèrent.

Ce n'est pas à toi, cher collègue de tant de
folies, que j'irai raconter un souper pareil. Il
n'y a plus aujourd'hui que deux ou trois vaude-
villistes capables de ces audaces-là, et de faire
circuler une demi douzaine de vieilles plaisanteries,— pas plus !— autour d'un pâté en carton,
comme, dans les dîners bourgeois, ces farceurs
qui tapent sur le genou de leur voisin en disant :
Faites passer.

J'aime mieux te raconter la grâce et l'esprit
de Mlle Pandore.

Le moment du portrait est venu.

Vingt ans, pas davantage ; c'est le bel âge,
c'est le seul âge possible, es-tu de mon opinion ?
Sa tête est un peu petite ; ses cheveux—tu sais
combien je suis accessible au charme des cheveux, à leur abondance, à leur couleur, à leur
parfum, — ses cheveux rappellent l'or bruni ;
quoique d'une idéale finesse, ils sont frisés comme une toison, presque crépus, et on les voit s'a-
vancer en armée jusque sur le front, d'où les efforts du cosmétique sont impuissants à les repousser. Imagine le caractère anglais fondu
dans le type vénitien, Titien et Lawrence, et tu
auras une idée de cette miraculeuse chevelure.
Les yeux, trop ouverts peut-être, sont d'un bleu
cru et qui surprend ; ces yeux-là m'ont déplu au
premier abord ; il faudra pourtant que je m'y
accoutume. Ajoute que le nez, charmant d'ailleurs, continue la ligne droite du front, ce qui lui
compose une physionomie à l'antique comme son
nom. Tu as vu, bien certainement, Mlle Pandore sur quelques-unes des peintures de Pompé-
ia. Il est vrai que la bouche constitue une adorable dissonance, c'est une bouche toute parisienne, une rose, un corail. Cette bouche, avec
ces deux petits trous aux coins des lèvres, et ce
cou rondelet, nous replongent en plein dix-neuvième siècle. — Es-tu content ? crois-tu qu'un
journal me confierait le compte-rendu d'un Salon ? Attends encore, ce n'est pas fini. — Les
dents, des perles ; les oreilles, des ciselures. Elle
doit se ganter chez les fées , et son cordonnier
habite évidemment rue d'Alcala à Madrid.

Ah ! j'oubliais ! un teint de Normande, adouci
par les veilles de la vie élégante et amoureuse.

Léopold, je ne plaisante pas autant que tu
crois. Sous ce coloriage, il y a des traits exacts.
En outre elle porte admirablement le costume
moderne , qu'elle assouplit, qu'elle chiffonne ,
qu'elle brise à tous les caprices de son buste dé-
lié ; elle ne prend pas souci des dentelles attachées à son bras, elle les promène et les secoue,
tout en fâchant les garder intactes. Sa voix ?
on dirait, lorsqu'elle ouvre la bouche, que ce sont
des perles qui se mettent à jaser. Et puis, tu as
vu, j'ai essayé de te démontrer que ce n'est pas
une sotte.

Ça, est-ce donc bien ridicule de s'éprendre
d'une jolie fille presque spirituelle ? Je ne suis
plus homme à faire des sottises pour un œil, si
étrusque qu'il soit, et pour une bouche plus ou

moins parisienne ; mais un caprice, une heure d'amour,—eh bien ! oui, d'amour ! — je ne sais pas, ou plutôt je ne veux pas encore m'en défendre.

A ce souper des Provençaux ; je n'ai pas voulu boire, justement afin d'analyser plus nettement cette première impression, et afin que l'ivresse du cerveau n'eût aucune part à l'ivresse du cœur.

Léopold, j'aime Pandore.

Cela est certain ; ma raison et mes intérêts s'entendront comme ils voudront. Je suis de ceux qui voyagent en chaise de poste pour aller plus vite, et qui font arrêter les chevaux pour cueillir une fleur aperçue sur la route.

D'ailleurs, mon expérience me servira, je l'espère. On n'a pas vécu, on n'a pas aimé impunément. J'ai des axiomes et des préceptes à mon usage, tout un bréviaire de galanterie. J'aimerai, et je saurai rester fort.

Mais je te vois venir, homme impatient et positif ; tu me demandes comment a fini ce souper, tu veux savoir le dénoûmnet de cette première entrevue. Je te connais, tu rêves déjà le : *Ramenez-moi chez nous*, de Molière. Fi ! esprit gaulois, philosophe brutal. Je n'ai ni les impatiences du premier âge ni le cynisme froid du second. J'ai reconduit Pandore chez elle, c'est vrai ; blottis tous deux au fond du coupé qui nous emportait, nous avons causé presque tendrement. Que veux-tu de plus ? Du reste, il n'y a que dix minutes entre les Provençaux et la rue Saint-Georges, où elle demeure.

Enfin, elle m'a fermé sa porte au nez.

Là, puisque tu veux tout savoir !

7 août.

Tu recevras ces deux lettres ensemble et lorsqu'il ne sera plus temps de me donner des conseils.

Depuis huit jours, Pandore est ma maîtresse. Je l'aime à la folie.

Elle a tout quitté pour moi, et principalement à ce que j'ai appris, un protecteur d'une grande fortune et d'un beau titre, le comte d'Ingrande, qui l'aimait à la folie, et qui maintenant doit l'aimer bien plus encore.

Je sais gré à Pandore de cette dignité de sentiment.

De toutes les femmes que j'ai connues,—et tu sais si elles sont nombreuses ! — celle-ci est incontestablement la plus singulière, la plus nou-

velle. Mes instincts d'analyste trouvent en elle leur pâture aussi bien que mes caprices d'amant. Elle participe du basilic pour la fascination, et je suis persuadé que dans les temps anciens elle appelait les passants du fond d'un puits.

Elle me regarde quelquefois avec une expression que je ne saurais définir, et qui m'inquiète. Tu conçois que je n'ai pas voulu rester au-dessous des sacrifices qu'elle m'a faits ; ses admirables cheveux blonds m'ont coûté quelques papillotes de papier Garat, mais il ne fallait pas qu'elle s'aperçût de son changement de situation :

......Son orgueil serait-il flatté
D'égaler Orosmane en générosité ?

La petite a, d'ailleurs, des habitudes de luxe qui témoignent d'une race fière et fine ; je l'approuve pardieu ! pourvu que cela n'aille pas jusqu'à faire dissoudre des perles dans son verre.

Choses sérieuses maintenant. Je m'agite pour rentrer dans la diplomatie, mais pour y rentrer par la grande porte. J'ai vu hier le prince d'E... et je dois être présenté après-demain à Mme Adelaïde. Il ne s'agit de rien moins que d'un secrétariat d'ambassade à Vienne ; je n'ai de concurrent sérieux que dans un de mes camarades de Sainte-Barbe, Charles de N..., mais je nourris vis à vis de lui certain projet dont je t'informerai après exécution.

Qu'il te suffise de savoir pour le moment que j'ai des chances et que j'espère.

A revoir, mon cher Léopold.

III.

TOUTES POUR UNE, UNE POUR TOUTES.

Il nous est nécessaire de revenir un peu sur nos pas, et de nous reporter au lendemain du jour où le comte d'Ingrande avait promis à Pandore de s'absenter de Paris pendant trois mois.

Bien que cette dernière fantaisie dépassât en excentricité toutes celles auxquelles il était accoutumé à souscrire, le comte, scrupuleux observateur de sa promesse, n'en faisait pas moins ses préparatifs de départ, lorsqu'on vint lui annoncer qu'une femme de chambre demandait à être introduite auprès de lui.

C'était Fanny, la suivante de Pandore.

On se souvient peut-être que le comte d'Ingrande, en lui mettant un louis dans la main, la

SEMAINE LITTÉRAIRE.

veille, lui en avait promis autant si elle parvenait à se procurer une lettre dont l'enveloppe, et principalement le cachet emblématique, avaient fortement excité sa curiosité.

Aussi ne dissimula-t-il pas sa satisfaction lorsqu'il vit paraître la petite femme de chambre.

Il ne fit pas attention à l'air reservé et de mystère qu'elle affectait, et l'engageant à s'approcher :

—Eh bien ! as-tu réussi ? Cette lettre, tu me l'apportes ?

—Ah ! monsieur le comte, combien j'ai de regret de m'être chargée d'une pareille commission.

— Oui, oui, je sais ; ton honnêteté....

— D'abord ! Et puis ensuite la peine que j'ai eue.

—Mais enfin, tu tiens la lettre ?

—Figurez-vous, continua Fanny, que madame l'avait serrée dans son secrétaire, lequel ne ressemble pas du tout aux autres secrétaires. Comment croyez-vous que s'ouvre celui-là ?

— Un ressort....

—Un ressort, juste ! mais allez donc deviner ! J'ai eu beau épier madame soir et matin, impossible de découvrir ce diable de ressort. Comment auriez-vous fait, vous, dans ce cas ?

Le comte frappa du pied avec impatience.

La petite bonne n'accorda aucune attention à ce mouvement.

Elle continua :

—Vous allez voir comment je m'y suis prise, moi.

— Voyons.

— Puisque je ne pouvais pas attaquer le secrétaire par devant, je résolus de l'attaquer par derrière. Je l'ai donc bravement retourné, hier, pendant que madame était à la promenade, et, tant bien que mal, je suis parvenue à détacher deux planches.

— Très bien !

— Je ne vous raconte pas mes frayeurs....

— C'est inutile.

— Non plus que les réflexions sensées auxquelles je me livrai dans ce moment, car vous avouerez comme moi que je jouais alors gros jeu ; mais le désir de vous satisfaire...

— Après, après ?

— Un peu de sangfroid, monsieur le comte. Si vous saviez tout ce qu'il m'en a fallu, à moi ; vous ne vous en ferez jamais une idée !

— Je m'en doute, dit le comte en rassemblant ses efforts pour se contenir ; mais tu as probablement fini par mettre la main sur cette lettre ?

—Parbleu ! il n'aurait plus manqué que j'eusse fait ce beau remue-ménage pour rien.

—Alors, donne vite, dit-il.

—Minute ! s'écria-t-elle : vous rappelez-vous ce que vous m'avez promis ?

Le comte d'Ingrande se frappa le front.

— Il fallait donc m'en faire souvenir plus tôt, dit-il.

Et, ouvrant un tiroir qui était à sa portée, il y prit une poignée de pièces de cinq francs, qu'il mit dans la main de la domestique.

—Là ! dit-il, avec un accent qui semblait signifier : Es-tu contente maintenant ?

Mais Fanny ne bougea pas, et restant la main ouverte :

—Combien y a-t-il ? demanda-t-elle.

—Ma foi, je ne sais pas, répondit le comte un peu surpris ; quarante ou cinquante francs, je crois....

Fanny posa tranquillement l'argent sur la table.

— Oh ! oh ! fit le comte en la regardant ; ce sont des conditions nouvelles que vous voulez m'imposer, mademoiselle ?

— Comme vous dites.

—Il me semblait cependant, ajouta-t-il de plus en plus étonné, que nous étions convenus d'un prix.

— C'est vrai, monsieur le comte ; mais c'est qu'avant notre convention je n'avais pas lu la lettre dont il s'agit.

Et maintenant ?

— Maintenant, dit Fanny, je l'ai lue.

Le comte demeura muet. Son front se plissa ; on s'apercevait aisément qu'un combat se livrait entre sa dignité et sa curiosité.

— Ah ! tu as lu cette lettre, murmura-t-il ; et.... c'est.... c'est donc bien important ?

—Si important que je me suis juré, pour tout le reste de ma vie, de ne jamais plus me charger de pareilles commissions.

— Combien veux-tu ? dit brièvement le comte.

— Deux mille francs.

A ces mots nettement articulés, il eut un brusque haut-le-corps.

— Hein ? fit-il comme s'il n'avait pas entendu.

— Deux mille francs, recommença Fanny.

— Es-tu folle ?

— Non, mais j'ai parcouru le Code pénal ce matin avant de venir.

— Le Code ? quel rapport...

— Vous allez voir. Connaissez-vous l'article 385 ?

— Non, parbleu ! s'écria le comte.

— Eh bien ! l'article 385 dit positivement que toute personne coupable de vol, avec bris de meuble, encourt la peine des travaux forcés.

— C'est grave en effet... deux mille francs, peu m'importerait après tout ; je les ai souvent donnés aux pauvres.... Mais je t'ai fait commettre une mauvaise action ; voilà ce dont j'ai du regret. Et puis... une douleur à ajouter à toutes mes douleurs ! une lumière cruelle sans doute ! Non, tout bien considéré, vois-tu, je ne veux rien apprendre ; laisse-moi tranquille.

— C'est votre dernier mot ?

— Mon dernier.

— Il suffit, monsieur le comte, je remporte la lettre.

— C'est cela, tu fais bien.

— D'ailleurs, je ne suis pas embarrassée pour la vendre à d'autres qu'à vous.

— A d'autres ! reprit-il vivement et sur le ton de l'indignation ; comment, tu oserais...

— Puisque j'ai bien osé la soustraire ! Il faut au moins que j'aie le bénéfice de ma mauvaise action.

— Tu es une effrontée coquine !

— Parce que mes prix sont élevés, n'est-ce pas ? dit-elle, en reculant du côté de la porte.

— Et.... balbutia le comte, étendant vers elle les mains comme pour la retenir ; à qui comptes-tu proposer un marché semblable ?

— A qui ? à une personne qui a le privilège de beaucoup intéresser madame.

— Mais encore ?.... demanda-t-il en pâlissant.

La petite bonne se rapprocha de lui, et, d'une voix que la malice rendait stridente :

— Par exemple, à M. Philippe Beyle.

— Philippe Beyle !

Le comte d'Ingrande se leva comme s'il eût obéi à une secousse électrique.

— Toujours ce nom ! murmura-t-il.

— Il fit trois ou quatre tours dans la chambre, silencieusement, le front baissé.

A la fin, il retourna vers le tiroir qui était resté ouvert, et y saisit deux billets de banque de 1,000 fr. chacun.

— Tiens ! dit-il en les jetant à Fanny.

Et, tendant la main à son tour :

— La lettre ? s'écria-t-il impérieusement.

— La voici, monsieur le comte, dit Fanny tirant un papier de son sein.

Il le lui arracha plutôt qu'il ne le lui prit ; il se disposait à le déplier, lorsque son regard tombant sur la bonne, qui se dissimulait le mieux qu'elle pouvait dans une coin de la chambre, il laissa échapper un geste de dégoût.

— Partez ! s'écria-t-il, en lui désignant la porte.

Fanny ne se le fit pas répéter.

Une fois seul, M. d'Ingrande ouvrit rapidement le lettre qui lui coûtait deux mille francs.

Elle ne contenait que ces seuls mots :

« Ordre à Michelle-Anne Laclaverie, dite Pandore, de ruiner M. Philippe Beyle dans un délai de trois mois, à partir de ce jour.—Paris, le 25 juillet. »

A la place de la signature, il y avait, empreinte en rouge, la même devise que nous avons vue reproduite en cire sur l'enveloppe :

« TOUTES POUR UNE, UNE POUR TOUTES. »

Le comte relut cinq ou six fois cet étrange message, en donnant chaque fois les signes du plus profond étonnement.

— Fanny avait raison, pensa-t-il à la fin ; deux mille francs, ce n'est pas trop payé !

Quelques heures après, fidèle à sa parole, le comte d'Ingrande était sur la route d'Espagne.

IV.

PHILIPPE BEYLE A SON AMI LÉOPOLD ***.

2 Octobre.

« Mon pauvre Léopold, la semaine a été mauvaise pour moi ; il m'est arrivé l'accident le plus imprévu, le plus ridicule, le plus honteux qu'on puisse imaginer. Vis-à-vis de toi-même, je ne sais comment m'y prendre pour raconter cela. Enfin, je vais tâcher d'être le moins sot possible.

» Tu te rappelles que dans ma dernière lettre je t'entretenais d'un secrétariat d'ambassade, qui m'avait été formellement promis. Tout allait pour le mieux : je n'avais qu'un seul concurrent, ce brave Charles de N...., que je crois t'avoir nommé. Il est vrai que, de son côté, il mettait en jeu, tous les leviers du noble faubourg, toutes les influences en souliers à boucles de l'ancien régime. Moi, comme de coutume, j'avais la banque et un peu les Tuileries. Enfin, les chances étaient parfaitement équilibrées ; on ne pouvait pas faire autrement que de nommer un de nous deux.

» La veille du jour où le ministre devait se prononcer, je pris une décision : j'allai chez Charles. — Je viens te faire une proposition, lui dis-je. — Laquelle ? — Nos situations sont communes. — C'est vrai. — Le ministre signe demain la nomination, de l'un de nous, et franchement je ne lui crois pas de préférence. — Moi non plus. — Veux-tu que le sort décide avant lui ? — Comment cela ? dit Charles. — Nous allons jeter une pièce en l'air ; celui dont elle trompera l'attente en tombant, se retirera du débat et signera généreusement une abdication de ses prétentions. — Et puis ? — Le reste est facile à deviner. Celui qui se présentera demain matin au lever de ce ministre avec le désistement de son concurrent dans sa poche, celui-là est certain d'emporter la place d'assaut. Qu'en dis-tu ? — Oui, c'est une idée, fit Charles. Mais.... — Mais quoi ? — Je n'ai guère de bonheur au jeu, dit-il en riant. — Bah ; j'en ai, moi, depuis trop longtemps, pour ne pas commencer à perdre. — Allons, tu me tentes ; jette la pièce en l'air ; je demande face.

» La pièce tomba pile.

» La fortune était pour moi, mon cher Léopold, et jusque-là mon historiette n'a rien que d'heureux. Mais le reste ! le reste !

» J'emportai le renoncement de Charles de N...., qu'il signa, je dois l'avouer, avec l'empressement le plus cordial. Ma journée s'acheva en courses dernières, en démarches suprêmes par lesquelles j'assurai mon triomphe du lendemain. Le soir fut consacré à Pandore.

» J'ai l'habitude excellente, même à travers mes effusions, de ne jamais entretenir les femmes de mes affaires. Il faut croire néanmoins que mon visage rayonnant parla pour moi ce soir-là, car Pandore m'accabla de questions, auxquelles je ne pus me dispenser de répondre par quelques explications brèves, mais suffisantes pour lui faire partager mon contentement et mes espérances. Elle voulut que nous soupassions ensemble, chez elle, seuls, tous les deux. J'avais l'esprit trop en fête pour lui refuser quelque chose. Pandore fut adorable ; je ne l'avais encore jamais vue ainsi, c'est-à-dire si brillante et si bonne à la fois. Notre causerie se prolongea fort tard, je me plaisais à voir se succéder les heures dorées et rapides. Cependant, malgré les efforts qu'elle fit pour me retenir, je rentrai chez moi, d'où j'étais plus rapproché de l'hôtel du ministère, car je ne perdais pas de vue mon audience du lendemain matin.

» Eh bien ! cette audience, je la manquai.

» Tu bondis, n'est-ce pas ? tu te demandes si cela est bien possible, et comment cela a pu se faire ? La vérité est que je ne suis pas encore revenu de ma stupeur. Moi qui suis assuré de me réveiller ponctuellement à l'heure que j'ai fixée la veille, et qui, en outre, avais pris cette nuit-là, par extraordinaire, des précautions inusitées, je manquai mon entrevue ! je la manquai, non pas d'une demi-heure, non pas d'une heure, mais de quatre, — de quatre heures, entends-tu bien !

» C'était à huit heures qu'il me fallait être dans le cabinet du ministre ; ce fut à midi que je me réveillai.

» La nomination de Charles N...., fut annoncée par les journaux du soir.

» Fais comme moi, accuse le sort, maudis la fatalité, mais ne te creuse pas la cervelle à chercher une cause à ce déplorable évènement. Je me suis comporté d'ailleurs comme il le fallait : j'ai donné d'abord un démenti à ma pendule, ensuite j'ai voulu chasser mon domestique Jean. Que te dirai-je ? j'ai même été jusqu'à soupçonner Pandore. Mais c'était absurde, je l'ai compris tout de suite.

» Un narcotique ? Pourquoi ?

» Tous les désirs de Pandore doivent tendre au contraire vers ma fortune.

» J'ai même remarqué en elle des préoccupations de spéculation. L'autre jour elle s'est fait expliquer longuement par moi le mécanisme de la Bourse, après quoi elle a tenté de m'induire en ces affaires, dont je venais de faire briller à ses yeux les bénéfices possibles. J'ai traité la chose en badinant ; mais elle s'est piquée ; elle est revenue plusieurs fois à la charge ; et bref, cette étonnante discussion a failli dégénérer en querelle. La plaisante petite fille n'est-ce pas ?

» En général, je n'aime guère la fantaisie qui pousse certaines femmes à s'affubler de noms impossibles, tels que : Paillette, Cerisette, Mousseline, Pervenche, Abeille ou Jeunesse. Conséquemment, je lui ai demandé un jour :

» D'où vous vient ce surnom de Pandore ?

» — Oh ! cela remonte à bien longtemps, a-t-elle répondu.

» — Bien longtemps, pour vous, c'est combien ? ai-je dit en souriant.

» — Quatre ans; peut-être davantage. Un grand artiste à qui mon nom de baptême déplaisait m'a choisi une nouvelle patronne dans le dictionnaire de la Fable.

» — Quel est donc votre vrai nom ?

» — Michelle.

» — Pandore est plus joli, effectivement ; mais savez-vous ce que c'était que la Pandore antique ?

» — On me l'a raconté ; je ne m'en souviens pas beaucoup. C'était, je crois, une statue qui devint une femme.

» — Oui, mais c'était autre chose encore : c'était le principe de toute beauté et de tout mal, de toute séduction et de tout désespoir.

» — Pandore se mit à rire.

» — Selon vous, dit-elle, je réalise ce mélange mythologique, et je justifie entièrement mon surnom.

» — Je ne vais pas si loin ; mais je comprends que cette idée ait pu venir à l'esprit de quelques personnes.

» — Voyons : avouez que vous brûlez du désir de m'envoyer un méchant compliment, enveloppé dans un madrigal. Je connais cela. Vous voulez me classer dans la catégorie des jolis monstres....

» — Oh !

» — Des vampires délicieux, des vipères à robe chatoyante....

» — Non.

» — Dites tout de suite que je suis un gouffre de corruption, que je n'ai aucun côté naïf, que mon cœur est plus usé et plus racorni que le cœur d'un vieux diplomate autrichien. Faites à mon intention une mixture de Manon Lescaut et de la comtesse Fœdera, et servez chaud.

» Voilà comment elle me déconcerte, mon cher Léopold, en allant elle-même au-devant de mes appréhensions, et cela avec une mutinerie, un entrain que la plume ne peut te traduire.

» Une autre fois (car je me plais à l'interroger sur toutes les matières, et ses raisonnements ont pour moi un attrait analogue à celui de l'acidité de certains fruits), je lui demandai si la vie honnête et bourgeoise ne lui faisait pas envie.

» — Non, me répondit-elle.

» Et comme je m'étonnais :

» — C'est compréhensible pourtant, reprit-elle ; je n'ai pas encore souffert par le désordre. Supposez un Parisien authentique, un Parisien de Paris, n'ayant jamais quitté l'ombre de la colline de Montmartre, et demandez-lui s'il aimerait à habiter la province. Il ne saura trop d'abord que vous répondre, mais il aura non sur les lèvres ; il vous répétera ce qu'il a entendu raconter de la province : qu'on s'y ennuie à mourir, qu'on s'y pétrifie, qu'il n'y a personne dans les rues, qu'on s'y couche à neuf heures. Eh bien ! j'ai les mêmes préventions vis à vis de l'honnêteté. Cela est probablement absurde, et plus tard je penserai sans doute d'une toute autre manière ; mais en attendant, j'ai le caractère de mon âge ; je ne suis pas encore assez fatiguée pour aspirer après le repos. L'honnêteté, c'est comme un théâtre où je n'aurais pas encore été, un théâtre au e des ponts, un troisième Théâtre-Français, si vous voulez ; on m'a dit qu'on s'y ennuyait, et c'est pourquoi je n'y vais pas. Le hasard m'y conduira peut-être le jour que j'y penserai le moins.

» À travers tout cela, je ne saurais dire au juste si Pandore m'aime.

» J'ai souvent là-dessus des doutes qui m'enragent. Dans la même journée, elle passe quelquefois du charme le plus naturel et le plus pénétrant à la froideur la plus insolente et la plus capable de me faire pousser aux mains le bâton des anciennes comédies. Dans ces moments-là je me demande comment j'ai pu m'enticher d'une poupée semblable, moi qui ne suis pourtant ni un collégien ni un vieillard, deux extrêmes qui se ressemblent tant. Je me dis que c'est une entrave à mes projets, ou du moins un tracas. Alors, je saisis une plume, je veux écrire pour me dégager ; puis, je m'arrête, ma colère se dissipe au moment où je vais noircir la feuille de papier, et je me dis invariablement, avec cette conscience de la faiblesse qui se cache sous un sourire : — Bah il sera toujours temps !

» Ou bien : — Après tout elle est amusante !

» Je te serre la main, mon cher Léopold, et je t'envie le bonheur calme dont tu jouis, et que tu mérites si bien. »

« 25 octobre.

» Pandore a voulu me faire un cadeau. Il y a quelques jours, elle a envoyé chez moi un joli petit pupitre en bois de rose, rehaussé à tous ses angles d'ornements en cuivre, meuble mignon, sur lequel se griffonnent d'habitude les billets doux, et rempli de mystérieux tiroirs, fabriqués exprès pour recéler des boucles de cheveux, des portraits en médaillons, des violettes desséchées.

» — Mettez-y ce que vous avez de plus précieux, m'a-t-elle dit en venant m'apporter les clés elle-même.

» J'y ai mis mon argent.

» Cette opération, à laquelle d'ailleurs je n'ai procédé qu'au milieu de la plus parfaite solitude, a été pour moi la source d'une foule de méditations contristantes. C'est que, depuis trois mois, mes quatre-vingt mille francs ont reçu des brèches furieuses. Le souffle des fantaisies de Pandore a dispersé dans l'air une partie de ces petits papiers chiffonnés dont je te parlais l'autre jour en poète lyrique plutôt qu'en raisonnable spéculateur. Il est temps que j'avise à préserver le reste. Mais quel ennui, et surtout quel ridicule ! Me vois-tu, moi, mon cher Léopold, à *la recherche du meilleur placement*, consultant les notaires, lisant les prospectus des entreprises, comme M. Gogo. Lorsque j'y songe, il me vient un pouce de rougeur au front.

» Quoi qu'il en soit, mes fonds (mes fonds !) seront mieux placés partout ailleurs que chez moi ; cela est de toute évidence.

» J'ai projeté avec Pandore, pour demain, une promenade en voiture aux alentours de Paris ; les beaux jours touchent à leur fin, c'est un adieu que nous voulons faire à l'automne. — Est-ce que je ne te disais pas beaucoup de mal de Pandore ? Dans tous les cas raie cela de tes papiers. Si l'épithète d'ange n'avait pas été employée et compromise par tant de plumitifs, je n'hésiterais pas à la lui appliquer immédiatement. A défaut, je te la donne pour le type féminin le mieux organisé qu'on puisse voir, et il faut bien qu'il en soit ainsi pour que je me sois laissé prendre à son piége, petit à petit, morceau par morceau, et finalement tout entier, comme dans les engrenage d'une machine.

V.

LE VINGT-SIX OCTOBRE.

L'automne est la plus belle saison de Paris, celle qui lui sied le mieux.

A cette ville, toute de frivolité et de luxe aimable, il suffit de cette coloration pâle, de ce soleil insouciant qui sert de prétexte aux ombrelles et aux dernières toilettes brillantes. Le ciel est argent et bleu, livrée délicieuse ; il y a non-seulement des feuilles aux arbres des parcs, mais il y en a encore par terre, dans toutes les allées, où elles dissimulent la poussière. C'est le moment où le bois de Boulogne, où le côteau de Sèvres, où l'île de Bougival font des efforts désespérés pour se maintenir au rang d'oasis et atteignent aux effets les plus prodigieux et les plus splendides. La Seine est unie et reposée. Dans les forêts, c'est une mêlée générale, une bataille de tons mordorés, jaunes, verts, bleus, écarlates même. La nature déploie toutes les coquetteries d'une femme sur son déclin ; c'est l'heure des séductions suprêmes et des parures irrésistibles, l'heure où l'originalité arrive au secours de la grâce.

Dans cette saison de plaisance, les journées commencent tard et finissent tôt, fêtes de courte durée, que n'accompagnent ni la fatigue ni le regret. Nul temps ne convient mieux aux douces promenades, moitié gaîté et moitié sentiment. Philippe Beyle et Pandore profitèrent d'une de ces journées engageantes pour mettre quelques pouces de champs entre eux et Paris. Un de ces coupés qui valent les chaises à porteur pour l'élégance et qui leur sont bien préférables pour la rapidité, les emporta, dès midi, au delà d'Auteuil, et ensuite un peu partout, à Meudon, à Saint-Cloud, dans les sentiers de Ville-d'Avray. Quand le site paraissait beau, ils descendaient de voiture et continuaient leur route à pied ; la jeune femme s'appuyait sur le bras de Philippe et marchait en soulevant légèrement sa robe de soie, pour qu'elle ne fût pas accrochée par les branches mortes et noires qui gisaient sur le sol ; c'était un plaisir de voir le bout de ses bottines furetant à travers les feuilles sèches.

La conversation ne tombait jamais entre eux ; l'un et l'autre avaient cet âge où la richesse et la vivacité du sang entretiennent une succession d'impressions rapides, heureux âge où la parole fleurit sur les lèvres, amenant avec elle sans effort la bonté, l'esprit, le charme, comme les perles d'une eau limpide. Ils causaient de ce qu'ils voyaient et de ce qu'ils aimaient ; leurs idées semblaient rire, ainsi que leur bouche. Un tel entretien, emporté par le vent, et semblable au vent lui-même, ne peut être rapporté ni traduit ; il ressemble à ces babils insaisissables et coquets qui courent dans les partitions d'opéra-comique. Il n'y a qu'un âge, il n'y a qu'un temps pour de tels duos. Plus tard, on oublie cet idiôme amoureux qui, pourtant, ne s'apprend pas, et l'on est tout surpris de s'apercevoir que les paroles tarissent comme autre chose ; plus tard, on ne sait plus causer avec les femmes, on se contente de les écouter, ou simplement de les entendre ; alors elles nous étonnent plus qu'elles ne nous charment ; nous les regardons en souriant, l'esprit traversé par des idées étrangères.....

Pandore n'avait jamais été si jolie, si fraîche. Philippe, de son côté, ne pensait qu'au moment présent, et le moment présent était tout bonheur. Il lui semblait que la vie humaine n'avait qu'un seul jour, et que ce jour était celui-ci.

Ils dînèrent chez le garde du parc de Marly, car les caprices de leur promenade les avaient amenés jusque-là. De tous les parcs royaux, celui de Marly est le plus abandonné ; après avoir passé par toutes les pompes et tous les bruits, il est presque revenu à l'état sauvage. Ses beaux arbres, que des tiges de fer n'inclinent plus en arcades, sa salle de spectacle, où croît une herbe drue, sa fontaine, où trempèrent les pieds de Marie-Antoinette et qui, depuis, s'écoule, gémissante, dans la solitude ; ses bois perdus, ses grandes allées qui l'on descendent et qui montent, tout cela est délaissé et même inconnu. Depuis que la nature a reconquis sur l'art ce puissant et magnifique terrain, on y vient rarement. Comme une mélancolie de plus, le superbe aqueduc s'élève à deux pas du parc, coupant le ciel de sa masse triangulaire et sombre.

Il fallait être Philippe Beyle et Pandore pour avoir songé à ces pauvres ombrages de Marly, où l'on ne trouve ni une statue, ni une pierre, mais où le soleil et le silence, triomphalement installés, réussissent à tenir lieu de toutes les poésies.

La nuit qui vient vite en automne, les surprit pendant qu'ils étaient encore à table, auprès d'une fenêtre. On apporta des chandelles, on ferma les contrevents. Toute gaîté disparut alors. Avec le soir, le froid se glissa dans cette petite chambre et ralentit les doux propos. Ils regagnèrent promptement leur coupé, et ils s'y renfermèrent sans plus de phrases. Le cocher reçut l'ordre de conduire grand train. Ce fut comme une déroute.

Une vrai déroute, en effet ; la déroute du cœur et de l'esprit. Pandore avait remonté son châle sur ses épaules et enveloppé son cou d'un mouchoir. Elle ne répondait plus que par monosyllabes aux paroles de Philippe, qui tâchait vainement de renouer la conversation. Seulement, du coin de la voiture où sa jolie tête était tournée de trois quarts vers lui, elle ne cessait pas de l'examiner.

Il y avait dans la persistance de son regard quelque chose de sournois et même de cruel, qui n'eût pas échappé à un indifférent.

Plusieurs fois aussi, elle consulta la petite montre qu'une chaîne d'or retenait à sa ceinture.

Philippe avait fini par prendre son parti du maussade dénouement de cette belle journée. Il se disait que c'était l'allure habituelle des choses, et il s'y conformait philosophiquement. Par la vitre de la portière, il cherchait à reconnaître le chemin que, quelques heures auparavant, il avait parcouru. Tout était noir et triste. Le vent de novembre prenait sa revanche sur le soleil et secouait rudement ces arbres trop confians, qui avaient pu croire pendant la journée à un armistice ou à un oubli ; le vent les dépouillait sans pitié, tantôt en raillant et en sifflant, tantôt en grondant tout de bon et en s'irritant des résistances.

L'arc de l'Étoile apparut, enveloppé de brumes rougeâtres.

Ils rentrèrent à Paris.

Philippe reconduisit Pandore jusque chez elle ; et, comme elle se plaignait de la fatigue, il n'insista pas pour monter à son appartement.

En lui souhaitant le bonsoir, il remarqua que ses petits doigts gantés qu'elle lui avait tendus, tremblaient d'une manière fiévreuse.

— Adieu ! lui dit-elle.

— Non pas adieu, dit Philippe, à revoir.

Elle ne répliqua pas ; mais sa main serra celle de Philippe plus fortement qu'elle n'avait coutume de le faire.

Ces détails insignifiants en apparence, Philippe devait se les rappeler plus tard, et en tirer des conclusions singulières.

Pour le moment, il ne vit dans ces façons d'agir qu'une question de nerfs ou de caprice.

Le même coupé le ramena à son logement.

Une fois chez lui, il alla se jeter sur un divan qui occupait les deux tiers de la chambre, et il alluma un cigare.

L'humeur de Pandore avait déteint sur lui ; il se sentait à son tour agité, inquiet. Il recommençait en imagination cette promenade, si délicieuse au début, et si péniblement, si vulgairement achevée. Sa raison voulait voir là-dedans les premiers indices d'un décadence amoureuse. Cette idée ouvrit la porte à plusieurs autres, non moins chagrines ; d'anciennes amertumes se réveillèrent, les ressouvenirs néfastes accoururent ; l'avenir, interrogé, se montra sous les teintes les plus sombres.

Philippe, tout en fumant, s'abandonnait à cette disposition d'esprit, menaçante comme un présage, irritante et significative à l'égal de ces *tremolos* qui précèdent les explosions d'orchestre.

A un certain moment, son regard cessa d'être distrait.

Il s'aperçut qu'un désordre très apparent régnait dans la chambre. A trois pas de lui, un fauteuil s'étalait à la renverse ; un flambeau avait roulé jusque sous le guéridon. Sur la cheminée tout était éparpillé, confondu.

D'abord, il n'eut d'autre pensée que celle de maugréer contre son domestique.

Il continua son examen avec plus d'attention.

Un soupçon le fit se dresser sur son séant, puis pâlir et s'élancer vers son secrétaire.

Le secrétaire était forcé.

Philippe interrogea rapidement le tiroir qui enfermait sa mince fortune : le tiroir était vide ; les billets de banque avient disparu.

Il ouvrit la bouche, comme pour crier ; mais presque aussitôt cette bouche se referma sous l'effort d'un sourire amer.

Pendant quelque temps, il demeura immobile, attendant que le calme se fît dans sa tête.

Son cigare, qu'il avait d'abord brusquement jeté, incendiait mélancoliquement le tapis. Philippe le regardait faire, sans savoir ce qu'il regardait ; enfin, il marcha dessus, et alla ouvrir la fenètre. Cette fenètre donnait sur l'un de ces grands caravansérails parisiens qu'on appelle *cités*. L'air, dont il avait besoin, frappa son front abondamment trempé de sueur.

Une des particularités les plus inconcevables de notre nature humaine, c'est l'instinct d'antithèse et de contraste qui se manifeste soudainement en nous dans les circonstances et aux heures suprêmes. Ainsi, telle personne voit passer au milieu d'une catastrophe des images brillantes et gaies ; d'autres fois, c'est un refrain burlesque qui s'égare sur les lèvres d'un homme en prole à la plus profonde douleur. Les instructions judiciaires ont révélé surtout chez les as-

sassins des étranges et rapides moments d'hallucination. Frappé trop fort, le cerveau perçoit mille visions spontanées, tantôt monstrueuses, tantôt simplement absurdes.

Chez Philippe Beyle, par exemple, il se produisait un cas tout à fait surprenant.

Penché à cette fenètre, les yeux perdus dans un vide noir, il sentit tout à coup s'effacer en lui le sentiment du vol qui semblait devoir l'absorber exclusivement. A la place, comme un de ces flamboyants lointains qu'entrouvrent les éclairs, il revit les paysans de La-Teste-de-Buch, la forêt et l'immense bassin avec sa blafarde ceinture de dunes. Tout cela passa sous ses yeux, et s'évanouit au même instant, le laissant aveuglé et comme hébété.

Lorsqu'il eut reconquis l'exercice de ses facultés, il sonna son domestique.

La simple et grosse figure d'un homme de la campagne s'encadra dans l'ouverture d'une porte.

— Monsieur a sonné ?

Philippe le regarda fixement ; mais ne lisant aucune émotion sur cette placide physionomie, il haussa les épaules.

Le domestique attendit.

— Vous vous êtes absenté aujourd'hui, Jean ? demanda Philippe.

— Oui, monsieur.

— Pendant combien de temps ?

— Toute l'après-midi. Monsieur doit se rappeler qu'il m'en avait donné hier la permission.

— C'est vrai. Savez-vous si quelqu'un est venu me voir lorsque vous étiez sorti ?

— Le concierge n'a vu personne.

Philippe fit silencieusement deux ou trois tours dans la chambre ; au quatrième, il congédia du geste le domestique.

Il était redevenu parfaitement maître de lui-même.

— Je suis volé, dit-il ; c'est bien. De pareils événements arrivent tous les jours, et il n'y a pas là de quoi ameuter le quartier. D'ailleurs, c'est ma faute ; on ne garde pas chez soi naïvement soixante-huit ou soixante-dix billets de mille francs, entre une douzaine de cravates et des lettres de femme. Je n'ai que ce que je mérite. Maintenant, par qui suis-je volé ? Par le premier venu, sans doute, car Jean ne peut pas être soupçonné. Il ne me reste qu'à aller faire sur-le-champ ma déclaration au commissaire de police, comme c'est l'usage.

Il prenait déjà son chapeau.

— Et si le hasard ou les limiers de la rue de Jérusalem m'aident à retrouver mon argent, je fais de grand cœur le vœu de suspendre le plus beau collier de Janisset au cou de Pandore !

Il s'arrêta soudain.

Pandore ? — Ce nom, involontairement prononcé, venait de faire naître en lui un soupçon.

Un soupçon outrageant, odieux, mais vraisemblable ; un soupçon dont il rougit, mais qui le rendit pensif.

N'était-ce pas, en effet, Pandore qui lui avait envoyé ce secrétaire si brillant, si mignon, cage infidèle, qui avait si mal gardé ses oiseaux dorés ; prison fragile à laquelle il était permis de supposer des gonds menteurs et des doubles clefs.

Philippe essaya d'abord de repousser ce soupçon, mais il ne fut pas le plus fort ; il savait que tout arrive, que tout est possible. Il connaissait les hommes et les femmes de son siècle, et il avait eu le tort jusqu'à présent de ne pas assez les redouter. Naturalisé Parisien par son éducation, par ses vices et par son ambition, il ne s'était pas assez méfié de Paris, cette ville minotaure, qui gâte ses enfants, mais qui ne se fait pas scrupule de les dévorer.

Par suite de ces réflexions nouvelles, Philippe n'alla pas chez le commissaire de police ; il se contenta, pour le moment, d'envoyer chercher un serrurier.

Cet homme, après un minutieux examen du secrétaire, constata qu'il n'y a que des semblans d'effraction : la serrure était parfaitement intacte ; le meuble devait avoir été ouvert avec une fausse clé.

Tout cela n'établissait cependant aucune preuve contre Pandore, mais cela augmentait bien les présomptions. Dans son embarras, Philippe ne vit qu'une chose à faire : se rendre chez elle immédiatement, lui raconter tout, observer son visage, étudier ses paroles et demander à cette entrevue une règle de conduite.

Dans cette intention, il franchit rapidement la distance qui le séparait du domicile de la jeune femme. Son étonnement fut grand lorsque le concierge lui apprit qu'elle venait de sortir en voiture ; n'en pouvant croire ce témoignage, il monta chez elle. La femme de chambre lui répéta ce que lui avait dit le concierge : Pandore était sortie, mais sans dire où elle allait.

Philippe ne se donna pas la peine d'insister ; il jeta simplement son porte-monnaie à la femme de chambre, qui se rappela alors, mais confusément avoir entendu prononcer par sa maîtresse le nom de l'Opéra-Comique.

C'était là tout ce qu'il voulait savoir.

Il se dirigea vers le théâtre indiqué, en proie à des préoccupations de deux espèces, à des soupçons de deux natures. Pandore devenait pour lui plus que jamais la femme énigmatique et redoutable.

Bien que la soirée fût fort avancée, il arriva avant la fin de la représentation. Caché à l'entrée de l'orchestre, il parcourut du regard les loges, la galerie, le balcon, tout en se demandant quelle fantaisie étrange ou quel motif impérieux avait pu conduire Pandore dans cette salle de spectacle. La fatigue invoquée par elle quelques heures auparavant n'était donc qu'un prétexte ? Il se rappelait aussi la brusquerie de son adieu et le tremblement de sa main perfide.

Cependant, il ne l'apercevait nulle part ; il changea plusieurs fois de place, et, en fin de cause, il revint à son premier poste, assez désappointé, et intrigué de plus en plus ; car si Pandore n'était pas à l'Opéra-Comique, où pouvait-elle être ?

Dans l'ombre de la porte d'orchestre, où il déchirait ses gants, une voix frappa son oreille, une voix qui ne lui était pas possible de méconnaître, et qui partait d'une baignoire placée contre lui.

Cette voix disait :

Est-ce que cette pièce vous amuse beaucoup, cher comte ?

— Une pièce ? Que voulez-vous dire ? Est-ce que l'on joue une pièce ? Excusez ma distraction ; je suis tout entier au bonheur de vous revoir.

— Vous êtes monotone, reprit Pandore ; depuis une heure, vous ne tarissez pas sur ce thème.

— C'est qu'aussi vous avez tenu votre parole comme un gentilhomme, disait le comte.

— Oh ! avec tous vos compliments, vous allez finir par devenir injurieux. Qu'est-que vous trouvez donc de si étonnant dans ma conduite, de si émerveillant ? Je vous avais ajourné à trois mois pour des motifs.... personnels.

— Oui, personnels.... soupira-t-il.

— Je vous avais dit : Partez, éloignez-vous de Paris, voyagez pendant trois mois.

— Je suis parti, j'ai voyagé.

— Et, avais-je ajouté, revenez le vingt-six

octobre ; trouvez-vous dans votre loge de l'O-
péra-Comique ; je ne manquerai pas de m'y
rendre pendant la soirée. Nous sommes aujourd'-
hui le vingt-six octobre, me voilà ; quoi de
de plus simple ?

— Vous êtes adorable.

Pandore était tournée de façon à ne pas pouvoir apercevoir Philippe Beyle ; elle avait fait
une seconde toilette très brillante.

Mais, s'il ne pouvait apercevoir Pandore, il
voyait parfaitement le comte d'Ingrande, joyeux,
régénéré.

Dire que la rage gonfla la poitrine de Philippe, ce serait trop peu. Il eut un instant l'idée
d'entrer dans la loge ; mais le ridicule de cette
action lui sauta aux yeux presque aussitôt. Il se
contraignit.

Le comte était le même homme qu'elle lui
avait sacrifié il y a trois mois, sacrifice dont il
avait été touché et qui n'était que provisoire,
comme il le découvrait en ce moment.

Cette lumière, le frappant au visage, faillit le
rendre ivre de courroux.

Ainsi donc, Pandore s'était jouée de lui pendant trois mois, Pandore n'avait eu pour lui aucun amour, elle avait suivi méthodiquement un
programme tracé à l'avance, elle avait calculé
la durée de leur liaison, et elle avait tranquillement assigné le terme au vingt-six octobre !

On serait exaspéré et humilié à moins.

En outre, au milieu de son irritation, Philippe Beyle pressentait qu'il devait y avoir une
cause à cette comédie, un but à cette machi-
nation cruellement froide. Si on ne l'avait pas
aimé, qu'avait-on voulu de lui ? Lancé à travers les suppositions, il frémissait à cette idée
de vol qui se représentait sans cesse à son esprit.
Vainement essayait-il de se dérober sans cesse
à cette obsession fatale en reportant les yeux
dans la loge où se jouait cette forme mignonne
et parée : derrière le nuage de ses cheveux, qui
retenaient mal quelques fleurs, il voyait passer
des images de tribunaux et des silhouettes de
magistrats ; dans le vent harmonieux de sa voix,
il lui semblait reconnaître le grincement d'une
serrure sous l'effort d'un *monseigneur*.

Il craignit de devenir fou ; il sortit du théâtre.

Chez lui, il trouva une lettre de Pandore,
écrite et envoyée par elle avant son départ pour
l'Opéra-Comique.

Elle était explicite :

« 9 heures du soir.

» Mon cher Philippe,

» Quand vous recevrez cette lettre.... oh!
rassurez-vous, je ne serai pas morte, — mais je
ne vous aimerai plus.

« Vous avez beaucoup trop d'esprit pour vous
étonner d'un fait si simple, si ordinaire et si
prévu.

» Bien que le temps me presse et que mon
coiffeur attende dans l'antichambre, il faut cependant que je vous dise quelques vérités, mon
pauvre Philippe.

» Vous ne m'aimez pas, vous ne m'avez jamais
aimée, mais pas du tout, croyez-le bien. Je vous
ai distrait, je vous ai irrité, rien de plus ; cela a
suffi pour que vous vous trompiez vous-même.

» Faire souffrir plutôt que d'ennuyer, voilà
notre secret à nous autres femmes déclassées. Il
me reste tant d'autres secrets que je puis bien
vous livrer celui-là !

» Notre rencontre a été une méprise ; il n'y
avait aucune sympathie entre nous ; nous sommes trop semblables l'un à l'autre. Vous n'avez
pas plus de sensibilité que moi : la douleur peut
vous faire crier, — pleurer jamais. Vous savez
garder en toute occasion la conscience de votre
supériorité. Aussi, vous pourrez dans votre
vie avoir beaucoup d'amours, mais je vous défie
d'avoir jamais l'amour.

» Un homme tel que vous, Philippe, n'est pas
fait pour une femme telle que moi ; laissez-
moi m'éloigner de votre chemin.

» Je suis ce qu'on appelle un produit parisien, né, cultivé dans cette grande serre de vice
qui s'étend des boulevards au bois de Boulogne.
Comment s'est faite mon éducation, je ne m'en
souviens plus, ou je frémis, quand je m'en souviens ; seulement j'ai tout appris, je sais tout,
même un peu d'orthographe. — Comment voulez-vous que je puisse vous aimer, Philippe ? Je
n'ai, pour être subjuguée par vous, ni la jeunesse
du cœur, et, pour m'éprendre de vos défauts, ni
la jeunesse de l'esprit.

» Mettons que notre liaison a été une expérience, un essai sans réussite ; elle n'en aura
pas moins eu, dans sa courte durée, un charme
spécial et réel. Nous avons eu trop de bon
sens pour ne pas dissimuler tous les deux, et
nous devons à cette délicate politique des heures
souriantes qui valent peut-être mieux que des
heures brûlantes, et des plaisirs qui ressemblent
bien à des bonheurs.

» A qui s'en prendre si notre promenade de Marly a eu son retour comme elle avait eu son départ ? Est-ce que toutes les affections, tous les caprices, ne sont pas plus ou moins des promenades à Marly ?

» Adieu, mon ami ; vous avez été très gentil pour moi, et votre souvenir me sera toujours agréable. J'aurais désiré ne pas vous quitter si tôt ; mais que voulez-vous ? si l'inconstance n'existait pas, je l'aurais inventée. Cherchons ensemble des prétextes, si vous y tenez : votre cheminée fumait, votre concierge manquait d'aménité, vos favoris étaient devenus trop longs.

» Ne pensez plus à moi, ce serait du temps mal perdu ; ou si vous y pensez, imaginez-vous que vous avez reçu cet été la visite d'une hirondelle, et qu'aux approches de l'hiver cette hirondelle s'est envolée.

» Adieu.

» PANDORE. »

Philippe Beyle fit sa déclaration à la justice.

Mais il tint secrets les soupçons qu'il avait sur Pandore.

Jusqu'au bout, il voulut garder son rôle de galant homme.

Le premier acte de la justice fut de publier immédiatement, dans un journal du soir, « l'événement déplorable dont M. Philippe Beyle, telle rue, tel numéro, venait d'être victime. »

Suivaient les détails.

Philippe bondit à la vue de cette nouvelle, car toutes ses mesures avaient été prises pour conserver l'anonyme ; il l'avait demandé, on le lui avait promis. La note destinée à la presse avait été rédigée en sa présence. Comment se faisait-il donc qu'il se trouvât si clairement désigné ?

Cet incident parut assez singulier à la police pour qu'elle ne dédaignât pas de prendre des informations auprès du journal ; on fouilla l'imprimerie, on ne retrouva pas la note ; on interrogea les ouvriers, ils soutinrent avoir imprimé ce qu'on leur avait donné.

On n'interrogea pas les femmes : plieuses, brocheuses, etc., dont l'atelier était attenant à l'imprimerie.

A quoi cela eût-il servi ?

On n'y songea même pas.

Philippe subit le coup de cette publicité, qui l'exposait pendant quinze jours aux yeux de la France et de l'étranger sous les couleurs les plus gauches et les plus défavorables pour son avenir.

Un homme qui se laisse voler n'est qu'un niais ; et quelle administration, quel cabinet peut l'employer ?....

Il n'essaya pas de lutter contre les faits accomplis. Se sentant momentanément vaincu, il courba la tête ; le vent était mauvais, il laissa passer le vent.

La police mit en campagne beaucoup de gens de mauvaise mine, et même quelques-uns de bonne mine ; elle fit fouiller les barrières et jouer les télégraphes ; elle ne découvrit rien.

Force fut donc à Philippe de se résigner.

Quant à essayer de revoir Pandore et de solliciter d'elle une explication, son orgueil ne le permit pas.

S'inquiéter d'une femme, allons donc ! Ses principes étaient inexorables en pareille matière. Dans le malheur qui le frappait, il ne vit qu'un accident et non une leçon.

— J'aurai de nouveau raison de la fortune, dit-il ; je m'embarquerai dans tous les chemins où elle passe ; s'il faut de la témérité, j'en aurai ; s'il ne faut que de la patience, j'en aurai encore. Jamais poursuivant plus obstiné n'aura traqué l'occasion dans ses moindres repaires. Jusqu'à présent, je n'ai fait que tendre la lèvre aux félicités du monde ; aujourd'hui, je veux boire la coupe entière. Pour un homme de volonté, il n'y a pas quatre moyens d'arriver, il y en a mille : il y a les chiffres, il y a la valse, il y a les habits élégants, il y a les inventions, il y a la sottise, il y a l'esprit. Serais-je donc le seul qui ne tirerais pas aile ou patte de ce dix-neuvième siècle si complaisant ? Quelque obstacle qu'il y ait à détruire, quelque être qu'il y ait à briser, je veux ma place ! je la veux forte et belle, et je l'aurai. Je l'aurai, car la persévérance est un outil aussi puissant et aussi vainqueur que les ciseaux des tailleurs de marbre ; il n'y a pas d'exemple aujourd'hui qu'un homme persévérant n'ait eu son heure. Non, les aspirations continuelles, les convoitises immenses, ces désirs opiniâtres et qui tournent sans cesse dans le même cercle, tout cela ne peut pas mentir, tout cela est satisfait tôt ou tard : c'est une loi de fatalité et de logique en même temps. A peine si j'ai été riche deux ou trois fois, par soubresauts, par occasions ; je veux l'être continuellement. J'ai tellement rêvé l'opulence qu'on ne réussira jamais à me persuader que ce n'est pas là mon bien, mon héritage. Je suis plein de jours ; et les projets, les idées, les travaux, les plaisirs qui bouillonnent dans ma tête, sont faits assurément pour se manifester, se réaliser, se répandre. J'aurai ma place, j'aurai mon heure !

Cette conviction servit à le fortifier dans les épreuves qu'il eut à traverser, épreuves qui n'avaient rien de nouveau pour lui, mais qui lui étaient rendues moins supportables et moins humiliantes par la récidive. Philippe Beyle s'était en effet trouvé maintes fois privé d'argent ; mais alors il avait vingt ou vingt-cinq ans ; devant cet âge radieux, les usuriers s'inclinent comme les Guèbres devant le soleil. Il n'avait donc jamais pris en grand souci cette contrariété, toujours passagère d'ailleurs. A trente ans, il fut forcé de s'apercevoir que cette privation, surtout lorsqu'elle est prolongée, constitue un des maux dont l'humanité garde le plus rancune aux législateurs.

Les dettes qui sont si faciles aux jeunes gens, et qui les escortent comme un chœur enivré, les dettes se font rébarbatives pour les hommes mûrs. Philippe éprouva dans cette circonstance qu'on trouve plus aisément de l'argent pour l'orgie que pour l'ambition, pour les parties que pour les entreprises. L'argent ne veut pas être emprunté sévèrement, pas plus qu'une femme ne veut être courtisée avec gravité.

Il souffrit donc un peu plus qu'il ne s'y attendait, et plus longtemps aussi. Nous pourrions noircir une rame de papier avec le récit de ses efforts et de ses tentatives ; nous pourrions le suivre des ministères aux légations, de la Bourse au boulevard, du balcon de l'Opéra, aux bals officiels et particuliers ; nous pourrions compter ses sollicitations si dégagées en apparence, ses ruses qui dissimulaient des airs évaporés, ses courtisaneries toujours spirituelles. Il avait surtout l'art précieux de cacher une activité foudroyante sous une paresse de bon goût et une légèreté mesurée. A peine était-il entré dans un endroit qu'on l'y croyait depuis une heure.

Tant de tact et de précautions méritaient d'aboutir à un résultat fortuné. Il n'en fut rien cependant. En quelque lieu que Philippe se présentât, la fortune était partie ou n'était pas encore arrivée.

Habile et oseur, comme nous l'avons fait voir, il se tourna vers l'industrie. Il traça des projets, il écrivit des mémoires. Quelques-unes de ses idées étaient bonnes, neuves et remarquablement développées. Philippe alla voir les banquiers et les *faiseurs* ; mais là encore son mauvais génie se trouva sur ses pas : partout où il

apportait un plan, on lui en opposait immédiatement un autre qui était entièrement pareil : mêmes idées, mêmes moyens d'exécution et souvent même style.

Après trois ou quatre échecs de cette nature, Philippe, qui s'était demandé si le destin ne jouait pas pour lui seul une détestable féerie, se rappela vaguement que, plusieurs fois, au temps de l'élaboration de ses mémoires, il avait été frappé par des intervertissements de feuillets et d'imperceptibles maculatures.

Une fois, entre autres, dans le pli d'un cahier, il avait trouvé un cheveu blond, long et fin, un cheveu qui ne pouvait appartenir qu'à une femme.

Cela l'étonna profondément.

Il rapprocha ce fait de plusieurs autres, très puérils à les considérer isolément, mais qui, réunis en faisceau, semblaient être émanés d'une seule volonté, mystérieuse et funeste.

Philippe se demandait quel intérêt on pouvait avoir à lui barrer le passage. Il se chercha des ennemis et n'en découvrit point. Il mit alors ses inquiétudes et ses appréhensions sur le compte de la méfiance, si naturelle aux gens malheureux ; mais, en dépit de ses raisonnements, il ne put parvenir à chasser complètement le soupçon d'une conjuration formée contre lui.

L'accompagnerons-nous jusqu'au bout dans cette ruine quotidienne et de plus en plus visible ? Descendrons-nous un à un avec lui les degrés de cette échelle meurtrissante, qui, à Paris plus qu'ailleurs, s'enfonce dans des ténèbres et dans des fanges insondables ?

Pourquoi pas ?

Autrefois, le romancier devait compte au public d'une somme d'intérêt et de sympathie réversible sur la plupart de ses héros ; aujourd'hui il ne lui doit plus que la vérité. C'est un progrès.

VI.

Après quinze mois de luttes cachées et gantées, si nous nous engageons dans le quartier nouveau et décent qui s'élève sur les terrains de l'ancien parc de Vintimille, à quelques pas de la barrière de Clichy, nous y trouverons Philippe Beyle, modestement installé à un cinquième étage. La misère y est montée avec lui, mais la misère irréprochable, fière, impassible, celle qui ne veut pas être soupçonnée; cette misère pour qui la pâleur est une élégance de plus.

Il a épuisé toutes ses ressources. Son héritage est escompté depuis longtemps; enfin, il ne lui reste personne à qui s'adresser. Le meilleur de ses amis, ce Léopold, qui recevait ses confidences amoureuses, est en voyage depuis six mois; où lui écrire? Trois lettres de Philippe sont déjà restées sans réponse.

Cependant il continue à aller dans le monde: son linge est toujours splendide, sa botte toujours vernie; c'est au prix des plus affreux sacrifices qu'il perpétue ce miracle de fashion.

Un soir d'hiver, Philippe Beyle rentrait dans son faubourg après quelques courses infructueuses.

C'était l'heure du dîner.

Sa mauvaise humeur était doublée par le mouvement et la joie qui remplissaient Paris; à chaque pas, il se heurtait à de petits marmitons, vêtus de lin, comme dans les tragédies de Saint-Cyr, et chargés d'odorantes victuailles. Les restaurants lançaient la flamme par leurs vitres humides; ce n'était partout que des affamés qui entraient avec précipitation ou des repus qui sortaient avec majesté, la joue brillante comme un tison, les lèvres fendues par un curedent ou par un cigare.

Philippe fronça le sourcil et marcha plus vite.

Rien n'égale l'insolence de Paris qui dîne. C'est une impudeur d'appétit à révolter un philosophe. Dans des pays comme la France, où tout le monde ne mange pas, ceux qui mangent devraient au moins se cacher. C'est le contraire qui arrive. On se nourrit dans des maisons à jour pour ainsi dire, sur des terrasses, presque dans la rue. La voix retentissante des garçons perce les murs. De vastes soupiraux, où passent et repassent effrontément de blancs démons, trahissent les secrets parfumés de l'office. A la hauteur de l'œil, ce sont des vitrines, où les phénomènes les plus savoureux de la végétation s'étalent parmi l'eau et les fleurs; où les poissons prismatiques, étendus à demi-frétillans encore sur leur lit d'herbes, regardent de côté les orgueilleux faisars qu'on croirait revenus de chez le doreur; où de mystérieux petits barils sont confondus avec d'étranges plaçons, sous le branchage des ananas. Ces exhibitions nous ont toujours paru aussi irritantes et aussi douloureuses que celle des changeurs de monnaie; une rangée d'ortolans, dodus et bardés de lard, est faite pour inspirer les mêmes frénésies que la vue d'une sébille regorgeant de quadruples.

Telle était aussi l'opinion de Philippe Beyle.

Il resta un grand quart d'heure avant de pouvoir traverser le boulevard, qui était noir de voitures.

Dans ces voitures, on ne voyait que des figures heureuses.

En attendant que l'encombrement se dissipât, il s'arrêta à un étalage de livres, splendidement éclairé; c'étaient de beaux volumes, reliés, de toutes couleurs. Il en prit un, et tomba sur les *Classiques de la Table.*

Philippe continua sa route. Les théâtres ouvraient leurs portes, d'où s'échappait ce murmure des instruments qu'on accorde. Pendant six ou huit heures, Paris allait appartenir au plaisir, aux arts, au luxe. Des femmes souriaient à Philippe en passant auprès de lui; mais elles lui trouvaient généralement l'air trop fier, les yeux trop dilatés. Plusieurs habitués du Club le saluèrent aussi, mais de la main, et rapidement.

Ces féeries diminuèrent à mesure qu'il s'éloigna du boulevard; elles avaient totalement disparu quand il entra dans la rue de Vintimille.

Alors, Philippe eut un soupir de soulagement.

Arrivé chez lui, au moment où il mettait le pied sur la première marche de l'escalier, il s'entendit appeler par son concierge. Ce fut la bouche pleine et une aile de dinde à la main que ce subalterne sortit de sa loge pour lui parler.

Ce tableau accrut encore la mauvaise humeur de Philippe.

— Que voulez-vous? demanda-t-il d'un ton bourru.

— Monsieur, dit le portier, c'est pour vous prévenir qu'il y a une dame chez vous.

— Comment! une dame?

— Je sais ce que vous allez me dire: vous m'aviez recommandé de ne confier votre clé à qui que ce soit....

— Eh bien? alors....

— Ce n'est pas moi, c'est mon épouse qui l'a donnée pendant mon absence. Je lui en ai fait de vifs reproches, comme vous pensez bien; mais il paraît que cette dame a des choses très importantes à vous communiquer; elle voulait vous attendre dans la loge. Cela nous aurait un peu gênés, car, vous voyez, nous avons quelques amis à dîner aujourd'hui, de bonnes gens, sans façon, tout ronds. Il faut bien se distraire de temps en temps, n'est-ce pas, monsieur Philippe? sans cela, la vie....

— Et cette dame, y a-t-il longtemps qu'elle est chez moi,

— Un petit quart d'heure. Sans cela, la vie serait quelque chose de bien....

Philippe Beyle n'en écouta pas davantage. Il laissa le concierge poursuivre ses considérations philosophiques, la cuisse de dinde à la main, et il monta vivement à son cinquième étage, assez préoccupé par l'annonce de cette visite féminine.

La clé était sur la porte; il crut avoir le droit d'entrer sans frapper.

Auprès d'une bougie, qui lui avait sans doute été prêtée par le concierge, une femme vêtue de noir, était assise, le front caché entre les mains.

Elle se leva en entendant et en apercevant Philippe; mais aussitôt elle retomba, défaillante, sur sa chaise.

— Marianna ! s'écria-t-il en s'élançant vers elle.

Marianna, car c'était elle en effet, n'avait pu résister à son émotion; elle s'était évanouie.

Après lui avoir prodigué les premiers secours, Philippe la regarda attentivement. Elle était toujours belle, malgré sa pâleur et quelques traces de fatigue. Deux années avaient même ajouté à l'éclat et à l'intelligence de son visage.

Lorsqu'elle fut revenue à elle, des pleurs coulèrent sur ses joues; elle regarda la pauvre chambre où elle se trouvait.

Philippe comprit sa pensée, car il lui dit, d'un ton demi-enjoué :

— Ah ! ce n'est pas joli ici.... les quatre murs et des meubles qui datent de la Fédération du Champ-de-Mars. C'est égal je suis certain que Béranger estimerait que cela est pour le mieux.... dans la meilleure des chansons possibles.

Il s'assit sur son lit, et continua :

— Cela me rappelle l'époque où je faisais mon droit. Tout le monde dit que c'est là le bon temps.... Eh bien ! je recommence mon bon temps. Pour ressembler tout à fait à un étudiant, il ne me manque qu'un trophée de pipes au-dessus de la cheminée et un squelette au fond de mon armoire. Vous sentez-vous un peu mieux, Marianna ?

— Oui, je vous remercie.

— Franchement je ne m'attendais guère à vous revoir, surtout dans les circonstances actuelles. Mais quel que soit le motif qui vous amène chez moi, soyez la bien venue. Si j'avais été

averti plus tôt, j'aurais tâché de mieux déguiser l'insuffisance de ce local.

— Ainsi, vous vivez là-dedans ! murmura-t-elle avec lenteur.

— Oui.

— Je vous plains, Philippe.

— A la bonne heure ! Des trois ou quatre personnes qui sont entrées ici (et bien malgré moi, je vous prie de le croire), vous êtes la seule qui ne m'ayez pas dit : «Bah ! c'est tout ce qu'il faut : un garçon !.... » Vous êtes de mon avis; n'est-ce pas que c'est hideux ?

— Il y a trois mois que vous demeurez là ! dit-elle, sans l'entendre.

— Tiens, vous le savez ? Mon Dieu, oui, trois mois. Une débâcle, cela peut arriver à tout le monde, cela m'est arrivé. J'ai tout perdu, j'ai tout vendu peu à peu, mes tableaux, mes fauteuils, mes bronzes; je suis comme le roi Rodrigue après la bataille ; pas une tour, pas une lance !

— Et.... vous souffrez ? dit Marianna avec un accent de curiosité avide.

Philippe la regarda, étonné.

— Non, dit-il brusquement.

— Cependant, depuis deux ans, rien ne vous a réussi ?

— Rien, en effet.

— Depuis deux ans, les événements et les hommes sont ligués contre vous ?

— Oui ; mais qui vous a instruit....

— Je sais tout ce qui vous concerne, Philippe.

Il se leva.

— Eh bien ! dit-il en changeant de ton, si vous tenez à jouir de mon abaissement, faites à votre aise, vous avez beau jeu. Regardez : c'est la ruine, c'est le dénûment. Ah ! vous vous êtes vengée, je vous assure; vous ne pouviez désirer mieux, et c'est ce qui s'appelle arriver au bon moment. Achevez ; frappez, je suis à terre, soyez sans pitié, je suis sans défense.

— Je ne suis pas venue pour insulter à votre infortune.

— Bah ! vous êtes dans votre droit.

— Je ne suis pas venue davantage pour vous rappeler vos torts.

Tout en parlant, elle ne quittait pas Philippe des yeux ; mais ses regards étaient doux, compatissants ; elle suivait chacun de ses gestes, elle se suspendait à chacune de ses syllabes.

— Alors, Marianna, pourquoi donc êtes-vous venue? demanda-t-il.

— Parce que je vous aime toujours !

Ce cri, échappé du cœur, fut sublime.

Philippe Beyle devint sombre.

— Ah ! certes, reprit Marianna tout entière à son élan, vous avez été cruel et terrible pour moi ; vous ne m'avez épargné aucune honte, aucun affront ; vous avez été pire que mon père et que ma marâtre ; personne ne pourrait me faire plus de mal que vous m'en avez fait ; et si la haine se mesurait à l'offense, je devrais épouvantablement vous haïr. Mais....

Elle s'arrêta, et le regardant en face :

— Je ne le peux pas ! je ne le peux pas ! s'écria-t-elle, désespérément.

Il ne dit rien, il prévoyait ce qu'on appelle une scène, et il attendait résigné.

Marianna reprit :

— Combien de fois ne m'avez-vous pas broyé le cœur ? Il fallait donc l'écraser tout à fait, puisque, après deux ans, il saigne encore pour vous.

Elle se mit à genoux.

— Philippe, je suis vaincue. Ton souvenir est le plus fort. Veux-tu de ma vie et de mon dévouement? je te les rapporte tous les deux.

— Allons, Marianna, pas d'enfantillages, dit-il en la cherchant à la relever.

— As-tu besoin d'une esclave? Si tu l'exiges, je ne serai pas même quelqu'un, je serai quelque chose. Pourvu que je vive à quelques pas de toi, le reste ne m'est rien. Je ne lutterai plus : tu commanderas, et j'obéirai. Laisse-toi aimer, qu'est-ce que cela te fait ?

— Chère amie, dit Philippe, vous êtes toujours aussi romanesque que par le passé. Vous voulez recommencer ce qui ne se recommence pas. Ayez donc de la raison, que diable !

Les mains tremblantes, Marianna lui dit :

Tu es un malheureux pourtant, tu es isolé. Dans de pareilles situations on cherche ordinairement à s'appuyer sur une tendresse. La mienne a été assez éprouvée pour que tu ne la mettes plus en doute.

— Non, certainement, je vous rends justice, Marianna. Dans ma mémoire, vous avez une place honorable et éternelle. Mais j'ai pour règle de conduite de ne jamais revenir sur mes pas ; je me garde bien de relire un livre qui m'a charmé ; je me détourne soigneusement des sentiers où je me suis autrefois égaré avec ivresse ; car le livre peut m'apprêter une dé-

ception, et les sentiers peuvent avoir été bouleversés par une administration communale. J'ai la religion et la poésie de mes souvenirs. N'insistez plus, Marianna. Notre histoire appartient au temps enfui ; c'est une poignée de cendres que je conserve précieusement ; n'essayez pas de souffler dessus, elles ne se rallumeraient pas, elles s'envoleraient, et cette fois il ne m'en resterait plus rien.

— Philippe ! dit Marianna tout en larmes.

— Non.

— Je serai une femme nouvelle pour toi ; tu verras.

— Mais moi, je serai toujours le même homme. J'ai eu des torts envers vous, je ne veux pas en avoir d'autres. Restons-en là, vous dis-je. La vie ne doit pas se consumer en répétitions. Adieu, Marianna.

— Adieu ? répéta-t-elle inquiète.

Puis, cette inquiétude se fondit peu à peu dans une émotion pénible, silencieuse.

— C'est donc un parti bien arrêté chez toi ? demanda-t-elle.

— Oui.

— Tu ne veux plus.... me revoir ?

— A quoi bon ? Voyez d'ailleurs quel triste amant je puis faire, et quel rayonnement mon amour jetterait sur une femme !

— Oh ! Philippe, n'est-ce que cela ? Mais tu ne sais donc pas que je suis toute-puissante, sinon par moi, du moins par bien d'autres ! Je puis te relever, tu n'as qu'à dire un mot ; je puis réaliser tous tes rêves, les plus grands et les plus audacieux ; parle ! j'ai des moyens certains, infaillibles ; je peux tout, oui tout. Oh ! n'agite pas les épaules, car c'est vrai, je te le jure. Dis-moi seulement une parole du cœur, et tout changera : les plus hautes protections te seront acquises ; les issues qui t'étaient obstinément fermées se rouvriront à l'instant. — Philippe tu peux redevenir riche, puisque c'est la richesse que tu aimes par dessus tout !

— Assez, dit froidement Philippe en l'interrompant ; vous délirez, Marianna.

— Non, mais j'allais délirer.... murmura-t-elle, rendue à elle-même.

Il se fit une révolution subite dans sa physionomie et dans son attitude.

Son front se redressa ; son regard devint plus fixe.

Elle dit d'une voix ferme :

— Amie ou ennemie, je veux rentrer dans ta vie !

— Tant pis pour votre volonté, dit Philippe avec indifférence.

— Réfléchis bien ; c'est la dernière fois que je te supplie, c'est un dernier effort que je tente pour te sauver.

— Effort inutile !

— Mais ton abandon.... la pauvreté ?

— Mon abandon, c'est moi qui l'ai fait, c'est moi qui l'ai voulu. Ma pauvreté ? Elle ne durera pas.

— Elle durera !

— Philippe sourit d'un air de défi.

— Prends garde, Philippe ! dit Marianna, devenue froide et sévère ; prends garde ! je peux t'abaisser encore davantage ; je peux te faire descendre un degré de plus dans le néant parisien.

Il la regarda avec stupeur ; et, secouant la tête, après un moment de silence :

— Vous souffrez, Marianna, et il ne m'est possible que de vous plaindre, dit-il.

— Tu ne me crois pas ?

— La puissance des femmes m'a toujours trouvé incrédule. Je ne leur refuse pas la résolution, mais il leur manque la persévérance. Un rien, un caprice, un brin d'étoffe, suffisent pour les détourner de leurs desseins les mieux calculés; ce sont des oiseaux qui coupent court dans leur vol et virent selon le vent ou selon les arètes du paysage. Les hommes ont des passions, les femmes n'ont que des fièvres. En conséquence, il ne faut les considérer ni comme trop dangereuses, ni comme trop propices. Quant à leurs projets, ils n'ont et ne peuvent avoir qu'une durée relative, intermittente. Donc, les femmes ne sont à craindre tout au plus que comme accidents; et, par les mêmes motifs, elles ne sont bonnes à employer que comme instruments immédiats. Telle est ma théorie.

— Ta théorie a reçu bien des démentis depuis deux ans.

— Comment cela ?

— Sais-tu quel est l'auteur de tous tes revers, de tous tes échecs ?

— Parbleu ! c'est le hasard, dit Philippe.

— Non, c'est moi, dit Marianna.

Philippe marcha dans la chambre, sans paraître avoir entendu.

— C'est moi, te dis-je, reprit-elle; et je vais t'en donner des preuves. C'est moi qui t'ai calomnié pour t'empêcher d'arriver; c'est par moi que Mme L...., la femme du conseiller d'Etat, t'a dénoncé à son mari.

Philippe cessa de marcher.

— C'est moi, continua-t-elle, qui ai jeté Pandore sur tes pas ; Pandore, qui t'a bafoué, vendu, dévoré miette à miette, jour par jour.

— La misérable ! murmura-t-il.

— C'est moi qui ai fait manquer ton rendez-vous avec le ministre, le jour où tu ne t'es réveillé qu'à midi.

— Marianna ?

— C'est moi qui ai donné ton nom aux journaux, en m'introduisant dans l'imprimerie.

— Oh ! dit Philippe, pâlissant.

— C'est moi qui ai livré une copie de tes plans et de tes mémoires.

— Dis-tu vrai ? s'écria-t-il, en la saisissant par le poignet.

— C'est moi, enfin, qui, patiemment, depuis quelques mois, ai ourdi cette toile sombre où tu te débats sans espoir et sans avenir. Sans espoir et sans avenir, entends-tu bien ?

— Tu mens ! tu mens !

— Ah ! tu doutes des femmes, tu nies leur pouvoir. Regarde donc à ton tour : ce sont les femmes qui t'ont mis où tu es. Tu leur refuses la persistance ; ai-je assez persisté, moi ?

— Tu es folle ! reprit Philippe, luttant contre sa colère; et, cependant, ce que tu dis est étrange.... Toi, toi, l'auteur de ma ruine ?

— Oui !

— Mais tes moyens, quels sont-ils ?

Marianna se prit à rire ironiquement.

Il ne lui avait pas lâché le poignet.

— Tu vois bien, dit-il, que tu railles et que tu mens !

— Je te répète que tu es sous les pieds des femmes... sous mes pieds !

— C'est faux ! c'est impossible ! .... Terrassé par les femmes ?....

— Oui, oui ! et par moi !

— Allons donc !

— Et si tu n'as pas dîné aujourd'hui, c'est parce que je ne l'ai pas voulu

— Ah !

Ce fut un cri de rage.

Philippe sauta sur sa cravache, déposée sur un meuble, et coupa le visage de Marianna.

Elle bondit comme pour s'élancer.

Sa taille parut gandir ; ses yeux doublèrent d'étendue et, de mouillés qu'ils étaient, devinrent secs et extraordinairement lumineux.

Mais elle se contint par un miracle de volonté.

— Malheur à toi, Philippe ! dit-elle ; c'est ton arrêt que tu viens d'écrire en trait ineffaçable ! Son regard, son geste étaient effrayants.

Elle sortit, après avoir rabaissé son voile sur sa figure sillonnée.

Philippe Beyle demeura un instant soucieux ; puis il s'habilla pour aller au bal.

VII.

CONTRE-MINES.

Philippe était rentré du bal plus tard que de coutume.

Vers onze heures du matin, étendu à demi habillé sur son lit, il dormait encore, lorsqu'un coup de sonnette le réveilla en sursaut.

Il alla ouvrir.

— C'est M. Philippe Beyle que j'ai l'honneur de saluer ? demanda, pour la forme, le visiteur.

— Oui, monsieur.

— Je suis M. d'Ingrande.

Philippe qui, de son côté, l'avait reconnu, s'inclina et offrit un siège.

— Monsieur, dit le comte en souriant, nous sommes poursuivis par le même huissier.

— C'est un honneur pour moi, monsieur le comte, dit Philippe sur un ton semblable.

— Hier, dans un paquet d'actes à mon adresse, il s'est glissé une pièce qui vous est relative. Je dois vous l'avouer, je n'ai reconnu l'erreur qu'après avoir lu en partie cette signification fourvoyée. Je n'ai voulu confier qu'à moi-même le soin de vous la remettre. La voici.

— Vous me voyez confus de la délicatesse d'un tel procédé.

— Non, cela ne vaut pas de remerciements, car vous étiez exposé à en faire autant à ma place, M. Beyle. C'est moi qui m'estimerai heureux si je dois à notre communauté d'infortune l'occasion de pouvoir vous servir.

— Notre communauté, monsieur le comte ? dit Philippe ; votre politesse va bien loin, ce me semble. Nos situations ne peuvent guère être comparées. Mon modeste avoir a pu disparaître, il est vrai, dans les tourmentes de quelques jours ; mais votre fortune, monsieur le comte, votre fortune est trop solidement assise pour avoir à redouter un ouragan passager.

— Vous vous trompez, dit le comte d'Ingrande avec un accent qui trahissait l'amertume plutôt que le regret ; j'ai dissipé des sommes énormes dans ces dernières années. À quelques mille louis près, mes biens sont entièrement engloutis.

Le comte disait vrai ; et cet aveu de sa part nous amène à des explications devenues indispensables.

Avec tous les avantages de la naissance, de la figure, de l'esprit et de la richesse (inappréciables dons qui se trouvent de moins en moins réunis sur la même tête), le comte Louis-Henri d'Ingrande, aimé de la Restauration pour les services rendus par son père et par son grand-père, recherché de Charles X pour ses manières élégantes et son amour de la chasse, redouté de Louis-Philippe comme une des principales têtes d'un parti toujours imposant, le comte d'Ingrande n'avait jamais su ou jamais voulu profiter de sa position sous aucun régime.

Il pouvait arriver à tout ; il ne se mit pas même en chemin.

Était-ce philosophie, convictions politiques ou dédain d'une société troublée et peu scrupuleuse ?

C'était mieux et c'était pis en même temps : c'était paresse et volupté.

Dans le cortège des fées convoquées à la fête de son berceau, une seule avait été oubliée, et elle était arrivée la dernière pour jeter au nouveau-né sa prédiction funeste et charmante. Ce n'était point une fée nabote et rechignée à l'œil gris, au nez d'oiseau de proie, à la robe couleur feuille-morte ; c'était, au contraire, une fée souverainement jeune et coquette, habillée à la mode transparente, portant une couronne de cheveux humides de lumière, et, sur ces cheveux, une autre couronne où les diamants éperdus se mêlaient aux brins d'herbes et aux fleurs pauvres. C'était là la fée du plaisir, la fée mauvaise, celle qui enchante et qui paralyse, qui enivre et qui tue.

Avec une pareille marraine, que pouvait être la destinée du comte Louis-Henri d'Ingrande ? Un roman, comme elle le fut en effet, mais un roman divisé en trois parties bien distinctes. La première, celle qui se passe sous l'empire, est la plus agrémentée et la plus insouciante ; c'est le roman de la jeunesse. Le comte d'Ingrande, élevé dans l'émigration, était la fleur des pois des salons allemands et anglais, où ses premiers ravages s'exercèrent. Coblentz, Nuremberg et Londres lui décernèrent tout d'une voix l'héritage des Lauraguais et des Fronsac. De dix-huit à trente ans, il fut donc heureux autant qu'on peut l'être, si tant est que le bonheur consiste à voir successivement passés autour de son cou les plus beaux bras féminins de l'Europe.

A la deuxième période, c'est-à-dire à celle de l'âge mûr, se rallièrent les délices raisonnées et les premiers mécomptes. Entré à Paris derrière la voiture des Bourbons, le comte d'Ingrande ne devait plus sortir de cette Capoue infernale ; il s'y trempa, comme une barre d'acier se trempe au feu. Il se jeta à corps perdu dans les élégances héroïques et les folies rares, interrompues autrefois par la convocation des États-Généraux ; et si, au dire de Louis XVIII lui-même, la fameuse brochure de Chateaubriand sur Bonaparte valut une armée à la cause monarchique, les prouesses galantes du comte d'Ingrande lui valurent certainement une cour entière. Mais comme il ne demandait rien, on le laissa manger sa fortune ; seulement, quand elle fut mangée, ou plutôt dévorée, il se maria.

Un jeu railleur du sort l'unit à une femme austère et dévorée d'ambition.

La comtesse d'Ingrande s'était flattée de diriger son mari vers les sphères du pouvoir, si éblouissantes d'attrait pour elle ; son espoir dut tomber devant la force d'inertie de ce patricien oisif, né pour respirer des fleurs et applaudir aux pirouettes des demoiselles Noblet. Fille d'un Carabas richissime, elle vit sa dot prendre en peu de temps le grand chemin des coulisses de théâtre, des ateliers de joaillerie, des pavillons meublés, des soupers retentissants. Au nom de son mari, au sien, se mêlèrent des noms de courtisanes célèbres, d'actrices effrontées. Sa confusion fut grande, et, comme ses illusions n'existaient plus, elle n'hésita pas à provoquer une séparation ; elle se retira en province, où son contrat lui réservait la jouissance d'une portion encore considérable de biens.

Malgré sa frivolité et ses intrigues, le comte se sentit profondément blessé. Cette retraite altière et brusque, après un an de mariage seulement, devint en lui le principe d'une rancune qu'il ne se serait jamais cru capable d'éprouver. Il avait peu de sympathie pour sa femme, mais il aurait voulu qu'elle essayât de le ramener à elle ; il voyait, avec raison, beaucoup trop de promptitude et de raideur dans sa résolution ; aussi l'orgueilleuse leçon de son départ fut-elle perdue. Hors de son contrôle, il s'abandonna sans réserve à ses fantaisies, dont la moindre avait l'importance d'une fête princière ; il espérait, dans son dépit, que le bruit en irait poursuivre sa femme jusqu'au fond de ses charmilles solitaires.

A cette partie, le comte d'Ingrande perdit un peu de sa noblesse et beaucoup de sa fortune. Parlait-on de lui, ce n'était pas l'idée d'un grand seigneur qui s'éveillait aussitôt, mais celle d'un dandy. Or, la révolution de Juillet, qui créa des dandys de toute classe, confondit à dessein le comte d'Ingrande avec ces nouveaux élus de la bourgeoisie et du commerce. Il en résulta qu'au bout de quelque temps et par une dégradation insensible de nuances, le gentilhomme, le dandy, finit par n'être plus simplement qu'un monsieur. Avec sa perspicacité exquise, il fut le premier à s'en apercevoir, mais il n'en souffrit pas autant qu'on pourrait le supposer : sa rancune conjugale trouvait son compte à cette transformation, qu'il outra lui-même dans plusieurs occasions, en laissant placer son nom à la tête d'entreprises industrielles et en faisant complaisamment figurer ses titres dans des conseils de surveillance, à côté des Galuchet et des Troussemard du nouveau gouvernement.

Ces malices portèrent coup ; la vanité de Mme d'Ingrande saigna sous ces blessures scandaleuses ; mais elle se tut, car elle savait que l'avenir lui préparait maintes revanches. Dans plusieurs transactions financières où le comté invoqua indirectement son concours, elle se montra implacable. Il put se convaincre qu'il n'avait rien à attendre d'elle.

Au moment où nous essayons de retracer cette physionomie, où les traits de pastel vont s'assombrir désormais, le comte d'Ingrande était entré dans la troisième période du roman de sa vie : la vieillesse. De l'Opéra, creuset magique où il avait fondu plus de deux millions, cet homme aux ardeurs éternelles était descendu aux théâtres de boulevard, les plus petits et les plus lointains, et successivement un peu partout.

Cette existence sans voyage, ce contact quotidien avec le Paris vicieux, fardé, fatigué, surexcité, ne l'avaient encore à soixante ans ni abattu ni blasé. Il avait la conscience de ses faiblesses, mêlée à la résolution du malade qui se sait condamné, à l'obstiné délire du joueur, à la capacité épique du gourmand se faisant rapporter au lit de mort un reste d'esturgeon.

Quelquefois, sur les canapés où se roulait sa vieillesse indomptable et fleuri, une réflexion assombrissait son regard, mais elle était vite chassée. Du reste, nul mieux que lui ne savait sauver à force de délicatesse et de savoir-vivre les côtés ridicules de son anacréontisme attardé.

Ce fut sur ce déclin, coupé par de fréquents orages, qu'il rencontra mademoiselle Pandore.

Nous avons tâché de rendre cet amour et de le faire comprendre.

A l'heure qu'il était, le comte d'Ingrande adorait cette jeune fille plus que jamais, en dépit des nombreux coups de canif donnés par elle à leur contrat *sur papier libre*, comme on dit en style d'affaires.

Au milieu de son amour, cependant, il gardait toujours une inquiétude et un remords.

Cette inquiétude datait de son départ pour l'Espagne et de cette lettre mystérieuse, achetée par lui à la femme de chambre de Pandore.

Ce remords datait de son retour, alors qu'en ouvrant un journal il y avait lu, à son immense surprise, le récit du vol accompli chez Philippe Beyle.

Jusqu'à cette lecture, le comte n'avait pu se résoudre à prendre au sérieux cette lettre anonyme et surtout cet ordre adressé à Pandore : « d'avoir à ruiner M. Philippe Beyle dans un délai de trois mois. »

Il croyait à une plaisanterie, à une gageure.

Mais en présence d'une réalisation aussi terrible et aussi ponctuelle, il frémit.

Deux idées fixes se dégagèrent immédiatement de la nuée sombre de ses méditations.

La première, c'est que Pandore appartenait à une association infâme.

La seconde, qu'il était, lui, le complice de Pandore par le silence qu'il avait tenu avant et après l'événement du vingt-six octobre.

Si sa fortune le lui eût permis, il n'eût pas balancé une minute à rembourser secrètement Philippe Beyle. Il plaignait de tout son cœur ce jeune homme dont il oubliait la rivalité passagère ; et, devant son malheur, il se repentait du jugement sévère qu'il avait autrefois porté sur lui.

Cette préoccupation constante lui fit rechercher des moyens d'indemnité, de compensation. Ébranlée par ce grave scrupule d'honneur, sa tête travailla pour la première fois ; et, comme il arrive ordinairement pour les natures indolentes qui se mettent en frais de décision, il fut tout surpris de découvrir dans sa cervelle des trésors d'invention, des mines vierges de diplomatie. Il explora avec un contentement inexprimable ces domaines inconnus de son intelligence, et il finit par organiser un plan, qui, pour un coup d'essai, valait presque un coup de maître ; un plan qui, tout en satisfaisant ses desseins de restitution, embrassait ses propres inté-

rêts, en même temps qu'il le vengeait définitivement de la comtesse, sa femme.

Ce plan, au développement duquel le lecteur va assister, reposait tout entier sur Philippe Beyle.

En conséquence, pendant six mois, le comte d'Ingrande ne fut occupé qu'à épier de loin Philippe Beyle, à l'étudier, à se rendre compte de son existence jour par jour.

Puis, un matin, il se présenta chez lui, sous le prétexte que nous avons dit.

Maintenant nous allons reprendre la conversation commencée entre ces deux hommes.

Après l'aveu de la perte de sa fortune, le comte avait jeté, comme phrase incidente, qu'il ne lui restait plus qu'un millier de louis environ.

— Un millier de louis, monsieur le comte ! dit Philippe ; avec une pareille somme, on peut encore se relever.

— J'en doute.

— Je voudrais pouvoir vous le prouver par moi-même.

— Eh mais ! rien de plus facile, dit le comte enchanté de le voir abonder si promptement dans ses projets.

— Que voulez-vous dire ?

— Le hasard ne m'aura pas mis impunément dans la confidence de votre embarras. J'ai pensé à vous pour une négociation de la plus haute importance. Vous avez de l'énergie et de la finesse, deux qualités qui s'excluent habituellement ; vous êtes mon homme.

— Quoique je ne comprenne encore qu'imparfaitement vos paroles, monsieur le comte, je m'estime heureux d'avoir pu mériter votre intérêt.

— Mieux que cela, ma confiance.

— Je ne comprends plus.

— Je vais m'expliquer.

Philippe redoubla d'attention.

— Vous entendez les affaires, M. Beyle ?

— Un peu, monsieur le comte.

— Vous serait-il possible de pénétrer dans le dédale des miennes ? Elles sont fort embrouillées, et, pour ce motif, ainsi que pour beaucoup d'autres, je ne voudrais pas m'adresser aux hommes de loi. Vous ne sauriez imaginer la répugnance presque invincible que m'inspirent ces censeurs officieux. Il faudrait entrer avec eux dans certains détails, d'où ma dignité aurait peut-être quelque peine à sortir les braies nettes, pour parler comme nos vieux auteurs. Je ne le veux pas ; à mon âge, on n'aime pas à rougir devant autrui ; c'est bien assez de mon miroir quand je suis seul. Un ami, jeune parce qu'il sera plus indulgent, dévoué comme un fils...., ou comme un gendre.... peut mieux que personne m'aider à me reconnaître dans la situation que je me suis faite.

— Et c'est sur moi que vous avez jeté vos vues, monsieur le comte ? dit Philippe, étourdi par ce qu'il venait d'entendre.

— Oui, mon jeune ami.

— Mais qui me vaut une pareille marque d'estime ? J'en suis étonné autant que j'en suis fier.

— Explique-t-on les sympathies, M. Beyle ; et comptez-vous donc si peu sur l'appui du monde après le coup qui vous a frappé l'année dernière ? Dans ce cas, vous seriez plus sceptique à trente ans que je n'aurais le droit de l'être à soixante. S'il vous faut absolument un motif à l'amitié que j'ai conçue pour vous, apprenez que des relations assez intimes m'ont uni autrefois à votre oncle maternel, sous la première Restauration. Cela devait me suffire, sinon pour protéger son neveu, du moins pour accourir à lui lors d'un désastre imminent.

— Oh ! monsieur le comte, vous vous êtes mépris sur ma question ! s'écria-t-il.

— Acceptez donc la main qui vous est loyalement et cordialement tendue.

Philippe serra avec effusion la main du comte d'Ingrande.

— Je suis à vos ordres, lui dit-il.

— Sans restriction ?

— Sans restriction.

— Bien. Alors votre premier devoir sera de recevoir ces cent louis qui vous sont indispensables, dit le comte en prenant dans la poche de son gilet un petit rouleau.

— Monsieur...., dit Philippe, qui ne put se défendre d'une vive rougeur.

— Votre oncle me prêtait souvent de l'argent, se hâta d'ajouter le comte.

Philippe sourit.

— Vous avez, dit-il, des façons spirituelles et nobles de rendre service qui touchent plus que le service même. J'accepte, monsieur le comte, et je vous remercie.

— A la bonne heure !

— Mais vous m'avez parlé d'une négociation....

— J'allais y arriver. Vous n'ignorez pas,

sans doute, que je suis séparé de bien d'avec la comtesse d'Ingrande ?

Philippe Beyle répondit par une inclination de tête.

— A l'époque où cette séparation fut prononcé, il y a quinze ans de cela, la comtesse possédait, tant en valeurs qu'en immeubles (est-ce comme cela qu'on dit ? s'interrompit le comte en riant) une fortune triple de la mienne. Depuis, elle a toujours mené le train le plus modeste, dépensant à peine le tiers de ses revenus. Je n'attendais pas moins de sa haute sagesse. Aujourd'hui....

— Aujourd'hui ? répéta Philippe.

— Ah ! la mission est épineuse et exige toute votre habileté ! Aujourd'hui, je voudrais savoir, avant de puiser dans des bourses étrangères, si celle de ma femme m'est irrévocablement fermée. Une somme de cent mille écus m'est absolument nécessaire.

— Je le crois, dit Philippe.

— En conséquence, j'ai établi aussi nettement que possible ma situation sur le papier que voici, et que vous lui présenterez de ma part.

— Moi ?

— Vous, monsieur Beyle ?

— A madame la comtesse ?

— A elle seule. Cela vous servira d'introduction et de procuration.

Philippe réfléchissait.

— A quoi pensez-vous ? demanda le comte.

— Je pense aux difficultés sans nombre de cette démarche ; je pense surtout au peu de crédit qui m'attend chez Mme la comtesse.

— Vous êtes homme du monde ; n'est-il pas plus convenable de lui envoyer un homme du monde qu'un notaire ou qu'un parent indiscret, intéressé ? C'est précisément sur votre absence de caractère officiel que je fonde une majeure partie de mes espérances.

Philippe s'empressa de répondre :

— Ne prenez point mes doutes pour des hésitations ; quoi qu'il en soit, monsieur le comte, tout mon zèle sera appliqué à cette ambassade.

— Je ne vous en demande pas davantage... pour le moment. Ma femme est à Paris depuis huit jours, et elle occupe, comme d'habitude, son hôtel de la rue Saint-Florentin.

Il se leva.

Philippe Beyle en fit autant.

— C'est justement demain son jour de réception, ajouta le comte.

— Alors, demain, j'aurai l'honneur de me présenter chez Mme d'Ingrande.

— A bientôt, mon jeune ami. Nous nous verrons, si vous voulez, au Club ; j'y vais maintenant presque tous les soirs.

— Au Club, soit, dit Philippe en le reconduisant.

Le comte avait passé la porte ; une réflexion lui vint, et il dit en se retournant vers Philippe Beyle :

— Ah ! si par hasard vous rencontrez ma fille.... ma fille Amélie.... dites-lui que je pense toujours à elle. C'est une charmante enfant. Il faudra qu'un jour ou l'autre je songe à la marier.

VIII.

AMÉLIE.

Au moment d'entrer chez la comtesse d'Ingrande, Philippe Beyle éprouva une étrange émotion.

Ce que sa démarche avait d'inusité n'échappait pas à son esprit ; d'une autre part, l'intérêt soudain que venait de lui témoigner le comte ouvrait un vaste champ à ses conjectures.

Il sentait qu'il touchait à une période importante de sa vie.

Deux ou trois personnes seulement étaient rassemblées chez la comtesse, lorsque Thérèse vint la prévenir à demi-voix qu'un monsieur désirait lui parler de la part de M. le comte d'Ingrande.

— Conduisez ce monsieur dans le salon du rez-de-chaussée et priez-le d'attendre, répondit-elle en dissimulant son étonnement.

Quoique occupée en apparence à regarder des fleurs dans une jardinière, Amélie entendit très bien les paroles de la femme de chambre et la réponse de la comtesse.

Après avoir ravagé rapidement les fleurs et en avoir composé un bouquet, Amélie gagna une petite porte et s'élança dans l'escalier.

Elle ne s'arrêta qu'au seuil du salon indiqué par sa mère. Là, le cœur lui battit, et la timidité naturelle à son sexe et à son âge suspendit l'impétuosité de son élan. Elle savait qu'en tournant un bouton elle allait se trouver en présence de quelqu'un qui pouvait lui donner sur son père des renseignements dont elle était privée depuis longtemps ; mais était-ce à un ami ou à un ennemi qu'elle allait s'adresser ?

Amélie n'avait pas un instant à perdre ; la comtesse pouvait la surprendre.

Elle entra.

Sa surprise fut vive en apercevant un grand et beau jeune homme, qui, aussi surpris qu'elle, mais moins décontenancé, la salua avec une grâce parfaite.

— Monsieur, dit Amélie, vous avez vu mon père ?

— Oui, mademoiselle.

— Y a-t-il longtemps ?

— Hier matin.

— Vous êtes plus heureux que moi, murmura-t-elle en soupirant.

— Votre père, mademoiselle, avec cette seconde vue du cœur qui trompe rarement, avait prévu le hasard d'une rencontre entre vous et moi. Je suis chargé de tous ses souvenirs pour vous, de toutes ses tendresses mêlées de regrets et de désirs.

— Oh ! merci, monsieur ! s'écria Amélie ; n'est-ce pas que c'est un bon père ?

A cette question naïve, Philippe Beyle répondit :

— N'en doutez pas, mademoiselle.

— Le reverrez-vous bientôt ?

— Aujourd'hui probablement.

— Eh bien ! monsieur, puisque vous êtes son ami.... car vous êtes son ami ? demanda-t-elle avec une ravissante hésitation.

— Un de ses plus dévoués.

— Oh ! tant mieux ! s'écria Amélie ; alors vous consentirez à lui remettre ces fleurs de ma part, n'est-ce pas ?

— Certainement oui, mademoiselle, il les aura ce soir.

— Voilà bien longtemps que je ne l'ai vu ; dites-lui que c'est mal de ne pas chercher à se rapprocher plus souvent de sa fille.

— Je crois pouvoir vous affirmer qu'il ne pense qu'au moyen de se procurer bientôt ce bonheur.

— Puissiez-vous dire vrai, monsieur ! s'é ria Amélie en attachant ses beaux yeux sur Philippe avec une expression ineffable.

Un bruit qui se fit entendre hâta sa retraite.

Elle disparut par une porte opposée à celle qui servait d'entrée.

Philippe Beyle était encore sous le charme de cette apparition, lorsque, en se retournant, il se vit face à face avec la comtesse d'Ingrande, majestueuse de froideur.

Cette femme rappelait par la raideur étoffée les madones qui décorent les églises russes.

Il s'aquitta de sa mission avec le moins d'embarras qu'il lui fut possible. S'il n'essaya pas de justifier la prodigalité du comte, du moins il la présenta comme une élégante tradition de famille. La comtesse l'écouta avec impassibilité.

— J'examinerai les chiffres que vous m'apportez, monsieur, répondit-elle, et j'en conférerai avec mon conseil ordinaire. Mais, dès à présent, je regarderais comme un cas de conscience de laisser à M. le comte un espoir relatif au succès de sa demande. J'ai éprouvé depuis deux ans des pertes considérables sur mes biens ; et l'avenir de ma fille, dont la responsabilité pèse sur moi seule, m'impose des devoirs qui seront compris par M. le comte.

Philippe n'avait plus autre chose à faire qu'à s'incliner et à effectuer sa retraite.

Un geste de la comtesse le retint.

— Encore un mot, dit-elle. Bien que mes rapports avec mon mari n'aient plus la continuité d'autrefois, ses amis, ceux surtout qui comme vous, monsieur, ont mérité de pénétrer si avant dans son intimité, ne doivent pas me rester inconnus. C'est un sentiment dont la convenance ne vous échappera pas. En vous présentant chez moi, votre intention n'a pas été sans doute de garder l'anonyme, monsieur.... monsieur ?

— Philippe Beyle, dit-il.

Un léger mouvement des sourcils décela une sensation de surprise chez la comtesse.

Cela n'alla pas plus loin.

Philippe sortit, avec la dignité d'un ambassadeur qui reçoit ses passeports.

Ni lui ni la comtesse ne se doutaient que leur conversation venait d'être entendue par Amélie. Enfermée dans un cabinet dont la seconde issue avait été récemment condamnée, la jeune fille s'était trouvée involontairement dans la nécessité d'assister à des révélations d'une nature nouvelle et pénible pour elle. Pour la première fois, elle apprit la véritable situation de son père, et son cœur se révolta au refus prononcé par la comtesse.

En revanche, sa reconnaissance pour Philippe Beyle s'accrut considérablement.

Dans l'appartement du premier étage, où elle se hâta de remonter au bout de quelques minutes, Amélie trouva sa mère en proie à une irritation fébrile, mais muette. La marquise de Pressigny était assise non loin d'elle. L'une et l'autre avaient peu changé depuis deux ans ;

toutefois un observateur aurait pu constater que Mme d'Ingrande était devenue plus sévère et Mme de Pressigny plus affable.

Après que quelques visites se furent succédé, la comtesse s'adressa à sa sœur.

— Savez-vous, lui dit-elle, qui a eu l'audace de se présenter tout à l'heure chez moi ?

— Qui donc ?

— Le meurtrier de ce pauvre Irénée de Trémeleu.

— Le meurtrier !

— M. de Trémeleu n'est pas mort !

Ces deux protestations furent lancées à la fois par Amélie et par la marquise.

— S'il n'est pas mort, il n'en vaut guère mieux, reprit la comtesse ; il est malade des suites de sa blessure, et les médecins osent à peine espérer une guérison complète.

— Le combat qui eut lieu entre ces deux messieurs ne fut-il pas loyal, ma mère ? demanda Amélie.

— Sait-on jamais ces choses-là ! dit la comtesse.

— Oh ! ma sœur ! s'écria la marquise de Pressigny, la partialité vous entraîne. Le duel dans lequel Irénée a reçu une balle de M. Philippe Beyle, à l'époque où nous nous trouvions aux bains de la Teste, ce duel a eu lieu dans les conditions les plus honorables. L'un des témoins est un de mes amis.... c'est M. Blanchard... et je puis vous certifier que tout s'est passé loyalement dans cette regrettable affaire. Le hasard des armes n'a pas été favorable à Irénée, c'est vrai ; il ne faut pas oublier non plus qu'il s'était fait l'agresseur. En pareil cas, je veux bien que la compassion soit pour le blessé, mais la justice doit être pour tout le monde, même pour....

— Même pour M. Beyle, n'est-ce pas ?

— Oui, ma sœur, répondit la marquise.

Amélie jeta sur elle un regard qui valait un remercîment.

Bien que deux années eussent passé sur les événements imprudemment évoqués par la comtesse, le souvenir en était toujours vivant chez la jeune fille.

A l'époque qui vient d'être rappelée, Amélie n'ignorait pas qu'une de ces conventions de famille, si respectables, mais si fécondes en unions désastreuses, l'avait destinée à porter le nom de Trémeleu. Elle n'aimait pas Irénée ; elle avait pris trop tôt l'habitude de le regarder comme un protecteur. Jamais elle n'avait éprouvé d'émotion à son aspect ; jamais, en acceptant son bras, elle n'avait senti monter à ses joues les premières roses de ce bouquet qui fleurit dans le cœur des jeunes filles. Cependant, par une curiosité naturelle, elle ne laissait pas de s'inquiéter des actes et des sentiments de celui qui devait être son mari ; aussi, son amour-propre reçut-il une vive atteinte lorsqu'elle entendit raconter que, dans les dunes de La Teste, M. de Trémelen s'était battu en duel pour une femme. Quelle était cette femme ? une chanteuse. Amélie tenait de sa mère pour la fierté ; elle se tut. Nous n'oserons pas dire qu'elle éprouva une horrible et secrète satisfaction en apprenant qu'Irénée avait failli payer de la vie cette infidélité anticipée ? non. Si les enfants n'ont que les rêves de l'amour, ils n'ont aussi que les rêves de la haine. Amélie se contenta de vouer à l'oubli Irénée de Trémelen ; elle y réussit aisément.

Quant à M. Philippe Beyle, elle ne pouvait avoir aucun grief contre lui.

Depuis quelques heures, au contraire, elle se sentait attirée vers ce jeune homme par une sympathie qui avait sa cause dans l'affection qu'elle portait à son père. Elle le regardait déjà comme un trait d'union entre elle et le comte d'Ingrande ; le rôle qu'il avait embrassé lui paraissait aussi touchant que noble.

C'étaient ces pensées, encore confuses, qu'Amélie avait mises dans le regard envoyé à la marquise de Presigny.

Au Club, le même soir, selon leur convention, Philippe rencontra le comte d'Ingrande.

Le vieux gentilhomme était adossé contre une cheminée et causait avec deux ou trois de ses contemporains.

Il causait politique, comme c'était la mode en France, vers 1845.

Un mystérieux enchaînement de considérations le faisait incliner depuis quelque temps du côté des idées nouvelles ; d'anciens camarades avançaient plaisamment que c'était pour se rajeunir qu'il se mettait ainsi au pas de son siècle.

Quelques moments avant l'arrivée de Philippe Beyle, l'entretien avait été amené sur le mariage d'un député de la droite avec l'héritière d'un grand nom et d'une grande fortune. Le député n'avait que son talent et l'appui du château ; aussi ce mariage faisait-il un vacarme du diable dans ce quartier plein d'herbe qu'on appelle le noble faubourg.

Seul de son opinion, le comte d'Ingrande estimait que c'était chose fort naturelle. Le *tolle* était général autour de lui.

— Comte, vous devenez un mystificateur ou un sophiste, lui dit un de ses interlocuteurs.

— Mais non, je vous jure ; je suis de bonne foi.

— Alors, vous vous démocratisez.

— Bon ! de grosses paroles déjà ! parce que je ne suis pas resté exclusivement l'homme de la *Quotidienne !*

— Mais une pareille mésalliance ?

— Ce n'est qu'un mot.

Philippe entra à cet instant.

Le comte le salua de la main et du sourire, sans cesser d'être à la conversation.

— Je ne crois pas à la mésalliance, reprit-il.

Philippe, frappé de ce début, écouta.

— Ou plutôt, continua le comte, la mésalliance est de tous les temps et de toutes les modes. Elle est même de très bon goût à de certaines époques.

— Grand merci !

— Ce sont les mésalliances qui ont fait vivre la noblesse jusqu'à présent.

— Comment cela ?

— En la rattachant à l'humanité, en la sauvant elle-même de sa majestueuse solitude. Sans les mésalliances, le dernier marquis n'existerait plus aujourd'hui peut-être que dans les cabinets de figures de cire.

— Oh ! d'Ingrande, est-ce vous qui parlez ainsi ! vous, presque un enfant de troupe de l'armée de Condé ?

— C'est vrai ; et, s'il y avait une armée de Condé j'y serais encore ; mais il n'y en a plus, que je sache.

— N'importe !

— L'*Almanach de Gotha*, qui est d'ailleurs un ouvrage très remarquable, n'est pas pour moi le code des sociétés.

— Alors, comte, vous vous accommoderiez d'un gendre roturier ?

— Pourquoi pas ?

— D'un fils de marchand ?

— Peut-être. N'aurais-je pas, d'ailleurs, la ressource de l'élever jusqu'à moi ? Rien de plus facile que d'en faire un baron, par exemple.

Quelques rires ironiques circulèrent, et l'on se répéta avec gaîté les noms de plusieurs barons de formation nouvelle.

— Bon ! reprit le comte ; dans quatre cents

ans leur noblesse vaudra la nôtre.... pourvu toutefois que leurs descendants se mésallient.

— Comte ! vous êtes un déserteur de nos principes.

— Voulez-vous donc que j'use ma vie à monter l'ombre d'une faction devant l'ombre d'une guérite ?

— Racca !

— Racca, soit. Mais, dussé-je exciter jusqu'au bout votre indignation, je vous ferai un dernier aveu, un aveu sincère.

— Voyons, dit la galerie.

— Moi comte, moi filleul de prince du sang, moi d'Ingrande, je ne regrette qu'une chose.

— Laquelle ?

— C'est de ne m'être pas mésallié !

Sur cette dernière saillie à l'adresse de sa femme, le comte d'Ingrande quitta le groupe de ses auditeurs et vint à Philippe Beyle.

Celui-ci l'avait écouté avec un étonnement sans égal, et à plusieurs reprises il avait eu comme des éblouissements.

Ils passèrent tous les deux dans un petit salon.

Là, le comte se jeta dans un fauteuil.

Sa figure n'avait jamais été si riante ; une expression de malice douce y dominait.

— Eh bien ! dit-il en se frottant les mains, vous avez vu la comtesse ?

— Oui, monsieur le comte.

— Très bien.

— J'ai eu honneur de l'entretenir pendant une demi-heure de vos affaires et de votre demande.

— Pendant une demi-heure ! Malpeste ! ma femme a pu consentir à entendre parler de moi pendant une demi-heure ?

— Peut-être davantage.

— Mais vous avez échoué ?

— Absolument, répondit Philippe d'un ton de regret.

— Je m'y attendais.

— Permettez-moi de vous faire observer, monsieur le comte, qu'une telle prévision faisait prématurément le procès à mon zèle ou à mon éloquence, repartit Philippe un peu froissé par cette indifférence qui contrastait si étrangement avec l'empressement de la veille.

— Oh ! je ne vous mets pas en cause, mon jeune avocat ! Je suis persuadé que vous avez fait merveille.... Mais, ma femme, ma femme ! L'avez-vous trouvée assez hautaine, assez Maintenon !

— Mme la comtesse a été très digne.... et très inflexible.

— Oui, c'est cela. Cette dignité produit sur moi les effets les plus inconcevables. Toutes les fois que je pense à ma femme, il me vient des envies féroces d'ouvrir une boutique de draps comme Mirabeau, et de m'abonner à un journal dirigé par M. Odilon Barrot. Et.... ma fille, l'avez-vous vue aussi ?

— Oui, monsieur le comte.

— Ah !

— Lui avez-vous parlé ?

— Cinq minutes à peine.

Le comte le regarda.

— Voici quelques fleurs qu'elle vous envoie, dit Philippe en tirant de sa poitrine le petit bouquet d'Amélie.

— Chère enfant ! murmura le comte, qui mit deux ou trois baisers sur les fleurs ; n'est-ce pas qu'elle est belle ?

— Au point que j'en ai été ébloui.

— Quel âge lui supposez-vous ?

— Dix-huit ans environ, répondit Philippe.

— Elle n'en a que seize. Ah ! quel vif et gracieux contraste avec sa mère ! Son sourire rafraîchit l'âme, sa voix est une consolation. Je l'aime.... à en devenir poète !

— Elle se plaint de ne pas vous voir.

— Vraiment ! dit le comte en qui se peignait la joie la plus franche ; ce n'est pas ma faute. La comtesse et moi, nous ne hantons pas les mêmes salons ; cela se conçoit de reste. Quelquefois cependant, grâce à Mme de Pressigny, cette excellente parente, il m'a été donné de rencontrer Amélie à la dérobée ; mes plus chers souvenirs sont ceux que j'ai gardés de ces courts moments. Ah ! vous êtes heureux, vous, d'avoir vu ma fille, et de pouvoir la voir à votre gré !

— A mon gré ? répéta Philippe.

— Du moins, les salons où elle va ne vous sont pas interdits, comme à moi.

— Non, mais la plupart ne me sont point ouverts ; cela revient entièrement au même.

— Je vous les ouvrirai ! s'écria le comte d'Ingrande.

Philippe Beyle eut un mouvement de surprise.

— A votre âge, on doit aimer les réunions, la musique ! reprit le comte.

— Tant de bienveillance....

— Tenez, voulez-vous faire plaisir à un père ? voulez-vous me faire plaisir ?

— Parlez !

— Eh bien ! il y a dans quelques jours une fête à l'hôtel du duc d'Havré. Amélie et sa mère y seront, j'en ai la certitude. Il faut que vous y alliez.

— Monsieur le comte....

— Je vous en prie; vous me parlerez d'elle au retour ; vous me direz quelle était sa toilette, si elle a dansé, quels hommages elle a reçus ; vous me raconterez ma fille, enfin !

— Mais je ne suis pas invité, dit Philippe.

— Je vous aurai une invitation.

Philippe était de plus en plus interdit.

Le comte se leva pour rentrer dans le salon principal.

— Monsieur le comte, une question encore, dit Philippe.

— Laquelle ?

— Ma mission auprès de Mme d'Ingrande est-elle terminée ?

— Elle commence, répondit le comte en souriant.

— L'insuccès d'aujourd'hui n'est pas cependant d'un favorable augure; et vos cent mille écus....

— Je les aurai.

— Dieu le veuille, monsieur le comte ?

— Je les aurai, mon jeune ami, et ce sera vous qui me les donnerez ! dit le comte d'Ingrande en frappant familièrement sur l'épaule de Philippe Beyle.

IX.

SÉSAME, OUVRE-TOI.

Philippe reçut, selon la promesse du comte, une invitation pour le bal de l'hôtel d'Havré.

C'était une faveur très grande assurément, car les salons de l'hôtel d'Havré ne s'ouvraient, deux ou trois fois l'an, qu'à une foule héraldique.

Philippe eût pu s'étonner davantage; mais, depuis quelques jours, l'étonnement était devenu en lui une sensation émoussée. Aux réalités glaciales avaient succédé sans transaction les magies radieuses ; les menaces sinistres, dont l'écho ne bourdonnait plus à son oreille, s'étaient vu remplacer par le chœur léger des espoirs, pareils à ces figures célestes qui précèdent le char de l'Aurore dans le tableau du Guide.

Il était onze heures à peu près lorsqu'il mit le pied à l'hôtel d'Havré.

La première personne qu'il aperçut, avec cette rapidité de coup d'œil que les aigles seuls disputent aux amoureux, fut Amélie.

Elle avait cette divine parure blanche des jeunes filles qui les enveloppe comme d'une nuée ; le marbre de ses épaules luisait sous la gaze ordonnée par la sévérité maternelle ; les lys de ses bras éclataient pour la première fois. Sa tête, balancée sans embarras, exposait, renversés et roulés en puissantes torsades, ses cheveux du noir le plus hardi. Il se pouvait qu'Amélie ignorât sa beauté, mais elle la portait avec cette sûreté de race qui veut un palais pour théâtre ; elle la portait royalement — car cet adverbe est celui qui peint le mieux—sans perdre une seule de ces grâces de jeune fille, c'est-à-dire la modestie, le calme et le sourire.

L'admiration rendit Philippe immobile pendant quelques instants.

C'était la deuxième fois que la fille du comte d'Ingrande le charmait, et à des titres bien différents : aujourd'hui par l'éclat, hier par la simplicité.

Il manœuvra pour se rencontrer avec Amélie.

Elle le reconnut, lorsqu'il fut à quelques pas d'elle.

Ses beaux yeux se baissèrent, et elle rougit plus vivement que ne le comporte une impression de surprise.

Au même instant, Philippe sentit plutôt qu'il ne vit le regard de la comtesse tomber sur lui, et s'arrêter.

Il s'inclina profondément.

Mais la comtesse ne répondit point à son salut.

Pourtant, elle n'avait pas cessé de l'examiner.

Une intention ainsi injurieusement soulignée ne pouvait échapper à Philippe.

Elle n'échappa point non plus à Amélie, chez qui la rougeur fit soudainement place à une pâleur douloureuse.

— Diable ! murmura Philippe en tournant bride, je n'ai pas les sympathies de la mère.

La foule était nombreuse. A chaque minute, il était reconnu par quelqu'un et pris affectueusement sous le bras. Son crédit remonta beaucoup dans cette soirée.

A travers la houle du bal il ne lui était guère possible de s'attacher aux pas d'Amélie. De temps en temps, de loin en loin, il la voyait se détacher sur le vide ouvert par un quadrille;

puis rentrer et disparaître dans le flot tournoyant des robes.

— S'il était là, que son père serait heureux! pensait Philippe.

Deux heures se passèrent à cette contemplation malaisée et souvent interrompue. Il songea à se retirer. Depuis quelques moments, d'ailleurs, Mlle d'Ingrande se dérobait à ses recherches; il supposa qu'elle était partie.

En traversant une petite pièce qui reliait le salon principal aux antichambres, il se trouva face à face avec elle.

La jeune fille poussa un demi-cri.

Mais elle s'arrêta.

Peu de monde passait alors.

— Oh! monsieur, dit-elle à Philippe avec un accent qui lui alla au cœur; excusez ma mère, je vous en prie.... Croyez bien qu'elle ne vous a pas reconnu.

— Vous êtes trop bonne mille fois, mademoiselle, répondit-il; mais Mme la comtesse n'a pas besoin de justification; qui suis-je à ses yeux, en effet?.... qui suis-je aux vôtres?

Ces derniers mots furent prononcés sur un ton plus bas et presque tremblant.

— Vous êtes l'ami de mon père! reprit Amélie en levant sur lui un regard brillant qui semblait l'inviter à la fierté; et mon père sait placer dignement ses amitiés; j'en suis sûre.

— Merci! s'écria Philippe, transporté par la noblesse de la jeune fille; vos paroles m'auraient guéri si j'eusse été blessé; mais de votre mère je souffrirai tout sans jamais me plaindre.

— Vous souffrirez peut-être plus que vous ne croyez, dit-elle avec un craintif sourire.

— Qu'importe! dit Philippe; est-ce que je n'emporte pas dès aujourd'hui un remède infaillible pour toutes mes souffrances?

— Quoi donc! demanda-t-elle, inquiète.

— La vision de cet instant et le souvenir de votre admirable sollicitude, dit Philippe Beyle.

L'arrivée de quelques personnes les sépara.

Le sein d'Amélie s'était soulevé aux dernières paroles du jeune homme.

Elle se sentit presque heureuse de pouvoir le quitter.

Mais auparavant, elle lui envoya un de ces regards par où le cœur s'élance tout entier, et qui ont la valeur d'un engagement.

Philippe la regarda s'éloigner, sans pouvoir faire un pas, et semblable à un homme frappé de paralysie.

On le coudoya, il ne se dérangea pas.

On lui adressa la parole, il n'eut pas de réponse.

Tout à coup, revenu à lui, il sortit brusquement de l'hôtel d'Havré, et il commença, à pied, dans Paris, une de ces courses folles, divagantes, qu'ont accomplies tous ceux qui atteignent un bonheur terrible; une de ces courses sans but, sans souci des rues boueuses et noires, avec des discours prononcés tout haut, avec des apostrophes aux murailles, avec des sourires aux étoiles, la tête nue, le sang rapide comme un fleuve, le cœur battant à grands coups dans la poitrine; une de ces courses qui dévorent des lieues, des faubourgs, des barrières, tantôt s'arrêtant brusquement pour admettre une considération, pour discuter un obstacle oublié, puis continuant plus frénétiquement que jamais, après avoir repoussé la considération, après avoir pulvérisé l'obstacle, le regard vainqueur, le bras théâtral, toutes sortes de petits cris de joie, et le pied infatigable comme un Juif-Errant de la félicité.

Il faisait grand jour, lorsqu'il remonta dans sa chambre de la rue de Vintimille.

Philippe Beyle était bien décidément désensorcelé. Il naissait à une vie nouvelle; il allait naître à des sentiments nouveaux. Par l'intervention active du comte d'Ingrande, il reçut diverses autres invitations qui lui fournirent l'occasion de revoir Amélie. Chaque fois, la jeune fille semblait heureuse de sa présence; mais sous l'œil glacial de sa mère, elle était forcée d'imposer silence à son cœur, et d'abaisser le voile de ses cils sur la flamme de son regard.

Pendant que les rencontres de Philippe Beyle devenaient une tendre habitude pour Amélie, elles devenaient une obsession et une inquiétude pour la comtesse. Elle s'étonna d'abord, elle s'irrita ensuite de voir tous les salons, les plus aristocratiques et les plus puritains, accueillir ce jeune homme, comme s'il eût retrouvé quelque talisman des contes arabes. Sa surprise et son courroux n'eurent plus de bornes lorsqu'à un grand dîner, donné par le consul de Danemarck, l'un de ses parents, elle vit, placé à côté d'elle-même, M. Philippe Beyle!

Peu de jours après ce dîner, le comte d'Ingrande recevait un billet conçu dans ces termes pressants:

« Cher et bon père,

» Il faut absolument que je vous voie.

» Il y va de mon avenir; le bonheur de ma vie entière est en jeu.

» Demain soir, à l'heure où ma mère se retire dans son appartement, c'est-à-dire après dix heures, venez.

« Entrez par la porte du jardin qui a, comme vous le savez, une issue rue Saint-Honoré. Ne sonnez pas, frappez. Thérèse sera aux aguets.

» Pourquoi faut-il, cher père, que la destinée m'oblige de recourir à des moyens aussi romanesques pour vous voir et pour vous parler ?

» A demain soir ; venez avec des trésors d'indulgence pour votre fille respectueuse,

» AMÉLIE. »

Les jardins de l'hôtel d'Ingrande occupaient une vaste étendue de terrain.

Dix heures et demie sonnant, le comte se trouva à la porte indiquée.

Il frappa, suivant la recommandation de sa fille.

Thérèse ouvrit aussitôt, mais elle recula en s'écriant avec surprise :

— Ah ! vous n'êtes pas seul, monsieur le comte !

Derrière le comte d'Ingrande il y avait en effet une ombre, un homme.

— Eh non ! certainement, je ne suis pas seul, répondit le comte, je le sais bien. Est-ce qu'à mon âge et par la nuit qu'il fait, tu crois que je vais courir les rues sans compagnie ?

Il entra.

L'homme entra avec lui.

La porte du jardin se referma sur eux.

— A présent, dit Thérèse, je m'en vais prévenir mademoiselle.

— Va, mon enfant, et dépêche-toi, car les soirées d'automne sont fraîches, et il tombe de ces arbres une humidité dangereuse. Brrr..... ! le mauvais donneur de sérénades que j'aurais fait dans les siècles passés !

La femme de chambre s'était éloignée rapidement.

Le comte d'Ingrande se retourna vers son compagnon et lui dit :

— Mon cher, je vous réitère toute ma gratitude pour la complaisance que vous avez mise à m'escorter jusqu'ici. Franchement, c'est du dévoûment.

— Non, monsieur le comte, c'était un devoir pour moi. Dès que vous m'avez annoncé votre dessein en sortant du Club, je n'ai pas hésité.

— Fasse le ciel que vous soyez récompensé de votre héroïsme ! Mais je crains fort que le ciel de cette nuit ne vous accorde autre chose

qu'un rhume. Ce sera la faute de cette petite folle d'Amélie. Voilà un endroit bien choisi, ma foi, pour ses confidences de pensionnaire.

Le comte leva les yeux sur les fenêtres de la maison.

— Ah ! mon Dieu ! s'écria-t-il.

— Quoi donc, monsieur le comte ?

— N'apercevez-vous pas une lumière au deuxième étage ?

— Au deuxième étage, oui.

— C'est effrayant !

— Que trouvez-vous d'effrayant à cela, monsieur le comte ?

— Derrière les rideaux, j'ai vu passer la silhouette de ma femme.

— Quelle idée !

— Oh ! je l'ai bien reconnue. Morbleu ! ce serait d'un ridicule achevé d'être venu m'enrhumer sous les fenêtres de ma femme. Je crois que j'en voudrais pendant huit jours à Amélie.... Mais voyez si cette méchante enfant arrivera ? Qu'est-ce qu'elle peut avoir à me communiquer ? Son bonheur, son avenir, dit-elle. Bah ! quelque enfantillage, probablement ; sa mère qui l'aura contrariée.... ou autre chose. Bon ! voilà que je commence à tousser.

— Monsieur le comte !

— Qu'y a-t-il ?

— J'entends des pas.

— En êtes-vous sûr ?

— On vient de ce côté, on court....

— On court ? c'est elle ; quelle imprudence ! pour se heurter aux arbres.... Tenez, mon cher, cachez-vous là, derrière ce bosquet, dit le comte, et surtout pas un mouvement. Vous savez, un rien effarouche les jeunes filles ; et, bien que ce qu'elle ait à me conter soit de peu d'importance sans doute, il ne faut pas cependant qu'elle se croie entendue par un autre que son père.

Le mystérieux compagnon du comte d'Ingrande obéit.

Il était temps.

— Oh mon père ! que vous êtes bon d'être venu ! s'écria Amélie, en lui présentant son front à baiser.

— J'avoue que je suis assez bon, car il fait un froid capable de rebuter un paladin ; je m'étonne que tu ne m'aies pas engagé à escalader la muraille.

— Excusez-moi, mon père ; ce que j'ai à vous dire exige tant de précautions !

— Vraiment ? Eh bien, je t'écoute.

— D'abord, dit Amélie en se suspendant au bras du comte, il faut que vous sachiez que je suis instruite de l'embarras où vous vous trouvez.

— Comment ! tu sais....

— Le hasard m'a tout appris.

— Le hasard seul ?

— Oh oui ! je vous jure. Enfermée dans un cabinet, j'ai entendu la conversation de ma mère avec.... cette personne envoyée par vous.... ce jeune homme.

— Après ?

— Je sais, continua Amélie, que vous n'êtes pas aussi heureux que vous devriez l'être ; je sais que vous avez besoin de trois cent mille francs.

— Hélas ! oui, ma fille.

— Il faut que vous les ayez, mon père ! il faut que vous les ayez le plus tôt possible !

— C'est aussi mon désir ; mais par quel moyen ?

— J'ai imaginé un plan, dit-elle.

— Toi, Amélie ?

— Moi, mon père.

— Tu m'intéresses prodigieusement. Voyons ton plan.

— Promettez-moi, auparavant, de ne pas me gronder....

— Je te le promets.

— Et de ne pas vous moquer de moi.

— Je te le promets encore ; mais ce plan ?

— Le voici, dit Amélie. Savez-vous, mon père, ce qu'il y a de mieux à faire pour vous sortir d'embarras, pour vous rendre tout à fait heureux ?

— C'est ?....

— C'est de me marier bien vite.

— Te marier, ma fille ?.... Viens un peu du côté de ce bosquet, nous y serons plus à l'abri du brouillard. Tu disais donc, Amélie, que, selon toi, le moyen de tout arranger, c'était....

— De me marier, oui, mon père.

— Mais quel rapport y a-t-il entre ton mariage et mes affaires ?

— Comment ! vous ne comprenez pas ?

— Pas du tout, répondit le comte.

— Vous allez voir. Oh ! je suis plus réfléchie que ma mère ne veut le dire.

— Malepeste ! je le crois bien.

— Malgré ma répugnance pour les chiffres, j'ai interrogé ma bonne tante de Pressigny, et j'ai su d'elle que j'avais une dot personnelle de cinq cent mille francs.

— Cinq cent mille francs, qui te viennent de ton oncle, mon frère défunt, oui, ma fille ; le chiffre est de toute exactitude. Cette excellente marquise !

— C'est beaucoup.... c'est trop pour moi. J'ai des goûts simples ; ma mère m'y a habituée depuis longtemps.

— Où veux-tu en venir ?

Amélie hésita un peu, puis dit :

— A ceci, mon père : prenez ma dot, et mariez-moi selon mon gré.

Le comte eut un mouvement ; dans l'ombre, il serra les mains de sa fille.

Cette offre, à laquelle il ne s'était pas attendu, lui fit sentir plus vivement alors les reproches de sa conscience. Ses devoirs de père de famille lui apparurent dans toute leur sainteté, et il ne trouva à leur opposer que l'inutilité de sa vie. Une larme se fit jour sous l'endurcissement du plaisir. Il fut d'autant plus touché par le sacrifice d'Amélie, que ce sacrifice l'absolvait en partie d'une coupable préméditation.

— Allons, pensa-t-il, l'innocence est encore plus forte que la diplomatie.

Pendant quelques secondes, le père et la fille se turent.

Leur émotion les empêcha d'entendre le bruit d'une fenêtre qu'on ouvrait au deuxième étage.

Il reprit le premier, en dissimulant son émotion :

— Ah ! petite rouée, Machiavel en collerette, voilà donc de tes inventions !

— Vous avez promis de ne pas me gronder, mon père.

— Soit, mais je n'ai pas promis de ratifier tes folies, je pense.

— Des folies ?

— Ou des rêves, si tu aimes mieux.

— J'ai parlé sérieusement, dit Amélie attristée.

— Je le sais, ma fille ; je le sais, mon enfant. Ton projet vient d'un bon cœur, mais.... il est irréalisable.

— Irréalisable ! Pourquoi ?

— Parce qu'un mari ne renoncera jamais à ta dot.

— Vous vous trompez, mon père.

Le comte d'Ingrande hocha la tête.

— Je connais la noblesse actuelle, dit-il ; elle est pauvre et d'autant plus exigeante.

— Aussi n'est-ce pas parmi la noblesse que j'ai fait un choix, répondit Amélie.

— C'est grave, cela, ma fille. Nous sommes d'un nom et d'un titre qui obligent.

— A quoi, mon père ?

— La comtesse n'a pas dû se faire faute de te l'apprendre.

— Celui sur qui j'ai jeté les yeux est reçu dans le monde.

— C'est déjà quelque chose.

— C'est un jeune homme.

— Bien entendu ! dit le comte en riant.

— Il est grand, il est fier, il est courageux. Son regard dit la supériorité de son âme et la distinction de son esprit.

— Et de tout cela tu conclus qu'il renoncerait à ta dot ?

— Je suis sûr qu'il ne voudrait devoir sa fortune qu'à lui seul, s'écria-t-elle avec orgueil.

— Hum ! voilà qui me paraît bien extraordinaire.

— Dites bien naturel, mon père.

— Il ne te reste maintenant qu'à me faire connaître ce rare jeune homme.

Amélie se serra plus étroitement contre son père.

— Vous le connaissez, dit-elle.

— Je le connais ?

— Oui. C'est même à vous que je dois de l'avoir vu pour la première fois.

— Bah ! dit le comte avec une feinte bonhomie, à moi ?

— A vous, mon père.

— Approchons-nous un peu de ce bosquet ; les arbres nous protégeront mieux contre le froid. La terre est glacée ici.

Il reprit :

— Comment l'appelles-tu donc, ce jeune homme.... ce jeune homme que tu aimes.... car tu l'aimes, n'est-ce pas ?

— Oh oui ! mon père, et je n'aimerai jamais que lui.

— C'est le mot de toutes les jeunes filles. Son nom ?

— Est-ce que vous ne l'avez pas déjà deviné ?

— Ma foi ! j'ai beau chercher, je....

— C'est M. Philippe Beyle.

Tout à coup le massif auprès duquel ils se trouvaient s'agita ; et Philippe, s'élançant, vint presque se prosterner devant la jeune fille.

Il ne faut pas trop railler ces situations, quoiqu'elles rappellent certains tableaux d'opéra-comique. La nature, en de suprêmes occasions, n'a pas deux manières de s'exprimer.

— Oh ! mademoiselle ! il serait possible !.... s'écria Philippe.

Il n'en put dire davantage.

Amélie, épouvantée et confuse, se cacha dans les bras de son père.

— C'était donc une trahison....? murmura-t-elle.

— Non, ma fille, je l'atteste, dit le comte.

Mentalement il ajouta :

— Ma foi, si l'innocence est plus forte que la diplomatie, le hasard est encore plus habile que l'innocence.

En ce moment, l'intérieur de l'hôtel retentit d'un tumulte qui arriva jusqu'à l'oreille de nos trois personnages.

Des flambeaux parurent sur le perron.

Thérèse accourut, la figure bouleversée :

— Partez vite, monsieur le comte, partez !

— Qu'est-ce qui se passe ?

— Madame la comtesse a entendu du bruit, elle a eu des soupçons, elle a appelé mademoiselle, elle m'a appelée.... je n'ai su que répondre.... mais mon trouble lui a paru suspect, et.... la voilà qui vient, tenez !

La lumière d'un flambeau poussée par le vent éclairait en effet le front pâle de la comtesse, qui descendait lentement les marches du perron.

— C'est vrai ! dit le comte, qui restait tranquille.

La terreur s'était emparée de Philippe et d'Amélie.

— Oh oui ! partez, mon père !

— Partons, monsieur, dit Philippe.

— Gagnez la petite porte, voici la clé, dit Thérèse.

Le comte ne faisait pas un mouvement.

— Mon père, à quoi pensez-vous ? lui demanda Amélie à voix basse ; partez donc !

Il sourit.

— Hâtez-vous ! hâtez-vous ! ajouta Thérèse ; voici madame la comtesse ; prenez la clé.

— Donne.

Le comte laissa tomber la clé en la prenant des mains de la femme de chambre.

— O mon Dieu ! dit-elle, c'est comme un fait exprès !

Elle se baissa et chercha dans le sable.

Pendant ce temps, la comtesse avançait escortée de deux laquais.

Des portions de charmilles, des détours d'allées, surgissaient tout-à-coup, fantastiquement éclairés.

— Ah! fit Thérèse, voici la clé ; vous avez encore le temps.

— Crois-tu ? dit le comte, qui demeurait immobile.

— Prenez par cette allée !

— Oui-dà !

— Oh!.... mais vous voulez donc que Mme la comtesse nous surprenne ! s'écria Thérèse, au comble de l'angoisse.

— Précisément.

Amélie et Philippe furent pétrifiés.

— Ce sera autant de fait, se dit en lui-même le comte.

La comtesse d'Ingrande n'était plus qu'à dix pas.

Elle s'arrêta en présence de ce groupe qui lui fut dénoncé par ses gens.

Le comte se décida le premier à sortir de l'ombre.

— Approchez, madame, approchez ! dit-il en la saluant révérencieusement ; nous sommes ici en compagnie, ou plutôt.... en famille.

— Monsieur le comte !.... dit-elle.

Le bouclier de Pallas, fameux par ses propriétés mortelles, l'eût moins frappée de stupeur que cette apparition, à cette heure, dans ce lieu.

Elle se dirigea vers lui cependant, comme pour s'assurer de son identité.

Mais alors elle aperçut Amélie, et presque aussitôt Philippe Beyle.

La dignité lui faillit pour la première fois : elle poussa un cri terrible.

— Ma fille ! s'écria-t-elle en courant vers elle avec un mouvement de lionne.

— Puis, un tremblement la saisit.

— Ma fille, ici, avec....

Ses regards se fixèrent, chargés d'une incroyable haine, sur Philippe.

— Vous ! toujours vous ! s'écria-t-elle ; ah ! vous méritez d'être l'ami de mon mari !

— Mieux encore, madame ! repartit le comte, se redressant en face de l'insulte.

— Que voulez-vous dire ?

— Permettez-moi de vous présenter, quelque étranges que puissent vous paraître ce moment et cette circonstance (mais j'ai si peu l'occasion de vous voir), permettez-moi de vous présenter en M. Philippe Beyle l'époux que je destine à ma fille.

— Lui ! s'écria la comtesse.

— Lui-même, dit froidement le comte.

— L'époux d'Amélie ?

— Oui, madame.

— Jamais !

— Oh ! ma mère ! s'écria Amélie, dont la douleur éclata en sanglots.

— Monsieur le comte, dit Mme d'Ingrande en étendant le bras sur sa fille ; monsieur.... dit-elle à Philippe, je suis chez moi !

— Nous nous retirons, madame, dit le comte, qui s'inclina.

Les laquais retournèrent leurs flambeaux vers l'hôtel.

— Reconduisez ces messieurs, Thérèse, ajouta-t-elle.

— Oui, madame.

La mère et la fille disparurent dans le brouillard lumineux des flambeaux, tandis que le comte et Philippe se dirigeaient à tâtons vers la petite porte de la rue Saint-Honoré.

— C'est égal, murmura le comte d'Ingrande à part lui, voilà une affaire de famille que je me flatte d'avoir menée rondement !

X.

Jamais ! avait dit la comtesse d'Ingrande : jamais M. Philippe Beyle ne sera l'époux de ma fille ;

Cette menace, Amélie essaya de la conjurer en s'adressant à sa tante.

Mme de Pressigny reçut avec bonté ses larmes et sa confession ; mais, au nom de Philippe Beyle, elle fit comme sa sœur : elle devint sérieuse et secoua la tête.

— Jamais ! dit-elle à son tour, tristement.

— Pourquoi donc ma tante ?

— C'est impossible.

— Donnez-moi une raison, un motif au moins.

— Je ne le puis. Qu'il te suffise de savoir que les considérations les plus graves s'opposent à ce mariage.

— Ces considérations, ne peut-on les surmonter ou les vaincre ?

— Hélas ! dit la marquise.

— Mon père est tout-puissant, reprit Amélie, et mon père est pour moi.

— Il est des volontés au-dessus de celle de ton père ; il est des pouvoirs au-dessus du sien.

— Quelles volontés ? quel pouvoir ?

La marquise de Pressigny se tut.

— L'autre jour, cependant, dit Amélie, vous avez pris la défense de M. Philippe Beyle devant ma mère et devant moi.

— Je la prendrais encore.

—Eh bien ! s'il est digne d'estime à vos yeux, pourquoi ne serait-il pas mon mari ?

— M. Beyle ne s'appartient pas.

—A qui appartient-il donc ?..., Que voulez-vous dire ? Quel mystère cachent vos paroles ? Oh ! ma tante, parlez ! parlez !

— J'ai promis de me taire, dit la marquise avec effort.

— Vous ne m'aimez donc pas !

—Amélie, la douleur te rend ingrate. Tu sais que ton bonheur est toute ma préoccupation. Ne m'accuse pas de ce qui n'est que l'œuvre du hasard et de la fatalité.

—Le hasard ? la fatalité ? vous m'effrayez...

— Eloigne de ton esprit une espérance qui ne peut se réaliser ; arrache de ton cœur un sentiment qui n'a pas encore eu le temps de s'y fortifier. A ton âge l'amour n'a pas qu'une seule floraison. Tu aimeras encore, tu aimeras mieux. Amélie, crois-moi, renonce à une union impossible.

Amélie tressaillit.

— Est-ce votre dernier mot à vous aussi, ma tante ?

—C'est mon dernier mot, répondit la marquise en soupirant.

— C'est bien.

A compter de ce jour, Amélie ne fit plus entendre une plainte, une récrimination. Elle ne supplia plus. Elle se renferma dans sa douleur, comme sa mère s'était renfermée dans son implacabilité. Ces deux natures se ressemblaient par l'énergie ; aucune d'elles ne voulut plier.

Seulement, la jeune fille s'affaissa la première, au bout de quinze jours, elle tomba dangereusement malade.

La marquise de Pressigny la veilla avec des soins touchants ; elle fut la vraie mère.

Quant à la comtesse, deux fois par jour régulièrement, elle venait s'asseoir au chevet d'Amélie ; son visage exprimait l'inquiétude, mais sa parole n'en témoignait rien. Ses yeux, qu'agitait un léger frémissement lorsqu'ils rencontraient ceux de sa fille, n'étaient jamais mouillés. Elle la voyait s'éteindre sans vouloir prononcer le mot qui pouvait la sauver.

Ce silence avait quelque chose de redoutable ; il semblait signifier :—Que ma fille meure plutôt que de se mésallier.

A mesure que la fièvre faisait des progrès chez Amélie, la marquise de Pressigny, par un contraste étrange, s'absentait plus fréquemment.

Tous les matins, elle écrivait.

A midi, elle demandait sa voiture.

Elle ne rentrait que le soir.

Mais alors elle passait la nuit tout entière auprès d'Amélie ; elle l'embrassait et pleurait avec elle.

Il arriva qu'une fois, rentrant plus tard que de coutume, elle se glissa avidement jusqu'à son oreiller en lui murmurant :

— Espère !

La jeune fille, qui n'était qu'assoupie, se souleva et vit la marquise debout devant elle, un doigt sur la bouche, comme pour lui ordonner le silence.

Amélie se recoucha, en souriant ; et, cette nuit-là, elle dormait, doucement bercée dans la gaze des visions célestes.

A son réveil, croyant avoir été abusée par un songe, elle chercha la marquise.

Elle ne la vit pas.

La marquise de Pressigny était sortie de grand matin.

Quelques jours se passèrent sans qu'Amélie osât l'interroger sur l'espoir qu'elle lui avait jeté d'une façon si imprévue. Peu à peu, elle retomba dans son découragement ; la marquise elle-même était abattue et semblait éviter les questions.

Sur ces entrefaites, un jour que la comtesse d'Ingrande était assise, muette comme à l'ordinaire, auprès du lit d'Amélie, la jeune malade tourna vers elle un regard vaincu :

—O ma mère ! dit-elle.

—Amélie ! s'écria la comtesse, cédant à cette voix éplorée.

Et elle l'embrassa frénétiquement pour se payer sans doute de ses longs jours de privations.

Mais la mère s'était trompée sur cette exclamation, et la fille se trompa à son tour sur ces caresses.

Amélie chercha les mains de sa mère, et, les lui saisissant, elle ne prononça que ce seul mot où elle mit toutes les supplications :

—Philippe !

La mère se redressa à ce nom détesté. Son émotion se dissipa soudainement.

Elle retira ses mains de celles d'Amélie.

Un silence se fit, anxieux, décisif.

Amélie implorait toujours.

La comtesse d'Ingrande sortit, inflexible.

Alors, un cri déchirant s'échappa de la poitrine de la jeune fille.

La mère dut l'entendre, car ses pas retentissaient encore dans l'antichambre.

Mais elle ne revint pas.

Ce fut la marquise de Pressigny qui apparut écartant une portière de velours. La marquise était radieuse de joie ; elle tenait à la main une lettre décachetée.

— Tu l'épouseras ! s'écria-t-elle.

— Que dites-vous, ma tante? demanda Amélie, les yeux encore égarés.

— Tu l'épouseras, lui, ton Philippe !

— Est-ce la vérité ?

— Les obstacles sont détruits ; rien n'empêche ton bonheur à présent.

— Oh ! toutes ces secousses, toutes ces alternatives me brisent, ma tante.

— Je te dis qu'il sera ton mari, répéta la marquise ; je t'en fais le serment.

— Mais, ma mère ? murmura Amélie, qui n'était pas entièrement revenue de l'effroi que lui avait causé la scène précédente.

— Ta mère pardonnera... [plus tard. En attendant, il s'agit de rendre Philippe digne de notre alliance, de le faire riche, considéré, et je m'en charge !

— Que vous êtes bonne, ma tante !

Cette journée se passa en délires, en projets. L'excès de bonheur faillit être aussi nuisible à Amélie que l'excès de souffrance ; toutefois, la victoire resta à la jeunesse et à l'amour.

A quoi fallait-il attribuer ce changement subit dans les décisions de la marquise de Pressigny ? A ce message qu'elle venait de recevoir, et que depuis plusieurs jours elle attendait impatiemment. Le morceau suivant, qu'il suffira d'en détacher fera comprendre sa joie, et de quel poids terrible elle regardait comme délivré désormais l'avenir de sa nièce et de Philippe Beyle.

Cette lettre était sans signature. Dans le but de la rendre inintelligible au cas où elle fût tombée dans des mains étrangères, elle contenait des abréviations et des tournures de style convenues, que nous avons pris sur nous de sauver au lecteur.

« Les renseignements que vous avez demandés sur la cantatrice Marianna nous arrivent aujourd'hui seulement. Il y a deux mois environ qu'elle quitta Paris tout à coup, sans faire savoir où elle allait, et paraissant abandonner les desseins auxquels elle avait jusqu'à présent, comme vous le savez, intéressé la compagnie entière. Sans instructions de sa part, nous dûmes suspendre les coups dont elle se proposait d'écraser l'homme qu'elle nous avait désigné comme son ennemi.

» Lorsque, sur votre invitation, nous recherchâmes la trace de Marianna, notre surprise fut grande en constatant que son départ avait été enveloppé du mystère le plus complet. Elle semblait avoir pris toutes ses précautions pour nous dérober son itinéraire. Une circulaire, adressée immédiatement à nos sœurs de la province et de l'étranger ne provoqua pendant quelque temps aucune découverte. Voici aujourd'hui le rapport qui nous arrive de Marseille :

» Marianna a été vue dans cette ville le 7 du mois dernier ; elle était descendue incognito et seule à l'hôtel de Provence. Pendant toute la journée du 8, elle resta enfermée dans son appartement : le soir, seulement, elle sortit pour faire une promenade en mer. Plusieurs gens de l'hôtel remarquèrent chez elle beaucoup d'agitation.

» Le lendemain matin, le patron de barque Barille, demeurant au lieu dit Endoume, quartier et revers de Notre-Dame-de-la-Garde, venait déclarer à la justice qu'une jeune dame s'était précipitée dans la Méditerranée, et que son corps n'avait pu être repêché, malgré tous les efforts qu'il avait faits en plongeant après elle.

» Une visite domiciliaire eut lieu à l'hôtel de Provence ; des papiers brûlés remplissaient la chambre de Marianna et témoignaient de sa funeste résolution. La pauvre cantatrice n'aura pas eu la force de supporter ses derniers chagrins : elle aura cherché dans le suicide un repos ou un changement de souffrance. L'art perd en elle une interprète éloquente, et notre association une sœur fidèle et dévouée. »

Cet événement, qui brisait la chaîne de Philippe Beyle, devint le signal définitif de sa période ascendante. Le tribunal féminin que nous avons seulement fait entrevoir et que nous allons bientôt dévoiler tout-à-fait, ce tribunal, que ne liait plus la haine d'une des siennes, changea absolument de tactique envers lui, sur l'ordre de sa présidente. Le mal fut réparé et celles qui s'étaient montrées le plus hostiles vis-à-vis de Philippe, celles qui l'avaient le plus décrié, celles qui l'avaient le plus desservi, furent justement celles qui se dévouèrent le mieux à sa défense et à sa protection. La revanche fut éclatante. De tous côtés plurent sur lui les emplois et les honneurs, à la grande surprise du comte d'Ingrande, son autre protecteur, qui trouvait quelquefois sa besogne toute faite, et à qui les frais de sollicitation étaient merveilleusement épargnés.

Ce fut ainsi qu'à la suite d'un changement de ministère, Philippe Beyle fut nommé au secrétariat général des affaires étrangères, et porté pour la croix peu de temps après.

Son mariage avec Mlle d'Ingrande fut dès lors décidé.

La comtesse, qui avait longtemps résisté et qui même avait manifesté l'intention de convoquer une assemblée de famille, dut céder devant une menace suprême de son mari. Le comte avait des propriétés voisines de celles de sa femme ; il ne se proposait rien moins que d'aller briguer les suffrages des électeurs d'Ingrande et de se porter candidat à la députation. Devant la perspective de cet éclat bourgeois, la comtesse donna son consentement, et quitta aussitôt Paris.

Quelque jours avant la signature du contrat, Philippe, qui avait pris un appartement plus en harmonie avec sa position nouvelle, y retrouva lors de son installation, le secrétaire en bois de rose et aux ornements dorés dont il s'était défait au temps de sa ruine.

— Qui pouvait avoir racheté ce meuble, et dans quelle intention l'avait-on replacé sous ses yeux?

Une inspiration le lui fit ouvrir, et, dans le premier tiroir, il aperçut une liasse de quatre-vingts billets de mille francs.

Pandore était réhabilitée.

XI.

En sortant de chez Philippe Beyle, la figure cravachée, Marianna rentra chez elle, où elle trouva Irénée de Trémeleu.

Quelques lecteurs seront peut-être désireux de connaître les circonstances qui suivirent le duel d'Irénée et de Philippe ; nous remonterons pour eux les deux années qui nous séparent des événements actuels, et nous reviendrons pour un instant à la Teste-de-Buch.

Après avoir taché de son sang le sable des dunes, Irénée se trouva transporté, grace aux soins de M. Blanchard, dans la cabane du batelier Péché. Pendant trois mois, suspendu entre la vie et la mort, il ne dut sa guérison qu'au dévoûment de Marianna, qui était venue immédiatement s'installer auprès de lui, en expiation sans doute de tout ce qu'elle lui avait fait souffrir.

De cette nouvelle communauté d'existence il résulta entre eux, non plus l'intimité d'autrefois (celle-là ne pouvait plus renaître), mais un calme échange de sentiments bienveillans. A mesure qu'Irénée ressaisissait la vie, l'image du bonheur ne se représentait à lui que sous les proportions les plus modestes : une promenade à pas lents au bord du bassin, un coucher de soleil, les jeux des enfants.

Peut-être voyait-il vrai alors ; peut-être le bonheur n'est-il composé que de ces nuances imperceptibles et délicates. Du moins, est-ce là ce qu'affirment les vieillards, c'est-à-dire tous ceux qui reviennent de loin :— de la mer, de la mort ou de la vie.

La mission de Marianna se termina dès qu'Irénée fut en état de quitter les Landes. Elle revint à Paris, ne rêvant qu'aux moyens de se venger de l'odieuse trahison de Philippe Beyle. Nous l'avons vue élever et cimenter patiemment l'édifice de sa haine.

Toutefois Maria npa, dont la pitié avait été violemment excitée d'une autre part, n'abandonna pas Irénée de Trémeleu sans lui promettre de lui écrire et sans lui faire promettre de son côté de lui adresser souvent de ses nouvelles. Cette double promesse fut religieusement tenue.

La convalescence d'Irénée fut longue ; il changea maintes fois de climats, et il demanda successivement à diverses contrées, renommées par leur ciel ou par leurs eaux, un rétablissement qui ne devait jamais être complet. Après deux ans de pérégrinations médicales, lorsqu'il alla voir Marianna, il la trouva plus sombre et plus inquiète qu'autrefois. C'était l'époque où, par ses manœuvres souterraines, elle avait réussi à acculer Philippe Beyle dans une impasse d'où il semblait ne plus pouvoir sortir.

Pendant son séjour à Paris, Irénée fit de rares visites à Marianna ; un sentiment de convenance et de discrétion lui interdisait de s'immiscer dans des douleurs qu'il devinait peut-être, mais qu'elle ne paraissait pas disposée à lui confier. Il essaya de se reprendre à l'existence parisienne, il ne le put pas. En outre, l'atmosphère était défavorable à sa santé. Irénée se décida à repartir.

La veille de son départ, il se rendit chez Marianna. C'était, avons-nous dit, le jour où après s'être dévoilée à Philippe Beyle comme l'auteur de sa chute, elle avait reçu de lui l'affront le plus

sanglant que tout être, homme ou femme, puisse recevoir :—un coup de cravache à travers la
figure.

Aussi était-ce dans un état voisin de la folie
qu'elle était revenue chez elle. Irénée comprit
que quelque chose de terrible avait dû se passer.

Il vit Marianna se jeter sur un fauteuil et garder son voile.

— Marianna ! lui dit-il au bout de quelques
minutes, effrayé de son mutisme.

Marianna le regarda sans répondre.

— Qu'avez-vous, au nom du ciel ?

— Ah ! c'est vous, Irénée.... murmura-t-elle ; vous avez bien fait de venir ; vous êtes bon,
vous !

Elle mit une expression profonde dans ces derniers mots.

Irénée la regarda pendant quelque temps,
comme on regarde, avant de s'en séparer pour
jamais, les personnes aimées.

Il lui dit ensuite :

— Je suis venu vous faire mes adieux.

— Vos adieux ? répéta-t-elle.

— Oui, Marianna, Paris m'est impossible désormais ; je vais chercher sous de plus tièdes latitudes un repos que, de jour en jour, il me devient plus difficile de me procurer.

— Vous quittez Paris ? Ah ! vous êtes heureux, vous !

— Heureux ? dit-il.

— Qui plus que vous cependant, Irénée, a mérité de l'être ? Le ciel n'est pas juste !

— Ne vous exagérez pas mes modestes vertus, Marianna ; je ne suis qu'un homme, moins
que cela, j'ai le droit de dire un vieillard, puisque les médecins ont assigné à ma vie un terme
prochain. Tout aussi égoïste et spéculateur que
vous me supposez généreux et désintéressé, je
me suis demandé comment il me serait possible
de charmer le peu de jours que Dieu m'a mesurés, et je me suis tracé un programme pour cette fête dernière.

— Un programme ?

— Oh ! n'allez pas croire qu'il me prenne fantaisie d'agoniser dans un salon, au milieu d'une
foule hypocrite d'amis et de parents ; non, je
veux la solitude fleurie, telle que le ciel du Midi
la donne. Je pars pour les îles d'Hyères, où le
souffle de ma vie s'exhalera du moins dans le
parfum des orangers.

— Vous partez, Irénée ? dit Marianna.

— Que ferais-je à Paris, la ville des souvenirs
ou de l'espérance ? Il n'y a plus d'espérance pour

moi, et mes souvenirs équivalent à des blessures.

— Oh ! vous avez raison ; Paris, c'est la ville
atroce ! Paris, c'est la capitale de la douleur !

Irénée fut frappé de l'exaltation sauvage qui
accompagnait ces paroles.

Une idée traversa son cerveau.

— Eh bien ! Marianna, s'il en est ainsi, lui
dit-il, si Paris vous est odieux à ce point, que
ne le quittez-vous avec moi, que ne partons-nous
ensemble ? A défaut du bonheur, le repos nous
est possible encore. En vous le cœur est malade,
en moi le corps est brisé ; nous pouvons nous rapprocher sans défiance.

— Partir ! murmura Marianna en réfléchissant.

— La vie nous sera aisée aux jardins d'Hyères, continua-t-il : quelques livres pour nous, du
pain pour les pauvres, le plaisir d'apprendre et
la joie de donner, il n'en faut pas davantage.
Avec un tel régime, vous pouvez guérir, Marianna ; moi, je suis condamné, je sortirai le premier de notre retraite ; mais qu'importe ! N'é-
tait-ce pas mon ame qui était avec vous ? elle
y sera éternellement, j'en suis certain. La vie
n'est circonscrite aux limites de la terre que pour
ceux qui n'ont pas cru à leur immortalité.

— O Irénée ! s'écria Marianna, subjuguée par
cette transfiguration angélique ; si j'étais assez
pure pour vivre sous votre toit, je voudrais mettre mon orgueil à vous servir à genoux. Mais je
ne puis que trembler et rougir devant votre regard.

— Placez plus haut votre dignité.

— Au lieu de me rendre douleur pour douleur, justice pour ingratitude, vous me tendez la
main, vous accourez à mon premier cri de détresse. N'est-ce pas encore me punir que de m'accabler du poids de votre dévoûment ?

— Ai-je le droit de punir ? reprit-il ; cessez de
vous abuser sur nos deux rôles ; acceptez mon
amitié comme j'ai accepté la vôtre, et partons.

— Eh bien ! oui, partons, dit-elle ; mais partons tout de suite ; Paris me fait horreur !

Marianna parlait sincèrement ; ses idées de
vengeance s'étaient évanouies ; un dégoût, un
effroi immense les avaient remplacées. Incapa-
ble d'action en ce moment, elle laissa à Irénée
les préparatifs de leur exil volontaire ; mais elle voulut être morte au monde, afin de rompre
tout lien entre son passé et son avenir. Il fut
alors décidé qu'elle partirait la première, secrètement ; Irénée devait la rejoindre quelques jours
ensuite. Auparavant, ils concertèrent ensemble
un plan destiné à répandre le bruit de son sui-

cide ; cette comédie eut lieu, comme on l'a vu dans le chapitre précédent ; un patron de barque fut gagné, et le décès de Marianna s'enregistrait à Marseille pendant qu'elle abordait à Hyères.

La petite ville d'Hyères, assise au flanc d'une colline éternellement verte, est extrêmement jolie et pittoresque ; mais son aspect n'est pas le même à l'intérieur. Ses rues sont désertes, ses boulevards sont silencieux ; ce n'est plus ni le faste de Gênes, ni la coquetterie de Nice ; on sent qu'on est cette fois dans la ville des maladies réelles, des phthisies sérieuses, des pleurésies et des rhumatismes avérés. Une place située au sud, propre et sablée, a reçu le nom de place des Palmiers ; une pyramide de granit, due à la munificence d'un tailleur enrichi, s'élève au milieu. C'est sur cette place que se tient la *bourse des malades* pour ainsi dire.

Hyères était bien la ville qui convenait à Irénée et à Marianna.

Peu de voisins à redouter, pas même des curieux. Un jeune garçon et une jeune fille, parlant à peine le français, composaient tout leur domestique.

Dans cette solitude, Marianna s'efforça d'oublier et de renaître. Les luttes sourdes qu'elle eut à soutenir contre son cœur constitueraient à elles seules un drame entier d'abaissement et d'héroïsme ; nous le résumerons dans ce seul mot ; elle essaya d'aimer Irénée. Pour ne pas être ingrate, elle se fit hypocrite. Irénée était condamné : elle tenta d'adoucir sa fin par un mensonge.

Mais le courage lui manqua souvent.

Elle avait trop présumé de ses forces ! ses forces la trahirent.

Elle s'arrêta avec désespoir au milieu de sa tâche ; et un jour arriva où elle calcula secrètement le temps qui la séparait encore de sa délivrance.

Ce jour fut précisément celui où Irénée, le sourire aux lèvres et la joie dans le cœur, provoqua l'entretien suivant.

Ils se promenaient tous les deux dans le jardin qui bordait leur gracieuse maison. De là ils apercevaient la mer semée de points blancs, qui étaient des voiles, et de points noirs, qui étaient des îles.

Ils regardaient et se taisaient, car l'infini appelle le silence.

Tout-à-coup Irénée se prit à dire, comme un homme qui a longtemps préparé son exorde :

— Mon amie, croyez-vous que le docteur soit un homme sérieux ?

— Tellement sérieux, que je ne puis le voir sans une sorte d'effroi, répondit Marianna.

— Alors, vous ne le supposez pas capable de mentir pour faire naître de douces illusions dans l'esprit d'un malade ?

— Non, certes. Il m'a toujours, au contraire, semblé cruel par égard pour la vérité. Dix fois, en ma présence, il vous a exprimé ouvertement, les inquiétudes que lui inspire votre situation. Mais pourquoi me faites-vous cette question Irénée ?

Irénée la regardait en souriant.

— Parce que le docteur vient de me donner une espérance, dit-il.

— Une espérance, murmura Marianna.

— Selon lui, je puis guérir, je puis vivre !

— Serait-il vrai !

— Oui, Marianna, je puis vivre.... Et savez vous à qui je devrai ce miracle, s'il se réalise ?

— A l'air délicieux de ce pays ? balbutia-t-elle.

— Non.

— A votre médecin ?

— Il s'en attribuera certainement l'honneur, et nous le lui laisserons.

— Irénée, vous êtes ingrat envers lui.

— Non ; car je peux vous l'apprendre aujourd'hui : je n'ai jamais suivi ses ordonnances ; je n'ai jamais bu de toutes ses potions que celles que vous me versiez de votre main.

— Quelle imprudence !

— Vous voyez bien que ce n'est pas lui qui a opéré ma guérison.

— C'est la nature.

— C'est vous, Marianna !

Marianna fit un geste.

— C'est vous, continua Irénée, c'est votre présence, c'est votre amitié.

Marianna était devenue pensive.

Il lui prit la main.

— Vous ne m'entendez donc pas ? lui dit-il.

— Si, Irénée, si.

— Je puis vivre ! vivre ! la vie avec vous ! ici ! Oh ! c'est plus de bonheur que je ne pouvais en rêver.

Marianna le regarda en silence.

Dès qu'elle fut seule, voici les réflexions qui se pressèrent dans son esprit :

— Irénée peut vivre ! Le médecin l'a dit, ce médecin ne se trompe pas. Irénée peut vivre, et c'est moi qui opère ce prodige. Avec un sem-

blant d'amour, je croyais éclairer une agonie, tandis que je rallumais une aurore. Quelle fatalité est donc sur moi et d'où vient que mes meilleures intentions sont toujours et soudainement detournées ? Il vivra ; mais moi, puis-je continuer à vivre avec lui ? N'ai-je pas été jusqu'au bout dans ma supercherie ? Je n'ai ni la volonté ni le courage de le tromper plus longtemps. Je le quitterai.

Son parti fut pris immédiatement.

— Je le quitterai. Ah ! maudite soit ma destinée ! Souffrir, ou faire souffrir ! depuis mon enfance, je ne sors pas de là. Irénée expiera amèrement le moment de joie qu'il a goûté aujourd'hui. Pourquoi s'est-il trouvé sur mon chemin ? J'ai rendu la vie à cet homme... c'était le plus grand malheur qui pût lui arriver !

Son front se pencha sur sa poitrine.

— Pauvre Irénée ! murmura-t-elle.

Et deux larmes vinrent mouiller ses yeux.

— Qu'il vive, mais qu'il vive seul, qu'il m'oublie, si cela lui est possible, moi j'ai mon but marqué.

Marianna étendit le doigt, par un de ces gestes qui devaient être familiers aux Euménides. Ce doigt semblait traverser les mers, et désigner une victime à des tortionnaires invisibles.

Au milieu de la nuit, Irénée de Trémelen, dont le sommeil était léger comme celui de tous les malades qui abusent du repos, fut réveillé par un imperceptible bruit qui frappa plutôt son cœur que son oreille.

Il écouta longtemps.

Un peu plus enclin aux hallucinations, il aurait pu croire que les pantoufles de Marianna se promenaient vides sur le parquet d'une chambre voisine de la sienne.

Ces pas, qui semblaient assourdis à dessein, lui causèrent bientôt une vive anxiété.

Il se leva silencieusement lui aussi, non pas pour chercher à surprendre les secrets de son amie,— il ne se reconnaissait plus ce droit—mais pour respirer un peu l'air du dehors, car la moindre émotion pénible lui causait un étouffement subit.

Il alla s'accouder sur l'appui d'un balcon.

La nuit avait cette clarté qui est faite avec les rayons des plus blanches étoiles.

La maison qu'il habitait était assise à peu de distance du vieux château qui domine la ville. De cette position admirable, Irénée voyait s'étendre à ses pieds plus de cent mille orangers ; ces orangers, qui sont la merveille et la renommée d'Hyères. Il avait en outre à sa droite des masses d'oliviers et de pins,

Mais en ce moment, ce n'était pas le paysage qui sollicitait son attention.

Au-dessous de lui, dans le jardin, il venait de voir glisser la forme de Marianna.

Cette fois, il regarda et il écouta.

Marianna s'entretenait à demi-voix avec la jeune fille qui lui servait de femme de chambre.

— As-tu fait ce que je t'ai dit ?

— Oui, madame, mon père sera dans deux heures avec sa barque, à la pointe de l'église.

— C'est bien. As-tu descendu mes bagages.

— Oui, madame, Mario m'a aidé.

— Et.... lui.... n'a rien entendu.... il ne soupçonne rien ?

— Soyez tranquille, monsieur dort profondément ; j'ai été écouter à sa porte.

— Merci ; voici pour ta récompense.

Oh ! madame c'est trop.... Je vais guetter l'arrivée du bateau.

— C'est cela.

Pendant ce court dialogue, Irénée était devenu plus pâle, que la plus pâle des étoiles qui brillaient alors sur la mer.

Ces mots de bagages.... de bateau.... l'avaient éclairé, si toutefois on peut dire que la foudre éclaire l'homme qu'elle frappe. Il entendit ensuite Marianna, restée seule au jardin, murmurer ces paroles :

— Allons, il le faut ! Irénée peut vivre ; que ferais-je plus long temps auprès de lui ? Mon rôle de bon ange est fini, mon rôle de mauvais ange va recommencer.

Puis elle tomba dans une de ces rêveries sans fond qui précèdent toujours les résolutions suprêmes, et qui rappellent les veilles d'armes.

Or c'était bien une veille d'armes, en effet, qu'accomplissait Marianna.

Se soutenant contre les murailles, ne faisant qu'un pas toutes les dix minutes, Irénée n'eut pas la force de se jeter dans un fauteuil. Là, ce qu'il souffrit pendant deux heures, les réflexions qui déchirèrent son âme, le sillon brûlant, tracé sur chacune de ses joues, quelquefois le sourire amer qui effleurait sa bouche décolorée, semblable à des flammes fugitives qui voltigent sur une tombe, tout cela nous l'imaginons, car nous ne pourrions pas le décrire.

Ces deux heures écoulées, aucun bruit ne se faisant entendre, Irénée crut qu'il avait été le jouet d'un cauchemar. Au point du jour, la réalité le ressaisit. Il vit la femme de chambre aller et venir; il reconnut la voix de Marianna disant :

— Hâtons-nous !

Il voulut la rappeler, mais le destin lui sauva cette dernière lâcheté ; son cri resta dans la gorge. Il essaya de s'élancer, mais ses jambes qui tremblaient restèrent clouées au parquet. Alors il se cramponna à un cordon de sonnette ; au même instant, le sang affluant au cerveau, le fit tournoyer et tomber.

Le jeune garçon, Mario, entra.

Aux cris d'alarme dont il fit retentir la maison,à Marianna, qui avait déjà un pied sur le seuil, remonta.

Elle trouva Irénée mort, étendu, et tenant un papier dans sa main crispée.

C'était son testament, par lequel il léguait toute sa fortune à Marianna.

XII.

Le moment est venu de préciser les origines de la Franc-Maçonnerie des femmes, et de déterminer l'époque de sa formation en France.

Les périodes de luttes et de dangers ont toujours inspiré aux âmes héroïques la pensée de se réunir pour opposer à la force brutale une intelligente protestation.

Cette pensée de protestation a dû naturellement être permanente chez un sexe que la législation de tous les temps et de tous les pays place dans une position subalterne et dépendante.

Aussi, à toutes les époques de l'histoire, voyons-nous se manifester, tantôt par la ruse, tantôt par la grâce, souvent même par la cruauté, la résistance énergique des femmes ; résistance plus opiniâtre, plus persistante que celle des esclaves dans l'antiquité et des serfs au moyen-âge. Les esclaves, en effet, devaient avoir leur Christ dans Spartacus ; les Jacques et les Maillotins devaient avoir 89 ; mais dans la lutte des femmes, lutte désespérée et qui ne prévoit pas encore son sauveur, les tentatives devaient être continuelles. Arria, la conjurée stoïque ; Galswinthe, cette touchante victime des âges mérovingiens ; Hermangarde, la compagne de l'empereur frank ; Geneviève de Paris, Héloïse, Jeanne d'Arc, les femmes de Beauvais, Charlotte Corday continuent la protestation du dévouement ; de même que Tullie, Frédégonde, Anne d'Angleterre, dona Olimpia, Christine de Suède, Théroigne représentent la rivalité ouverte, la protestation vindicative et féroce ; de même,

enfin, que Sapho, les Sibylles, Hypathie, la religieuse Hroswita, Christine de Pisan, et Mme de Staël continuent la protestation éclatante du génie et de la force intellectuelle.

Il est facile, à de certaines périodes, sous l'influence égalitaire de certaines religions, de certaines civilisations, en Grèce, en Egypte, et plus tard en Gaule, de retrouver les traces d'une action plus générale et plus déterminée. Qu'était-ce, par exemple, que le royaume des amazones, sinon une Franc-Maçonnerie des femmes, admirablement et fièrement constituée? Qu'était-ce que ces Bacchantes de Thrace, qui mettaient en pièces les mortels assez osés pour essayer de pénétrer dans leurs mystères ? Et les comédies d'Aristophane, n'insistent-elles pas sur l'intervention des femmes athéniennes dans les affaires publiques ? « Nous mettrons les biens en commun, dit Praxagora, dans les *Harangueuses* ; tout appartiendra à toutes: pains, salaisons, terres, richesses, mobiliers, gâteaux, tuniques, vin, couronnes et pois chiches. »

Plus tard encore, ne voit-on pas éclater dans la servitude des harems, dans le silence des cloîtres, dans l'isolement des châteaux féodaux, parfois même en plein siècle, telles que la Guerre des Femmes, et la Guerre des Servantes, des révoltes inopinées, témoignant évidemment d'un accord, d'un concert ? Il est donc aisé, en remontant le courant des âges, de ressaisir la tradition d'un secret bien gardé, transmis de génération en génération, parfois importé d'un continent dans un autre, la filiation d'un complot quelquefois sommeillant à la faveur de conditions propices ou sous la pression d'un asservissement plus complet.

La Franc-Maçonnerie des Femmes se manifesta et se constitua graduellement, en France, à une époque relativement assez rapprochée de la nôtre ; née d'une fantaisie de grande dame, comme nous allons le voir, elle se propagea jusqu'à nous.

L'époque de la minorité de Louis XIV fut, plus que toute autre, une époque de dissolution et d'individualisme. Chacun alors tirait à soi, et, dans l'absence d'une autorité légitime et bien définie, cherchait à absorber le plus qu'il pouvait de la force qui se déperdait autour de lui. D'un autre côté, la société, épuisée par les guerres de la Ligue, éprouvait un vif besoin de se reconstituer. Les familles divisées par l'antagonisme politique et religieux, tendaient à se rapprocher ; on voyait se former sur tous les points de la France, notamment à Paris, des groupes, des milieux, tous plus ou moins influents, selon qu'ils étaient placés sur des degrés plus ou moins élevés de l'échelle sociale.

Jamais peut-être l'influence des femmes ne fut plus considérable ; c'est à elles qu'appartient la direction de ce double mouvement de la féodalité expirante et de la monarchie en voie de constitution. Il n'y avait pas un seul de ces groupes qui n'eût à sa tête quelqu'une de ces femmes vaillantes ou brillantes, dont les noms sont devenus historiques, soit par la violence, soit par la beauté, soit par des fautes éclatantes, soit par des vertus intrépides. L'état des esprits ou plutôt des intelligences concourait à assurer cette domination des femmes ; la vogue de la littérature espagnole avait importé chez nous l'héroïsme amoureux, la galanterie chevaleresque, dont les pièces de Corneille et les romans de Mme de Lafayette attestent l'acclimatation. Le succès inouï de l'*Astrée*, succès poussé au point que de graves législateurs, des prélats, des Huet, des Patru en faisaient ouvertement leurs délices, tout conspirait à placer la femme dans une sorte de sanctuaire devant lequel il n'était honteux pour personne de s'incliner. Pas un ne rougissait alors de prononcer ces mots pompeux d'*adoration*, de *martyre*, d'*esclavage*, d'*attraits divins*, de *beaux yeux, maîtres du monde*. Le *mourir d'amour* semblait non-seulement naturel, mais juste. Turenne *soupirait* pour Mme de Longueville, Condé pour la belle Mlle de Vigean, Nemours pour Mlle de Monbazon, Retz pour Mme de Chevreuse, tout le monde pour Mlle de Rambouillet ; Charles II, roi d'Angleterre, tombait aux pieds de Mlle de Montpensier et recevait d'elle cet ordre à la romaine :

— Allez vous faire casser la tête, ou remettre la couronne dessus !

Quoi donc d'étonnant à ce que les femmes aient pris au sérieux leur rôle de déesses et de souveraines, qu'elles aient tenté de faire une application positive de ce pouvoir qu'on leur accordait si libéralement au figuré ? Puisque les hommes étaient, même les plus braves, à genoux autour d'elles, elles devaient être nécessairement supérieures et maîtresses. Mme de Longueville assistait, cachée derrière une fenêtre, au combat de Guise et de Coligny, et voyait froidement désarmer et blesser à mort le champion de sa vertu et de sa beauté. Quelques-unes, comme Mlle de Vertus et Mlle Paulet, préféraient fièrement la liberté à l'engagement du mariage.

Mademoiselle, elle-même, la petite-fille de Henri IV, la nièce de Louis XIII, allait plus loin encore : elle érigeait le célibat en principe, et jetait fort sérieusement le plan d'une société *sans amour et sans mariage*, sorte d'abbaye de Thélème retournée, où les soupirants auraient soupiré sans espoir. Sa confidente, Mme de Motteville, qui a joué un peu dans cette circonstance le rôle d'un faux frère, nous a laissé sur ce plan quelques indications qui témoignent d'une résolution bien arrêtée.

La colonie, composée toutefois d'hommes et de femmes, devait s'établir dans quelque *endroit charmant* des rives de la Loire ou des rives de la Seine. Un couvent serait fondé dans le voisinage pour y exercer la charité et maintenir le niveau des esprits à la hauteur de l'ascétisme religieux. La galanterie, même la plus délicate, était bannie des relations avec les hommes ; la seule jouissance qui leur fut permise était le plaisir de la conversation.

« Ce qui a donné la supériorité aux hommes, disait Mademoiselle, a été le mariage ; et ce qui nous a fait nommer le sexe fragile a été cette dépendance où ils nous ont assujetties, souvent contre notre volonté et par des raisons de famille dont nous avons été les victimes. Tirons-nous de l'esclavage ; qu'il y ait un coin du monde où l'on puisse dire que les femmes sont maîtresses d'elles-mêmes, et qu'elles n'ont pas tous les défauts qu'on leur attribue ; distinguons-nous dans les siècles à venir par une vie qui nous fasse vivre éternellement ! »

Quelle fut la rive, quelle fut le site enchanteur choisi par Mademoiselle ? N'est-il pas probable que la petite colonie hésita devant le scandale ou le ridicule d'une réalisation publique, peut-être devant l'appréhension ou la colère de la reine, et se contenta d'une existence ignorée sous les ombrages de Saint-Germain ? Quant à la constitution de cette société, on ne saurait la mettre en doute, quand on voit Mademoiselle aller au secours d'Orléans avec un état-major tout composé des femmes de sa cour.

La deuxième Fronde marque visiblement l'existence politique de cette confrérie ; les lettres et les mémoires du temps ne laissent là-dessus aucun doute. Mademoiselle négociait par ambassadeur avec les puissances de son sexe ; elle congédiait les faibles comme Mme de Chevreuse et Mme de Châtillon ; elle rompait diplomatiquement, par l'intermédiaire de Mme de Choisy, son ministre, avec la Palatine, son alliée de la veille. Il y a dans ses fameux Mémoires tout un passage qui respire l'enivrement du triomphe et de la liberté. Comme on devine bien l'exaltation qui la possédait lorsqu'elle faisait acte de maître, acte d'homme et de guerrier, en forçant les portes de la ville d'Orléans ; lorsqu'elle traitait sur le pied d'égalité avec Beaufort ; et sa joie enfantine en tirant à la porte Saint Antoine ce célèbre coup de canon, ce coup de canon que Louis XIV ne devait jamais lui pardonner, car il sentait que ce jour-là ce n'était pas seulement son autorité qu'avait tenté d'usurper cette fille des d'Orléans, de cette branche cadette toujours inquiétante pour son aînée, mais le privilège même de sa naissance et de son sexe ! N'avait-elle pas rêvé, en effet, d'être roi de France ! La Fronde triomphant, elle montait sur le trône en y gardant son vœu de célibat et amenait avec elle son personnel de ministres-femmes, de conseillères et d'ambassadrices.

Quel avenir pour la Franc-Maçonnerie des Femmes !

La défaite définitive des Frondeurs, en ruinant cet audacieux projet, rejeta le plan de Mademoiselle dans les ténèbres d'une société secrète. Là encore, le rôle était beau : quelques femmes courageuses bien nées, vaincues, mais non soumises, se prêtant dans l'ombre un mutuel appui, c'était tout ce qu'avait pu rêver après la déroute la fière amazone. Toutefois, la force des événements avait déjà pesé sur les formes de l'association féminine : la nécessité de chercher aux jours du danger aide et secours au-dessous de soi, de conquérir par la confiance des dévoûments, des obéissances, avait entraîné dans plus d'un cas la violation du secret.

En un mot, il avait fallu s'adjoindre des femmes du peuple.

Nous allons dire en quelle occasion.

Un jour fut, dès le commencement de la Fronde, où les masses populaires, sur lesquelles la noblesse s'appuyait dans sa lutte contre la royauté s'inquiétèrent du résultat de cette lutte et commencèrent à soupçonner leurs chefs de les exposer au ressentiment du roi dans l'intérêt de leur ambition personnelle. Pour apaiser ces défiances trop légitimes, les Frondeurs comprirent la nécessité de donner des gages et de pactiser plus étroitement avec ce nouvel élément ombrageux, inquiétant, qu'on voulait bien accepter comme complice, mais avec lequel on ne s'était pas jusqu'alors habitué à compter, — le peuple.

Mme de Longueville fut choisie, désignée par eux dans cette conjoncture pour être livrée en otage aux soupçons de la multitude.

Le choix était habile, car la femme était des plus séduisantes.

Au moment où les murmures populaires éclatèrent, Mme de Longueville, retirée dans son hôtel de la rue Saint-Thomas-du-Louvre, devenu le centre et l'Hôtel-de-Ville du Paris révolté, se reposait de la lassitude des jours précédents, lassitude encore accrue par une grossesse proche de son terme.

Depuis le commencement du siège, elle n'avait reculé devant aucune fatigue, vivant pour ainsi dire dans la rue, passant la revue des troupes, et assistant aux parades de la milice bourgeoise. Cette conduite, qui lui avait concilié la faveur populaire, se rendait plus que toute autre propre au rôle qu'on lui destinait.

On sait quel fut le sort des personnages fameux de la Fronde et particulièrement des femmes qui y avaient joué un rôle ; c'est dire quel fut le sort des premiers membres de la Franc-Maçonnerie des Femmes en France. Mademoiselle expia, dans une union disproportionnée, sous les dédains d'un aventurier, son amour entêté de l'indépendance. Tous les autres chefs, les uns, après des exils temporaires, les autres, fatigués de leur isolement, se retrouvèrent au rendez-vous commun de la pénitence, la plupart au couvent des Carmélites de la rue Saint-Jacques, où le souffle du jansénisme vint encore quelquefois caresser leur idées d'opposition.

Néanmoins, des souvenirs d'un triomphe éphémère et de ces épreuves communes étaient résultées des affinités réelles, durables.

Un signe, un mot, un appel obtenaient des sacrifices ; on retrouvait en face de tel visage, entrevu à travers la fumée de la poudre, sur les barricades, dans l'exil, dans la fuite, les forces de la jeunesse, les ressources d'un crédit qu'on croyait épuisé, et c'est par cet échange de services, par ce commerce de protections que fut constituée, au dix-septième siècle, la Franc-Maçonnerie des Femmes.

Plus tard, cette franc-maçonnerie reçut son organisation ; elle eut son code, ses loges, ses titres, ses cérémonies. Il était naturel qu'elle eût été emprunter à la franc-maçonnerie des hommes les traditions indispensables de ses épreuves et de ses mystères. Aussi les rapports entre l'une et l'autre de ces institutions ne manqueront-ils pas de se produire dans le cours de cette histoire. La Franc-Maçonnerie des Fem-

mes traversa le dix-huitième siècle avec éclat et
s'y installa solidement ; elle pensa qu'après la
police et la Compagnie de Jésus, il y avait une
troisième place à prendre, elle la prit. Ses relations s'accrurent en tous lieux, dans la magistrature, dans la finance, au théâtre, plus haut et
plus bas encore. Ce fut la Franc-Maçonnerie
des Femmes qui donna au trône Mme de Maintenon, la marquise de Pompadour et la comtesse
Dubarry ; elle compta dans ses rangs Mlle de
Lespinasse, Sophie Arnould, la chevalière
d'Eon, Mlle d'Oliva. Une de ses grandes-maî-
tresses fut la femme de Cagliostro ; les séances
se tenaient alors rue Verte, dans le Faubourg
Saint-Honoré, comme le rapporte un curieux
pamphlet.

Sous la Révolution, la Franc-Maçonnerie des
Femmes, quoiqu'un peu dispersée par la chute
de la noblesse, put encore se compter dans les
réunions chez Catherine Théos, réunions tolé-
rées par Robespierre ; dans les clubs exclusivement féminins, présidés par Rose Lacombe ;
même dans les galeries de la Convention, où les
mains de quelques *tricoteuses* échangeaient quelquefois en silence des signes mystérieux. Elle
se reconstitua sous l'Empire et y acquit une
nouvelle force, à laquelle des expéditions militaires laissèrent un libre essor à l'intérieur. Il
existe encore des femmes, et nous en connaissons pour notre part, qui ont appartenu à la
loge Caroline, une des plus importantes et surtout des plus influentes d'alors.

On ne sera pas étonné de voir se perpétuer
la Franc-Maçonnerie des femmes jusque sous le
règne peu légendaire de Louis-Philippe. Son
action y a été lente et plus mesurée, mais son
autorité est demeurée la même. Cette ligue est
encore aussi vivace de nos jours qu'il y a deux
siècles ; une période véhémente la rejetterait immédiatement dans un milieu d'action et de direction. En attendant, elle se contente d'exercer son pouvoir dans les limites de la vie privée,
où, par elle, s'expliqueraient en partie bien des
élévations et bien des chutes, bien des réputa-
tions et bien des fortunes. Elle est comme un
souterrain sous la société, ou bien encore comme un autre conseil des Dix, moins les masques,
les bravi et les Plombs. Le conseil des Dix entre
les mains des femmes. Il y a de quoi réfléchir.

XIII.

LE MARIAGE.

Une foule considérable montait le grand escalier qui mène au somptueux péristyle de la Madeleine.

Au lieu d'une foule, peut-être ferions-nous
mieux de dire *la foule*, car c'était un assembla-
ge étrange et particulièrement disparate que celui qui inondait les degrés du temple parisien
ce jour-là. Les femmes, qui étaient en majorité,
appartenaient à toutes les classes de la société,
aux plus élevées comme aux plus humbles, aux
salons, aux comptoirs, aux ateliers et même aux
antichambres. L'heure n'était cependant rien
moins que propice à la réunion de ces conditions si différentes : c'était le milieu du jour.

La même diversité, le même contraste se faisaient remarquer dans la longue file de carros-
ses qui faisaient une imposante ceinture au monument. Il y avait là des calèches argentées à
tous leurs axes et à tous leurs ressorts, attelées
à d'impatientes bêtes qui faisaient sonner leurs
sabots ; il y avait des coupés coquets et vernis,
des cabriolets heureux d'une immobilité profita-
ble, des fiacres énormes à contenir douze rem-
plaçants militaires, et enfin quelques uns de ces
véhicules innommables, indescriptibles, qui semblent tenir le milieu entre le caisson industriel,
la tapissière sautillante et le coucou de grivoise
allure.

Quel pouvait être l'événement capable de
faire affluer vers la Madeleine tant d'éléments
opposés ?

On remarquera que nous avons dit le temple,
le monument, la Madeleine, et que nous n'avons
pas dit l'église. C'est qu'il nous est presque impossible d'évoquer l'Evangile sous cette frise
grecque, pas plus que de retrouver Sainte-Ge-
neviève dans le Panthéon. Il nous faut avant
tout un clocher. Sans clocher, nous ne sommes
plus qu'un croyant dépaysé et mal à l'aise.

C'était cependant au maître-autel de la Madeleine que se célébrait en grande pompe le mariage de Mlle d'Ingrande avec Philippe Beyle.

On sait que la comtesse avait quitté Paris,
exprès pour ne pas assister à cette cérémonie.

Néanmoins, une notable portion de l'aristocratie parisienne était représentée à ce mariage.
La nef se trouvait encombrée au-delà des proportions ordinaires ; il est vrai d'ajouter qu'il
s'agissait d'une messe en musique, exécutée avec

le concours d'un grand nombre de virtuoses renommées.

Un observateur très attentif aurait peut-être eu le droit d' s'étonner en voyant les regards fréquents que la marquise de Pressigny jetait à droite et à gauche de l'édifice, dans les moments de distraction qu'entraîne inévitablement une messe en musique, et les coups d'œil d'intelligence qu'elle échangeait çà et là avec des femmes en apparence d'une condition au-dessous de la moyenne.

Mais, nous le répétons, il aurait fallu que cet observateur fût très attentif.

Pour nous qui possédons des priviléges auxquels un simple observateur ne pourrait prétendre, nous dirons que la Franc-Maçonnerie des Femmes avait là un grand nombre de ses membres, et qu'on était venu de toutes parts pour honorer la marquise de Pressigny dans le mariage de sa nièce.

La messe eut une durée digne du rang et de l'opulence des nouveaux époux.

De temps en temps, quand les chanteurs se taisaient, les orgues se prenaient à rugir.

L'orgue est un instrument sacré, et nous ne saurions trop regretter qu'on en ait fait un instrument profane.

Quel était l'artiste qui s'était chargé, à l'occasion du mariage de Philippe Beyle, de rouler sur les têtes pieusement inclinées ces tonnerres d'opéra, de changer les tuyaux en batterie d'artillerie, et tantôt, par une opposition puérile et ridicule, de s'efforcer de leur faire rendre les sons nasillards du biniou breton ? Il se pourrait que ce fût un artiste de talent, mais certainement ce n'était qu'un médiocre chrétien.

Après une dernière décharge de notes qui ébranla tout l'énorme vaisseau de la Madeleine, il consentit à se taire. Il devait être en sueur. L'effet qu'il avait produit, du reste, n'était autre qu'une épouvante à peu près générale.

Le silence qui se fit ensuite, et qui dura quelques secondes, ramena les esprits au sentiment religieux.

Philippe Beyle portait son bonheur noblement, c'est-à-dire simplement. Il s'était retrempé dans son amour pour Amélie. En même temps qu'il s'élevait, sa pensée s'était élevée et purifiée. Maintenant il était vraiment à la hauteur de sa nouvelle position, et il se sentait préparé pour les devoirs qu'elle lui créait. Nous ne dirons pas qu'il était devenu un nouvel homme, mais il était devenu l'homme qu'il avait toujours

rêvé d'être, et que les événements l'avaient jusqu'à présent empêché d'avoir été. On devinait à la sérénité répandue sur son front, que Philippe allait désormais dater sa vie de cette heure solennelle et de cet amour unique ; on comprenait qu'il ne gardait pas même rancune à son passé, qu'il avait voulu l'oublier et qu'il l'avait oublié en effet entièrement, absolument.

La messe touchait à sa fin.

Les ténors avaient lancé leurs dernières notes vers la voûte dorée.

Le prêtre allait descendre de l'autel.

Il se faisait déjà dans l'assistance cette rumeur légère qui précède tous les dénoûments, et, par habitude, les yeux se tournaient vers l'orgue. On attendait ces derniers accords qui, semblables à une marche triomphale, accompagnent ordinairement les époux jusqu'au seuil de la sacristie.

Mais, à la place de la symphonie obligée, ce fut une voix qui s'éleva, puissante et terrible, et qui entonna ce chant funèbre :

Dies iræ, dies illa
Solvet sæclum in favillâ,
Teste David cum Sibyllâ!

« O jour d'ire et de vengeance qui réduira l'univers en cendres, comme l'attestent David et la Sibylle ! »

Une sensation de terreur parcourut toute l'assemblée.

La voix était magnifique d'ailleurs ; c'était une voix de femme.

Cette voix, comme si elle eût voulu profiter de la stupeur unanime, reprit, plus vibrante encore :

Quantus tremor est futurus,
Quando Judex est venturus,
Cuncta strictè discussurus!

« Quelle sera la frayeur des hommes quand le Juge paraîtra pour discuter rigoureusement leurs actions ! »

Ce cantique, que l'on n'entonne que dans les cérémonies de deuil, glaça tous les auditeurs.

Philippe Beyle, le premier, s'était redressé par un mouvement involontaire.

Sa physionomie s'était contractée ; pâle et fléchissant, il avait été obligé de s'appuyer au dossier de sa chaise pour ne pas tomber.

Il avait reconnu la voix de Marianna.

Philippe baissa la tête, et il eut peur pour la première fois de sa vie. C'était le passé qui venait ressaisir sa proie !

Amélie, en jetant les yeux sur lui, fut surprise de sa frayeur ; un nuage passa sur sa propre félicité, et mille suppositions s'éveillèrent dans son esprit innocent.

Sur ces entrefaites, le maître des cérémonies se hâta d'inviter les mariés à passer dans la sacristie pour signer l'acte sacramentel. Il fut obligé de s'adresser deux fois à Philippe, qui n'entendait rien, rien que cette voix d'en haut et ce sinistre *Dies iræ*, qui durait toujours !....

A peine Philippe Bayle et Amélie eurent-ils disparu, suivi d'un long cortège de parents et d'amis, qu'un groupe de femmes, qui s'étaient comptées de l'œil et qu'un même dessein venait de rapprocher de la grande porte, s'élancèrent aussitôt par l'escalier qui mène à l'orgue.

Dans cet incident étrange, elles avaient soupçonné tout de suite une pensée de maléfice ; dans ce chant lugubre, une malédiction sur les nouveaux époux, et elles voulaient connaître celle qui avait été assez vindicative et assez hardie pour lancer cette malédiction jusque dans le temple de Dieu !

Elles se précipitèrent donc à sa rencontre.

Mais au moment où elles montaient en tumulte une femme descendait tranquillement.

Cette femme s'arrêta.

Elle n'eut qu'un mot à prononcer, moins peut-être, qu'un signe à faire, — et les autres femmes, consternées, se rangèrent pour la laisser passer...............................

....

Encore sous l'impression pénible de la scène de l'église, Mme de Pressigny se trouvait seule dans son appartement, le lendemain, lorsqu'on lui apporta une lettre.

Cette lettre était datée de la petite ville d'Epernay.

Voici ce qu'elle contenait :

« Accourez, madame, car j'ai à vous remettre mon testament ; je suis mourante. «

Ces quelques mots étaient signés : CAROLINE BALIVEAU.

Mme Baliveau était une des sœurs les plus obscures de l'association ; mais, dans l'association, les degrés d'obscurité n'étaient pas plus comptés que les quartiers de noblesse.

Devant une invitation aussi pressante, la marquise de Pressigny ne pouvait pas hésiter.

Il s'agissait d'un testament à recevoir, car ainsi qu'on l'a vu, l'hérédité n'était pas une des bases de la Franc-Maçonnerie des Femmes. Chacune avait le droit de désigner celle qu'elle désirait voir appelée à sa succession mystérieuse.

La marquise fit immédiatement demander des chevaux de poste pour le soir.

A peine cet ordre était-il donné qu'on lui annonça une visite.

Elle se leva pour recevoir une femme qui était vêtue de deuil.

Mais elle recula immédiatement à cette vue.

— Est-ce que je me trompe ? murmura-t-elle.

— Non, madame la marquise, vous ne vous trompez pas ; je suis bien la Marianna, ou, si vous l'aimez mieux, Marianne Rupert.

— Vous ! dit la marquise en joignant les mains de terreur.

— Ne vous attendiez-vous point à me revoir, madame ?

— Mais vous-même, ignorez-vous donc qu'on vous croit morte ?

— Oh ! vous vous êtes bien hâtée de croire à ma mort ! dit Marianna avec un sourire funeste.

— J'ai partagé l'erreur de tout le monde, répondit la marquise en frémissant.

— Vraiment ?

— A Marseille, où j'ai écrit, on se raconte encore les moindres détails de votre suicide.

— Ah ; vous avez écrit !

— Une personne de notre association m'a répondu : c'est sa conviction qui a décidé de la mienne. Plus tard, cette nouvelle a été confirmée par les journaux.

— Je l'ai lue, en effet, dit Marianna avec sangfroid.

— Mais vous, madame, qui paraissez me blâmer d'ajouter foi à cette lugubre comédie, quel était donc votre but en la jouant ?

— Mon but ? ah ! un but impossible à atteindre ! répondit-elle en soupirant ; je voulais ne plus vivre que pour Irénée.

— Irénée ! dit la marquise avec une cruelle appréhension.

— C'est son deuil que je porte.

— Oh ! le malheur partout ! s'écria Mme de Pressigny ; vous êtes une fatale messagère, madame.

— Il est bien mort, lui ! reprit Marianna sans l'entendre et comme attendrie par ce souvenir.

— Pauvre enfant !

— Ses souffrances ont été affreuses, son agonie a été déchirante ; il est mort comme il a vécu, en martyr. Ah ! son sang crie vengeance aussi !

— Vengeance ? répéta la marquise en attachant sur elle un regard plein d'anxiété.

— Il n'en fallut pas davantage à ces deux femmes pour se comprendre.

— Oui, madame, vengeance ! continua Marianna ; c'est le seul sentiment qui domine en moi. Je m'étais trompée en croyant pouvoir faire de ma vie un sacrifice à Irénée ; ma vie appartenait tout entière à la haine, et c'est à la haine que je viens la restituer aujourd'hui.

— Que voulez-vous dire ?

— Madame la marquise, laissez là les détours ; vous savez pourquoi je suis venue.... vous saurez surtout pour qui je suis venue.

La marquise demeura muette.

— Il y a trois ans environ, reprit Marianna, que la destinée de M. Philippe Beyle m'a été accordée par l'association.

— C'est vrai.

— En revenant à Paris, je m'attendais à le trouver écrasé sous le poids de votre justice. Je me surprenais déjà à intercéder, non pour qu'on lui fît grâce, mais pour qu'on ralentît son supplice. J'arrive : je le vois heureux, comblé d'honneurs, ivre d'orgueil. Qui a changé son sort ? Une femme, vous !

— Mon excuse est dans ma bonne foi, madame, dit la marquise de Pressigny ; il est écrit dans nos statuts : « La mort d'une sociétaire fait cesser de droit toute œuvre entreprise pour elle, à moins que son héritière dans la Franc-Maçonnerie n'en réclame l'exécution. »

— Soit ; mais je suis vivante ! dit froidement Marianna.

— Pourquoi ne m'avoir pas mise en garde contre l'erreur où je pouvais tomber ?

Marianna la regarda.

— Qui sait ? Peut-être n'étais-je pas fâchée après tout de savoir quelle part avaient votre sagesse et votre prudence dans la direction de nos intérêts.

— Vous permettez-vous de douter de ma sincérité ? dit la marquise en relevant la tête.

— Je me permets de penser que vous vous êtes trop hâtée d'oublier mes droits, pour ne songer qu'à l'amour de Mlle d'Ingrande votre nièce.

— Que je me sois hâtée ou non, Amélie est aujourd'hui la femme de M. Philippe Beyle.

— C'est un malheur pour elle, dit Marianna.

— Oh ! s'écria la marquise désespérée.

— Madame, vous êtes la grande-maîtresse de notre ordre ; vous avez juré de sacrifier à nos intérêts, non-seulement votre existence, vos richesses, mais encore vos liens de famille.

Ces mots avaient été prononcés d'un ton ferme mais calme.

La marquise de Pressigny se sentit en lutte avec une nature implacable.

— Alors, que voulez-vous ? demanda-t-elle à Marianna.

— Je veux rentrer dans mes droits sur Philippe Beyle.

— Malgré l'alliance qui vient de l'introduire dans ma famille ?

— Malgré tout.

La marquise baissa la tête.

— La Franc-Maçonnerie l'a condamné sur mes justes griefs, reprit Marianna.

— Je m'en souviens ; je me souviens aussi que ma voix de grande-maîtresse fut insuffisante à combattre cet arrêt. Vous l'emportâtes sur moi devant notre assemblée générale. Était-ce un pressentiment qui me faisait alors m'opposer à ce que je considérais comme un acte de despotisme trop ouvert ? Je ne sais. Toutefois, je pensais alors ce que je pense encore aujourd'hui : c'est-à-dire que le but de notre association est plutôt de punir que de protéger.

— Punir les oppresseurs, c'est protéger les opprimés.

— Les torts de M. Beyle envers vous n'ont été que ceux d'un amant.

L'œil de Marianna étincela à ces paroles.

— Que ceux d'un amant, oui, madame, rien que cela ! répondit-elle avec ironie ; c'est la moindre des choses, en effet. Il m'a torturée, il est entré violemment dans ma vie pour la briser. Ses torts ne sont que ceux d'un amant ! Est-ce donc à moi de vous rappeler que notre société est autant la sauvegarde des sentiments que la sauvegarde des intérêts ? Par quoi vivons-nous, nous autres femmes, sinon par le cœur, et quand on nous l'a broyé, quel plus grand crime pouvez-vous imaginer, dites-moi ?

— Madame....

— Mes griefs qui étaient justes alors se sont accrus depuis. Je vous le répète, cet homme m'appartient.

Après avoir disputé le terrain pied à pied,

la marquise de Pressigny crut devoir changer de tactique.

— Soit, dit-elle ; mais en le frappant, n'atteindrez-vous pas du même coup Amélie, une enfant qu'il vous est impossible de haïr ?

Marianna eut un tressaillement.

— Elle m'a sauvé la vie, c'est ce que vous voulez me rappeler, n'est-ce pas ? Oh ! je ne l'ai pas oublié. Un jour que j'étais tombée dans le bassin d'Arcachon, l'enfant eut plus de dévoûment que Philippe, qui m'accompagnait, plus de courage que les misérables rameurs. Elle m'arracha à la mort ; me rendit-elle un véritable service ? Je l'ignore. Cependant je serais un monstre si le souvenir de ce qu'elle a fait pour moi s'était effacé de ma mémoire.

— Eh bien ? dit la marquise.

— Eh bien ! madame, je plains votre nièce, mais ce souvenir ne m'empêchera pas d'arriver jusqu'à Philippe. C'est parce que ma reconnaissance pour elle est grande que je serai sans pitié pour lui. Je vous le déclare, c'est une alliance monstrueuse que celle de cet ange et de ce démon. Je le connais : il avilira tout ce qu'elle a de pur et de charmant dans l'âme, il profanera une à une ses illusions de jeune fille et de jeune épouse. Cet homme ne croit pas à l'amour, il ne croit tout au plus qu'aux femmes qui flattent sa vanité ou servent son ambition. Madame, je rendrai à Amélie service pour service : je la délivrerai de cet homme.

— Que dites-vous ? s'écria la marquise hors d'elle-même.

— La vérité.

— C'est impossible ! vous ne ferez pas cela !

— Pourquoi donc ?

— Je m'y opposerai ! j'invoquerai mon pouvoir, mes priviléges !

Marianna dit lentement :

— Il est écrit dans nos statuts que la haine doit s'arrêter devant le mari ou les enfants d'une franc-maçonne. Philippe n'est pas le mari d'une franc-maçonne, et Amélie n'est pas votre enfant.

— Vous avez raison, je le reconnais, dit la marquise, abattue.

— Enfin !

— Mais pitié ! pardon !

— Pitié ? pardon ? murmura Marianna comme quelqu'un qui entend pour la première fois une langue étrangère.

— Ah ! je vous supplie

— Mon dernier mouvement de pitié est enfermé sous le couvercle de la tombe d'Irénée.

Marianna se disposa à sortir.

— Encore un mot ! s'écria la marquise de Pressigny.

— J'ai dit tout ce que j'avais à dire, madame ; vous êtes avertie.

— C'est donc aussi jusqu'à la tombe que vous voulez poursuivre Philippe Beyle ?

Marianna ne répondit pas, mais un sourire passa sur ses lèvres.

— Adieu, madame la marquise, dit-elle en s'inclinant profondément.

La marquise retomba dans son fauteuil.

Une longue méditation succéda à l'agitation provoquée par cet entretien.

Voici quel fut le résultat de cette méditation.

— Il n'y a qu'un moyen de sauver Philippe, pensa-t-elle, et pour cela, il faut qu'Amélie soit franc-maçonne. Mais comment....

A cet instant, ses yeux tombèrent sur la lettre signée Caroline Baliveau.

— J'ai un espoir ! dit-elle.

XIV.

LA FAMILLE BALIVEAU.

La famille Baliveau occupait une maison sur le Jard.

Le Jard est la principale promenade d'Epernay : une place avec des arbres et fermée par un petit parapet circulaire en pierre ; ce que dans d'autres villes on appelle le mail.

Modeste négociant en vins, Etienne Baliveau, âgé de cinquante ans environ, était un de ces véritables esclaves de l'honneur commercial dont la tradition est heureusement encore vivace et forte en France. Humble Caton de comptoir, il se fût sûrement planté son canif dans le cœur le jour où il eût vu sa signature livrée aux hontes du protêt.

Casematé dans ses registres, il n'avait jamais laissé voir sur sa physionomie le moindre signe de satisfaction lorsqu'il réalisait des bénéfices, ni la moindre trace d'inquiétude lorsqu'il éprouvait des mécomptes. Sa femme avait employé vingt-cinq années de tendresse à essayer de pénétrer les mystères de sa situation. Il l'adorait ; mais quand elle lui faisait une demande relative à ses affaires, il lui répondait impitoyablement :

— Ne t'occupe pas de cela.

Il serait trop long de dire les ruses auxquelles elle ent recours pour n'arriver qu'à des renseignements imparfaits. Elle apprit la tenue des livres afin de pouvoir, deux ou trois fois par an, se glisser clandestinement dans le comptoir et y interroger les chiffres.

Le caractère taciturne d'Etienne Baliveau affligeait d'autant plus cette pauvre femme qu'elle-même lui avait toujours caché un secret : atteinte d'épilepsie après une grossesse, elle s'était accoutumée à lutter silencieusement contre la souffrance ; car elle savait que cette maladie est une de celles qui, surtout en province, stigmatisent une famille et vouent ses enfants au célibat, à moins qu'ils ne possèdent une grande fortune.

Or, Mme Baliveau avait une fille de vingt-deux ans qu'elle cherchait à marier.

Voilà pourquoi cette héroïque bourgeoise s'efforçait plus que jamais de dissimuler ses douleurs physiques.

Une seule personne était dans sa confidence : c'était Catherine, la vieille domestique ; et, pour rien au monde, Catherine ne l'eût trahie ; elle savait protéger et même provoquer sa retraite dans son appartement, lorsque Mme Baliveau ressentait les approches de ce mal terrible, approches qu'il n'est pas impossible de prévoir dans de certains cas et sous certaines influences. C'était Catherine qui faisait alors le guet aux alentours de la chambre à coucher, pendant que Mme Baliveau se débattait dans les convulsions et dans l'écume....

Hasard providentiel, précautions inouïes, miracle de volonté ou amour maternel, toujours est-il que la courageuse femme avait réussi jusqu'à présent à dérober sa maladie à tous les yeux. Depuis la mise au monde de sa fille, qui avait été accompagnée des plus grandes souffrances, elle occupait un appartement séparé de celui de son mari ; cet appartement était tapissé et matelassé de toutes parts, pour étouffer les cris et amortir les chutes. Elle n'allait ni dans le monde ni même à l'église ; elle accomplissait ses dévotions dans sa chambre. Cette claustration, que son mari avait vainement combattue dans les commencements et qu'elle avait toujours mise sur le compte d'une apathie invincible, cette claustration était devenue pour elle le principe d'un embonpoint qui, du reste, lui seyait très bien et qui, en outre, servait merveilleusement à éloigner les soupçons des gens d'Epernay. Mme Baliveau avait été belle ; elle l'était encore ; mais elle ne pouvait tant faire que la tristesse de son âme ne se réfléchît presque continuellement sur sa physionomie ; cette tristesse, devenue contagieuse avec le temps, finit par s'étendre à tous les hôtes de la maison et à la maisonnette elle-même.

On disait à Epernay, par antiphrase : Gai comme les Baliveau du Jard.

Un jour, une découverte vint porter un coup terrible au dévoûment de Mme Baliveau.

Dans le comptoir de son mari, où, depuis quelque temps, ses visites devenaient plus fréquentes, elle trouva, caché au fond d'un secrétaire, un pistolet chargé, et, à côté, le brouillon d'une lettre qu'il adressait à son notaire.

Il expliquait dans cette lettre la nécessité où il était de vendre ses biens pour payer un passif de soixante mille francs.

Mme Baliveau ne dit pas un mot des tristes mystères dans lesquels elle venait de s'immiscer.

Seulement, elle écrivit à la marquise de Pressigny ces trois mots que nous avons rapportés : « Accourez, madame, car j'ai à vous laisser mon testament, je suis mourante. »

Depuis, Mme Baliveau attendait d'heure en heure Mme de Pressigny.

De la Toussaint à Pâques, à partir des dernières feuilles jusqu'aux premières, il n'y avait pas d'exemple que la soirée se fût passée pour Mme Baliveau ailleurs que dans leur petit salon vert du premier étage. Ils y recevaient invariablement les mêmes personnes, qui étaient :

1° Un de ces rentiers célibataires qui représentent orgueilleusement l'art de vivre en province avec huit cents livres de revenu et de réaliser encore quelques économies ;

2° Un capitaine de gendarmerie, silencieux ;

3° L'inévitable contrôleur des contributions, sexagénaire fluet et méticuleux, si bien pourvu contre le mauvais temps, qu'il envahissait à lui seul la pièce d'entrée, en y étalant son manteau, son pardessus, sa casquette fourrée, ses doubles gants, son cache-oreilles, ses socques et son parapluie.

On ne recevait pas de femmes, parce que les femmes sont plus clairvoyantes que les hommes, et que Mme Baliveau avait à craindre les regards trop clairvoyants.

Ces messieurs, au nombre de quatre, y compris Baliveau, se plaçaient dans un angle du salon, autour d'une table verte, pour y faire une partie de piquet : deux joueurs, deux assistants.

L'installation du contrôleur était un des détails les plus importants de la soirée. Pour rien au monde, d'abord, il ne se fût assis sur une chaise autre que celle qu'on lui réservait habituellement. Si, par hasard, on l'avait déplacée, il la cherchait dans tous les coins sans dire un mot ; si on l'avait transportée dans une chambre voisine, il appelait Catherine et lui faisait subir un interrogatoire dans le corridor ; on ne devinait la cause de cette algarade que lorsqu'il reparaissait triomphalement chargé de la chaise. Une fois assis, il examinait les pieds de la table ; il les éloignait ou les ramenait, après avoir mesuré le degré de gêne qu'ils présentaient à ses genoux. Ensuite, le fluet contrôleur posait sur un guéridon, placé à portée de sa main, une grosse tabatière, sur le couvercle de laquelle était incrustée une montre d'argent, ce qui rendait ce meuble trop lourd pour séjourner dans sa poche ; puis, il retirait de son sein, comme on retire un oiseau auquel on a voulu procurer quelque douce chaleur, une calotte de soie noire, dont il se coiffait avec précaution en promenant son regard à la ronde, et en disant :

— Vous permettez ?

Ces divers soins accordés chaque jour à ses aises ou à ses manies avec une régularité qui eût désespéré une mécanique, excitaient bien parfois les railleries du rentier orgueilleux et les sourires du capitaine de gendarmerie ; mais M. et Mme Baliveau, en hôtes généreux, les respectaient et les protégeaient.

Depuis peu, un nouveau personnage avait réussi à s'introduire dans ce cercle étroit, monotone et respectable. Un jeune substitut du procureur du roi avait été admis à y apporter d'honorables prétentions à la main de Mlle Anaïs Baliveau.

Cet événement, tout simple qu'il fût, avait failli troubler à jamais les somnolentes soirées du petit salon violet. Ni le rentier orgueilleux ni le contrôleur fluet, ni le gendarme silencieux n'avaient pu voir sans déplaisir un *étranger* se glisser ainsi dans leur compagnie. Il faut avoir vécu pendant des années dans une petite ville ; sur le même fauteuil, pour comprendre le sentiment égoïste que nous constatons.

La première fois que Mme Baliveau annonça aux joueurs de piquet que le jeune substitut viendrait quelquefois se mêler à leurs conversations du soir, cette nouvelle leur causa une sorte de stupéfaction.

Le contrôleur des contributions retint un :

— Ah ! mon Dieu ! comme si on lui eût appris une nouvelle invasion des Cosaques à Epernay. Oserait-il et pourrait-il conserver intacts tous ses priviléges en présence de ce nouveau venu ? Voilà ce que signifiait cette exclamation.

Une nouvelle et suprême surprise était réservée à ces trois personnages ; c'était l'arrivée de la marquise de Pressigny ; mais Mme Baliveau n'avait pas cru devoir les prévenir de celle-là. Elle s'était contentée d'informer vaguement son mari, comme on fait pour une ancienne amie de pension en voyage ; Mme Baliveau avait offert d'improviser une réception convenable, elle avait décidé que rien ne serait changé au train ordinaire du logis, et qu'elle recevrait confidentiellement sa chère marquise.

Donc, un soir, le gendarme, le rentier et le contrôleur se réunirent à l'heure accoutumée. Une lampe en imitation de bronze, recouverte d'un abat-jour où cabriolaient des figures diaboliques, décrivait un orbe lumineux sur le tapis de la table à jouer.

Mlle Anaïs Baliveau, en attendant le jeune substitut, qui avait la discrétion de ne point se présenter avant huit heures, attisait innocemment ses petites minauderies incendiaires ; car elle entrait dans ses vingt-deux ans, et pour elle le miroir était plutôt un conseiller qu'un flatteur.

Mme Baliveau, plus parée que de coutume, suivait du regard la marche des aiguilles à cadran d'une pendule d'albâtre.

Son teint brillait d'un incarnat tel, que le contrôleur fluet, après avoir mis ordre à toute sa garde-robe, ne put s'empêcher de lui en faire ses compliments *très humbles*. Le rentier appuya. Le capitaine de gendarmerie, se piquant d'honneur, eut un sourire.

Le substitut vint enfin compléter la réunion. C'était un long jeune homme, blond comme de la paille, qui s'efforçait de dérober une profonde timidité sous les dehors d'une gravité d'emprunt.

D'après le regard que nous venons de jeter sur cet intérieur si calme, était-il possible de supposer les drames qu'il recélait ?

Vers neuf heures, au moment où le piquet était fort animé, la bonne entra tout à coup.

— Madame ! madame ! dit-elle.

— Eh bien !

— C'est cette dame que vous attendez et qui descend de voiture.

Le contrôleur laissa tomber ses cartes.

— Une dame.... murmura le rentier.

— Une voiture.... dit le capitaine de gendarmerie.

Mme Baliveau suivit la bonne, laissant le salon violet dans le plus grand tumulte.

Elle se trouva en présence de la marquise de
Pressigny.

Jamais ces deux femmes ne s'étaient v s.

Mais elles appartenaient toutes deux à la
Franc-Maçonnerie, l'une en qualité de grande-maîtresse, l'autre comme simple sœur.

Mme Baliveau avait eu soin de faire allumer
u feu dans sa chambre à coucher.

Ce fut là qu'elles purent s'entretenir sans être
entendues.

A l'aspect de la femme du négociant qui, ce
soir-là, comme nous l'avons dit, était mise avec
une certaine recherche, et dont le visage offrait
toutes les apparences de la santé, la marquise
ne put retenir un mouvement de surprise.

— Aux termes de votre lettre, madame, dit-
elle, je croyais vous trouver souffrante ; je suis
assurée, grâce à Dieu.

Mme Baliveau sourit tristement.

— J'ai dit mourante, et c'est la vérité, répondit-elle.

— Cependant....

— En voici la preuve, ajouta t-elle en tendant
à la marquise une consultation signée des trois
meilleurs médecins de Paris.

La marquise parcourut l'écrit avec effroi.

Puis, reportant les yeux sur Mme Baliveau :

— Rien ne décèle, ni dans votre air ni dans
votre voix, un mal aussi affreux, dit elle.

— Madame la marquise, je suis mère, et je
veux marier ma fille.

Mme de Pressigny écouta.

— J'ai caché mon secret à mon mari et à
mon Anaïs ; n'était-ce pas plus difficile que de
e cacher à des étrangers ? Je me suis confiée à
des médecins, il est vrai, mais leur discrétion
n'est garantie par leur honneur.

— Que vous avez dû souffrir ! dit la marquise en la regardant avec intérêt.

— Oh ! oui, madame. Si vous saviez ce qu'est
a vie pour moi ! Je me farde comme une comédienne, afin de ne pas laisser soupçonner l'effrayante altération de mes traits. Toujours sur
le qui-vive, redoutant les visites trop longues,
prête sans cesse à repousser les questions de
mon mari où à me soustraire aux caresses de
ma fille, je n'ai qu'une pensée fixe, qu'une préoccupation : prévoir, devancer le moment de la

crise afin de me réfugier seule au fond de mon
alcove.

La marquise eut un frisson.

— Tel est le passé, dit Mme Baliveau ; et savez-vous quel sera l'avenir ?

— Vous me faites peur.

— Depuis quelque temps, mes accès ont augmenté. Je les compte, madame, je les compte
depuis vingt-deux ans. Ils ont augmenté dans
une proportion horrible. D'un instant à l'autre,
je crains qu'il ne me soit plus possible de cacher
la vérité. Alors, tout serait perdu : ma fille ne
se marierait pas, elle ne se marierait jamais. Il
ne faut pas qu'un plan conçu et exécuté au prix
de tant de tortures, soit détruit par un moment
de faiblesse ; n'est-ce pas votre opinion ?

— Vous pouvez guérir ; la science est sujet-
te à des erreurs.

— La science ne sait rien sur ma maladie, par
conséquent elle ne peut rien. D'ailleurs, je suis
arrivée à un âge décisif, à cet âge (ce sont les
médecins qui le déclarent) le mal passe où il re-
double. Il a redoublé. Aucune espérance ne m'est
plus permise.

— Quels sont donc vos projets ?

— Je périrai accidentellement.

— Accidentellement ? répéta la marquise devenue pâle.

— Oui.

— Oh ! je vous comprends; mais vous n'y songez pas. Terminer ainsi une vie remplie d'affection et de vertus !

— Condamnée par la science et par la nature, je hâterai de quelques jours le dénouement
de ma déplorable existence ; voilà tout ; dit
Mme Baliveau.

— Mais le ciel ? dit la marquise.

— Mais ma fille !

— Vous reviendrez sur cette épouvantable
résolution.

— Je vous assure, madame la marquise, que
personne ne dira que je me suis suicidée. Vous
allez me comprendre. Notre petite maison est la
plus élevée d'Epernay : elle a trois étages. Au
troisième étage se trouve la chambre de ma chère Anaïs. Un de ces jours, j'y monte avec la domestique pour changer les rideaux des croisées.
C'est bien simple. Je veux absolument m'occuper moi-même de ce détail ; en conséquence, la
domestique approche une table. Elle me fait
quelques observations sur le danger que je cours,
car c'est une bonne fille, cette Catherine ; je lui
rappelle que c'est moi qui commande, et, pour

enlever la tringle, je monte aussitôt sur la table. Un éblouissement me prend. La fenêtre est ouverte. Je tombe naturellement sur le pavé.

— C'est affreux !

— J'aurai du malheur, n'est-ce pas, madame la marquise, si l'on me relève vivante.

Mme Baliveau, en parlant ainsi, avait le sourire sur la bouche.

— Oh ! taisez-vous, s'écria la marquise de Pressigny, si l'on vous entendait !

— Non, dit Mme Baliveau.

Pour plus de précautions, elle alla entr'ouvrir la porte, afin de s'assurer que personne n'était aux écoutes.

La voix aigrelette du petit contrôleur des contributions monta faiblement jusqu'à elles. On jouait toujours dans le salon violet.

— Six cartes ! disait-il en comptant ses points.

— Que valent-elles ?

— Le cinq.

— J'ai mieux que cela à vous offrir, répondait le rentier.

— Je ne soutiens pas le contraire. Et la quatrième au roi ?

— Ne vaut pas une quatrième majeure.

— Trois as ?

— J'ai le quatorze de dix riposta le rentier.

— Alors vous me permettrez de compter un.

Et le contrôleur, essayant de sourire, mais en réalité, fort mécontent de son jeu, jeta sa carte sur la table.

Sûre de n'être pas épiée, Mme Baliveau referma la porte et revint auprès de la marquise de Pressigny.

— Je vous ai affligée, dit Mme Baliveau, pardonnez-moi.

— Quelle effroyable tragédie !

— D'autant plus effroyable que mon but ne sera pas atteint tout entier.

— Craignez-vous que, malgré tout, on ne devine ?

— Non ; mon sacrifice ne sera pas absolument inutile : moi morte, ma fille pourra se marier, c'est vrai, mais elle se mariera sans dot.

— Comment cela ? demanda la marquise.

— Un autre obstacle, que j'ai découvert quelques heures seulement avant de vous écrire, viendra fatalement s'opposer au bonheur d'Anaïs.

— Quel obstacle ?

— Son père est sur le bord d'un précipice. Il a écrit en secret à son notaire pour faire vendre tous nos biens. Il doit soixante mille francs. Il paiera ou il se tuera. S'il paie, comme tout

me le fait supposer, car nos biens représentent à peu près cette somme, ma fille n'aura plus un sou de dot ; et la pauvreté est une autre sorte d'épilepsie, voyez-vous.

— Malheureuse mère !

— En présence de ce surcroît d'adversité, et plus que jamais résolue à la mort, je vous ai appelée, madame, pour vous remettre mon testament, c'est-à-dire pour vous recommander ma pauvre Anaïs. Qu'elle soit mon héritière, qu'elle me succède dans notre association. Soyez sa protectrice, je vous en conjure !

Mme Baliveau avait les larmes aux yeux.

Depuis quelques instants, la marquise de Pressigny paraissait absorbée dans ses réflexions.

En sentant tomber des pleurs sur ses mains qu'avait saisies Mme Baliveau, elle lui dit :

— Une somme de soixante mille francs vous rassurerait sur l'avenir de votre fille ?

— Oui, madame, et je mourrais alors avec joie, au lieu de mourir dans les angoisses de l'inquiétude.

— Vous ne croyez donc pas à notre association, puisque, dans une situation aussi épouvantable, l'idée ne vous est pas venue de vous adresser à elle ?

— Comment n'y croirais-je pas ? dit Mme Baliveau, lorsque c'est à cette association que je dois mon éducation, mon mariage et ma dot ? Pouvais-je lui demander quelque chose de plus ? Notre franc-maçonnerie n'est pas une banque. Et puis, vous le savez, j'ai toujours été une sœur bien peu utile ; rarement on m'a mise en réquisition ; mes faibles services ne peuvent pas se comparer aux bienfaits que j'ai reçus. Je mourrai reconnaissante, mais insolvable.

— Insolvable, non. Il vous reste votre titre de franc-maçonne, et ce titre a une valeur.

— Une valeur ? dit Mme Baliveau, incrédule.

— La preuve, c'est que je vous propose de vous l'acheter.

— Vous, madame ?

— Écoutez-moi. Je désirerais qu'une de mes parentes appartînt à notre société. Au lieu de désigner votre fille pour vous succéder, désignez ma nièce ; substituez sur votre testament au nom de Mlle Anaïs Baliveau le nom de Amélie Beyle ; et je vous offre ces soixante mille francs, qui sauveront l'honneur de votre mari et la dot de votre enfant.

Mme Baliveau tremblait de joie.

— Parlez-vous sérieusement ?

— N'en doutez pas, dit la marquise, aussi émue qu'elle.

— Oh! madame, dans ce cas, laissez-moi vous remercier à genoux.

— Vous acceptez?

— Avec transport!

Elle approcha immédiatement une petite table où il y avait de l'encre et du papier.

— Dites-moi les noms de votre nièce, dit-elle à la marquise.

Le testament nouveau qui instituait Amélie franc-maçonne après la mort de Mme Baliveau fut écrit et signé en moins de trois minutes. L'ancien fut jeté au feu, qui le consuma entièrement.

— Voici un bon sur mon notaire, dit la marquise de Pressigny.

— Merci, madame, oh! merci! je vous devrai de mourir avec bonheur.

— Mourir?

— Dans huit jours votre nièce fera partie de la Franc-Maçonnerie des femmes.

— Ne parlez pas ainsi! dit la marquise en tressaillant; vous me feriez croire que j'ai aidé à un crime!....

L'heure de se séparer était venue pour les deux femmes.

Mme Baliveau reconduisit respectueusement la marquise de Pressigny jusqu'au bas de l'escalier.

En repassant à côté du petit salon violet dont la porte était légèrement entr'ouverte, elles purent entendre ces mots échangés entre les paisibles joueurs de piquet:

— Trente-deux de mon pique, qui est bon.

— Soit, monsieur.

— Et soixante-treize, toujours du même.

— Permettez, monsieur!

C'était la voix aiguë du contrôleur des contributions qui réclamait.

La marquise frémit à ce contraste; elle hâta ses adieux, et la porte de la maison du Jard se referma sur elle.

XV.

LE SPECTRE DU PASSÉ.

Quelques-uns de ceux qui ont été mariés le savent: il n'y a pas de bonheur supérieur à celui qui suit les premiers jours d'une union accomplie dans les conditions parfaites de beau-té, d'intelligence, d'honneur et de richesse. L'homme atteint alors à des hauteurs de sérénité, à des sphères d'extase qui réalisent par intervalle les quelques-unes des inventions de Thomas Moore dans ses *Amours des Anges*. Un degré de plus, et il toucherait à son rêve; ce qui ferait s'écrouler la voûte céleste en morceaux. Pour rendre dans une image humaine un tel bonheur, il a fallu évoquer les comparaisons les plus suaves, faire un appel aux mots les plus harmonieux et les plus doux: de là l'expression de *lune de miel*.

Saadi, le poète des délicatesses persanes, n'eût pas trouvé mieux.

Sous la lumière voilée de cet astre s'épanouissent, comme autant de fleurs contenues jusque-là par le grand jour du monde, les plus précieuses qualités de l'âme et de l'esprit. On se retrouve candide en face de la candeur; les railleries anciennes ne nous poursuivent plus; elles se sont enfuies et peu à peu effacées dans le lointain d'un célibat mauvais. On ne se préoccupe plus de passer au contrôle de l'opinion les élans de son intelligence. Une vie puissante, qu'exhalte la passion sanctifiée, a remplacé une vie mesquine, faite de concessions, d'inquiétudes, d'indignation, de fatigue ou, ce qui pis est, d'indifférence.

Un charme infini réside surtout dans les premiers discours d'un mari à sa femme, dans le tableau qu'il lui trace complaisamment des fêtes de l'avenir. S'assimiler une âme jeune et neuve, lui ouvrir les portes du monde réel, tout en ayant soin de ménager ses illusions, n'est-ce pas refaire à son propre usage un cours de morale poétique et rapprendre la vie par ses bons côtés?

Plus que toute autre, la lune de miel de Philippe Beyle et d'Amélie semblait devoir n'éclairer que des jours heureux. Amélie possédait une faculté qui dominait toutes les autres: elle adorait et admirait son mari. Sa confiance en lui était illimitée. Il était le premier qui eût fait battre son cœur, et les jeunes filles n'ont jamais assez d'auréoles pour orner le front de ce premier élu. Philippe, de son côté, veillait sur son bonheur en homme qui sait ce que le bonheur coûte; il avait de ces précautions, de ces attentions qui attestent la science profonde de l'amour et la connaissance de toutes ses fragilités. C'était un artiste dans le sens conjugal, mais un artiste enthousiaste et sincère; car il aimait, enfin! il aimait comme il n'avait jamais aimé, pour la dernière fois et jusqu'à la mort.

Sans pénétrer aussi loin que nous dans ses sollicitudes, Amélie les savourait délicieusement; elle se sentait à l'abri sous cette protection savante et ardente. Chaque fois que Philippe était obligé de la quitter, il avait l'art de lui laisser dans l'esprit, après quelque entretien, un thème, une réflexion destinés à occuper, à adoucir pour elle les moments de l'absence.

On ne sera donc pas étonné du dédain qui la saisit, lorsque, le surlendemain de ses noces, elle reçut, par une voie anonyme, un petit paquet contenant cinq lettres un peu chiffonnées, un peu jaunies, et signées toutes du nom de Philippe. C'étaient de tendres ou railleuses épîtres, adressées autrefois par lui à diverses femmes.

Amélie les foula d'abord à ses pieds, car, dans ces impures évocations du plaisir, elle ne vit qu'un outrage fait à sa dignité d'épouse. Mais après ce premier mouvement d'orgueil, un sentiment aussi impérieux quoique moins élevé, la ploya jusqu'aux plus vulgaires curiosités de la femme. Elle s'agenouilla et ramassa une à une ces feuilles qui respiraient comme un parfum d'adultère anticipé.

C'était bien l'écriture de Philippe. La date de ces lettres remontait à plusieurs années, et il était évident qu'un choix significatif avait présidé à leur réunion, car chacune d'elles était adressée à une personne différente : femme du monde, actrice, marchande ou célébrité à la façon de Marie Duplessis.

La première qu'elle parcourut était écrite dans ce goût de persiflage particulier à Philippe Béyle et qu'Amélie ne lui connaissait pas encore. « — Chère et mélancolique amie, il faut absolument que vous preniez parti de mon abandon. Vous vous attachez à moi comme une épitaphe à un tombeau. Cependant, je vous l'ai dit mille fois : gardez-vous de me considérer comme un amant sérieux. Je sais jouer l'amour comme vous savez jouer l'opéra. Or, il est rare qu'un opéra dépasse cinq actes et deux ou trois tableaux; notre amour a dépassé un an. Il y a longtemps que la rampe devrait être baissée. Adieu, dolente et belle. J'espère qu'un jour ou l'autre une riche héritière m'offrira un engagement aussi brillant que celui que vous offre, par mon entremise, le correspondant du théâtre de Rio Janeiro. Tout est musique dans la vie : note de poitrine, note de cœur et note diplomatique. »

Un tel langage et surtout une telle profession de foi, étaient bien faits pour confondre l'innocente Amélie. C'était une initiation à des mœurs qu'elle aurait dû toujours ignorer; c'était la révélation d'antécédents condamnés à demeurer éternellement ensevelis dans l'ombre. « Je sais jouer l'amour ! » Ces mots l'importunaient douloureusement; elle avait besoin pour les chasser de se rappeler les ardentes protestations et les serments de Philippe.

Les autres lettres n'étaient que la reproduction de la même idée; selon la condition de la femme, la paraphrase s'ennoblissait ou se compromettait davantage; les masques étaient différents, la physionomie était immuable. Dans un de ces messages, il allait jusqu'à rallier le réchaud qu'une petite modiste menaçait d'allumer dans son arrière-magasin.

Amélie crut devoir ne pas informer Philippe de cet incident; elle garda sa blessure pour elle seule. D'ailleurs, rien dans cette découverte n'avait encore entamé son amour.

Elle reçut d'autres lettres; elle les lut comme elle avait lu les premières; chacune d'elles venait éclairer de funestes lueurs la jeunesse de son mari et apporter un démenti à ses effusions les plus récentes. Lorsque Philippe lui avait dit la veille, en l'éblouissant de son beau regard : — Aimer et être aimé toute la vie, est dans ces mots ! — Voici ce que Amélie lisait le lendemain dans un ancien billet déposé sur sa table de toilette ou rencontré à ses pieds dans une allée du jardin : « La vie est dans tout, excepté dans l'amour. L'amour est une sensation confuse, comme le sommeil, et qui annule toutes les autres sensations. Un homme qui cesse d'aimer est un homme qui se réveille. Bonjour, madame ! »

En dépit de sa tendresse et de sa confiance, on comprend que le doute dût finir par ébranler l'esprit d'Amélie.

Une dernière attaque de ce genre lui fit prendre une résolution.

Elle avait trouvé, un matin, dans un bouquet que lui envoyait Philippe, une lettre qu'il n'y avait certainement pas mise. Cette lettre, plus importante que les autres, développait, avec un cynisme souriant et pailleté, une grande partie de son système; elle avait quatre ans de date et paraissait adressée à la même cantatrice de tout à l'heure, du moins Amélie le supposait ainsi, car la suscription avait été enlevée.

« Encore des reproches ! y disait-il ; ma chère amie, vous devenez vraiment monocorde. Raisonnons un peu. Deux amants étant donnés, il faut toujours que, tôt ou tard, il y en ait un qui quitte l'autre le premier. Vous ne sortirez pas de là. Le premier a été moi ; c'est fâcheux pour votre amour-propre, mais pour votre amour-propre seulement. Que vous souffriez, je le comprends, c'est involontaire et cela passera ; mais que vous ayez raison de souffrir, voilà ce que je nie. Vous me rappelez les heures enchantées que nous avons passées ensemble ; je m'en souviens autant que vous, chère.... (ici un nom gratté), car je collectionne les heureux souvenirs, comme d'autres collectionnent les livres et les papillons. Pourquoi partir de là pour m'accuser d'égoïsme et d'ingratitude ? Voilà qui est mal et qui n'est pas juste. Vous énumérez, avec une complaisance qui s'éloigne peut-être de la modestie, les circonstances où se sont manifestés votre dévoûment, votre abnégation, votre noblesse d'âme, enfin, une liste de vertus dont je m'étais toujours douté. Puis, suivant dans les airs mon amour envolé, vous concluez à l'ingratitude. Voyons ! voyons ! je ne consens pas, sans une discussion préalable, à me reconnaître moi-même pour un monstre. Causons donc, et surtout ne m'interrompez pas.

« Vous êtes née bonne, dévouée, compatissante. En m'aimant, vous n'avez fait qu'employer ces instincts, qu'obéir à votre vocation. Et vous voulez que je vous sache gré du bonheur que vous avez éprouvé dans l'exercice de vos qualités ! C'est de l'exigence, mon amie ; je veux vous forcer plus tard à en convenir.

« Pourtant, aujourd'hui, je vous concède encore ce point. Soit, je vous suis reconnaissant, très reconnaissant du plaisir que vous a procuré notre liaison. Mais je ne conçois pas, je l'avoue, que vous me menaciez de votre haine ? Savez-vous bien que ce mot, pour être humain, ne doit signifier autre chose que l'exaspération de la justice ? Or, la justice est ce qui manque le plus à vos appréciations. Permettez-moi d'essayer de vous le prouver par une comparaison, ou, mieux encore, par une similitude, comme dirait Gros-René.

« J'imagine un pianiste du plus grand talent. Vous voyez que je ne sors pas de la musique. Il ne manque à ce pianiste qu'une toute petite chose, indispensable, il est vrai, à la manifestation de ses admirables facultés, il lui manque un piano. Le hasard le lui fournit. Dès lors, vous

comprenez l'ivresse de mon artiste ; il peut donc enfin, et tout à son aise, donner l'essor à son inspiration, fixer ses mélodies, se persuader à lui-même qu'il a un génie transcendant. Fort bien. Puis, un matin, voici le piano qui reprend le chemin de l'escalier. Le hasard, qui le lui avait donné, le lui retire maintenant. Qu'y faire ? Notre artiste s'en prendrait-il au piano ? Non, il est trop sensé pour cela.

» Eh bien ! chère.... (toujours le nom gratté) j'ai été pour vous cet Erard, qui vous a fourni l'occasion de déployer vos mérites incontestables, de faire briller et éclater vos qualités splendides. Sur le thème de mon cœur, vous avez brodé les plus gracieuses, les plus tendres, les plus sublimes variations de votre sensibilité. Le mal est que cela n'ait pas duré toujours, j'en tombe d'accord avec vous. Tout s'en va. Je m'en suis allé comme un simple piano, après le grand air de la jalousie et la cavatine du parjure. C'est égal, chère amie, je vous engage une dernière fois à ne plus tant m'en vouloir de votre bonheur, si passager qu'il ait été. »

Cette fois, Amélie trouva que le paradoxe était poussé jusqu'au vertige, que la moquerie tournait à la cruauté. Elle eut peur de son mari, à son tour. D'un autre côté, la façon singulière dont ces lettres lui arrivaient lui montrèrent l'espionnage et la trahison cachés autour d'elle. C'était trop pour ce jeune cœur, qui n'était pas encore né aux réalités de la vie. Elle courut se réfugier dans les bras de Philippe.

— Tenez ! s'écria-t-elle, voilà ce que je reçois tous les jours ; délivrez-moi d'un semblable supplice !

Un coup de poignard eût moins fait de mal à Philippe Beyle que la vue de ces pages.

Il ne fit qu'y jeter les yeux ; il les reconnut à son grand étonnement, car il croyait les avoir comprises dans l'autodafé général qu'il avait fait de sa correspondance amoureuse, quelque temps avant son mariage.

Il sentit d'où lui venait cette nouvelle blessure ; mais, en ce moment, son principal soin devait être de la dissimuler aux yeux d'Amélie.

— Est-ce que nous avons des ennemis ? lui demanda-t-elle avec inquiétude.

— Le bonheur en a toujours. Mais rassurez-vous ; ce ne sont pas eux qui vous envoient ces lettres.

— Ce ne sont pas eux, que dites-vous ?

— Non, Amélie.

— Alors, qui donc....

— C'est moi.

— Vous, Philippe!

— Moi. Vous allez comprendre les motifs de cette conduite. C'est précisément lorsque nous sommes le plus heureux, qu'il faut savoir prévoir et conjurer les moindres nuages de l'avenir. Or, je veux qu'on ne vous apprenne rien sur moi que je ne vous aie révélé moi-même. Forte et croyante aujourd'hui, peut-être ne le seriez-vous pas autant dans quelques années.....

— Oh! Philippe! dit-elle d'un ton fâché.

— J'ai voulu profiter de ces premières heures pour me faire connaître à vous tout entier; j'ai voulu opposer aux qualités nouvelles les défauts anciens. Plus votre foi était robuste, plus l'épreuve devait être hardie et décisive.

— C'était donc une épreuve? murmura Amélie un peu honteuse.

— Oui.

— Mais ce que vous écriviez autrefois....

— Était alors l'expression vraie de ma pensée.

— Méchant!

— Prévenir le mal vaut mieux que d'avoir à le guérir. Désormais, lorsque vous comparerez l'homme que je suis avec l'homme que j'ai été, vous comprendrez que vous avez opéré une transformation. Ces femmes m'avaient fait sceptique et impitoyable; vous, Amélie, vous m'avez rendu croyant et bon. A chacune ses œuvres.

— ... Philippe, j'ai été plus faible que vous ne le pensiez; ces lettres m'avaient alarmée un instant; je m'en accuse et j'en rougis. Pardonnez-moi, car je vous aime.

En dépit de sa prétendue assurance, Philippe Beyle s'empressa de faire maison nette, c'est-à-dire de changer immédiatement ses principaux domestiques.

Sauvé par une audacieuse inspiration, il n'en était pas moins inquiet pour l'avenir.

La main de Marianna s'appesantissait décidément sur lui; ses menaces, qu'il avait d'abord dédaignées, puis oubliées, commençaient à se réaliser depuis quelque temps.

Ce premier coup, entre autres, avait été sûrement et habilement porté; il eût suffi à dénoncer une imagination féminine : détruire le prestige de Philippe aux yeux d'Amélie, ruiner l'époux dans l'esprit de l'épouse, tel avait été le but de Marianna.

Philippe avait déjoué ce but.

Il avait vaincu une première fois.

Mais vaincrait-il toujours?

Le caractère de Marianna lui était connu; de sa part, il pouvait s'attendre à tout.

Une telle perspective n'avait rien de rassurant pour la paix de son ménage.

Quel parti devait-il prendre?

Après être entré avec Amélie dans la voie des confidences, devait-il lui avouer les motifs de cette vengeance suspendue sur les deux têtes? Devait-il lui raconter longuement sa liaison avec Marianna; lui dire les mépris et les dégoûts dont il avait abreuvé cette femme?

Philippe comprit qu'il avait trop à perdre à ce récit. Il est une nature de révélations dont on peut charger volontiers le hasard, mais qu'il importe de ne pas faire soi-même.

Il aurait fallu expliquer, justifier la haine terrible de Marianna. Comment s'y serait-il pris pour définir le genre d'outrage auquel, dans un incroyable accès de folie, il s'était laissé emporter lors de sa dernière entrevue avec elle? Il y a des torts envers une maîtresse dont rien ne vous lave, même aux yeux d'une femme légitime. L'outrage fait à Marianna était de ce nombre.

Il faut placer ici une observation, toute à l'honneur d'un sexe trop calomnié; c'est qu'une femme ressent plus vivement l'affront fait à une autre qu'un homme ne ressent l'affront fait à un autre homme.

Se confesser à Amélie eût donc été pour Philippe une faute et un danger.

D'ailleurs, cette confession n'aurait pas garanti Amélie des atteintes de sa rivale.

— Ces atteintes seront sans pitié, pensait-il; le Dies iræ de l'autre jour n'était qu'un prélude. Je puis juger de ce qu'elle fera par ce qu'elle a fait. Après m'avoir frappé lorsque j'étais seul, quel plaisir n'aura-t-elle pas à me frapper, maintenant que mon bonheur offre deux places à ses coups! Elle passera par le cœur d'Amélie pour arriver plus douloureusement au mien. Ah! Marianna! l'éclair de votre colère ne mentait pas, et, tôt ou tard, la foudre devait le suivre!

Telles furent les réflexions de Philippe Beyle en quittant Amélie.

Il allait au hasard; sa pensée avait besoin d'air et de mouvement.

C'était une chose nouvelle pour lui de se voir sur le point d'engager une lutte sérieuse avec une femme. Aussi l'étonnement n'entrait-il pas pour peu de chose dans la foule de ses craintes.

De plus, il se trouvait secrètement humilié. Son humiliation était d'autant plus grande que, dans cette lutte, il ne se sentait pas le plus fort.

Il savait que Marianna disposait de moyens étranges et puissants, de ressources mystérieuses. Il se rappelait les paroles qu'elle lui avait jetées dans le délire de ses supplications; et à travers ses paroles, il avait cru comprendre qu'elle était aidée dans sa vengeance par d'autres femmes.

Ce souvenir augmentait ses appréhensions.

Ce n'était donc pas seulement entre les mains de Marianna qu'il se sentait, mais dans un cercle d'ennemies invisibles.

La situation était grave.

Philippe arpentait les Champs-Elysées sous un de ces ciels moitié gris et moitié jaune qui sembleraient devoir appartenir exclusivement, et par droit de brevet, aux Iles Britanniques.

Il marchait comme marchent les gens qui ne se préoccupent pas d'arriver, c'est-à-dire tantôt trop vite et tantôt trop lentement.

A la hauteur du carré Marigny, il rencontra un homme enveloppé de fourrures.

C'était M. Blanchard.

XVI.

Depuis les circonstances qui avaient mis M. Blanchard et Philippe Beyle en présence l'un de l'autre, aux bains de mer de la Teste de Buch, leurs rapports, d'abord un peu froids, étaient devenus insensiblement plus aisés, comme il arrive toujours entre gens du monde qui finissent par se découvrir gens d'esprit.

Il s'étaient revus partout à Paris, et principalement au Club. Philippe tenait M. Blanchard pour une individualité remarquable; et M. Blanchard, de son côté, regardait Philippe Beyle comme un homme à qui il ne manquait rien qu'une dose de bienveillance pour être tout à fait supérieur.

En se trouvant face à face avec Philippe Beyle, dans les Champs-Elysées, M. Blanchard lui dit, après les saluts d'usage :

— Je lis sur votre physionomie que mon costume vous étonne....

— Mais non.

— Que ces fourrures me donnent à vos yeux l'air d'un original ?

— Pas le moins du monde.

On se rappellera peut-être que la grande préoccupation de M. Blanchard était d'échapper au reproche d'originalité.

— Hum ! vous n'êtes pas sincère, dit-il à Philippe.

— Je vous assure....

— Ou bien alors c'est vous qui êtes un original, en ne vous habillant pas comme moi.

— Cela pourrait bien être, monsieur Blanchard, répondit Philippe du ton le plus sérieux.

— Est-ce que vous montez les Champs-Elysées ?

— Je ne sais pas.

— Comment ! vous ne savez pas ?

— Non. J'allais au hasard quand je vous ai rencontré.

— Au hasard ? Permettez-moi dans ce cas de régler mon pas sur le vôtre.

— Volontiers, dit Philippe.

— Je croyais qu'il n'y avait plus que moi dans notre époque qui allasse au hasard.

— Pourquoi cela ?

— Parce que je suis un oisif, du moins au point de vue du monde. Mais vous, un homme d'Etat....

— Eh bien ? est-ce que les hommes d'Etat ne vont jamais au hasard ?

— Charmant ! très joli ! genre M. Scribe. Mais.... un nouveau marié ?

— C'est justement pour cela, dit Philippe.

— Votre pensée m'échappe.

— Ah ! monsieur Blanchard, vous qui êtes à la recherche d'émotions saisissantes, de tracas vivaces, je veux vous indiquer une voie peut-être nouvelle pour vous.

— Je suis tout yeux.

— Nouez dans les coulisses de quelque théâtre une intrigue avec une de ces femmes séduisantes à qui la vie du monde et la vie de l'art ont fait deux natures; avec une chanteuse ou une danseuse.

— *Giselle* ou *Norma*.

— Essayez de poursuivre pendant un an ou dix-huit mois cette intrigue, qui vous paraissait au début charmante comme un opéra, légère comme un ballet ; et puis, quittez tout à coup l'objet de votre fantaisie....

— Ce n'est pas difficile jusque-là.

— Ne dénouez pas, tranchez....

— Comme Alexandre.

— N'écoutez ni les fureurs ni les larmes, restez froid et brillant comme l'acier de la hache. Puis, ensuite....

— Ah ! voyons !

— Epousez, au bout de quelque temps, une jeune et belle enfant, ignorante de la vie et des haines ; tâchez de vous isoler avec elle dans cette retraite merveilleuse et inaccessible que tout homme rêve pour le milieu de son âge, dans ce jardin d'Armide purifié ; dites-vous bien que rien ne vous rattache plus aux événements anciens, rien, pas même le souvenir; endormez-vous dans cette assurance.... Ah ! le réveil sera terrible !

— Je connais cela, dit M. Blanchard.

— J'en doute.

— Avec des mots nouveaux, vous venez tout bonnement de me raconter le vieux drame, le vieux roman, le vieux vaudeville inutile : Femme et maîtresse.

— C'est vrai ; mais que de variantes à cet éternel sujet !

— Oui la vengeance d'une femme est le sentiment qui supporte le plus de perfectionnements et de raffinements.

Philippe ressentit un frisson à ces mots.

— Il est donc bien difficile de briser entièrement avec le passé ? dit-il, comme en se parlant à lui-même.

— Cela est même impossible, répondit M. Blanchard.

— Impossible ?

— On ne recommence jamais sa vie ; on la continue.

Un moment de silence suivit ces paroles, pendant lequel M. Blanchard examina à la dérobée la physionomie si expressive de Philippe Beyle.

Après une vingtaine de pas, il lui adressa cette phrase, où la réserve et la sympathie se fondaient dans les nuances d'une suprême distinction :

— Le sens de vos inquiétudes est peut-être plus aisé à pénétrer que vous ne le supposez vous-même. Voulez-vous que je vous le deviné ?

Philippe hésita.

Pas encore, lui dit-il, en le remerciant avec un sourire contraint.

— Comme vous voudrez. J'aurais mis avec plaisir mon peu d'expérience à votre disposition. Vous m'épargnez le rôle de radoteur ; c'est encore moi qui suis votre obligé.

— Oh ! monsieur Blanchard ! votre perspicacité se trouve ici en défaut.

— Comment ?

— Moi qui, depuis quelques minutes, ne songe qu'au moyen de vous demander un service !

— Un service ?

— Oui, monsieur Blanchard.

— A propos de quoi ?

— A propos.... de musique, si vous voulez.

— De musique, soit. Je me mets complètement à vos ordres.

— C'est une idée que j'ai eue, ou plutôt que je viens d'avoir, tout-à-l'heure, presque à l'instant, dit Philippe.

— Ah ! ah !

— Vous avez été en Russie ?

— C'est à cause de mes fourrures que vous me dites cela ?

— Non !

— J'ai été partout.

— Et, sans doute, continua Philippe, vous avez conservé des relations à Saint-Pétersbourg ?

— Beaucoup.

— Alors vous devez connaître le général Guédéonoff.

— Quel général Guédéonoff ?

— Celui qui est spécialement chargé de recruter des comédiens pour le théâtre de l'empereur Nicolas.

— D'abord il n'est pas général.

— Bah !

— Il n'a même jamais été militaire.

— N'importe. Connaissez-vous M. Guédéonoff ?

— Parfaitement ; c'est un des plus fins limiers artistiques que je sache ; il flaire un premier sujet à plus de cent lieues de distance.

— J'ai entendu vanter en effet ses facultés spéciales, dit Philippe.

— Guédéonoff eût fait au dix-huitième siècle le plus habile et le plus spirituel sergent des gardes-françaises qui ait jamais glissé une plume entre les mains d'un villageois, en lui promettant toutes les déesses du paganisme. Mais autres temps ! Aujourd'hui, il se contente d'enrôler à des prix fabuleux les amoureux du Gymnase qui n'ont pas encore de ventre (car il y a un tarif pour les amoureux comme pour les jockeys), et d'expédier de temps en temps pour la Néva quelques minorités tournoyantes, tourbillonnantes, qu'il enlève à l'Académie royale de Musique.

— Je sais cela ; et en vous demandant si vous connaissez M. Guédéonoff, je désire seulement apprendre si vous le connaissez intimement....

— Très intimement !

— Si vous avez du crédit auprès de lui.

— Je le crois bien. Nous avons couru ensemble plus d'une fois la voix de tête et le
rond de jambe.

— Ainsi, il écoute votre jugement?

— Il le consulte, affirma M. Blanchard.

— Vraiment?

— Il y a six mois, je lui ai fait engager un
éléphant.

— Diable! dit Philippe en riant; je vois
qu'il a beaucoup de considération pour vous.

— N'est-ce pas?

— J'aurais, moi aussi, à attirer l'attention
de M. Guédéonoff sur quelqu'un.... mais ce
n'est pas sur un éléphant.

— Cela ne fait rien.

— Je voudrais user de votre influence pour
lui recommander, ou plutôt pour lui signa-
ler.... une femme.

— Une femme, monsieur Beyle?

— Oui. Une jeune femme.

— Bien entendu?

— D'un talent hors ligne et d'une beauté
célèbre.

— *Giselle* ou *Norma*!

— *Norma*, dit Philippe.

— Vous savez, monsieur Beyle, que les cantatrices sont peu démandées à Saint-Pétersbourg. Pour être agréées par l'empereur Nicolas, il faut qu'elles soient précédées d'une réputation européenne.

— Celle dont je vous parle satisfait à cette
condition.

— Fort bien; veuillez me la nommer, et j'en
parlerai tout prochainement à Guédéonoff.

— Vous la connaissez comme moi; c'est la
Marianna.

M. Blanchard recula de quelques pas.

— La Marianna, s'écria-t-il; c'est la Marianna que vous voulez recommander....

— A la Russie, s'empressa d'ajouter Philippe.

— J'entends. C'est impossible.

— Pourquoi?

— Pour deux raisons, au moins.

— La première?

— La première.... mais il n'y a vraiment
que vous pour ignorer ce qui est connu et
archi-connu dans le monde musical!.... la
première, c'est que depuis plusieurs années Marianna a perdu sa voix.

— Elle l'a retrouvée! s'écria Philippe.

— Allons donc!

— Plus puissante et plus admirable que jamais, je vous le déclare.

— Vous l'avez entendue?

— Oui.... oui.... murmura Philippe avec
une sourire amer, provoqué par le souvenir de
sa messe de mariage.

— C'est extraordinaire!

— Dans ce cas, vous devez comprendre combien le moment est heureux pour remettre la
Marianna en lumière.

— Je l'avoue.

— Pour la faire remonter sur ce piédestal
où personne encore ne l'a remplacée.

— Personne, c'est vrai. Mais, mon cher monsieur Beyle, je vois que vous n'êtes instruit qu'à
moitié de la nouvelle situation de Marianna.
Laissez-moi compléter vos renseignements, comme vous venez de compléter les miens.

— Avec plaisir, dit Philippe.

— Marianna est riche aujourd'hui, très riche; elle est presque millionnaire.

— Millionnaire! Comment? Par quel hasard?

— En mourant, Irénée de Trémelen lui a légué toute sa fortune.

— M. de Trémelen est mort?.... dit Philippe, dont le front se rembrunit.

— Aux îles d'Hyères, où Marianna l'avait
accompagné.

— C'était un homme de cœur, dit Philippe
Beyle, devenu pensif.

— Dès lors, vous devez comprendre, à votre
tour, combien il est difficile d'offrir un engagement à une personne que l'administration de sa
fortune doit préoccuper exclusivement.

— Dans cette circonstance, on ne l'offre pas.

— Que fait-on?

— On l'impose.

— Peste! comme vous y allez?

— N'y a-t-il pas de précédents dans les annales dramatiques de la Russie? Il me souvient
d'avoir entendu plusieurs fois raconter certaines
razzias exécutées pour le compte de Sa Majesté
impériale.

— Oh! des contes!

— On cite les noms de plusieurs comédiennes
enlevées....

— Par des pirates barbaresques, c'est possible, mais pas par des Russes.

— Hum! monsieur Blanchard, croyez-vous
que la conscience de M. de Guédéonoff soit bien
nette à ce sujet?

— Je ne l'ai jamais interrogé.

— Eh bien ! interrogez-le.

— Volontiers.

— Parlez-lui en même temps avec enthousiasme de Marianna, de l'éclatante résurrection de sa voix, du réveil inespéré de son génie. Il en sera frappé, j'en suis sûr !

— J'en serais plus sûr s'il pouvait vous entendre vous-même, monsieur Beyle. Vraiment, vous avez une chaleur, une conviction....

Philippe se mordit les lèvres.

— Voyons, continua M. Blanchard en riant, avouez que vous ne seriez pas fâché de faire enlever Marianna ?....

— Mais....

— Dans l'intérêt de l'art ! comme dit le *Père de la Débutante*. Cette fois, j'outre-passe la permission, et je vous devine tout-à-fait. Tant pis, mon cher monsieur. Après tout, je suis un peu comme vous, je n'aime guère cette Marianna ; elle a fait souffrir ce bon, ce brave Irénée ; je lui en veux. Qu'il lui ait pardonné, cela le regardait. Mais moi, je n'ai pas de motif pour renoncer à ma rancune. Et puis....

— Achevez, dit Philippe en voyant hésiter M. Blanchard.

— Ce que vous m'avez laissé entrevoir tout-à-l'heure couronne d'un dernier trait ce caractère, qui ne m'a jamais été sympathique. C'est assez d'une victime dans la vie de cette femme. Il ne faut pas qu'elle puisse approcher des anges de famille. Le profond et respectueux attachement que j'ai toujours eu pour Mlle d'Ingrande et que j'ai reporté depuis sur Mme Beyle, me dit que mon devoir, à moi aussi, est de chercher les moyens de lui épargner un contact indigne.

Philippe lui serra la main avec une vraie émotion.

— Ainsi comptez sur moi, dit M. Blanchard. Je parlerai à Guédéonoff ce soir, demain au plus tard. Je l'enflammerai, j'évoquerai le souvenir de Falcon. Un voyage forcé est nécessaire à la Marianna, décidément.

— N'est-ce pas ?

— Les difficultés seront grandes ; mais bah ! Guédéonoff a des privilèges, des immunités. Il se dira : Enlevons d'abord ! et il enlèvera. On n'est pas pour rien le représentant d'un autocrate.

— Merci, monsieur Blanchard, merci.

— De votre côté, vous savez sans doute où 'o trouve la Marianna ?

— Mais non.

— C'est important cela, et il faudra le savoir.

— Je m'informerai, je chercherai....

— Bien, dit M. Blanchard.

Et, en se frottant les mains d'un air de satisfaction, il ajouta :

— Allons ! allons ! faire disparaître de Paris une femme, cela va m'occuper pendant quelques jours.

— Que de reconnaissance ne vous devrai-je pas !

— J'en conviens ! mais.... suspendez en l'expression jusqu'à nouvel ordre, car nous avons affaire à forte partie.

— A qui l'apprenez-vous ? murmura Philippe Beyle.

Une heure environ s'était écoulée pendant cet entretien.

Philippe crut qu'il était de bon goût d'en rester là pour une première fois.

— Je crains, dit-il à M. Blanchard, d'abuser de votre temps.

— Vous voyez ce que l'on gagne quelquefois à aller au hasard ! répondit celui-ci.

— C'est vrai, et j'espère que nous y retournerons ensemble.

— Quand vous voudrez.

— Où pourrai-je vous revoir ?

— Partout, au Club, chez vous.

— Mais si j'avais une communication importante à vous faire.

— Vous m'écririez, parbleu !

— En quel endroit ?

— Ah ! diable ! je n'avais pas songé à cela, se dit tout haut M. Blanchard.

— Où demeurez-vous ? demanda Philippe, croyant n'avoir pas été entendu.

— Je ne demeure pas.

— Je m'explique mal sans doute. Quelle est votre adresse ?

— Ma foi ! voilà une question à laquelle je suis très embarrassé de répondre.

— Ai-je été indiscret ?

— Du tout ! Seulement vous me voyez en peine de vous dire ce que je ne sais pas moi-même.

— Ce que vous ne savez pas ? répéta Philippe en souriant.

— Parole d'honneur !

— C'est juste ! j'oubliais que vous vous êtes fort spirituellement tracé un sentier indépendant et exceptionnel dans la vie.

— Oh ! je n'ignore pas que l'on me trouve

fantasque, souvent même ridicule ; tandis que je suis la logique et la simplicité incarnées.

— Cependant, monsieur Blanchard, un homme qui ne sait pas où il demeure, bien qu'il jouisse d'une grande fortune....

— Ressemble, selon vous, à un fou ?

— A un excentrique, tout au plus.

— Rassurez-vous, monsieur Beyle, je ne suis pas absolument sans feu ni lieu, comme un excommunié du moyen-âge.

— Vous habitez probablement quelque mystérieuse bonbonnière cachée par un de vos ancêtres sous des guirlandes de roses et des touffes de chevrefeuille, entourée de pièges à loups, défendue par des broussailles de fer, au fond du faubourg Saint-Germain, et par delà les Missions-Etrangères. Je vous approuve certes !

— Non. Mes ancêtres, puisque vous daignez réveiller ces dignes personnages, m'ont légué, en effet, trois ou quatre maisons ; du moins, c'est ce que prétend mon notaire qui les fait gérer pour moi ; je ne sais pas même dans quels faubourgs, dans quelles rues, sont situés ces immeubles ; et Dieu me garde de la pensée d'en habiter un seul !

— Vous préférez nos grands et somptueux hôtels, leur opulent comfort ?

— Encore moins ! s'écria M. Blanchard ; moi, loger à présent dans un hôtel ! me livrer à des personnes étrangères, à des serrures inconnues ! reposer entre les planches d'un lit qui a fourni sa vénale hospitalité à toutes les émigrations ! être exposé la nuit à me réveiller au bruit qui se fait sur ma tête ou sous mes pieds ! Monsieur Beyle, vous n'y pensez pas.

— Monsieur Blanchard, il faut pourtant bien demeurer chez soi ou chez autrui. Il n'y a pas de milieu.

— C'est là que je vous attendais. Ah ! il n'y a pas de milieu, dites-vous ; eh bien ! j'ai trouvé un milieu, moi.

— Je dois vous croire, mais ma surprise....

— Hâtez seulement un peu le pas.

— Soit, dit Philippe.

— Avant cinq minutes, selon votre désir, vous allez savoir où je demeure.... aujourd'hui.

— Ah !

— Mais je ne réponds pas que vous sachiez où je demeurerai demain.

— Je vous avoue, que ma curiosité est excitée au plus haut point.

— Ils marchèrent encore, jusqu'à ce qu'ils fussent arrivés au carré Marigny.

On sait que ce vaste emplacement est affecté aux saltimbanques et aux montreurs de ménagerie, qui, à de certaines époques de l'année, s'y installent avec une bruyance manifeste.

Mais, en ce moment, il n'y avait au carré Marigny qu'une seule voiture.

Cette voiture était taillée, il est vrai, sur le patron colossal de celles qui servent à transporter des familles entières d'écuyers et d'hercules. Une mince paraphe de fumée échappée d'un tuyau noir indiquait qu'elle était habitée.

Sur une affiche, on lisait ces mots, tracés en lettres très grosses : AUJOURD'HUI RELACHE.

Ce fut devant cette voiture que M. Blanchard s'arrêta.

Il pressa un bouton qui alla agiter une sonnette à l'intérieur.

Aussitôt un laquais en livrée, et qui avait l'air de sortir d'une boîte à surprise, jaillit plutôt qu'il ne sortit de l'immense véhicule.

A l'aspect des deux visiteurs, il s'empressa d'abaisser un marche-pied.

— Donnez-vous la peine de monter, dit M. Blanchard à Philippe Beyle.

— Que je monte.... là-dedans ?

— Puisque c'est là-dedans que je demeure.

— Quelle plaisanterie !

— Je vais vous montrer le chemin.

M. Blanchard monta le premier.

Philippe le suivit.

Après avoir traversé un soupçon d'antichambre, dont la perspective était augmentée par des fresques à colonnades et à lointains bleuâtres, ils pénétrèrent dans un salon magnifique. Si l'extérieur de cette habitation roulante était d'une apparence modeste, à dessein calculée pour ne pas trop émouvoir la curiosité des badauds, l'intérieur offrait le plus brillant tabernacle qui ait jamais contenu tous les dieux de l'art et de l'industrie.

Faut-il, à cette occasion, apprendre ou rappeler à nos lecteurs que, tout récemment encore, un de nos anciens ministres, redevenu historien, et obligé à de nombreux voyages par ses études topographique, s'était fait construire une voiture analogue, un de ces énormes wagons-appartements qui permettent de goûter à la fois les avantages d'une locomotion rapide et les douceurs d'un luxe stagnant ?

En remontant plus haut, on voit que Louis XVI avait également commandé pour sa fuite un caisson semblable, mais gauche et monstrueux, divisé en plusieurs compartiments, et destiné à contenir la famille royale tout entière, quelques courtisans et les domestiques. Cette voiture se brisa, après une course de quelques relais.

Celle de M. Blanchard avait été construite sur ses propres indications et presque sous ses yeux.

M. Blanchard avait du goût : ses idées, confiées à des ouvriers d'un mérite supérieur, gagnèrent considérablement à une exécution irréprochable. On pouvait dire de sa maison qu'elle était le chef-d'œuvre de la carrosserie. La perfection des ressorts rendait tout cahot impossible ; ce n'étaient plus des ressorts, c'étaient des rubans. Le bruit n'arrivait à l'intérieur qu'amorti par des ientures d'une lourdeur féodale et par des tapis épais comme un tertre normand ; il était absolument étouffé le soir par les volets qu'on appliquait contre les fenêtres, tant au dedans qu'au dehors.

Il n'y avait pas jusqu'aux vitres de ces fenêtres qui ne fussent doubles, à la mode russe.

Des prodiges d'ébenisterie ; une table qui s'agrandissait à volonté ou qu'on pouvait réduire aux simples proportions d'un guéridon ; des glaces au biseau exorbitant, et placées de telle sorte qu'elles multipliaient l'étendue à l'infini en se la renvoyant mutuellement ; des peintures sérieuses ; une bibliothèque où des reliures de Niédrée et de Duru recouvraient comme d'un manteau somptueux, les œuvres de la Pléiade grelottante ; des armes, en cas d'attaque ; des buissons de girandoles ; voilà ce qu'un premier coup d'œil embrassait dans le salon-miniature où M. Blanchard introduisit Philippe Beyle.

Tout cela s'épanouissait, à la manière d'un bouquet, sous la vive lumière du jour, tombée d'en haut, et dont l'intensité, comme celle du bruit, pouvait être graduée facilement.

Deux bons chevaux dans Paris, quatre au dehors, mettaient en mouvement ce fourgon, dont rien à l'extérieur, comme nous l'avons dit, ne trahissait les merveilles, et qui passait aux yeux du public pour un coche forain, ou bien encore pour une voiture de la Campagnie du Gaz.

M. Blanchard ne faisait pas autre chose que de transposer dans notre civilisation les mœurs nomades des Arabes, avec cette différence qu'au lieu d'une tente conique et austère, la sienne était carrée et splendide.

Ce fut ce qu'il s'efforça d'expliquer à Philippe dès qu'ils se furent assis tous les deux sur d'adorables fauteuils-ganaches.

— Franchement, monsieur Beyle, pour un célibataire ou pour un veuf, c'est-à-dire pour quelqu'un que rien ne retient ou ne rappelle au même point, y a-t-il un usage plus tyrannique que celui qui consiste à demeurer quelque part ? Ne vaut-il pas bien mieux, comme moi, demeurer partout ?

— J'avoue, monsieur Blanchard, que je ne me suis pas encore suffisamment rendu compte des avantages de votre système. Si commode et si élégant que soit ce volumineux carrosse, il me semble qu'une belle maison, en bonne pierre de taille, lui sera toujours préférée.

— Par qui ? par des routiniers, par des gens que tout progrès, que toute amélioration épouvante. Habiter une maison, c'est s'apprêter les plus graves embarras, les plus longs ennuis et graduellement les plus odieuses tortures. Ne croyez pas que j'exagère. Prenons un exemple : je sors du Club. Me voici forcé de marcher ou de me faire conduire jusqu'à *ma maison* ; pour peu que cette maison soit à quelque distance, je perds dix ou quinze minutes dans un état de passivité. Me prend-il fantaisie d'aller au Bois ou plus loin, en rase campagne ? je suis obligé de me livrer à un ennuyeux calcul de prévisions afin de rentrer avant la nuit dans ma maison. Qu'en dites-vous ?

Philippe riait et ne répondait pas.

— Ma maison ! ma maison ! Et dire qu'il y a des gens qui éprouvent une joie ineffable à prononcer ces deux mots. Ils auraient mieux fait de dire : ma prison. L'homme qui a une maison à soi, comme M. Vautour, ne peut ni vivre ni respirer en dehors ; ses moindres volontés sont soumises à cette masse de pierre qui l'attend, qui le réclame ; il voudrait bien voyager, mais que deviendrait-elle ? Aussi est-ce une expression vicieuse que celle-ci : *avoir une maison.* Ce n'est pas vous qui avez votre maison, c'est votre maison qui vous a.

— Comme la chienne de Beaumarchais, dit Philippe.

— J'ai donc eu raison de m'affranchir de ces tribulations ridicules. Au lieu d'être forcé d'aller retrouver chaque soir mes lares, ce sont mes lares qui me suivent partout où je vais.

— Oui, vous êtes le colimaçon de l'immeuble.

— Que me manque-t-il ici ! Après mon salon, voici ma chambre à coucher.

M. Blanchard poussa une porte qui démasqua un autre tapissé, ouaté, frangé ; quelque chose de calme qu'on n'eût jamais soupçonné et qui appelait le sommeil béat.

— Mon domestique a son hamac dans l'antichambre, continua-t-il. Nous remisons là où il me plaît. Très souvent, en été, j'ai vu lever l'aurore dans la plaine Saint-Denis.

— C'est charmant !

— Et quel bonheur de n'avoir à subir aucun voisinage incommode, de n'entendre le matin aucun de ces bruits, de ces cris, de ces miaulements, de ces tambours qui saluent l'aube à Paris! En outre, est-il quelque chose de plus monotone et de plus bête, pour l'homme qui a une maison, que de se réveiller tous les jours en face du même mur, de la même cour ou du même jardin? C'est à donner le spleen. Moi, je varie éternellement mes points de vue ; je me crée chaque jour, comme M. de Fénelon, *des horizons faits à souhait pour le plaisir des yeux.*

— Vous vivez plus que nous autres, c'est vrai ; mais tout cela ne m'explique pas l'affiche placée en dehors de.... votre hôtel.

— Quelle affiche?

— AUJOURD'HUI, RELACHE.

— C'est facile à saisir, cependant. La forme et l'étendue de mon domicile m'exposent, je ne fais aucune difficulté pour en convenir, à des méprises dont la répétition pourrait me fatiguer quelquefois. Dans les endroits où je m'arrête, on me prend volontiers pour un dentiste, un marchand de crayons ou un jongleur.

Philippe ne put s'empêcher de rire.

— C'est pour éviter les rassemblements et les questions que j'ai autorisé mon valet de chambre à apposer cette affiche inamovible: AUJOURD'HUI, RELACHE. Cela écarte ou, du moins, cela ajourne les curiosités. Il ne m'en faut pas davantage.

— Bravo! monsieur Blanchard, vous avez réponse à tout, dit Philippe en se levant.

— Où allez-vous donc?

— Il faut que je vous quitte ; Amélie serait inquiète d'une plus longue absence.

— N'est-ce que cela? Rasseyez-vous, monsieur Beyle.

— Mais....

— Rasseyez-vous, je vous prie.

M. Blanchard pesa sur un timbre.

Le valet apparut.

— Attelez, lui dit-il.

Ensuite, se retournant vers Philippe :

— Je vais vous ramener chez vous.

— C'est trop de bonté, et je dérange peut-être votre itinéraire.

— Non. Je dînerai aux alentours du boulevard : ensuite je rentrerai pour m'habiller.

— Où?

— Ici. Ah! c'est juste, je ne vous ai pas fait voir mon cabinet de toilette.

— Et après, monsieur Blanchard?

— Après, j'irai passer une heure aux Italiens, où peut-être rencontrerai-je Guédéonoff.

— Votre.... maison.... fera queue parmi les calèches?

— Certainement.

— Et, au sortir du théâtre, vous tomberez moelleusement dans votre lit.

— D'ordinaire, c'est ce qui arrive ; mais, ce soir, je reçois.

— Vous recevez?

— Oui.

— Où cela?

— Ici, parbleu! toujours ici! Je compte ramener quelques personnes à qui j'ai donné rendez-vous au foyer. Nous prendrons le thé chez moi. Oh! une petite réunion sans façon. Si vous daignez être des nôtres....

— Merci, monsieur Blanchard.

— En tout cas, n'arrivez pas après minuit, car ma maison et moi nous serons partis pour Orléans, où je suis invité à déjeuner demain matin.

— De mieux en mieux! Savez-vous que je pourrais bien finir par me ranger à votre méthode?

— Il faudrait commencer par là.

— On n'est pas parfait, dit Philippe en riant.

— Riez! mes idées feront leur chemin.

— Grâce à votre cocher.

— Avant un siècle, tout le genre humain sera logé dans des voitures.

— Cela donnera assez l'image d'un déménagement universel.

M. Blanchard se leva à son tour.

— A bientôt, dit-il en tendant la main à Philippe Beyle.

— Comment?.... dit celui-ci, surpris.

— Vous êtes rendu chez vous.

XVII.

Une seconde visite avait été faite par Marianna à Mme de Pressigny.

Comme dans la première, elle s'était montrée décidée à poursuivre son œuvre vengeresse.

Mais, dans l'intervalle, un obstacle inattendu était venu se placer en travers de son ressentiment.

La plupart des instructions envoyées par elle à la marquise n'avaient pas été exécutées. C'était là un acte d'opposition inouï, sans précédents, et qui pouvait entraîner les conséquences les plus graves pour la grande-maîtresse !

Aux explications qui lui furent demandées par Marianna, Mme de Pressigny répondit vaguement, évasivement.

Etonnée, Marianna comprit tout de suite que la marquise était en demeure de lui résister, sans enfreindre les statuts.

Mais dans ce cas, pourquoi ne jetait-elle pas résolument le masque ? Pourquoi semblait-elle chercher à gagner du temps ?

Il fallait donc que son plan de résistance ne fût pas complètement organisé ; et s'il n'était pas complètement organisé, Marianna avait encore l'espoir de le renverser.

Il s'agissait de pénétrer ce plan.

Les moyens matériels ne faisaient pas défaut à Marianna : elle était riche. Elle pouvait avoir sa police, elle l'eut. Elle voulut savoir jour par jour, heure par heure, quel avait été l'emploi du temps de la marquise de Pressigny depuis leur premier entretien : un rapport circonstancié, et tel qu'elle le désirait, lui fut adressé.

Dans ce rapport, son esprit ne fut frappé que d'une chose : le voyage à Epernay.

Ce fut à saisir les causes de ce voyage que Marianna appliqua immédiatement toutes ses facultés.

Elle y parvint.

A première vue, cela peut paraître difficile ; mais qu'est-ce qui ne paraît pas difficile, à première vue ?

On se rappelle, si du moins on ne le sait par cœur, ce conte de Voltaire où le philosophe Zadig, se promenant auprès d'un petit bois, est accosté par le grand-veneur, qui lui demande s'il n'a point vu passer le cheval du roi. — C'est répond Zadig, le cheval qui galope le mieux : il a cinq pieds de haut, le sabot fort petit ; les bossettes de son mors sont d'or à vingt-trois carats ; ses fers sont d'argent à onze deniers. — Quel chemin a-t-il pris ? où est-il ? — Je ne l'ai point vu et je n'en ai jamais entendu parler, répond Zadig.

Zadig disait vrai.

Conduit devant les juges, voici comment il s'expliqua :

— Vous saurez que, me promenant dans les routes de ce bois, j'ai aperçu les marques des fers d'un cheval ; elles étaient toutes à égale distance. Voilà, ai-je dit, un cheval qui a un galop parfait. J'ai vu sous les arbres, qui formaient un berceau de cinq pieds de haut, les feuilles des branches nouvellement tombées ; j'ai reconnu ainsi que ce cheval y avait touché, et que, par conséquent, il avait cinq pieds de haut. Quant à son mors, il est d'or à vingt-trois carats, car il en a frotté les bossettes contre une pierre que j'ai reconnu être une pierre de touche et dont j'ai fait l'essai.

Ce fut par une série d'inductions analogues à celles de Zadig, que Marianna réussit à percer le mystère du voyage de la marquise.

Elle sut qu'à Epernay habitait une sœur de l'association.

Les informations qu'elle fit prendre lui apprirent que cette sœur, par sa position obscure, n'avait jamais été à même de rendre d'importants services à la Franc-Maçonnerie des Femmes.

Raison de plus, de la part de Mme de Pressigny, pour exiger d'elle un sacrifice décisif et destiné à payer toutes ses dettes en une fois.

Quelle pouvait être la nature de ce sacrifice ?

Un mystère planait évidemment autour de la maison et de la famille Baliveau. Un tel isolement avait sa cause ; une tristesse si particulière devait être motivée.

Deux idées se présentèrent en même temps à Marianna ;

L'idée de ruine ;

L'idée de maladie.

Elle se confia à un homme d'affaires pour la première.

Elle s'adressa à un médecin pour la seconde.

L'homme d'affaires et le médecin allèrent camper à Epernay. Inutile de dire que l'un et l'autre avaient été choisis par Marianna dans ces bas-fonds de l'intrigue parisienne où se débattent tant d'intelligences corrompues et de clairvoyances dépravées.

Après huit jours, l'homme d'affaires et le médecin revinrent rendre compte de leur mission, en disant :

— Oui, il y a ruine.

— Oui, il y a maladie.

— La ruine est du côté du mari.

— La maladie est du côté de la femme.

Seulement, comme la dissimulation provinciale est encore plus forte que la rouerie parisienne, aucun d'eux ne put chiffrer la ruine, aucun d'eux ne put spécifier la maladie.

C'en était assez néanmoins pour Marianna.

A ses yeux, il était clair que la marquise de Pressigny avait spéculé sur ces deux circonstances.

Dans quel but ?

Elle n'en pouvait avoir de plus actuel et de plus sérieux que celui de conjurer les périls qui s'amoncelaient sur l'époux de sa nièce ?

C'était donc pour conjurer ces périls qu'elle avait fait le voyage d'Epernay ; qu'elle avait été au-devant de cette maladie et de cette ruine.

Une ruine se détourne.

Une maladie s'utilise.

Sur cette pente, Marianna ne s'arrêta pas ; elle alla si loin qu'elle atteignit l'invraisemblable vérité.

Il fut évident pour elle que la marquise de Pressigny voulait faire de sa nièce une franc-maçonne, et que, pour cela, elle avait jeté les yeux sur Mme Baliveau. Marianna frémit, car elle ignorait que le hasard seul était l'auteur de cette combinaison. Elle crut que la marquise avait acheté la vie d'une femme, et elle chercha les moyens d'annuler ce marché épouvantable.

En conséquence, un soir, au sortir du salut, une vieille dame dont les traits étaient comme ensevelis dans des coiffes noires, s'approcha de Mlle Anaïs Baliveau au moment où celle-ci trempait ses doigts dans le bénitier, et lui dit à voix très-basse.

— Veillez sur votre mère ; elle veut attenter à ses jours.

L'effroi rendit Anaïs immobile. Lorsqu'elle fut en état d'ouvrir la bouche, elle ne vit plus personne autour d'elle.

Ce sinistre avertissement la trouva d'abord incrédule, car, dans la pureté de sa conscience, elle ne pouvait admettre le suicide que comme un épouvantable et dernier refuge ouvert au remords par le crime, et la vie de sa mère lui était trop bien connue pour laisser place à un seul soupçon.

Anaïs s'appliqua néanmoins à l'observer avec une attention nouvelle, épiant ses démarches, commentant ses paroles ; et elle ne tarda pas à remarquer en elle un redoublement de tendresse qui lui causa d'indicibles transes.

Un drame pénible se développa alors.

Mme Baliveau se montrait plus avide que ja-

mais des caresses et du sourire de sa fille ; elle la serrait à chaque instant et à toute occasion dans ses bras, la regardait avec délices, passait des journées entières à l'initier aux choses du ménage, à lui donner des conseils ; et cela, avec un accent, des regards, une émotion qui ne s'étaient jamais produits chez elle à un degré semblable.

—Ne croirait-on pas que vous devez me quitter, ma mère? lui disait quelquefois Anaïs en la regardant fixement.

— Non : mais il convient que tu sois instruite dans tous les devoirs d'une bonne épouse.

D'autres fois, c'étaient ses propres parures, les bijoux de ses noces, ses dentelles et ses robes de jadis que Mme Baliveau allait extraire du fond de ces mystérieuses armoires de province, arches de la famille où dort le souvenir des beaux jours de la vie, des coquetteries solennelles, des fastes touchants ; tabernacles pieux et qu'on n'ouvre pas sans être attendri. Elle remuait tout cela, et elle venait ensuite répandre sur les genoux de sa fille ses colliers aux perles jaunies par le temps, les merveilleuses guipures qui n'ont été portées qu'une fois, les écrins du baptême, les mouchoirs brodés, tous ces trésors intimes qui gardent jusqu'au doux et enivrant parfum du passé !

A chacun de ces cadeaux, Mme Baliveau paraissait attendre de sa fille un élan de joie, un mouvement de surprise charmée. Au lieu de cela, Anaïs demeurait muette.

— Hélas ! lui dit à la fin Mme Baliveau, découragée, tu trouves tout cela indigne de ta beauté et de ta jeunesse, n'est-ce pas ?

—O ma mère ! pouvez-vous le penser !

— Alors, d'où viennent ton silence et ta froideur ?

— Eh bien ! si vous voulez que je l'avoue, je crois recueillir votre héritage.

— Quelle singulière pensée tu as là !

— Pourquoi renoncer à ces parures, que j'aurais tant de plaisir à vous voir porter encore ?

— Tu te maries ; n'est-ce pas à ton tour de briller ? Voudrais-tu, avec mon âge et mes cheveux gris, que j'eusse recours à ces artifices ?

— Votre âge, ma mère ? mais tout le monde ici vous trouve aussi jeune que moi.

Mme Baliveau sourit.

— Crois-moi, ma chère Anaïs, dit-elle, le seul bonheur qui m'est réservé à présent, c'est de me voir revivre en toi comme femme et comme mère.

— Ne craignez-vous donc pas de me voir appartenir à un autre ?

—Non ; je sais d'avance quel partage égal tu feras de ta tendresse. Mais, vois ces broderies, il n'y en a pas de plus belles dans Epernay ; je suis sûre qu'elles t'iront à ravir.

Anaïs ne regardait pas.

— Veux-tu les essayer ?

— Comme vous voudrez, ma mère.

Les broderies tombèrent tristement des mains de Mme Baliveau.

— C'est donc bien passé de mode ! murmura-t-elle, presque timide ; je sors si peu, j'ignore en effet ce qui est beau et riche maintenant. Excuse-moi. Pourtant Etienne m'a souvent répété qu'elles étaient magnifiques. Il y a bien longtemps, c'est vrai. Pauvres défroques !

— Ma mère je vais vous communiquer une idée qui vous paraîtra déraisonnable, folle.

— Dis toujours.

— Cette idée me poursuit sans relâche ; il faut que je m'en débarrasse, car elle me fait trop de mal.

—Qu'est-ce donc, mon enfant ?

— Il me semble, sans que je m'en rende bien compte, qu'un malheur nous menace.

— Que veux-tu dire ? demanda la mère inquiète.

— Depuis quelque temps, je ne vous trouve plus la même.

— Plus la même ! Est-ce que, sans m'en apercevoir, je ne te témoignerais plus autant d'affection.

— Au contraire, murmura la jeune fille.

— Je ne te comprends pas ; explique-toi, je t'en prie. Anaïs, ma chère enfant, qu'as-tu ? On dirait que tu es près de pleurer. Quelle peine involontaire ai-je pu te causer ?

— Aucune, ma mère, aucune.... mais, depuis quelques jours....

— Eh bien ! depuis quelques jours ?

— J'ai peur.

La mère pâlit.

— Peur ? répéta-t-elle.

— Oui, ma mère.

— Peur.... de quoi ?

La jeune fille garda le silence.

— Je sais ce que c'est, dit Mme Baliveau en essayant de sourire ; c'est l'approche de ton mariage qui t'effraie. J'étais comme cela, moi aussi.

— Non, ma mère, ce n'est pas l'approche de mon mariage qui m'effraie.

— Alors....?

— Vous rappelez-vous le jour où vous avez reçu la visite de cette dame de Paris, votre amie de pension ?

— O mon Dieu ! pensa la mère.

— Eh bien ! mes craintes datent de ce jour-là.

— Quelles craintes, Anaïs ?

Et, la regardant à son tour avec anxiété, elle ajouta :

— Est-ce que.... tu nous aurais écoutées ?

— Oh ! ma mère !

— Non, non ! pardonne-moi ! je ne sais ce que je dis. Mais c'est ta faute. Tu me troubles avec tes chimères. Voyons, quelle est l'inquiétude qui t'agite ? Tes mains sont brûlantes, en effet. Que crains-tu ?

— Je crains de vous perdre, répondit sourdement la jeune fille.

— Ah !

Mme Baliveau porta la main à sa gorge pour y arrêter un cri.

Anaïs fondit en larmes.

— Me... perdre ? dit enfin la mère, en faisant un puissant effort sur elle-même ; qui a pu t'inspirer une pareille supposition ? ai-je donc l'air d'être malade ?

— Non, ma mère, ce n'est pas cela.

— Ce n'est pas cela, dis-tu ?

— Non.

— Eh bien ! de quel accident crois-tu que je sois menacée ? Chasse, mon enfant, toutes ces terreurs sans motifs. Veux-tu m'alarmer moi-même, veux-tu alarmer ton bon père ? Tu auras été tourmentée, je le vois bien maintenant, par quelques-uns de ces rêves qui se représentent plusieurs fois, et qu'on est tenté de prendre pour des avertissements, à cause de leur obstination. Il faut tâcher de t'étourdir. En continuant de t'abandonner à des idées aussi ridicules, tu risquerais de me faire une peine sérieuse.... et ce n'est pas ton intention, n'est-ce pas ?

Mme Baliveau avait réussi à prononcer ces paroles avec un accent si calme, si naturel, qu'Anaïs sentit ses doutes s'évanouir.

— Laissons là ces toilettes, reprit Mme Baliveau : elles sont la cause de cette conversation chagrine.

Un instant après, elle demanda, comme avec indifférence :

— A propos, Anaïs !

— Que voulez-vous, ma mère ?

— Combien donc y a-t-il de jours que cette dame, Mme de Pressigny, est venue me voir ?

— Il y a quatorze jours.

Mme Baliveau ne fut pas maîtresse d'un mouvement de surprise.

—Quatorze jours ! répéta-t-elle ; en es-tu bien sûre ?

— Oui, ma mère.

— Déjà ?....

Ce mot fut prononcé lentement et à voix basse.

Ce mot résumait depuis quatorze jours tous ses bonheurs et tous ses regrets !

Au moment de quitter volontairement la vie, elle s'était sentie retenue par tous les liens du foyer, resserrés autour d'elle avec plus de force et de charme. Son mari, auquel elle avait remis les soixante mille francs de la marquise sous les apparences d'un prêt, son mari s'était départi envers elle de sa réserve accoutumée. Les soirées du petit salon violet en avaient reçu une gaîté plus franche. Mme Baliveau hâtait les préparatifs du mariage d'Anaïs avec M. Fayet-Vidal, le blond substitut. Tout riait enfin à cette pauvre femme ; la maladie elle-même semblait l'oublier.

Une surprise lui avait été réservée ce même soir.

C'était sa fête.

Deux lampes de plus ornaient le salon. Les vases de la cheminée avaient été remplis de fleurs. Chaque invité brillait de cet air discret et de ce bon sourire qui sont l'éclat de la province ; on se parlait à mi-voix. Une partie de piquet commencée s'était achevée tout de travers. Catherine allait et venait avec une mine affairée. Le tablier blanc d'un pâtissier avait été aperçu dans l'entrebâillement d'une porte ; puis, M. Baliveau s'était levé pour aller pousser vivement la porte. Quelques yeux impatiens se fixaient sur la pendule. L'arrivée du substitut, dont le paletot ne dissimulait pas suffisamment un énorme bouquet, compléta la réunion et devint le signal de la fête.

A minuit, tout le monde était encore dans le petit salon violet, ce qui n'avait jamais eu lieu jusqu'à présent. Mme Baliveau tenait tendrement serrées, les mains de sa fille dans les siennes.

—Je monterai demain dans ta chambre, avec Catherine, pour prendre la mesure de tes rideaux de fenêtre. J'ai de la mousseline, avec des dessins de toute beauté ; je veux t'en faire cadeau, à toi et à ton mari, puisque vous nous avez promis de demeurer ici pendant quelque temps.

Trois jours après cette fête d'intérieur, Marianna était chez la marquise de Pressigny.

Elle menaçait, et elle demandait à la grande-maîtresse de la Franc-Maçonnerie des Femmes sa signature au bas d'un ordre dirigé contre Philippe Beyle.

Après avoir vainement essayé de toutes les formes de supplications, Mme de Pressigny allait écrire son nom sur l'acte fatal, lorsqu'un valet entra, lui apportant une lettre.

Un tremblement la saisit dès qu'elle eut jeté les yeux sur le timbre.

La lettre venait d'Epernay.

Elle la décacheta sous le regard inquiet de Marianna, et en retira un papier qui n'était autre que l'acte de décès de Mme Baliveau.

Une profonde tristesse remplit le cœur de la marquise et voila son front pendant un instant.

Quand elle se tourna vers Marianna :

— Ma nièce Amélie est franc-maçonne, dit-elle, et son mari est désormais inviolable.

XVIII.

Les lettres anonymes ne pouvaient manquer à Philippe Beyle.

Voici celle qu'il reçut, lettre écrite avec du venin et sablée avec de la calomnie :

« Vous négligez déjà votre femme ; vous lui laissez passer de longues soirées auprès de Mme de Pressigny. Ne vous est-il jamais venu à la pensée qu'une confiance excessive déplaisait à l'honnêteté elle-même ? Ne savez-vous pas que les femmes se vengent tôt ou tard des libertés qu'on leur permet en prenant les licences qui leur sont interdites ? Mme Beyle a pu s'étonner d'abord de vous voir si peu exigeant ; maintenant elle se plaît à vous voir tel que vous êtes. Si vous désirez connaître combien elle tient aux heures d'indépendance que votre insouciance lui accorde, demandez-lui de vous consacrer une des soirées qu'elle réserve à sa tante, par exemple celle de demain.

» UN AMI CLAIRVOYANT. »

C'était là le triomphe de la lettre anonyme.

Rien n'y manquait.

Style patelin, heureux choix de mots, manifestation de sympathie, ponctuation discrète, signature affectueuse ; quelque chose comme un reptile qui ondule, se glisse, prend son temps et s'élance.

Tout en souriant de mépris, Philippe examina l'écriture de cette dénonciation : elle était fermé, lourde, prétentieuse.

Il en conclut que ce devait être l'œuvre salariée de quelque écrivain public.

Néanmoins, et bien qu'il se fût promis de n'accorder à cette injure qu'un légitime oubli, ce ne fut pas sans un mouvement de contrariété qu'il entendit le lendemain Amélie dire au laquais :

— Prévenez le cocher pour huit heures ; j'irai ce soir chez Mme de Pressigny.

La lettre anonyme était donc bien instruite.

Résolu à étouffer au fond de son cœur tout germe de honteux soupçon, Philippe, le soir venu, annonça qu'il irait à l'Opéra.

Ayant dit, il se leva et posa ses lèvres sur le front d'Amélie, ce qui est pour tout mari bien élevé, la meilleure façon de prendre congé de sa femme.

L'empressement qu'elle apporta à recevoir ce baiser causa à Philippe un trouble et un malaise qu'il ne put cacher.

— Qu'avez-vous, mon ami ? lui demanda-t-elle.

—Une oppression subite... oh ! rien qui doive vous inquiéter.

— De quel air vous me dites cela, Philippe ! Il s'était assis.

Elle s'assit auprès de lui.

— Voulez-vous que je sonne ? reprit-elle.

— Non.

— Vous avez pâli cependant ; il faut envoyer chercher le docteur.

— Ce n'est pas la peine, Amélie.

— Voyons, qu'éprouvez-vous ?

—Plus rien.

— Plus rien ? répéta-t-elle d'un ton incrédule.

—Je vous l'assure, dit-il en la regardant avec un sourire où la méfiance s'effaçait peu à peu.

—En effet, vous êtes moins pâle.

Elle se remit à se ganter.

Une préoccupation visible remplaça ses affectueuses démonstrations.

On eût dit qu'elle s'impatientait contre la pendule, trop lente à son gré. Du bout de son brodequin, elle agaçait les gros chenets reluisants de la cheminée, ou bien elle revenait se poser devant les glaces de l'appartement pour retoucher quelque détail de sa toilette, semblable à un peintre que ne satisfait jamais absolument son ouvrage.

Enfin le valet de pied entra, en disant :

—La voiture de Madame.

Un geste de satisfaction échappa à Amélie.

— Vous ne souffrez plus, Philippe ? dit-elle, en se retournant vers son mari.

— C'est passé.

— Vous m'avez alarmée un instant.

— Rassurez-vous ; je vais mieux.

— Mieux seulement ?

— Bien.

— C'est que si vous étiez sérieusement indisposé, je ne voudrais pas vous laisser seul, ajouta-t-elle en donnant de l'espace à sa robe.

— Ne craignez rien.

— Alors je puis aller chez notre tante ?

— Avez-vous besoin de ma permission ?

Sur le seuil de l'appartement, Amélie se retourna encore une fois et lui envoya un adieu.

— Je suis un fou, et ma femme est un ange ! dit Philippe lorsqu'il se vit seul ; jaloux, moi, après quelques jours de mariage ! Mes soupçons sont une injure, et je ne mérite pas mon bonheur.

Il courut à l'Opéra, riant sincèrement de ses premières inquiétudes conjugales.

Le lendemain, un second billet anonyme saluait son réveil.

— Un sage le déchirerait sans le lire, pensa-t-il.

Et il demeura quelque temps, indécis, le pouce sur le cachet.

Les réflexions se succédèrent.

— Pourquoi un sage le déchirerait-il ? Afin de ne pas voir sa confiance ébranlée. Ce sage ne serait guère courageux en tous cas. Ne pas lire ce billet, c'est supposer que quelque chose peut ébranler ma confiance. Lisons.

Cette fois encore, Philippe suivit l'impulsion de son cerveau au lieu de suivre l'impulsion de son cœur.

Voici ce qu'il y avait dans cette lettre :

« Mon zèle aura raison de votre indifférence. Puisqu'il vous a paru inutile ou impossible de retenir Mme Beyle hier soir, demandez-lui au moins où elle a été.

« UN AMI ACHARNÉ. »

— Passe pour cela, se dit Philippe ; je puis faire cette concession à *mon ami*.

Il réserva cet entretien pour le déjeûner.

Au déjeûner, paraissant s'aviser d'un oubli de politesse, il posa la question en ces termes :

— Donnez-moi donc des nouvelles de votre tante, Amélie.

— Un reste de névralgie, mais peu de chose.

— Vous l'avez vue hier ?

Amélie leva les yeux sur Philippe avec étonnement.

Il reprit :

— Je veux dire : Vous avez été chez elle ?

— Vous le savez bien.

— C'est vrai.

Il se tut : mais le souvenir de la lettre anonyme le poursuivait encore.

— *Mon ami se moque de moi*, pensait-il ; j'ai fait la demande qu'il m'indique ; la réponse est très rassurante. Il me rend ridicule.

Néanmoins, après un silence de quelques minutes, Philippe ajouta :

— Recevait-elle hier ?

— Qui ?

— Mme de Pressigny.

— Mais non, puisqu'hier c'était mercredi. Elle ne reçoit que les vendredis ; il est impossible que vous l'ayez oublié.

— Ah ! c'est juste.

— Quelle singulière conversation vous avez ce matin, Philippe !

— Excusez-moi ; je suis un peu distrait.

— Je m'en aperçois.

— Croiriez-vous qu'hier soir, à l'Opéra, j'ai eu jusqu'au dernier moment une vague espérance.

— C'était....

— C'était que vous viendriez avec la marquise.

— Oh ! nous étions trop occupées ! s'écria étourdiment Amélie.

Elle n'eut pas plus tôt prononcé cette parole qu'elle la regretta.

Philippe l'observait.

Elle rougit et perdit contenance.

— Il est peut-être indiscret, à moi, de m'enquérir de ces occupations ? dit-il.

— Pourquoi donc ? balbutia Amélie.

— Mais,... je ne sais.

— Ma tante n'a pas de secrets.

— Et vous ? dit Philippe.

— Moi ?

— Oui.

— Moi non plus, répondit-elle en cherchant à sourire ; quels secrets voulez-vous que j'aie !

Est-ce que vous allez recommencer votre conversation à bâtons rompus, comme tout à l'heure ?

— Ainsi, vous et votre tante, vous avez été fort occupées hier soir ?

— A des œuvres de bienfaisance ; oui.

— C'est pour le mieux.

— Vous paraissez ignorer, dit Amélie, que nous appartenons toutes les deux à plusieurs sociétés de charité, à l'œuvre de Saint-François de Paule, aux jeunes Orphelines, aux jeunes Aveugles....

— Je sais cela.

— Vous-même, Philippe, vous êtes inscrit parmi les fondateurs des Crèches.

— Bah !

— Oui, mon ami.

— Vous avez bien fait, et je vous en remercie, dit-il en prenant la main de sa femme ; mais... revenons un peu, si du moins vous le voulez bien, à vos occupations d'hier.

— Volontiers.

— Comment s'est exercée votre bienfaisance ?

— Mais.... comme elle s'exerce d'habitude.

— Au dehors, n'est-ce pas ?

— Oui, au dehors.

— Oh ! la lettre ! la lettre ! pensa Philippe.

Et il continua de l'accent le plus ordinaire :

— Alors, vous êtes sorties ?

— Sans doute.

— Ensemble ?

— Ensemble.

— Je le savais, dit Philippe avec un sourire politique.

— Par qui ? demanda Amélie plus étonnée qu'inquiète.

— On vous a vue.

Amélie avait eu le temps de se remettre.

— Elle arrêta à son tour ses yeux sur Philippe et leur donna une expression narquoise.

— Savez-vous, lui dit-elle, comment se nomme, de son vrai nom, ce que vous venez de me faire subir ?

— Eh bien ?

— Un interrogatoire.

— Amélie ! protesta Philippe.

— Un véritable interrogatoire.

— Vous donnez à de simples questions un sens trop déterminé.

— Philippe, parlons franchement.

— Je ne demande pas mieux ; commencez, dit-il.

— Avouez que vous êtes devenu curieux.

— Non, mais je peux le devenir.

— Comment cela ?

— Cela dépend de vous, Amélie.

— De moi ?

— Vous n'avez qu'à me cacher une seule de vos démarches.

— Ah ! dit la jeune femme qui devint pensive.

— Est-ce que cela vous fait réfléchir ?

— Oui.

— Si j'en juge par votre physionomie, vos réflexions sont d'un ordre bien mélancolique.

— En effet ; je pensais, pour la première fois, à votre autorité, aux droits que vous donne sur moi le mariage.

— Amélie, vous raillez, j'imagine.

— Un prévenu raille-t-il devant le juge d'instruction ?

— Ah ! voilà une méchante parole. Quoi ! ma sollicitude deviendrait à vos yeux de la défiance, ma tendresse une inquisition. Vous n'y songez pas, Amélie. Depuis quand deux époux se sont-ils interdit les confidences ?

— Depuis que ces confidences ne pouvaient servir à l'un d'eux que pour contrôler d'absurdes renseignements.

— Que voulez-vous dire ?

— Qu'il est étrange à vous, Philippe, de m'interroger sur des choses que vous savez déjà. Quant à celles que vous ignorez, les personnes qui m'ont rencontré vous les apprendront peut-être. Mais ne comptez pas sur moi pour cela.

Quelque chose de l'air et de l'autorité de Mme d'Ingrande avait passé dans ces paroles.

— Ainsi, dit-il, dès aujourd'hui vous établissez la possibilité d'un mystère entre nous deux ?

— Jamais je ne vous ferai un mystère de ce qui ne concernera que moi.

— Vous avez des formules qui sentent tout à fait la diplomatie, chère amie. Rédigeons notre traité en termes meilleurs. Que me direz-vous et que ne me direz-vous pas ?

— Mon devoir est de tout vous dire, Philippe ; mais est-il de votre dignité de tout demander ?

Cette dernière réponse appartenait à un genre de phrases dont il avait appris à se méfier plus que de toutes autres.

Il se tut.

Il ne voulut pas prolonger plus longtemps une lutte dont l'issue lui paraissait incertaine. Peut-être même regretta-t-il de l'avoir poussée trop avant. Quelle base avaient ses soupçons, en effet ? De quelles preuves étayer une accusation quelconque ?

Néanmoins, la lettre anonyme avait porté coup.

L'embarras d'Amélie, sa rougeur soudaine, ses réponses ambiguës, tout cela devait rester dans l'esprit de Philippe Beyle.

Marianna avait réussi à empoisonner son bonheur.

XIX.

La nuit avait la noirceur des tragédies de Crébillon le père.

Neuf heures venaient de sonner à toutes les horloges de Paris, lorsqu'un coupé débouchait sur le boulevard des Invalides.

Ce coupé était suivi, à une distance calculée, par un cabriolet de régie.

Les passants commençaient à se faire fort rares dans ce quartier où, à moins de circonstances extraordinaires, ils sont fort peu nombreux à midi.

Périgueux et Lodève sont moins éloignés de Paris que le boulevard des Invalides, magnifique ceinture du faubourg Saint-Germain, large comme une grande route, et qui garde le caractère solennel du temps passé.

Ce boulevard, effroi des cochers de citadines, commence, non pas au bord de la Seine, mais un peu plus loin, à l'extrémité des constructions singulières et arbitraires de feu M. Hope, c'est-à-dire à l'angle de la rue de Grenelle. Il se développe sur une double allée d'arbres énormes, bordés de vastes trottoirs, et ne s'arrête qu'à la barrière du Maine, pour prendre le nom de boulevard Montparnasse et monter vers les régions paisibles de l'Observatoire. En son chemin, il longe successivement un assez grand nombre d'établissements religieux qui contribuent à lui donner cet aspect exceptionnel, grandiose, entretenu par le souvenir de Louis XIV. C'est d'abord, à gauche, l'Archevêché, silencieux et comfortable palais ; ensuite le couvent du Sacré-Cœur, qui occupe un emplacement immense, protégé par un mur au-dessus duquel on voit se balancer les branches d'un parc vraiment royal ; la religion, la science et la poésie bercent sous ces charmilles les jeunes titulaires des plus belles dots de France. Puis voici l'asile plus modeste des frères de la Doctrine chrétienne, dont il n'est pas rare de rencontrer les noires phalanges, se dirigeant, lentes et recueillies, vers les campagnes d'Issy.

A la hauteur de la rue de Sèvres, on passe devant l'institution des Jeunes-Aveugles, renommée aux alentours par l'effervescence de ses essais musicaux. Plus loin est la maison dite des *Oiseaux*, qui tient le milieu entre le monde, et qui est à peu près au Sacré-Cœur ce que la finance est à la noblesse.

Si l'on parcourt le boulevard des Invalides le dimanche, à l'heure des offices, on est sûr d'entendre pendant une demi-lieue un concert de voix pieuses et argentines. Les sons de l'orgue s'élèvent au-dessus des jardins ; des notes de plain chant traversent les airs, et viennent expirer sur la chaussée.

Le côté droit du boulevard est la partie déserte ; les murailles de l'hôtel des Invalides, de nombreux chantiers de bois, çà et là un humble pavillon couvert d'ardoise, ou bien une petite maison composée d'un rez-de-chaussée et d'une mansarde, repaire abandonné de quelque fermier-général, nous ne croyons pas qu'on puisse y voir autre chose.

Les mœurs de ce faubourg sont inconnues principalement de ceux qui l'habitent, car ce sont pour la plupart des employés de ministères, des rentiers modestes, gens peu observateurs de leur nature, n'estimant la promenade qu'au point de vue de l'hygiène et ne craignant rien tant que de se trouver attardés sur la voie publique. Aussi, si la vie de famille ou plutôt si l'amour du *chez soi* est pratiqué quelque part à Paris, c'est surtout dans ces zones lointaines où la porte de chaque logis se ferme régulièrement dès le crépuscule pour ne se rouvrir qu'à l'aurore. Là, se voit encore dans toute sa pureté la race du Parisien économe, qui achète ses denrées hors barrière, et se loge à la hauteur d'un bec de gaz afin d'éclairer gratuitement ses lares.

Les existences mystérieuses, celles que de grandes déceptions ont atteintes ou que de grandes fautes ont flétries, semblent aussi se réfugier de préférence sur ce boulevard austère. On pourrait y découvrir d'anciennes héroïnes de cour d'assises, des naufragés politiques, des ambitieux sans nom, cent misères d'autant plus féroces qu'elles sont fièrement cachées et noblement portées. Là plus qu'ailleurs vous rencontrez de ces fronts dépouillés, de ces regards creusés par le regret, de ces démarches insouci-

antes du but, de ces haillons qui disent les luttes et la défaite.

Mais si cette lisière de la capitale recèle de muets désespoirs et de douloureuses pudeurs, elle offre, en revanche, de riantes, d'originales particularités. Qui croirait qu'à cent pas des Invalides on cultive de vastes champs de salades, qu'on y entretient des simulacres de prairies et qu'on nourrit des vaches pour en vendre le lait? Nous avons vu mieux encore : nous avons vu une crèche installée au deuxième étage d'une maison de la rue d'Estrées. Les trois vaches qui la composaient y avaient été hissées dès leur plus bas age et n'en devaient descendre qu'à l'état de catégories.

Ces quelques lignes de description mettront nos lecteurs à même de se rendre compte du degré de solitude qui peut régner à neuf heures du soir dans un semblable faubourg.

Quelques héros mutilés, attardés par de bachiques camaraderies, regagnaient seuls d'un pas incertain le dôme fameux, destiné à abriter leur gloire et leur innocente intempérance.

Le coupé que nous avons montré débouchant sur le boulevard des Invalides, s'arrêta au coin de l'avenue de Tourville.

Le cabriolet, qui suivait le coupé, et qui, au mépris de tous les réglements de police, avait éteint sa lanterne, s'arrêta également.

Si le boulevard des Invalides est le plus désert des boulevards, l'avenue de Tourville est certainement la moins fréquentée des avenues.

Une dame descendit du coupé ; elle était voilée et enveloppée d'une pélisse.

Descendu tout aussi lestement du cabriolet, un monsieur s'attacha aux pas de cette dame. Mais avant qu'il eût eu le temps de la rejoindre, elle disparut comme par enchantement dans le mur qui, du côté gauche, bordait le boulevard.

— Je fais un mauvais rêve ! murmura le monsieur, en qui, malgré l'insuffisance du gaz, nous prions nos lecteurs de vouloir bien être assez complaisants pour reconnaître Philippe Beyle.

Il examina de près le mur et finit par y découvrir une petite porte.

— C'est cela, dit-il entre ses dents, la porte des romans ! la vieille porte des mélodrames !

Philippe essaya d'ouvrir, puis de faire céder cette porte. Mais le bois et la serrure en étaient solides.

— A quel corps de bâtiment correspond cette entrée ?

Telle fut la question qu'il se posa, dès qu'il fut rendu plus calme par l'impossibilité de sa tentative.

Alors il entreprit de longer le boulevard et de se rendre un compte exact des localités.

Voici quel fut, après un circuit d'un quart d'heure, le résultat de ses observations :

Il y avait là une agglomération d'hôtels séparés entre eux par des jardins. Ce pâté d'aristocratique apparence était borné au nord par l'extrémité de la rue de Babylone, qui ressemble assez à l'extrémité du monde ; à l'est par la rue de Monsieur ; au sud par la rue Plumet, et enfin à l'ouest par le boulevard des Invalides.

De tous côtés, comme on le voit, la solitude, l'espace, le silence.

Revenu à son point de départ, Philippe se livrait à ses perplexités, lorsqu'il vit se dessiner dans le lointain une nouvelle silhouette de femme.

Il se rejeta sous la double allée d'arbres qui font jour et nuit une ombre épaisse au boulevard.

Cette silhouette passa devant lui et disparut par la petite porte.

Elle n'avait ni frappé ni sonné.

— Diable ! se dit Philippe, il doit y avoir un mot d'ordre ou un secret. Le mot d'ordre, il me paraît difficile de l'entendre, mais le secret je puis le découvrir. Approchons....

Il promenait ses mains sur la boiserie.

Un léger bruit le fit se retourner.

C'était une troisième ombre qui s'avançait ; mais celle-ci aperçut Philippe, car elle s'arrêta et parut hésiter ; puis, faisant brusquement volte-face, elle se dirigea vers la rue de Babylone, où une autre porte de jardin la reçut avec la même discrétion, avec le même mystère.

— Est-ce un couvent ? se demanda Philippe.

L'instant d'après, on eût dit qu'une trentaine de personnes s'étaient concertées pour pénétrer successivement dans les différents hôtels groupés sur ce point.

Particularité bizarre ! ce n'étaient que des femmes, jeunes et vieilles, riches et pauvres. Elles passaient silencieuses.

A un certain moment, Philippe aperçut une espèce de mendiante, brisée par l'âge, tout haillons et tout rides, qui se traînait vers le lieu du rendez-vous.

Un météore d'élégance, de jeunesse et de beauté, une de ces filles d'Eve qui savent rendre leur toilette de ville aussi effrontément attrayante qu'un néglige d'alcove, rejoignit la pauvresse et échangea avec elle quelques mots à voix basse.

— Vous êtes fatiguée, appuyez-vous sur mon bras, dit-elle en élevant un peu la voix.

Toutes deux s'engouffrèrent à leur tour dans la petite porte du mur.

Philippe avait été sur le point de trahir sa présence.

— Si c'est là un couvent, murmura-t-il, qu'est-ce que peut y venir faire Pandore ?

Son étonnement était au comble.

Mais il était écrit que ce soir-là Philippe devait passer par tous les degrés de l'imprévu et du fantastique.

Il était adossé à un arbre au tronc épais et aux rameaux gigantesques, un arbre évidemment oublié par la civilisation.

Tout à coup, il entendit au-dessus de sa tête comme un bruit de branches cassées ; quelques feuilles tombèrent sur ses épaules et à ses pieds.

Il leva les yeux et ne vit rien.

— Ce n'est pas le vent, dit-il ; l'air est calme.

Le même bruit se reproduisit ; cette fois, Philippe distingua un mouvement dans l'arbre.

Aussitôt une voix, prévenant son inquiétude, et devançant ses interrogations, laissa tomber (c'est là le mot) ce mystérieux monosyllabe :

— Chut !

— Comment, chut ! repartit Philippe en se révoltant sous cet ordre invisible.

— Regardez, et taisez-vous ! dit la voix.

Philippe obéit malgré lui.

Il aperçut une autre femme, rasant le mur du boulevard des Invalides.

— Cinquante-quatre ! dit la voix de l'arbre.

— Vous les comptez donc ?

— Depuis une heure.

— Qui êtes-vous ? demanda Philippe.

— Comment ! vous ne m'avez pas reconnu ?

— A cette hauteur ? et par la nuit qu'il fait ?

— Vous ne devinez pas ?

Les branches recommencèrent à craquer d'une façon qui inspira des craintes à Philippe.

Il recula de quelques pas.

— Cherchez bien, monsieur Beyle, continua la voix.

— Vous me connaissez ? dit Philippe, de plus en plus surpris.

— Parbleu !

— Descendez, alors.

— Soit ; mais auparavant assurez-vous qu'il ne vient personne.

— Personne ! non, il n'y a personne, dit Philippe, impatient de voir les traits de ce témoin.

— En êtes-vous certain ?

— Oui ! descendez !

— Plus bas, donc !

Une masse agita les rameaux, glissa et arriva jusqu'à terre.

Philippe s'approcha vivement.

— M. Blanchard ! s'écria-t-il.

— Mais taisez-vous donc, encore une fois ! dit celui-ci en lui saisissant le bras ; il n'est pas prudent de parler si haut dans ce quartier.

— C'était vous !

— Et qui voulez-vous donc que ce fût ?

— Vous ici ?

— Il n'y a rien d'étonnant à cela, puisque je vous y rencontre.

— Moi, c'est bien différent.

— Comment ?

Philippe comprit qu'il venait de dire une imprudence.

Quelles que fussent ses relations avec M. Blanchard, il éprouvait une répugnance naturelle à prononcer les paroles suivantes, qui eussent d'ailleurs parfaitement résumé sa situation :

— Je suis à la recherche de ma femme qui vient d'entrer, seule, à neuf heures du soir, dans un jardin du boulevard des Invalides.

Ce sont de ces choses qu'on ne se dit qu'à soi-même, selon l'observation judicieuse de Brid'Oison.

Heureusement que M. Blanchard, très préoccupé pour sa part, ne fit pas grande attention à cette parole de Philippe.

— Vous ne comptiez donc plus sur moi ? reprit-il.

— Pourquoi cela, monsieur Blanchard ?

— Puisque vous venez faire vous-même vos affaires ici.

— Mais.... je....

— Au fait, trois semaines se sont passées depuis notre dernière entrevue ; vous avez pu croire que j'avais oublié ma mission ou que je n'avais pas réussi auprès de Guédéonoff. Rassurez-vous.

Ce nom éclaira Philippe.

— Guédéonoff est gagné à notre cause, reprit M. Blanchard ; grâce à mes dithyrambes, il ne jure plus que par Marianna. Ajoutez à cela que précisément l'empereur lui demande une cantatrice ; tout est donc pour le mieux.

— Pour le mieux, oui.

— Il ne s'agit que de mettre la main sur la Marianna ; mais la Marianna se méfie sans doute ; elle est aussi difficile à prendre qu'Abdel-Kader. L'avez-vous vue entrer, ce soir ?

— Non, répondit Philippe, rendu attentif.

— Elle aura passé par la rue Plumet ou par la rue Monsieur.

— Vous croyez ?

— Elle n'entre jamais deux fois de suite par la même porte, affirma M. Blanchard.

— Elle vient donc souvent ici ?

— Deux fois par semaine, comme les autres.

— Comme les autres ! répéta Philippe en réprimant un mouvement ; quelles autres !

— Vous les avez bien vues : des femmes de toutes conditions, des grandes dames, des ouvrières, des lorettes. Il y en a qui arrivent à pied, d'autres que leur équipage attend à quelque distance. Vous avez pu rencontrer de ces voitures, ou même de simples remises, arrêtées dans les rues voisines.

— Non, balbutia Philippe ; je n'ai rien remarqué....

— Rien du tout ?

— Je vous assure....

— C'est incroyable ! Quel pitoyable espion vous feriez !

— Je suis de votre avis. Mais, dites-moi, monsieur Blanchard, n'avez-vous jamais vu aucun homme escorter ces femmes ?

— Aucun, mon cher monsieur.

— C'est étrange, murmura Philippe Beyle.

— Ah çà, vous ne savez donc rien ?

— Peu de chose.

— C'est peut-être la première fois que vous venez ici ?

— La première fois, vous l'avez dit.

— Alors je conçois votre stupéfaction ; je l'ai éprouvée.

— Vous y venez donc souvent, vous, monsieur Blanchard ?

— Tous les jours.

— Et vous êtes sur la voie de quelque mystère ? dit vivement Philippe.

— Parbleu !

Philippe essaya de contraindre son émotion.

Mais quel abîme de pensées s'ouvrait devant lui ! Deux fois par semaine, en cet endroit, se réunissaient, Amélie, Marianna, Pandore, la marquise de Pressigny.

A quelle œuvre inexplicable pouvaient s'adonner ces femmes si divisées de haines, d'intérêt et de rang.

C'était à douter de sa raison et de ses yeux.

— Ainsi, monsieur Blanchard, vous venez chaque soir dans ce faubourg ? reprit Philippe d'une voix saccadée.

— Le matin aussi.

— Le matin !

— Et quelquefois dans la journée.

— Vous avez cette patience ?

— Cela ne m'ennuie pas ; au contraire. Les découvertes que j'ai faites m'intéressent considérablement, et celles que je ne puis manquer de faire me promettent une source d'émotions toutes nouvelles.

— Des découvertes ! vous avez interrogé les gens du quartier.

— D'abord, naïvement, niaisement. Les uns n'ont rien compris à ce que je leur demandais, les autres m'ont regardé de travers et renvoyé à la préfecture de police.

— Vous n'avez pas suivi ce conseil, au moins ? dit Philippe Beyle, frémissant à l'idée d'une dénonciation capable de compromettre son nom et celui de sa femme.

— C'eût été trop vite fini, répondit M. Blanchard ; lorsque je cours les aventures, je me garde bien de me faire accompagner par un commissaire. Ensuite à quel titre, sous quel prétexte aurais-je été déranger la justice ? De quel grief avais-je à me plaindre ? Quel dommage me faisaient ces personnes, entrant plus ou moins mystérieusement dans un logis ?

— Aucun, évidemment.

— Une telle démarche eût donc été maladroite, à coup sûr, dangereuse, peut-être.

— Je le crois ; qu'avez-vous fait ?

— J'ai réfléchi.

— Bien entendu ; mais après ?

— Je me suis piqué au jeu.

— Voyons !

— Mon but, qui n'était d'abord, comme vous le savez, que de joindre Marianna et de connaître sa retraite, mon but s'est modifié ou plutôt s'est agrandi. Le spectacle nocturne dont j'ai été le témoin a excité ma curiosité. J'ai entrevu des mondes, et j'ai voulu les découvrir.

— Très bien.

— Premièrement, il me fallait lever le plan de ce bloc de maisons enfermées dans une seule enceinte. Mais où établir mon poste d'observation ? Rue de Babylone, c'est impossible à cause des murailles du Sacré-Cœur ; impossible également la rue Plumet, occupée par l'école des Frères. Restaient la rue Monsieur et le boulevard.

— Vous allâtes rue de Monsieur ?

— Oui ; j'y louai une mansarde dans l'une de maisons les plus élevées d'en face ; et, armé d'un grand nombre d'instruments d'optique, je commençai mes études.

— Ah !

— Elles furent fort incomplètes, car mes regards ne pouvaient embrasser que des échappées. Les arbres et de grands murs tapissés de lierre, semblables à de gigantesques cloisons, me dérobaient le reste. Nonobstant, j'acquis la conviction que toutes ces habitations communiquaient entre elles ; je vis aller de l'une à l'autre les mêmes personnes : entrées par la rue de Monsieur, elles sortaient indifféremment par le boulevard ou par la rue Plumet. Avez-vous remarqué la foule de petites portes qui criblent ce carré ? Il y en a plus de trente.

— Continuez, monsieur Blanchard.

— Maîtres et domestiques, ce ne sont que des femmes. En fait d'hommes, je n'ai vu entrer que des fournisseurs et des ouvriers. D'ailleurs, rien de frappant dans le mouvement intérieur ; c'est celui de toutes les grandes maisons de Paris ; seulement, la nuit venue, il y fait noir comme dans un four, et je ne sais où se réfugient toutes les lumières.

— Au centre de la place, sans doute.

— Je le suppose. Mais je serais resté dix ans à ma fenêtre de la rue de Monsieur que je n'en aurais pas surpris davantage.

— Vous redescendîtes ?

— Je redescendis, décidé à pénétrer dans cet archipel de pierre de taille et de feuillage.

— C'est là que je vous attends.

XX.

Ceux de nos lecteurs qui seraient tentés de s'étonner d'un entretien aussi librement poursuivi en plein air, nous les inviterons à se rendre en personne à neuf heures du soir sur le boulevard des Invalides ; ils y acquerront la conviction qu'il n'est guère d'endroits où l'on soit plus à l'aise pour causer de ses affaires et, même des affaires publiques. Nous prierons en outre ces mêmes lecteurs de vouloir bien considérer que ce dialogue avait lieu il y a dix ans, et qu'il y a dix ans le boulevard des Invalides était encore moins fréquenté que de nos jours, ce qui le rendait tout à fait propre aux scènes du genre de celle dont nous nous sommes fait l'historien.

Fier d'exciter à un si haut point l'intérêt de son auditeur, M. Blanchard s'arrêta, se caressa le menton et parut hésiter.

— Voyons ! dit Philippe, dont le système nerveux était développé outre mesure.

— A ma place, comment eussiez-vous procédé ? demanda M. Blanchard.

— De grâce....

— Non, je suis curieux de connaître quelle eût été votre conduite.

— Je n'en sais rien.

— Ah !

— Mais ce n'est pas de moi qu'il s'agit.

— Convenez qu'il fallait déployer une imagination à la Mascarille, une souplesse à la Sbrigani ; qu'il fallait fourber comme une *grande casaque* de l'ancien répertoire, avoir l'œil au guet, l'oreille au vent, le pied alerte et la bourse d'Almaviva dans la main de Figaro !

— D'accord.

— C'était mon premier début, et je vous serai obligé de vouloir bien en prendre acte, monsieur Beyle.

Philippe Beyle ne répondit pas.

M. Blanchard avait épuisé toutes ses coquetteries de narrateur. Il reprit :

— Je n'employai d'abord que les ruses ordinaires. Je choisis, pour commencer, la maison qui est précisément vis à vis de nous : elle me parut la plus modeste et la plus accessible. J'y frappai. Une concierge m'ouvrit, et, m'examinant de haut en bas, elle me demanda ce que je voulais. Avant de lui répondre, il me sembla conforme aux lois de la politesse de placer mes indiscrétions sous le protectorat d'une pièce de de vingt francs. La portière grommela, prit ma pièce, la regarda et rentra dans sa loge.

— Sans vous remercier ?

— Sans mot dire. Surpris de ce procédé, j'allais essayer d'une timide protestation, lorsqu'elle reparut apportant quatre pièces de cent sous qu'elle me mit dans la main, en proférant ces paroles mémorables : « Une autre fois, adressez-vous ailleurs : il y a un changeur dans la rue du Bac. » Et elle me ferma la porte sur le dos.

— C'était mal commencer.

— J'en conviens ; mais, pensant que la race des concierges n'était pas généralement modelée sur ce type en bronze, j'allai sonner un peu plus loin, à cet hôtel orné de colonnes, coquet, mais défendu par une grille en fer de lance. Cette fois ce furent des chiens qui me répondirent.

— Des chiens !

— De véritables molosses en chair et en...., crocs, accourus d'un chenil où leur vigilance est sans doute entretenue par une nourriture insuffisante. Je battis en retraite. Sur divers autres points, je ne fus pas plus heureux. J'eus beau me faire passer pour un employé du cadastre, pour un raccommodeur de porcelaines, pour un inspecteur des lignes du télégraphe électrique, bah ! on ne m'écoutait que d'une oreille et l'on me répondait à l'avenant. Cela me charmait.

— Comment ! cela vous charmait ?

— Infiniment. C'était pour moi une comédie d'intrigue, un imbroglio espagnol ; je recommençais Lope de Vega, Beaumarchais, la *Précaution inutile*, je changeais d'habits et de dialectes, je faisais en règle le siége de la maison de Rosine.

— Oui, mais vous restiez à la porte.

— Ecoutez donc ! je n'en étais qu'au premier acte, dit M. Blanchard.

— Enfin, vous imaginâtes quelque chose ?

— J'avais fini par remarquer un jardinier, plus occupé d'arroser son gosier que ses fleurs. Ce jardinier venait chaque matin et s'en retournait chaque soir, car son sexe le faisait tomber sous l'ostracisme commun. Il demeurait à Grenelle, mais son domicile était chez un marchand de vin de la rue de la Comète. Mon rôle était tout tracé dans le répertoire de l'Opéra-Comique. Je n'avais qu'à constituer les *Visitandines*, emploi des Juliet, première basse comique, les grimes au besoin.

— Vous liâtes connaissance avec cet homme ?

— Un soir, je le suivis, j'entrai au cabaret avec lui. J'avais eu soin de me composer un extérieur qui ne lui imposât pas : une blouse et un chapeau de paille. Mon jardinier accepta une bouteille et riposta par un litre, qui ne furent que le prélude d'une série de libations qui nous égalèrent bientôt aux Suisses les plus renommés, aux Templiers et aux trous.

— Diable ! dit Philippe.

— Je le grisai, mais je ne sus rien. Le drôle était bouché comme un flacon de Château-Margaux ; bouché par l'idiotisme, s'entend. Il était doux, indifférent et craintif ; l'espèce humaine ne se représentait à ses yeux que composée de jardiniers et de buveurs. Sa naïveté me fit comprendre la confiance dont il était l'objet dans la cité féminine, où il allait et venait, sans qu'on lui parlàt. On lui eût pris sa montre qu'il eût cru bonnement que c'était pour la mettre en terre comme un ognon de tulipe. Plus beau, ce rustre eût entièrement réalisé le type de Mazet de Lamporecchio.

— Après ?

— Quand nous sortîmes du cabaret, mon jardinier était hors d'état de distinguer une scabieuse d'un potiron. Moi-même, je dois l'avouer....

— Avouez, monsieur Blanchard.

— Je ne me rendais pas un compte très satisfaisant des dimensions de la rue de la Comète ; heureusement, j'étais protégé par mon idée fixe. Je m'empressai d'aller confier le lourdaud à mon valet de chambre, à qui je recommandai de le tenir sous clé pendant quarante-huit heures.

— Je vous devine.

—Le lendemain, au point du jour, exactement vêtu comme lui, chargé en outre d'un faisceau de paille et d'arbrisseaux qui cachaient une partie de mon visage et m'obligeaient à me tenir courbé, je franchissais les portes du mystérieux séjour.

— Est-il possible, monsieur Blanchard ? s'écria Philippe, quoi ! vous êtes entré là-dedans...

— J'y suis entré.

— Et vous ne me l'avez pas dit plus tôt !

— La narration a ses lois. Mes principaux effets eussent été perdus.

— Oh ! vous vous faites un jeu de mon anxiété.

— Patience ! patience ! dit tranquillement M. Blanchard.

— Mais alors, puisque vous êtes entré, vous avez vu.....

— Personne, pour commencer.

— Personne !

— Peu de chose ensuite.

— C'est impossible !....

— Ah çà ! vous ne me croyez donc pas ?

— Ce n'est pas ce que je veux dire ; excusez-moi. Mais après tant de soins et de traverses, quel mince résultat !

—N'importe. J'étais dans la place. Ah ! monsieur Beyle, quel moment délicieux ! quelle joie souveraine ! Si je ne m'écriai pas : Merci, mon Dieu ! comme dans les pièces du boulevard, c'est que l'idée ne m'en vint pas, car ce cri m'eût soulagé. J'étais dans la place. O triomphe ! Qu'il est bon de respirer cet air encore tout chargé des odeurs du danger et du souvenir des obstacles ! Je ne marchais pas, je rasais la terre, je glissais sous les arbres comme une vapeur ; je n'étais plus un jardinier, j'étais un sylphe ! Dès

ce moment, je formai une résolution, je fis un serment solennel.

— Quel serment ?

— Je jurai d'aller en Turquie.

— C'est facile. Mais dans quel but ?

— Eh ! peut-il y en avoir désormais d'autre pour moi que de pénétrer dans le sérail, de m'introduire dans les jardins de Sa Hautesse ; de déjouer la surveillance des icoglans, des bostondjis, des ennuques ? J'irai en Turquie, monsieur Beyle, je vous en réponds !

— A votre aise ! repartit Philippe, peu touché par cet enthousiasme exhalé comme une fusée ; mais, jusque-là, ne soyez pas ingrat envers ce pauvre boulevard des Invalides, qui vous donne aujourd'hui un avant-goût si piquant des intrigues orientales....

— C'est juste.

— Et reprenez votre récit au point, c'est-à-dire au seuil où vous l'aviez laissé.

— Je suis tout à vos ordres.

M. Blanchard continua.

— Le pas que j'avais fait était immense, mais il ne m'avançait guère. Je ne pouvais aborder les corps de logis sans risquer d'être reconnu, et par suite chassé. En conséquence, je dus me résoudre exclusivement à prendre une connaissance parfaite des jardins, et à me ménager les moyens d'y revenir à la nuit, car je voyais bien que c'était seulement à la nuit que le drame s'agitait.

— Parfaitement conçu.

— Je fis discrètement le tour des murs, examinant les endroits mal défendu, notant les pièges, et j'arrêtai définitivement mon attention aux alentours de cette petite porte.

— De celle-ci ?

— Oui. La muraille y est plus dégradée que partout ailleurs et offre plus de points d'appui pour l'escalade ; le sommet en est moins garni de tessons et de pointes de fer ; en outre, une des grosses branches de cet orme, sur lequel vous m'avez vu perché tout à l'heure, s'incline complaisamment vers le jardin, comme un pont lancé dans l'espace, et semble solliciter l'observateur aérien.

— Alors, votre dessein ?....

— Mon dessein.... mais vous le verrez bientôt. Laissez-moi continuer mon récit.

— Je n'en perds pas une syllabe.

— Assez embarrassé de l'emploi de mon temps jusqu'au soir, je me décidai à ratisser consciencieusement les allées. Cette occupation m'amena à remarquer une foule de petits pas, des pas de femmes incontestablement, qui émaillaient le sable à de certaines distances : une nuée de brodequins mignons s'y était abattue la veille, une armée de bottines avait passé par ces chemins.

— De tels indices contrastent étrangement avec la solitude apparente de ces habitations, murmura Philippe Beyle.

— Ce fut la réflexion que je fis aussi, moi, et je me mis à rechercher et à suivre la trace de ces pas. Ils partaient de divers points, particulièrement des petites portes que vous savez, et ils se rejoignaient tous dans une allée commune, d'où ils se dirigeaient d'un unanime accord vers une serre.

— Une serre ?

— Oui, adossée au bâtiment qui doit porter le n° 4 dans la rue Plumet.

— Cette serre est le point de réunion ?

— Ou du moins elle y conduit ; voilà qui n'est pas douteux, dit M. Blanchard.

— N'avez-vous pas essayé d'y entrer ?

— Elle était fermée. Le diamant que je porte d'habitude au doigt m'eût été d'un grand secours dans cette circonstance : il m'aurait servi à détacher une glace ; mais je m'en étais dessaisi par excès de fidélité dans mon déguisement. D'ailleurs, il n'était pas prudent de m'aventurer en plein jour aussi près des maisons ; je le compris, et je remis la suite de mon examen à ce soir.

— A ce soir, dites-vous ?

— Oui. Cela se passait ce matin.

— Vous voulez retourner là ce soir ? s'écria Philippe Beyle.

— Avant dix minutes.

Philippe se tut.

Il avait la fièvre.

— Mais, reprit-il, pourquoi n'y êtes-vous pas resté pendant que vous y étiez ? N'était-ce pas beaucoup plus simple ?

M. Blanchard haussa les épaules.

— C'est cela ! pour qu'on me cherche partout, pour qu'on donne l'alarme, pour que douze ou quinze concierges, femmes de chambre et cuisinières se mettent à mes trousses ! Perdre ainsi tout le fruit de mon travestissement pour n'en garder que le ridicule ! Non pas. Je suis sorti au crépuscule, comme j'étais entré, par la grande porte, en murmurant même quelques paroles de bonsoir.

— Et maintenant ?

— Maintenant, je vous l'ai dit. La serre doit être pleine, c'est le moment d'aller y coller les yeux. J'allai descendre sur la fameuse branche quand je vous ai aperçu et reconnu ; je n'ai pu résister au désir de causer avec vous. Vous m'avez un peu retardé, c'est vrai, mais je ne vous en veux pas. L'occasion est on ne peut plus propice ; l'assemblée doit être au grand complet ; cinquante-quatre femmes !

— Cinquante-quatre !

— Si cachées qu'elles soient, je les défie bien d'échapper entièrement à mes investigations. Cinquante-quatre femmes ! Cela s'entend, si cela ne se voit pas. Et si elles se réunissent, c'est pour parler, je suppose. Adieu.

— Vous êtes décidé ? dit Philippe.

— Belle demande !

— Prenez garde.

— Garde à quoi ? à qui ? *je connais les êtres*, dit M. Blanchard en riant.

— Mais....si l'on vous surprend, par exemple ?

— Eh bien ?

— On peut vous faire arrêter comme malfaiteur.

— Non.

— Cette présomption....

— Est parfaitement justifiée, croyez-m'en. Ce matin, lorsque je m'introduisais par stratagème dans un logement particulier.... et habité, comme dit la loi.... je courais des dangers réels. Mais ce soir, c'est autre chose ; je suis le maître de la situation.

— Je ne vois pas cela.

— C'est bien naturel, pourtant. Le jour, je me cache, on me surprend ; j'ai tout à craindre, en effet. La nuit, c'est le contraire : la nuit on se cache, et c'est moi qui surprend ; j'ai le beau rôle. Voyez-vous à présent ?

— Pas trop.

— Imaginez qu'il y ait un secret.

— Eh bien ?

— Eh bien ! on achètera mon silence, dit M. Blanchard.

— Ne vous y fiez pas.

— Que peut-on faire de plus ? nous sommes au dix-neuvième siècle.

— Mais nous sommes aussi au boulevard des Invalides.

— Et puis.... des femmes !

— Oui, des femmes ! répéta Philippe avec un accent où perçaient l'amertume et la rancune.

— Monsieur Beyle, il faut que je me hâte.

— Vous partez ?

— Tout de suite.

— Seul !

M. Blanchard regarda Philippe avec surprise.

— Est-ce que, par hasard, vous auriez l'intention de m'accompagner ?

— Mais....

— Répondez.

— Eh bien ! quand ce serait mon intention, en effet, monsieur Blanchard ?

— C'est qu'alors les choses changeraient singulièrement de face.

— Que voulez-vous dire ?

— Je me verrais dans la douloureuse nécessité de m'opposer, par tous les moyens, à l'accomplissement de votre projet.

— Oh ! oh ! monsieur Blanchard.

— C'est comme j'ai l'honneur de vous l'affirmer.

— Et pourquoi vous opposeriez-vous à mon projet ? demanda Philippe stupéfait.

— Vous ne comprenez pas pourquoi ?

— Non.

— Vous ne comprenez pas qu'ayant, depuis des jours, des nuits, des semaines, couru seul tous les périls, passé seul par toutes les inquiétudes, usé seul toutes les combinaisons, vous ne comprenez pas pourquoi je veux recueillir seul le bénéfice de mes entreprises et de ma témérité ? Au moment de toucher le but, vous voulez que je m'adjoigne un compagnon ? Pour quoi faire ? pour me regarder et me suivre ? ce n'est pas la peine !

— Je ne voudrais que partager vos dangers....

— Non pas ! non pas !

— Cependant....

— Monsieur Beyle, ne m'obligez pas à vous dire que ce serait mal reconnaître les peines que je me suis données pour vous.

— Je sais tout ce que je dois à votre dévoûment.

— Soyez raisonnable alors ; ne m'enlevez pas la gloire de mes découvertes ; ne vous faites pas mon Améric Vespuce !

Philippe demeurait indécis.

Ce n'était pas l'éloquence de M. Blanchard qui le touchait ; M. Blanchard ne l'occupait que secondairement.

Ce qui intéressait Philippe avant tout, c'était le soin de son honneur conjugal ; c'était le souci de son repos.

Devait-il poursuivre sa femme jusqu'au bout, c'est-à-dire jusque dans cette enceinte particulière ?

Etait-il bien certain, en donnant ainsi le spectacle public de sa jalousie, de ne pas rencontrer le ridicule sur son passage ?

Le ridicule ! Ce mot devait arrêter Philippe Beyle en effet. Le ridicule était peut-être derrière cette muraille, le guettant, lui qui croyait guetter, et prêt à le couvrir de confusion au premier pas.

Dans ce cas, mieux valait rebrousser chemin.

Mais, cette résolution prise, une autre considération se présentait à son esprit, aussi grave, aussi embarrassante.

Jusqu'à quel point devait-il permettre que M. Blanchard vît ce que lui, Philippe, ne voulait ou n'osait pas voir ? N'était-ce pas de sa dignité d'époux d'empêcher que M. Blanchard pût se trouver face à face avec Amélie.? Pourquoi diriger ce témoin vers un scandale appréhendé ?

Pourtant, sans M. Blanchard, sans ce confident que le hasard met dans sa route, Philippe ne saura rien, il restera plus que jamais plongé dans la nuit des soupçons, accumulés et épaissis autour de lui. Que faire ! que ne pas faire ?

Dans ce carrefour de l'incertitude, Philippe demeurait immobile.

Il résolut de laisser agir la Providence.

— Partez donc, dit-il à M. Blanchard en soupirant, partez, Haroun-Al-Raschid, qui ne voulez pas de Giafar.

— A la bonne heure !

— Que tous mes vœux vous accompagnent !

— Merci.

M Blanchard se disposait à l'escalade.

— Un mot encore, lui dit Philippe Beyle.

— Le dernier ?

— Le dernier.

— Voyons, et hâtez-vous.

— Eh bien ! un pressentiment me dit que vous allez assister à des choses bizarres....

— J'y compte bien.

— Importantes, peut-être.

— Qui sait ?

— Quelles qu'elles soient, donnez-moi votre parole d'homme d'honneur que vous ne les révèlerez à personne avant de me les avoir révélées, à moi.

— C'est infiniment trop juste.

— Votre parole, monsieur Blanchard ?

— Je vous la donne, répondit celui-ci, frappé

de l'insistance et de l'accent de cette dernière recommandation.

Les deux hommes échangèrent une poignée de main.

— Est-ce tout ce que vous avez à me dire ? demanda M. Blanchard.

— C'est tout.

— Adieu donc, mon cher monsieur Beyle.

— Adieu, et bonne chance !

M. Blanchard s'aida des anfractuosités du mur pour le franchir.

Il disparut.

Philippe Beyle resta pendant quelque temps encore sur le boulevard des Invalides, prêtant l'oreille et ne distinguant aucun son, regardant et ne voyant que l'ombre des arbres, découpée par les jets vacillants d'un bec de gaz lointain.

XXI.

Le premier soin de Philippe Beyle, en rentrant chez lui, fut d'appeler son valet de chambre Jean et de lui donner des ordres qui confondirent au dernier point l'intelligence de ce serviteur.

Amélie n'était pas encore rentrée.

Philippe entendit sonner tour à tour onze heures, onze heures un quart et onze heures et demie.

A onze heures et demie, Jean entr'ouvrit discrètement la porte du salon ou Philippe Beyle se promenait avec une agitation qu'il ne cherchait plus à dissimuler.

— Ah ! c'est vous, Jean ! dit-il, sans suspendre sa marche.

— Oui, monsieur.

— Avez-vous exécuté mes ordres ?

— Oui, monsieur.

— C'est bien. Tenez-vous prêt. Je vous sonnerai.

Au même instant, un roulement de voiture retentit dans la cour ; et, deux minutes après, Amélie se trouvait en face de Philippe.

Elle se présenta à lui avec ce luxe de prévenances et de caresses qu'une jeune femme ne manque jamais de déployer au retour de toute excursion un peu suspecte.

Mais ces démonstrations s'en vinrent échouer contre la froideur de Philippe Beyle.

D'un geste, il la repoussa doucement, et il lui dit, d'une voix qu'il s'efforça d'affermir.

— D'où venez-vous, Amélie ?

Cette demande était bien simple, bien naturelle ; et néanmoins Amélie se sentit perdue.

Elle regarda Philippe avec terreur.

Celui-ci répéta sa question.

— Mon ami, balbutia-t-elle, je viens de chez....

— Ne mentez pas, dit-il froidement.

— Philippe !

— Vous venez du boulevard de Invalides.

Amélie tomba sur un divan.

— J'en viens aussi, moi, ajouta-t-il.

— Vous m'avez suivie ? murmura-t-elle.

— J'ai eu ce mauvais goût.

Elle baissa la tête et sembla attendre son arrêt.

Philippe reprit, le premier.

— Dites-moi le motif de ce voyage à l'extrémité de Paris, Amélie.

— Hélas ! c'est un secret qui ne m'appartient pas.

— Vous avez eu tort de vous créer une obligation en dehors de vos devoirs d'épouse. Mais le mari peut délier les serments de la femme. Parlez, je vous y autorise.

Elle se tut.

— Vous venez d'un endroit où votre présence était au moins étrange, parmi des femmes dont le nom seul est une flétrissure, et à côté desquelles vous n'eussiez jamais dû vous rencontrer. Cette fois, vous ne trouverez pas déraisonnable, comme l'autre jour, que je vous interroge. J'ai bien pesé ma situation : elle me fait un devoir de vous demander la vérité.

— Je vous le répète, Philippe, ce secret n'est pas le mien.

Le visage de Philippe Beyle subit une contraction douloureuse.

Amélie s'en aperçut.

— Philippe, reprit-elle avec un accent de tendresse infinie, il est impossible que vous n'ayez pas en moi une confiance pleine et entière. Vous savez si je vous aime ; au nom de cet amour qui est et sera le bonheur de toute ma vie, je vous supplie de ne pas insister. Vous ne pouvez pas douter de mon honnêteté ; que cela vous suffise.

— La pensée qu'il y a dans un coin de votre cœur une ombre impénétrable pour moi, cette pensée détruit ma tranquillité autant qu'elle offense mon juste orgueil.

— Votre orgueil, en effet, murmura-t-elle.

— Le nôtre, Amélie. Je suis votre protecteur unique, votre conseil absolu, votre guide responsable. Quels que soient les engagements que vous ayez pu prendre, mon autorité les rend nuls, vos scrupules peuvent se regarder comme à l'abri sous ma volonté.

— Encore une fois, Philippe, votre honneur n'est pas en cause.

— Je l'ignore.

— Croyez-moi !

— La confiance, pour les esprits de ma trempe, ne naît que de la certitude.

— Votre réponse est cruelle.

— Pas autant que votre hésitation.

— Je suis la fille de Mme d'Ingrande, je suis votre femme. Votre nom sera toujours dignement porté.

— La fille de Mme d'Ingrande, soit. Mais si vous ne m'appartenez pas entière, vous ne m'appartenez pas du tout.

— Oh ! Philippe !

— Vos velléités d'indépendance me créent une position que je ne puis accepter. Le mari fort fait la femme respectée. Il faut que je sois fort. Je veux tout savoir, Amélie.

— Même au prix d'une horrible trahison ?

— Vous ne trahissez personne en me confiant un secret qui m'appartient de droit ; tandis que vous trahissez la foi conjugale en me dérobant ce secret.

— Mais ma conscience ?

— Elle ne doit être que le reflet de la mienne.

— Oh mon Dieu ! s'écria Amélie avec une sorte d'épouvante, inspirée par l'argumentation énergique dans laquelle elle se voyait progressivement enfermée.

— Eh bien ? dit Philippe après un moment de silence et en venant s'asseoir auprès d'elle.

Amélie leva les yeux sur lui.

Il essaya de sourire.

— On dirait que je vous fais peur. Vous avez tort de prendre l'alarme à propos d'une simple conversation. Donnez-moi votre main.

La main tremblante d'Amélie se posa dans la main brûlante de Philippe.

— Je suis votre ami avant d'être votre époux, lui dit-il.

— Je le sais, Philippe, murmura-t-elle.

— Je suis aussi un homme de mon temps, de mon époque. Je ne me mets pas en colère. Mon opinion est que toutes les difficultés, quelles qu'elles soient, peuvent se résoudre avec des mots bien calculés, bien pensés. Ce doit être aussi votre opinion, mon amie. Discutons donc,

où, si vous n'aimez pas ce vilain mot de discussion, causons ; causons et cherchons les moyens de terminer à l'amiable notre différend. A l'amiable, entendez-vous. Cela est fait pour vous rassurer ; cela veut dire que je suis prêt aux concessions que vous exigerez.... non, que vous désirerez. Allons, Amélie, faites un peu de votre côté. Vous voyez que vous n'avez pas affaire à un tyran domestique, que je ne ressemble pas à un mari de théâtre ; mes cheveux ne sont pas hérissés, je ne boutonne et ne déboutonne pas alternativement mon habit avec des mouvements convulsifs. Je souffre, mais je sais encore sourire.

L'effroi qu'elle ressentait n'empêchait pas Amélie d'écouter Philippe avec charme.

Il continua :

— Vous ne me connaissez peut-être pas entièrement ; vous êtes unie à un homme que des sensations neuves ont renouvelé, à un homme qui s'est fait désormais un devoir de la franchise, de la voie régulière, de l'abnégation ; qui vous a livré sa vie en vous disant : « Je serai ce que vous me ferez. » Mais je n'ai agi de la sorte qu'à la condition d'un avenir nouveau, d'une existence nouvelle. Du moment que vous me faites rentrer dans le cercle de mes anciennes impressions, que vous rapportez dans mon ménage les soucis du célibataire, les anxiétés, les jalousies, je redeviens ce que j'étais avant de vous avoir connue, je retrouve au fond de mon cœur mes cruautés en même temps que mes souffrances.

Il se leva.

— Laissez-moi être toujours bon, Amélie, poursuivit Philippe ; ne me faites pas repasser par les chemins d'autrefois, par les chemins mauvais. J'ai lieu de craindre que vous ne soyez abusée par des influences coupables ; c'est pourquoi j'insiste de tout le poids de ma prudence. Vos qualités, vos vertus sont grandes, mais l'expérience vous fait défaut. Je considère votre jeunesse, et je serais un fou de vous laisser votre libre arbitre. Réfléchissez bien, chère enfant, je ne veux qu'assurer la paix de notre avenir. Or, ma curiosité n'est pas une curiosité puérile, puisque votre résistance est si grande. Vous tremblez, vous pleurez, j'en dois conclure que ce que vous me cachez est grave....

— Oh ! oui, murmura-t-elle à demi-voix.

— Alors, comment voulez-vous que je puisse consentir à l'ignorer ? Vous invoquez votre loyauté, vous faites un appel à mes sentiments généreux. Très bien ! Je suppose un instant que je renonce à vous questionner, que j'accepte complaisamment le bandeau que vous m'offrez : ce soir, ému par vos larmes, touché par vos protestations, je parviendrai peut-être à chasser cet épisode importun ; mais demain, mais après-demain, croyez-vous que ce souvenir ne reviendra pas m'obséder ? Et lorsque je vous verrai sortir ou rentrer, ordonnerai-je facilement à mon inquiétude ? Il faudra me taire cependant, car je l'aurai promis. Voyez, dès-lors, Amélie, quelle sera notre existence ; comprenez quelle gène présidera à nos causeries, et dites-moi si l'un et l'autre nous pouvons accepter des rôles semblables.

— Philippe, que voulez-vous que je vous réponde ? Tout ce que vous dites est vrai, est sage. Mais une fatalité pèse sur moi. Je dois me taire.

— Vous taire ? répéta-t-il.

— Je l'ai promis, je l'ai juré.

— A qui ?

Elle ne répondit rien.

Philippe les yeux étincelants, lui dit :

— Les personnes qui vous ont fait croire à votre liberté absolue ont attenté à mon pouvoir. Les fourbes qui ont asservi votre conscience ont oublié qu'elle était sous ma sauvegarde. Vous n'avez que deux maîtres : Dieu et moi !

— Philippe, je vous en conjure....

— Ces personnes, quelles sont-elles ?

— De grâce, écoutez-moi. Vous êtes mon maître, c'est vrai, un maître que j'adore et pour qui je donnerais ma vie avec joie, car je ne vis que par vous désormais. Pourquoi voulez-vous m'avilir en me forçant à trahir un serment que j'ai fait librement, et que je garde sans remords ? De même que j'aime en vous la volonté, l'intelligence, aimez en moi la droiture et la dignité. Au lieu de vouloir m'abaisser à mes propres yeux, placez-moi haut dans votre estime, si haut que le soupçon et le doute ne puissent y atteindre. Je suis votre femme, ne me faites pas votre esclave.

Philippe sembla ébranlé.

— Vous me diriez de croire ce que vous voudriez, reprit-elle avec élan, je le croirais, moi. Mon amour est donc supérieur au vôtre !

— Amélie, dit Philippe après un moment de réflexion, je vais faire pour vous le plus grand sacrifice qu'un mari puisse faire à sa femme : celui de sa tranquillité. Gardez votre secret, puisque vous vous croyez si puissamment engagée par lui ; gardez-le, et qu'il ait la première place

dans votre ame. Je ne m'y oppose plus. Mais ce secret n'est pas éternel, il ne peut pas l'être ; j'admets que vous ne me le révéliez pas aujourd'hui ; quand me le révélerez-vous ?

Elle avait entrevu une lueur d'espérance ; cette lueur s'évanouit aussitôt.

— Prenez le temps que vous voudrez, continua Philippe Beyle ; si long qu'il soit, j'attendrai sans murmure. Peut-on s'exécuter de meilleure grâce ? répondez, mon amie.

— Philippe....

— Fixez un délai, quel qu'il soit, je ne vous en demande pas davantage ; mais, ce délai expiré, songez que vous devrez tout me dire.

Amélie se recueillit : c'était pour rassembler ses forces, pour faire un appel désespéré à son courage.

— Jamais ! murmura-t-elle d'une voix à peine intelligible.

— Quoi ! pas même dans deux ans, dans dix ans ?....

— Non.

Philippe jeta sur elle le premier regard qui ne fût pas un regard d'amour.

Et, frappant le tapis du talon de sa botte :

— La lutte ! toujours la lutte ! s'écria-t-il ; oh ! quelle destinée est la mienne !

Il étendit la main vers un cordon de sonnette qu'il agita.

— Jean parut.

— Monsieur a sonné ?

— Oui. Les chevaux de poste sont-ils prêts ?

— Oui, monsieur.

— Vous vous disposerez à partir avec moi, Jean.

— Bientôt ?

— Dans une heure.

— Je suis au service de monsieur, répondit le valet de chambre.

— Allez !

Jean sortit.

Amélie avait suivi cette scène et entendu ce dialogue d'un air effaré.

— Ces chevaux de poste ? dit-elle ; partir ? vous voulez partir, Philippe ?

— Dans une heure, dit Philippe Beyle.

— C'est impossible ! c'est pour me torturer que vous imaginez ce départ.

— Au contraire ; c'est pour vous mettre en possession immédiate de cette liberté, que vous chérissez par dessus tout.

— Ma liberté ! dit-elle avec effroi.

— Dans une heure, vous n'aurez plus à redouter cette sollicitude qui a failli devenir du despotisme.

— Il se dirigea vers la porte du salon.

Elle s'élança vers lui en poussant un cri déchirant.

— Philippe, où allez-vous ?

— Je pars.

— Vous ne m'aimez donc plus ! s'écria-t-elle.

— C'est à vous que je serais en droit d'adresser cette question.

— Vous ne pouvez me quitter de la sorte !

— Il dépend de vous que je reste.

— De moi ! dit-elle en levant les yeux au ciel.

— Ce secret !

— Vous me mépriseriez après que je vous l'aurais dit.

— Alors, adieu.

Sa main n'avait pas quitté la porte.

Amélie se posa devant lui.

— En m'abandonnant, dit-elle, vous êtes coupable envers vos devoirs ; vous me devez protection.

— Vous me devez confiance.

— Vous trahissez la foi jurée !

— Notre lien établit une communauté absolue de sentiments et de pensées ; qui de vous ou de moi a rompu ce lien ?

— Oh ! vous ne partirez pas ! ce n'est pas vrai !

— Vous savez bien que si, répondit Philippe Beyle redevenu l'homme impassible et froid des anciens jours.

Elle le regarda et tressaillit.

— Il partirait, oui, il partirait ! murmura-t-elle en se parlant à elle-même.

Alors elle se décida.

— Philippe, ce secret vous concerne.

— Ah ! dit-il, avec un soupir d'allégement.

— Ce secret vous concerne plus que moi. Si je le trahis, vous êtes perdu !

— Il sourit dédaigneusement.

— Je vous dis que vous êtes perdu, continua Amélie ; et n'en doutez pas ! Vous avez trop appris l'assurance, Philippe ; dans le bonheur, vous avez oublié vos ennemis.

— Des ennemis ?

— Les haines mal écrasées sont les plus terribles.

— Que voulez-vous dire ? s'écria Philippe, qui pâlit tout à coup.

— Je veux dire que vous seriez imprudent

d'exiger une révélation qui vous exposerait à tous les dangers.

— Des dangers ? allons donc ! répondit-il en sentant se soulever son orgueil.

— Oh ! je sais que vous êtes brave ; mais il est des circonstances où la bravoure ne sert à rien. On ne pare pas des coups portés par des bras invisibles.

Philippe se sentit inquiet ; plus d'une fois il avait été frappé par ces ennemis invisibles dont Amélie lui parlait en ce moment. Ce souvenir fit passer un nom dans son esprit, et ce nom amena un éclair de colère dans ses yeux.

Il dit à Amélie :

— On a cherché à égarer votre imagination, je le vois. On a été trop loin. Parmi les menaces qui se font dans le monde, si la moitié seulement se réalisait, si la moitié des vengeances annoncées s'accomplissait, le monde n'aurait pas un siècle à vivre. Quels que soient mes ennemis, Amélie, il m'est possible, sinon de les vaincre, du moins de détourner leurs coups. On a spéculé sur votre ignorance des mœurs et de la législation. On a éveillé en vous ce que j'appellerai les superstitions du cœur. Cessez de croire aux périls suspendus sur ma tête, ou du moins ramenez-les aux proportions ordinaires de la vie ; les exagérer serait me faire injure : ce serait reconnaître la réalité et l'importance de mes torts dans le passé. Vous ne le pouvez pas, Amélie, vous ne le devez pas.

Pendant qu'il s'exprimait ainsi, elle le regardait avec surprise et avec douleur.

— Je ne crois rien, lui dit-elle, je ne reconnais rien ; je vous aime. Mais on m'a fait voir, et j'ai vu. On m'a fait voir votre perte résolue, votre ruine, votre mort. Il dépendait de moi de vous sauver ; pour cela, on ne me demandait qu'un serment. Je l'ai fait de grand cœur.

— Et, selon vous, mon salut dépend de votre fidélité à ce serment ? dit Philippe.

— Oui.

— Erreur ! si les dangers qui m'entourent sont sérieux, vous devez me les faire connaître. Nous serons mieux à deux pour les conjurer.

— Vous vous trompez, vous dis-je.

— Ce secret !

— N'exigez pas que je prononce moi-même votre condamnation.

— Une dernière fois, Amélie, voulez-vous parler ou vous taire ?

— Parler, c'est appeler sur vous le malheur !

— Vous taire, c'est ordonner mon départ !

Amélie, épuisée par ce débat, alla retomber dans un fauteuil.

— Vous usez envers moi de violence morale, dit-elle à mots entrecoupés ; je succomberai, je le sens. Mais laissez-moi vous exposer les résultats de la faute que vous vous obstinez impitoyablement à me faire commettre. Vous aurez été le seul coupable, nous serons deux victimes.

— Je n'en crois rien, dit Philippe.

— Vouloir que je parle, c'est vouloir que je meure.

— Folie !

— Grâce pour moi et pour vous ! dit-elle en joignant les mains.

— Amélie, le temps se passe ; j'ai quelques préparatifs à faire. Je vous écrirai.

Il avait ouvert la porte.

Amélie ne fit qu'un bond et qu'un cri.

— Ah ! ne t'en va pas ! !

Et elle l'entoura de ses bras, et elle le couvrit de ses sanglots.

— Laissez-moi ! murmura-t-il en portant la main à son cœur comme pour l'empêcher de se briser.

— Philippe !

— Non ! dit-il en la repoussant.

— Eh bien ! tu sauras tout.... et je meurs !

XXII.

UNE RÉCEPTION.

Instituée franc-maçonne par le testament de Mme Baliveau, Amélie jouissait de toutes les prérogatives attachées à ce titre, bien qu'elle n'eût pas encore été reçue en assemblée générale.

Le jour de sa réception venait d'être définitivement fixé.

Une réception dans la Franc-Maçonnerie des Femmes est toujours une cérémonie importante.

Celle-ci devait avoir lieu un matin.

Aussi la cité des Invalides se trouva-t-elle envahie de bonne heure. Les portes de la rue Plumet, de la rue de Monsieur, de la rue de Babylone et du boulevard ne faisaient que s'ouvrir et se refermer sous l'imperceptible pression de petits doigts féminins.

A l'intérieur, où le mouvement était concentré, des robes effleuraient les parterres, des chapeaux palpitaient sous les branches. Après avoir décrit un chemin plus ou moins sinueux, selon le point d'arrivée, chaque femme entrait dans cette serre qui a été signalée dans un de nos précédents chapitres.

Cette serre était une sorte de pas-perdus, ou plutôt l'antichambre supérieure de la salle des séances de la Franc-Maçonnerie des Femmes.

Au fond d'un bosquet s'ouvrait une porte habilement dissimulée par un treillage brodé de fleurs grimpantes. Un escalier descendait dans une salle immense et voûtée, divisée à peu près comme une salle de spectacle, et ornée avec une splendeur bizarre, emblématique.

C'était-là.

Plus de quatre-vingts femmes se trouvaient alors rassemblées sur des gradins.

Mais, en ce moment, la séance, ou, pour nous servir de l'expression technique, la Loge n'était pas encore ouverte.

Elles avaient donc liberté d'aller et de venir, et de causer entre elles à voix basse.

C'était un spectacle mystérieux et fait pour impressionner.

La décoration n'avait rien qui la distinguât particulièrement de la Maçonnerie Adonhiramite.

La salle était tendue de rouge cramoisi. Le côté droit se nommait l'Afrique, le côté gauche l'Amérique, l'entrée l'Europe, le fond l'Asie. Dans l'Asie, qui représentait le berceau de la Franc-Maçonnerie, un dais rouge, orné de franges d'or, s'arrondissait au-dessus d'un trône soutenu par des colonnes torses, et où devait s'asseoir la grande-maîtresse.

Devant ce trône il y avait un autel orné de quatre figures peintes, avec les noms au-dessous : AMANA, HUR, CANA, EUBULUS, qui signifient : Vérité, Liberté, Foi et Zèle.

Cinq trépieds brûlaient autour de ces figures.

Sur l'autel, on remarquait une petite auge, dans laquelle trempait une truelle d'argent.

Le plafond représentait un vaste arc-en-ciel.

Un grand nombre d'inscriptions et d'allégories tapissaient cette salle, éclairée de distance en distance par des lampes symboliques qui ne jetaient qu'une lueur modérée.

Dans ce clair-obscur s'agitaient une foule de femmes, dont le costume, la physionomie, l'accent et les manières contrastaient d'une façon quelquefois saisissante. Toutes semblaient pénétrées d'un accord et d'un respect mutuel. Il y avait quelques étrangères, entre autres une Suédoise, de passage à Paris. Plusieurs grandes dames

avaient traversé la France et quitté leurs châteaux pour venir assister à la réception d'Amélie ; c'étaient les mêmes qu'on remarquait dans
l'église de la Madeleine, le jour de son mariage.

Le reste de l'assemblée se recrutait sur le
grand théâtre parisien, et quelque peu aussi
dans ses coulisses. On eût vainement cherché
une condition sociale qui n'eût pas là sa repré-
sentante. Les forces de la Franc-Maçonnerie
des Femmes étaient au complet : forces de la rue,
forces avouées et forces occultes. A un moment
donné, sur un signal convenu, toutes ces forces
étaient mises en jeu ; toutes ces grâces, tous ces
esprits, toutes ces élégances, toutes ces relations,
toutes ces vertus, toutes ces roueries, toutes ces
fortunes fonctionnaient avec la régularité d'une
machine ; elles travaillaient alors à un but commun, envieuses de justifier leur devise : TOUTES
POUR UNE, UNE POUR TOUTES.

C'était là qu'il eût fallu venir chercher la clé
de tant d'énigmes, le secret de tant de réputa-
tions, le mot de tant de fortunes, la source de
tant d'aumônes aussi ! Que de choses mises sur
le compte du hasard, que d'événements accep-
tés comme venant du ciel, et que la Franc-Maçonnerie des Femmes pourrait aisément reven-
diquer !

Les voici toutes, formant une chaîne autour
de la société, les belles et les laides, les infimes
et les illustres, marchandes à la toilette, dont
les cartons savent la statistique de tous les bou-
doirs enrichis et de tous les ménages ruinés ; in-
stitutrices au cachet, ayant leurs petites entrées
dans la famille, sachant l'heure des mariages, le
chiffre des dots, interrogeant le cœur des héri-
tières, et, au besoin, faisant les demandes et les
réponses ; gouvernantes à l'affût des testaments ;
femmes de journalistes taillant les plumes de leurs
maris, taillant aussi leurs idées, les premières à
recueillir les nouvelles, les premières quelquefois à les souffler ; demoiselles de comptoir n'a-
yant qu'une oreille tendue aux madrigaux et ré-
servant l'autre aux intérêts de l'association ou-
vrière pour qui les ateliers et les faubourgs
n'ont pas de secrets ; tout un monde enfin, hardi, dévoué, multiple !

Les voici toutes ! quelques-unes d'entre elles
méritent un portrait particulier, soit à cause de
leur situation exceptionnelle, soit pour les services qu'elles ont rendus ou qu'on leur a rendus.
La nature, souvent inouïe, prodigieuse de ces
services, démontrera mieux qu'une simple affirmation, l'étendue et la diversité des ramifications

de la Franc-Maçonnerie des Femmes. C'est une
chaudière de drames et de comédies que nous
allons renverser avec la prodigalité d'un homme
qui en garde plus qu'il n'en répand, qui en tait
plus qu'il n'en raconte. Dans ce musée, reflet de
toutes les écoles et de tous les genres, il se pourra que le grotesque coudoie quelquefois le terrible, que les figures naïves avoisinent les profils
affinés ; si quelques tons criards s'y font jour,
on se rappellera qu'ils éclatent sur une toile
inusitée. On s'étonnera moins de l'étrangeté de
quelques-unes de ces monographies, en songeant
que la plupart de ces caractères subissent le joug
d'une volonté collective ; que ces existences ne
s'appartiennent jamais entièrement, et que, dans
cette société ténébreuse, les circonstances, les
événements s'ordonnent et se préparent comme se préparent les substances dans les labora-
toires.

Prenons d'abord cette humble fille qui a l'air
sauvage et presque effarouché. Elle est enfermée
jusqu'au menton dans une robe grise ; elle a de
gros gants et de gros souliers. C'est LUCILE-GE-
NEVIÈVE CORNUT, la servante d'un des plus vé-
nérables curés d'une paroisse de la banlieue. Pour
assister aux réunions du boulevard des Invalides, elle est obligée d'accomplir chaque fois des
prodiges de combinaisons et de prétextes. Lorsque la convocation est indiquée pour le soir,
c'est surtout alors que son embarras est doublé.
Son curé a pour habitude de se mettre au lit
fort tard, parce qu'il dort après le déjeûner de
midi. Afin que Geneviève puisse s'absenter du
presbytère, il est nécessaire, il est indispensable
que son respectable maître devance l'heure de
son coucher. Pour obtenir ce résultat, Geneviève doit empêcher la sieste de l'après-midi ; le
diable seul sait ce qu'il en coûte à cette pauvre
servante de vacarmes faits à dessein, de sonnet-
tes agitées, de petits mensonges et de grosses su-
percheries. Tantôt, c'est une pécheresse qu'elle
amène presque par force au confessionnal ; tantôt c'est un malade à toute extrémité qu'elle
imagine ; et le curé de déranger en soupirant
l'oreiller sur lequel il commençait à reposer sa
tête, de revêtir son surplis ou de demander son
chapeau pour courir à l'extrémité de la commune. Qu'au retour, il gronde Geneviève pour ses
étourderies et ses bévues, peu importe : ce soir-
là, il se couchera à neuf heures, et Geneviève
Cornut ira au rendez-vous de la Franc-Maçonnerie des Femmes.

Soixante-deux ans, voûtée, le nez fiché dans

la figure à la façon de ces morceaux de bois en angle droit qu'on enfonce dans les jouets de style primitif, la prunelle roulant perpétuellement dans l'orbite, la peau rougie, les lèvres minces, plus de cheveux, quelque chose comme un oiseau de proie, une nuance entre l'ensevelisseuse et le vautour, voilà cette grande femme — vue de face — qu'on appelle la veuve bixois, et de la poche de laquelle vient de tomber un jeu de cartes. C'est une des plaies de l'association, une de ses hontes. Elle jouerait partout, elle jouerait jusque sur l'autel ; pour elle, le monde, la famille ne datent que de l'invention des tarôts ; la langue française ne sert qu'à annoncer le roi, la dame et le valet de carreau. Le sort l'avait unie à un mari avare, un luthier ; le sort l'en a débarrassée, en lui épargnant une grave reddition de comptes. Feu Brinois avait la coutume d'enterrer son argent, Mme Brinois avait la manie de le déterrer ; feu Brinois mettait ses bénéfices dans des tirelires qui sonnaient toujours le vide ; il apportait ses économies à des coffresforts qui avaient une entrée et une sortie. Un jour, feu Brinois s'aperçut qu'il avait placé sa fortune dans le tonneau des Danaïdes ; ce jourlà il mourut. Sa femme fit sonder les murs, éventrer les paillasses, démolir les manteaux de cheminée, découdre les fauteuils, casser les bambous en deux, dévisser les pieds de table, ouvrir les livres feuillet à feuillet, et quand elle eut mis la main sur l'argent que le luthier avait caché partout, elle alla le jouer dans ses tripots ordinaires.

Mme Brinois a fermé le magasin de son mari, mais elle n'a pas eu le temps de vendre le fonds. Quand l'argent vient à lui manquer, elle a recours aux Stradivarius, aux Guernerius, aux Amati ; et pour peu qu'elle n'en trouve pas un prix raisonnable, elle les expose comme enjeux. On l'a vue arriver avec un ophicléide sous le bras ; dès que *la main lui venait*, en termes de lansquenet, elle posait gravement le mélodieux tuyau de cuivre sur le tapis, en disant : « Il y a un ophicléide ! » du même ton qu'elle aurait dit : « Il y a un louis. »

On devine que la veuve Brinois est plus onéreuse qu'utile à ses sœurs de l'association. Ses demandes d'argent sont incessantes ; et souvent, pendant les séances, elle a poussé le cynisme jusqu'à chercher à organiser des banquo clandestins. Elle mourra dans l'impénitence finale, et méritera d'être enterrée sous un chandelier de maison de jeu.

ELISABETH FERRAND, mariée au célèbre procureur-général Ferrand, est une des puissances de la Franc-Maçonnerie des Femmes. Elle est belle, elle est gracieuse, elle est spirituelle. Habile à conduire les hautes intrigues jusque dans le cercle de la magistrature, elle excelle dans l'art d'influencer et même de transformer les convictions. C'est dans un salon, un des plus charmants et des plus sérieux de Paris, que la Franc-Maçonnerie tend à la justice ses filets roses, ses lacs de gaze. Du grave et irréprochable Ferrand, elle a fait, sans qu'il s'en doutât, le plus ferme appui d'une société secrète, contre laquelle il serait le premier à invoquer l'application de la loi s'il en soupçonnait seulement l'existence.

A quelque distance de Mme Ferrand, sur les gradins supérieurs, s'agite ou plutôt se trémousse une négresse vêtue à la mode parisienne. C'est *Elisa*, dite *Ebène* ; elle était encore, il y a trois ans, esclave dans une sucrerie de la Martinique ; aujourd'hui elle est marquise ; son maître, M. de Champ-Lagarde, l'a épousée. Voici dans quelles circonstances et à quelle occasion cet étrange hymen s'est accompli.

Raoul de Champ-Lagarde était de haute et vieille noblesse ; il avait des oncles et des frères investi des premières charges de la cour, des premiers grades à l'armée, des plus hautes dignités de l'Eglise. Ses trois sœurs devaient faire tôt ou tard des alliances illustres. Par une exception, que ses vices précoces lui avaient d'ailleurs méritée, Raoul, dès sa jeunesse, se vit relégué dans les colonies, sous le prétexte d'administrer des propriétés considérables. De même que l'on place les poudrières à l'écart des villes, de même on envoie quelquefois encore au delà des mers la noblesse trop prématurément corrompue. La rancune de Raoul contre sa famille devait dater de cet exil.

Il acheva de se dépraver à la Martinique, où il compromit ses biens, et devint un fléau pour les indigènes. Brave comme une épée, sanguinaire comme le maréchal de Rétz, goguenard et laid à donner le frisson, il se fit une renommée de tyranneau qui retentit jusqu'en Europe, à Paris, et jusque dans le cabinet du roi des Français. Ce fut lui qui, le premier, osa publier dans un journal cet avis : « M. le marquis de Champ-Lagarde, prévient le public que ses heures de combat sont changées depuis le 15 courant. Voici le nouvel ordre qu'il a adopté : le matin, de neuf à onze heures pour le pistolet ; le soir, de deux à cinq pour l'arme blanche. On trouvera chez lui des témoins.

Comment l'argent vint à manquer à ce redouté satrape, c'est ce qu'on devinera. Après avoir épuisé toutes les ressources et levé des contributions, souvent forcées, sur les colons, il s'adressa à sa famille, à ses frères et à ses oncles, qui lui répondirent sèchement : « Vivez dans le désordre, si cela vous plaît, mais oubliez que vous avez des parents. » Raoul de Champ-Lagarde prépara une vengeance formidable et simple. Il jeta les yeux autour de lui et épousa sa négresse Elisa, dite *Ebène*, originaire des côtes de Guinée.

Ebène avait seize ans alors.

Si cette esclave affranchie put naïvement se croire épousée par amour, son erreur ne fut pas de longue durée. Au retour de la cérémonie nuptiale, Raoul, décrochant un magnifique fouet à manche incrusté d'argent, lui dit :

— Je ne veux pas d'héritiers.

Cet arrêt laconique eût peut-être semblé brutal à une Française, mais cette Africaine, accoutumée aux mauvais traitements, n'y répondit que par un sourire de modestie.

Elle se croyait belle, car bien souvent la pétulance tropicale de ses charmes avait désespéré de noirs admirateurs. Elle se sentait vaguement une intelligence, elle conçut le projet de s'élever jusqu'à la hauteur de son incroyable fortune.

Dès le lendemain de son mariage, le marquis et la marquise de Champ-Lagarde s'embarquèrent pour la France : ils se rendirent à Paris. Raoul savait qu'un de ses frères, orgueilleux représentant de la tradition légitimiste, recevait, une fois par semaine, toutes les fidélités fleurdelysées et tous les dévouements en culotte courte du faubourg Saint-Germain. Il voulut, en compagnie d'Ebène, tomber comme une injure au milieu de cette aristocratie qui l'avait sévèrement repoussé.

Annoncés par un huissier balbutiant et plein de stupeur, Raoul et sa noire épouse firent inopinément leur entrée dans le monde parisien. Le scandale fut immense. La figure bilieuse et méchamment souriante du marquis tranchait sur un costume du meilleur goût, et qu'il portait, malgré sa laideur, avec une distinction innée. A son bras, Ebène promenait des regards ravis; elle avait une robe de satin blanc, au-dessus de laquelle sa tête vive apparaissait comme une taupe dans la neige. Un collier de graines rou-

ges serrait à l'étrangler son cou d'un modelé pur et puissant. Elle avait toutes les peines du monde à s'empêcher de faire la révérence aux femmes et de sourire aux hommes. Bagues, bracelets, pendants d'oreilles, broches, agrafes, tout cela brillait et courait sur cette peau comme des étincelles sur un papier brûlé; il semblait qu'on eût vidé sur elle désordonnément une boutique de bijouterie. Ils avançaient ainsi tous deux, paraissant attendre des félicitations, et ne recueillant que la stupeur; les invités se repliaient en silence devant cette tempête qui marchait. On cherchait des issues. Il y eut quelques jeunes personnes qui s'évanouirent.

Dès le lendemain, ils louèrent un hôtel dans l'avenue d'Antin; chaque jour on les voyait sortir en calèche; chaque soir aux places les plus découvertes de l'Opéra, ou même des théâtres de boulevard; ils s'offraient de bonne grâce en pâture à l'attention publique, qui, reconnaissante envers eux, leur organisa bientôt une véritable popularité.

La vengeance du marquis de Champ-Lagarde eut les résultats qu'il en avait attendus. Maudit par sa famille, qu'il avait vouée au ridicule, anathématisé par la noblesse tout entière, il trouva un refuge dans les abolitionistes des Etats-Unis et de l'Angleterre, qui ne voulurent voir dans son mariage qu'un éclatant hommage rendu à leurs principes. En conséquence, de tous les coins du monde s'élevèrent au profit de ce couple disparate des témoignages de sympathie qui reconstituèrent de nouveau le crédit de Raoul. Plus tard, les Champ-Lagarde eux-mêmes, amenés à composition et réunis par une crainte commune, lui firent proposer une rente secrète de cent mille francs, à la condition qu'il ne perpétuerait pas sa vengeance par couleur de progéniture.

Peu à peu, voici ce qui est arrivé : le marquis Raoul s'est rangé, l'âge et le changement de milieu ont éteint ses vices. Alors il a rougi de sa femme, il a cherché à se débarrasser d'elle, à l'éloigner; mais il n'était plus temps. Une contre-vengeance dirigée contre celle-là, contre le marquis lui-même, par une de ses anciennes maîtresses au lit de mort, avait placé Ebène sous la protection de la Franc-Maçonnerie des Femmes: Ebène est restée à Paris; elle a voulu connaître ses droits et en user; on lui a donné des maîtres et des couturières; elle s'est habituée au monde, et, chose plus malaisée, mais rendue possible par le crédit de ses nouvelles sœurs, le monde a fini par s'habituer à elle. Quelques salons l'ont déjà admise dans le huis-clos des relations intimes, comme une originalité, comme une fantaisie, comme la sœur d'*Ourika*; bientôt il sera de mode de l'avoir dans tous les bals, nous en faisons le pari. Lorsque le marquis de Champ-Lagarde, confondu et désespéré par cette métamorphose inattendue, parle de la renvoyer à la Martinique, elle va chercher dans sa bibliothèque particulière un livre aux tranches tricolores, dont elle fait une étude approfondie depuis trois ans. Il n'y a pas longtemps que, furieux de cette résistance, le marquis a essayé de revenir à ses anciennes traditions de colon ; mais alors, c'est Ebène qui a décroché le fouet au manche incrusté d'argent.

XXIII.

Celle-ci, qui est assise, le coude au genou et le menton dans la main, les yeux égarés, et comme indifférente à ce qui se passe autour d'elle, celle-ci a fait plus que de tuer un homme, elle a tué une gloire. LOUISE-RAIMONDE-EUGÉNIE D'EFFRENVILLE, COMTESSE DARCET, poursuit une vengeance qui s'égale et qui absorbe sa vie entière. C'est contre un peintre illustre qu'elle s'acharne depuis vingt ans bientôt. Cherchez une seule des toiles de Réné Levasseur, un seul de ses paysages admirables : vous ne trouverez rien, absolument rien. D'où vient cela ? L'histoire vaut bien qu'on la raconte.

Réné Levasseur est né grand peintre. Rien ne l'a empêché de devenir grand peintre, ni les ladreries des marchands de tableaux, ni le jury, ni les événements conjurés. Une simple toile a suffi, un rayon de soleil apparu une demi-heure seulement derrière la vitre d'un trafiquant de la rue Laffitte. Cette demi-heure écoulée, Levasseur était reconnu, adopté, classé parmi les maîtres. Voilà ce qu'il y a de beau et de magnifique dans les arts parisiens ! L'envie elle-même vous met une mitre au front. Dès qu'il se vit sacré, Réné Levasseur, qui ne doutait pas de lui, mais qui doutait des autres, donna l'essor à ses hardiesses. Etant certain d'être aperçu, il se montra. Il exposa des miracles. Pauvre la veille, il se réveilla opulent ; on se disputa ses moindres ébauches. A peine apparus, ses tableaux étaient achetés à des prix fous ; le public n'avait que le temps de les apercevoir ; la critique, c'est-à-dire l'éloge n'avait que le loisir de les enregistrer ; ensuite ils disparaissaient. Où allaient-ils ?

quelles galeries les possédaient ? quels musées particuliers les livraient discrètement à l'enthousiasme des amateurs ? Personne ne le savait, l'acheteur était toujours un étranger, un négociant hollandais, un Brésilien ruisselant de milliards ou l'intendant d'un noble lord ; il ne marchandait pas, il couvrait d'or le chef-d'œuvre, mais avec cette condition jalouse, inévitable, qu'il ne serait pas reproduit par la gravure.

Pendant dix ans, Levasseur a souri à cette vogue, a caressé ce rêve éclos à l'ombre du palais des Beaux-Arts et de la Banque de France. Puis, un jour, il s'est réveillé en sursaut. L'inquiétude l'a gagné. Il a voulu savoir le sort de ses tableaux, rechercher leur trace dans le monde, en dresser le catalogue, se rendre compte enfin de son existence artistique. Il n'a trouvé que le néant. Les collections indiquées n'existent pas ; les cabinets ont été dispersés. De même pour les particuliers. Le négociant hollandais est aussi introuvable que la tulipe noire ; le Brésilien vient en ligne directe du pays des contes ; on a abusé du grand nom du membre de la chambre des communes. Frappé de ces circonstances, Réné Levasseur n'a plus voulu travailler que sur des commandes et pour le gouvernement.— Autres malheurs ! il a exécuté une œuvre destinée à orner l'église de sa ville natale ; au moment d'être accrochée au mur, la toile a été crevée à plusieurs places par la maladresse des ouvriers et détruite entièrement par la chute d'une cruche d'acide. Sa *Vue de Fontainebleau*, entreprise pour le compte de Louis-Philippe, a été roulée et oubliée pendant deux ans dans les greniers du Louvre ; et lorsque, sur ses réclamations, on a voulu l'arracher à cet abandon inconcevable, elle avait disparu. Levasseur a compris que la fatalité était sur lui ; peu à peu il est devenu misanthrope, il s'est enfermé dans son atelier, il a fait alors de la peinture pour lui seul ; en trois ans, il a signé trois pages rayonnantes, trois épopées de lumière à désespérer Aligny, Théodore Rousseau et Français. De toutes parts, on est venu admirer ces prodigieuses compositions ; de toutes parts, on lui a adressé les offres les plus tentantes : il a tout refusé, pour s'absorber dans la contemplation de ses trois œuvres suprêmes, les seules qu'on connaissait de lui par le monde !

Un soir, en rentrant chez lui, Levasseur a trouvé son atelier vide, et cent mille francs à la place de ses trois tableaux. Il a failli perdre la raison. On raconte que les cheveux du célèbre acteur Brizard blanchirent pendant le temps qu'il resta suspendu à l'anneau en fer d'une pile d'un pont sur le Rhône, où il avait chaviré. Réné Levasseur a vu, lui aussi, blanchir tous ses cheveux. En outre, il lui est resté de cette commotion un tremblement nerveux qui l'empêchera désormais de peindre. Les journaux se sont entretenus avec détail de ce vol d'une espèce nouvelle et audacieuse qu'ils ont attribué au fanatisme d'un amateur princier ; quelques initiales même ont circulé dans le monde des arts ; mais nul ne s'est avisé de plaindre Levasseur ; on l'a trouvé largement indemnisé. Quant aux trois tableaux, le chemin qu'ils avaient pris était sans doute le même que les autres. Impossible de se procurer là-dessus aucun renseignement.

Une seule personne aurait pu en donner, une personne que Réné avait autrefois foulée aux pieds, une jeune fille qu'il avait déshonorée, une femme qu'il avait insultée, une mère dont il avait repoussé l'enfant. C'était la comtesse Darcet.

Il y a quelques jours, René Levasseur a reçu une invitation pour aller voir une galerie de tableaux. Il s'y est rendu sans méfiance. On l'a introduit dans l'antichambre d'un salon fermé par un ample rideau. Là, à sa grande surprise, il s'est vu saisir par deux laquais et garroter. Habitué aux manies des amateurs, il a cru que c'était une précaution applicable à tout le monde, la formalité de la maison. Il a compris et a attendu. Le rideau s'est écarté ; Levasseur a poussé un cri de joie immense, en se voyant en présence de toutes ses toiles ! toutes ! plus jeunes et plus éblouissantes que jamais, placées avec art, buvant le jour, souriant à leur auteur, radieux cortége, glorieux musée ! Ah ! jamais les maîtresses adorées que l'on revoit, jamais les douces figures de la famille se mettant tout-à-coup à revivre, jamais tous les bonheurs, toutes les fêtes n'approcheront de cette féerie auguste et foudroyante frappant ainsi René Levasseur au milieu de son abattement. C'était bien là son œuvre réapparue et entière dans Paris ; rien n'y manquait, pas même la toile égarée du Louvre, ni les trois derniers tableaux volés ; tout était là, triomphalement exposé, et, lui, il admirait naïvement ; il admirait avec des larmes, comme les vrais artistes ; il ne se savait pas tant de puissance et d'harmonie, il ne se rappelait plus avoir eu tant de feu et de jeunesse ; il se retrouvait et il était charmé.

Mais son triomphe fut traversé tout à coup par une pensée.

Pourquoi m'a-t-on garrotté ? dit-il.

Il eut l'explication de cet acte étrange, par l'apparition soudaine d'une femme en qui il reconnut avec terreur la comtesse Darcet. Elle n'avait rien de menaçant toutefois ; elle était vêtue avec simplicité. Au peintre, qui était devenu horriblement pâle, elle dit tranquillement en désignant les tableaux :

— Tout cela est à moi.

— A vous, Louise ! balbutia-t-il saisi de crainte.

— Est-ce que cela t'étonne, Réné ? Je t'aimais tant, qu'après t'avoir perdu j'ai voulu avoir ta pensée, ton inspiration, le meilleur de toi. J'ai tout acheté, et ce que je n'ai pas pu acheter, je l'ai ravi. Ce que je n'ai pu ravir, je n'ai pas voulu que d'autres le possédassent : rappelle-toi la toile dégradée de l'église de Rouen. C'est aimer, cela, qu'en dis-tu ? Comprends-tu les délices, les jouissances sauvages que j'éprouvais à aller arracher ces tableaux à la foule, dont j'étais jalouse ? Et comme je les emportais dans ma solitude pour m'en enivrer ? Après cela, que m'importais-tu, toi ? Que m'importait qu'il y eut un Réné Levasseur, un homme, une main tenant une palette ? Ce n'était pas vrai ; Réné Levasseur était tout entier ici, chez moi ; sa renommée, je l'avais sous les yeux. Ah ! j'ai passé des heures bien délicieuses et bien cruelles en tête-à-tête avec tes chefs d'œuvre ; j'ai pleuré et souri bien des fois devant ces fragments de ton âme qui avaient un sens pour moi seule ! Que de fois, honteuse de ma faiblesse, je me suis surprise à y déposer un baiser mystérieux ! c'est qu'alors tu n'étais plus Réné le lâche, Réné le criminel ; tu étais le grand peintre, et celui-là transfigurait tout autour de lui, même le passé plein de hontes ; l'homme de génie effaçait l'homme d'infamie. Pendant de nombreuses années, j'ai vécu de la sorte avec toi et à ton insu, m'enorgueillissant et t'applaudissant. Oh ! Réné, tu es grand, en effet, tu as l'enthousiasme ; contemple-toi fièrement dans ton œuvre ; vois comme elle vit, comme elle éclate, comme elle déborde ! Tout cela est l'œuvre d'un maître, — tout cela va périr !

Réné Levasseur n'a pas compris.

La tête encore ébranlée par ce spectacle inattendu, il a regardé la comtesse, avec le vague sourire des enfants et des fous.

Alors la comtesse Darcet a pris une torche,

-et elle l'a silencieusemunt approchée des tableaux.

Un rugissement est sorti de la poitrine de Levasseur ; tous ses liens se sont raidis sous l'effort de son buste ; mais en vain !

La flamme a gagné les tableaux.

— Dans quelques instants, il ne restera plus rien de toi, a dit la comtesse avec une joie épouvantable ; ton œuvre sera consumée ; ton nom s'en ira comme celui des comédiens, fumée d'abord, cendre ensuite, puis tradition et fable. Il y aura des gens qui ne croiront même pas à ton existence. Tiens ! ce tableau qui brûle si vite, si vite, il t'a coûté huit mois, huit grands mois de tentatives, d'espoir, de découragement ; ce fut un de tes meilleurs succès au Salon. Il n'existe plus maintenant.

— Louise, pitié ! cria le peintre.

— Non ; je me venge.

— Grâce pour celui-là, là-bas ! Oh ! grâce !

— Pas plus celui-là que les autres.

Et elle attisa l'incendie.

— Eh bien ! tue-moi tout de suite, je t'en conjure.

— Insensé !

— Je ne puis supporter plus longtemps ce supplice ; laisse-moi partir ; je ne veux pas voir !

— C'est trop lent, n'est-ce pas ? Cela brûle mal ; tu as raison.

La comtesse Darcet prit quelques toiles et les jeta dans la cheminée, où flambait un grand feu.

— Ah ! hurla Levasseur en fermant les yeux.

— Réné, dit-elle lentement, j'ai souffert plus que toi et plus longtemps, car je n'ai jamais oublié. Mes supplications d'autrefois ne t'ont pas touché, tes cris d'aujourd'hui ne m'attendriront pas. Torture pour torture. Pendant bien des années, je t'ai laissé à tes illusions ; j'ai été bonne, tu vois ; rien ne t'a empêché de rêver avenir, postérité. Moi, je n'ai jamais eu de bonheurs semblables. Mon premier amour une fois anéanti, je n'en ai pas eu d'autre, et je suis descendue dans ma douleur comme dans une fosse, pour n'en plus sortir. C'est bien peu de chose, ma vengeance, va ! Je ne prends qu'un de tes jours pour me payer de ma vie entière.

Le peintre n'entendait plus.

Elle continua à jeter les tableaux au feu.

Quand ce fut au tour du dernier, elle se retourna : il s'était évanoui et avait roulé à terre....

On le rapporta chez lui.

Réné Levasseur habite à présent une maison de santé ; il y mourra fou.

Seule, toute seule, voici Mlle PIQUARET, blonde fille, majeure, mince et longue, et dont les pieds seuls semblent toucher à terre. Une strophe de M. de Laprade n'est pas plus diaphane, une grisaille antique n'est pas plus silencieuse. Elle ne parle qu'à la condition de rêver, elle ne rêve qu'à la condition de dormir, car elle est somnambule et somnambule extra-lucide. Les oracles qu'elle rend dans son quartier sont presque toujours dictés par des voix et des intérêts maçonniques.

Mme GUILLERMY est cette épaisse bourgeoise de cinquante-trois ans, amplement vêtue ou plutôt couverte, selon son expression. Sa figure, mélange d'importance et de bonté, rehaussée par de beaux cheveux gris bouffants, accuse une de ces commerçantes estimables, telles que le quartier des Bourdonnais en offre, assises derrière le grillage d'un comptoir, et gravement inclinées soir et matin sur un registre aux angles de cuivre.

Mme Guillermy est l'honneur de la Franc-Maçonnerie des Femmes. Sa vie est un exemple de travail continuel, de maternité majestueuse et tendre. Elle ne s'est jamais servie de son pouvoir que pour pratiquer le bien, faire des mariages et empêcher quelques ruines ; aussi sa parole un peu brève, son regard quelquefois sévère ne trompent-ils jamais personne. De l'ancienne Arche-Pépin à la rue Saint-Honoré, en passant par le pays de la rue Saint-Denis, on la révère, on l'aime.

Faut-il la nommer celle-là, cette brune, cette audacieuse, dont la robe fait un bruit, dont les yeux dardent un feu !.... Inutile ! son nom est sur votre lèvre, sur votre sourire. C'est GEORGINA IV. Trois bourgeois vont demander ce que c'est que Georgiana IV. Oh ! ignorants ! Est-il besoin de leur apprendre que Georgina IV est née Héloïse Picard ? Méritent-ils de savoir qu'une arrière-boutique de crémière, dans la rue de l'Echiquier, a servi de berceau à cette amazone des temps modernes ? Ils n'ont donc jamais lu de feuilletons, ces trois bourgeois ? Ils n'ont donc jamais été au théâtre, ces trois bourgeois ? Ne leur répondons pas ; ils doivent avoir des neveux ; laissons-les interroger ces neveux.

Ah ! trois bourgeois ! je ne vous souhaiterais pas de tomber entre les griffes mignonnes et blanches de Georgina IV ! Vous y laisseriez les dernières onces de ce précieux capital que vous appelez votre bon sens. Vous vous croyez bien forts ! trois bourgeois ! vous vous croyez réglés comme des *papiers de musique*, vous avez la conscience de vous conduire comme *quelqu'un qui se respecte* ; priez le ciel qu'il ne vous fasse pas rencontrer Georgina IV. Elle vous en ferait voir de belles.

Il n'y a pas de famille pour elle, il n'y a pas de patrie, il n'y a pas de terre, il n'y a pas de mer, il n'y a pas de lois, il n'y a pas d'usages ; — il y a une proie et elle. Elle et quelqu'un ; le premier venu, pourvu qu'il soit riche ; vous, qui me lisez. Oh ! ne hochez pas la tête : cette invasion des démons fardés dans les intérieurs assoupis, dans les imaginations obtuses, dans les existences sans occasions, cela n'a pas été assez décrit, ou cela n'a pas été peint d'assez violentes couleurs.

Georgina IV a traversé la société comme une balle de pistolet traverse l'air, en déchirant, en sifflant, en tuant. Elle a commencé par des commis, elle a fini par des potentats. Quel terrible concert organiserait Berlioz avec toutes les porcelaines, tous les miroirs, tous les flacons, tous les verres qu'elle a brisés. Donnez-lui un prix de vertu, elle vous rendra un forçat ; confiez-lui M. Prud'homme, elle vous le métamorphosera en Robert-Macaire. C'est la Circé actuelle, que personne n'a peinte encore, et autour de laquelle Gavarni seul a timidement rôdé.

Georgina ou Héloïse Picard a été actrice, à ce qu'on dit, ou plutôt à ce qu'elle dit. Le fait est qu'elle a paru devant un public, qu'elle a parlé, qu'elle a chanté, qu'elle s'est fâchée, qu'on lui a jeté des bouquets, qu'elle a été aux nues, que son directeur lui a fait un procès, que tout Paris n'a parlé que d'elle, que le siège de son appartement a été entrepris par tous les gens qui ne savent que faire de leurs cinquante ou de leurs cent mille francs de rente. C'en était assez. Ah ! quelle femme ! vertige, folie, esprit, passion, elle a tout. Son caprice, mobile comme une queue de poisson, la jette dans tous les travers, la pousse vers tous les voyages. Elle a épuisé un mari, deux maris. Elle a soulevé une nation. Elle a fait courir à Chantilly et à Epsom, elle a porté son châle au Mont-de-Piété ; on l'a vue demander le sergent Poumaroux à la caserne de l'Ave-Maria.

Ne vous y fiez pas, néanmoins, je vous le répète ; ne raillez pas. Pour peu que cette femme vienne à pleurer, vous lui donnerez votre âme. Ce n'est pas qu'elle soit belle, non ; mais elle s'empare de vous comme le soleil, sans même vous regarder : le moindre de ses mots vous étreint et supprime votre respiration. Qu'a-t-elle dit cependant ? Elle ne le sait plus. La Bruyère, tu n'as pas connu Georgina IV !

Pourquoi Georgina IV ? Ah bah ! soyons discret. Il faudra un grand homme de talent pour raconter cette femme. Attendons.

Une autre excentrique, c'est cette dame de quarante ans environ, et qu'on paraît éviter, bien qu'elle aille d'un banc à l'autre, avec les airs pénétrés d'une solliciteuse. Elle s'appelle Mme FLACHAT, mais elle est née d'Argensolles, veuve en premières noces de M. Guilpin de Jouesne, et en secondes noces du baron Lenfant ; ex-intendant de la Liste civile. Un an après la perte du baron, elle s'est mariée en troisièmes noces à un de ses gens, natif d'Annecy, en Savoie, Jean Flachat. De telles hontes sont moins fréquentes à Paris qu'au fond de la province et des campagnes, mais elles s'y produisent cependant, et elles y causent une pénible surprise.

L'histoire de Mme Flachat est le pendant de celle de la marquise Ebène de Champ-Lagarde. Celle-ci, esclave, a épousé son maître ; celle-là, grande dame, n'a pas dédaigné d'élever jusqu'à elle son superbe chasseur. Mais une fois parvenu au sommet de l'échelle sociale, la tête a tourné à Jean Flachat. Autant il était respectueux et soumis lorsqu'il grimpait, en uniforme vert, derrière la voiture de Mme la baronne Lenfant, autant il est devenu intraitable et grossier à présent qu'il s'asseoit à l'intérieur, et qu'il étend ses bottes sur les coussins. Il se cachait autrefois pour avaler un verre d'Alicante dérobé dans une armoire ; maintenant, il affecte de ne se montrer qu'en ivresse, et si sa femme hasarde quelques remontrances, il la frappe. Bas plagiaire du duc de Clarence, depuis qu'il a su que la baronne prenait des bains de lait, il a imaginé, — chacun son goût, — de prendre des bains de tafia. Cela le fortifie, à ce qu'il prétend, et cependant on l'en retire chaque fois ivre-mort. L'infortunée qui a rivé à son existence cette chaîne déshonorante essaie actuellement de la rompre ; la Franc-Maçonnerie, fatiguée de lire les réclamations qu'elle lui adresse dans un but trop absolument personnel, lui a promis de faire prononcer sa séparation de corps et de biens. En attendant, Jean Flachat est scrupuleusement surveillé et impitoyablement conduit au poste, lorsque, titubant et embrasé de colère ou d'ivresse, il ose ,.

une massue à la main, errer aux alentours de l'hôtel Lenfant.

Arrêtons-nous là.

Ces femmes étaient au nombre de quatre-vingts environ, avons-nous dit.

A onze heures, il y en avait cent.

C'était l'heure fixée pour la réception d'Amélie Beyle.

La séance allait commencer.

XXIV.

Le plus profond silence avait succédé aux causeries particulières ; chaque femme s'était assise à sa place.

Mme de Pressigny, que nous ne désignerons plus que par son titre de Grande-Maîtresse, siégeait sur le trône aux colonnes torses. Elle portait en sautoir un cordon bleu moiré, où pendait une truelle d'or, insigne de son grade.

Les pratiques auxquelles nous allons faire assister nos lecteurs sont, à quelques variantes près, les mêmes qu'au dix-septième et au dix-huitième siècles. Nous avons dit que la Franc-Maçonnerie des Femmes avait emprunté une grande partie de ses cérémonies et de ses épreuves à la Franc-Maçonnerie des hommes. Cela est si vrai que, il y a soixante-douze ans environ, une fusion fut tentée entre les deux sectes et reçut même un commencement d'accomplissement, sous la double présidence de la vice-reine de Naples et de Son Altesse le duc de Chartres, souverain grand-maître de toutes les loges.

Nous n'avons pas ici à élever une thèse à propos de ces pratiques, dont l'ensemble, s'il n'échappe pas absolument au ridicule, ordonne à coup sûr le respect acquis aux traditions qui ont l'âge du monde. Ces mystérieux vestiges d'une fable construite avec les propres matériaux de la Bible, ces croyances architecturales, cet effort violent vers une poésie quelquefois lugubre, cette préoccupation égalitaire et fraternelle saisissant une portion d'individus au sortir du berceau des âges, tout cela ne manque pas d'un certain grandiose. L'idée qui survit à ces formes surannées est encore d'ailleurs assez haute et assez vivace pour défier la raillerie.

La Grande-Maîtresse promena ses regards sur l'assemblée, et les ramena autour d'elle.

A sa droite se trouvaient les sœurs Surveillantes, les sœurs Dépositaires et les sœurs Hospitalières.

A sa gauche, les sœurs Officières, les sœurs Harangueuses et les sœurs Conductrices.

Une de ses dernières était Marianna.

La Grande-Maîtresse frappa cinq coups sur l'autel avec un maillet d'or.

A ce signal, une des sœurs Officières s'avança.

— Quelle heure est-il ? lui demanda la Grande-Maîtresse.

— Le lever du soleil.

— Que signifie cela ?

— C'est celle à laquelle Moïse entrait dans le tabernacle d'alliance.

— Puisque nous sommes rassemblées ici pour l'imiter, veuillez avertir nos chères sœurs, tant du côté de l'Europe que du côté de l'Afrique et du côté de l'Amérique, que la loge est ouverte.

La sœur Officière frappa cinq fois dans ses mains.

Un bruit se fit entendre à la porte d'entrée.

La Grande-Maîtresse dit :

— Qui est là ? Si c'est un profane, écartez-le.

— C'est une élève de la sagesse qui désire être reçue franc-maçonne, répondit une sœur Surveillante.

— Lui connaissez-vous toutes les qualités requises ?

— Toutes.

— Bénis soient donc nos travaux, puisque nous allons nous donner un soutien de plus à notre institution ! Qu'une de nos sœurs Conductrices introduise l'aspirante.

Marianna se détacha du groupe où elle était confondue et se dirigea vers la porte.

Amélie apparut alors, vêtue de blanc, pieds nus, les mains liées et les yeux bandés.

A son entrée, les femmes étaient descendues des gradins, et elles s'étaient placées debout sur deux lignes.

Marianna conduisit Amélie devant la Grande-Maîtresse, après lui avoir fait faire le tour de l'autel.

— Quel motif vous amène ici ? demanda la Grande-Maîtresse.

— Le désir d'être initiée, répondit Amélie.

— L'inconséquence et la curiosité n'ont-elles aucune part à cette démarche ?

— Aucune, je l'affirme.

— Savez-vous quels sont les devoirs d'une franc-maçonne ?

— Ils consistent à aimer ses sœurs, à leur être utile, à s'instruire dans la pratique de leurs vertus.

— Vous ne dites pas tout, reprit la Grande-Maîtresse ; la tâche principale de la Franc-Maçonnerie est de chercher à rendre le genre humain aussi parfait qu'il peut l'être. En nous élevant au-dessus des préjugés, nous ne sommes préoccupées que de conquérir la reconnaissance générale. L'engagement que vous allez contracter vous confirmera dans l'idée de vos devoirs envers l'humanité, la religion et l'Etat. Mais malgré la confiance et l'estime que vous m'inspirez, il est indispensable que je consulte la loge ; je ne suis que la première entre mes égales.

S'adressant à l'assemblée :

—Est-il quelqu'une de vous, mes chères sœurs, qui s'oppose à la réception de l'aspirante ?

Pas une voix ne s'éleva.

— Alors, débarrassez ses mains de leurs entraves ; il faut être libre pour entrer dans notre ordre.

Marianna coupa les liens d'Amélie.

— Détachez aussi le bandeau qui lui couvre les yeux, symbole de sa bonne foi.

Le bandeau tomba, et chacune put admirer le visage de la jeune femme, qui paraissait fortement émue.

— Venez à moi, lui dit la Grande-Maîtresse, et répondez à mes questions.

— Je suis prête.

— Chassée du jardin d'Eden, comment avez-vous pu rentrer dans le Temple ?

— Par l'arche de Noé, première grâce que le ciel accorda au monde.

— Quel oiseau sortit le premier de l'arche ?

— Le corbeau, qui ne revint point.

— Quel fut le second ?

— La colombe, qui rapporta le gage de paix c'est-à-dire une branche d'olivier.

— L'arche de Noé peut donc être considérée comme la première loge de franc-maçonnerie ?

— Evidemment.

— Quelles furent la troisième et la quatrième ?

— La tour de Babel, monument de l'orgueil et de la folie des hommes ; et le temple de Jérusalem, loge de perfection.

— Que représente la Grande-Maîtresse ?

— Séphora, la femme de Moïse.

— Que représentent la sœur Inspectrice et la sœur Dépositaire ?

— La sœur de Moïse et la femme d'Aaron.

— Que nous apprend l'exemple de la femme de Loth, changée en statue de sel ?

— La soumission.

— Donnez-moi le mot de passe.

— BETH-ABARA.

— Que veut-il dire ?

— Maison de passage.

— Et le mot de Grande-Maîtresse ?

— AVOTH-JAÏR, ou Eclatante lumière.

— Comment se fait le signe de reconnaissance ?

— Il se fait en posant la main gauche sur la poitrine et en portant le pouce de la main droite à l'oreille gauche, pendant que les autres doigts sont repliés.

— Agenouillez-vous maintenant.

Amélie obéit.

La Grande-Maîtresse prit la truelle d'argent, et, après l'avoir trempée dans l'auge, elle la passa cinq fois sur les lèvres de l'initiée.

— C'est le sceau de la discrétion que je vous applique, dit-elle.

La nouvelle adepte demeura à genoux.

— Que signifie l'arc-en-ciel placé au-dessus de votre tête ? reprit la Grande-Maîtresse.

— L'harmonie de sentiments qui doit régner entre les sœurs de la Franc-Maçonnerie.

— Et les quatre parties du monde représentées sur le tapis qui est sous vos pieds ?

— L'étendue de la puissance de la Franc-Maçonnerie.

— Serez-vous une sœur courageuse et dévouée ?

— Je le serai.

— C'est bien. Relevez-vous. Il ne vous reste plus qu'à prêter le serment et à en répéter les termes que je vais vous rappeler.

— Le serment ! murmura Amélie.

— Est-ce que ce mot a quelque chose qui vous effraie ? demanda la Grande-Maîtresse étonnée.

— Non, répondit Amélie qui venait de rencontrer le regard de Marianna.

— Etendez votre main sur l'autel de feu ou autel de vérité, et répétez mes paroles.

C'était là que Marianna attendait Amélie. Depuis une demi-heure, elle ne cessait de l'observer ; elle remarquait sa pâleur, ses tressaillements convulsifs, et, à tous ces symptômes, elle reconnaissait une conscience troublée. Elle en conclut que ses machinations avaient été couronnées de succès, et qu'Amélie, prise au piège, avait dû révéler à Philippe Beyle l'existence de la Franc-Maçonnerie des femmes.

Mais sur quoi Marianna pouvait-elle compter pour amener sa rivale à faire l'aveu de sa trahison ? Était-ce sur cet appareil mystique, sur le prestige inquisitorial de son initiation, sur la solennité des engagements qu'elle allait prendre ? C'était sur tout cela en effet, mais c'était principalement sur la noblesse d'âme et la franchise d'Amélie. Elle espérait que ses principes d'honneur se soulèveraient à l'idée d'une imposture, et qu'elle repousserait l'autel sur lequel pourtant sa main s'étendait déjà.

Voilà pourquoi Marianna attendait avec impatience l'instant du serment.

La Grande-Maîtresse dicta à l'initiée les paroles suivantes :

— En présence du Grand Architecte de l'univers, devant cette auguste assemblée, je jure sur l'autel de la vérité, de consacrer ma vie aux sages et imposantes doctrines de la Franc-Maçonnerie des Femmes, de contribuer, par tous mes efforts à l'extension de sa domination ; d'exécuter ses ordres aveuglément et promptement ; de l'instruire de tout ce qui pourra lui être utile ou nuisible....

— Je le jure, dit Amélie.

— Je promets et je jure de garder fidèlement dans mon cœur tous les secrets de la Franc-Maçonnerie ; de ne révéler à personne ses actes et ses symboles, ni à mon père, ni à ma mère, ni à mon époux, ni à mes enfants, ni à mes proches ou à mes amis....

Amélie chancela ; néanmoins, elle répéta les paroles de la Grande-Maîtresse, qui continua ainsi :

— Je jure de ne pactiser avec aucun de ceux dont la sentence aura été prononcée par notre tribunal, de ne point l'avertir des dangers qu'il court, de ne le soustraire à son juste châtiment ni par amour, ni par liens de famille, ni par amitié, non plus qu'en échange d'or, d'argent, de pierres précieuses ou de grades terrestres. Je le jure solennellement, sous peine de déshonneur et de mépris, au risque d'être frappée du glaive de l'ange exterminateur, et de voir s'étendre sur moi et les miens jusqu'à la quatrième génération la punition terrible de mon parjure !

Ce ne fut pas sans des défaillances marquées par des moments d'arrêt qu'Amélie réussit à prononcer l'effrayante formule.

Marianna était haletante.

Son espoir était sur le point d'être déçu.

Où Amélie avait-elle puisé tant de résolution et comment se faisait-il qu'avec son éducation sévère elle n'eût pas reculé devant la perspective d'un faux serment ?

C'était bien simple pourtant, et Marianna avait tort de s'étonner. Après le sacrifice fait à Philippe Beyle, Amélie était capable de tous les sacrifices. Elle n'était entrée dans la Franc-Maçonnerie des Femmes que pour le protéger contre la vengeance de Marianna, (car Mme de Pressigny lui avait appris tout ce qu'il fallait qu'elle sût) ; pouvait-elle hésiter à trahir la Franc-Maçonnerie dès qu'il s'agissait une seconde fois du salut de son mari ?

Et puis, ce qui la soutenait dans cette lutte entre sa loyauté et son amour, ce qui la soutenait et ce qui aurait dû la perdre cependant, c'était ce regard interrogateur et sombre, constamment arrêté sur elle, c'était le regard de Marianna.

Sous ce regard où veillait le soupçon, Amélie sentait se révolter en elle tout ce qu'il y avait d'indignation et de fierté. La vue de cette femme, qui venait si audacieusement lui disputer la vie de son époux, après avoir vainement cherché à lui disputer son cœur, lui donnait une énergie nouvelle et la protégeait contre ses propres faiblesses.

Les principales formalités de sa réception allaient être remplies.

La Grande-Maîtresse s'adressa à l'assemblée:

— Quelqu'une de vous, mes sœurs, exige-t-elle, selon une clause de nos statuts, qu'une autre forme de serment soit imposée à l'initiée ?

Marianna fit deux pas en avant, et d'une voix ferme.

— Moi ! dit-elle.

Une légère rumeur passa sur l'assemblée.

La Grande-Maîtresse elle-même pâlit sous son masque d'immobilité.

— Quel serment exige notre sœur Conductrice ? demanda-t-elle.

— Le serment sur l'Évangile, répondit Marianna sans quitter Amélie des yeux.

— L'Évangile ! murmura celle-ci avec terreur.

— Que l'Évangile soit apporté, selon le vœu exprimé par notre sœur Conductrice, dit la Grande-Maîtresse en s'adressant aux Officières.

L'intervalle qui s'écoula entre l'aller et le retour fut rempli par une agitation inaccoutumée.

On blâmait généralement la conduite de Marianna ; on connaissait sa haine pour Philippe Beyle, et l'on s'affligeait de la voir reporter jusque sur une personne affiliée et touchant de si près à la Grande-Maîtresse.

De son côté, la Grande-Maîtresse n'avait que

des inquiétudes vagues ; elle ignorait complétement et ne soupçonnait même pas la faute d'Amélie ; elle mettait ses hésitations sur le compte de son âge, de sa timidité, et elle ne voyait dans la proposition de Marianna qu'une manifestation dernière d'une vengeance à bout de ressources.

Le livre saint fut apporté et placé ouvert sur l'autel.

Cette épreuve devait être décisive, au point de vue de Marianna.

Fille pieuse, épouse chrétienne, Amélie allait-elle profaner le monument de sa foi ? Ses lèvres craintives et pures oseraient-elles s'ouvrir pour proférer un mensonge sacrilége ?

Cette même pensée possédait et étreignait le cœur d'Amélie.

Ce fut à peine si elle entendit la voix de la Grande-Maîtresse, qui lui ordonnait d'étendre la main.

— Jurez-vous sur les saints Evangiles d'obéir aux lois de la Franc-Maçonnerie.

— Je le jure, répondit-elle.

— Jurez-vous de ne jamais trahir ses doctrines, de ne jamais révéler ses mystères ?

Une nuée passa devant les yeux d'Amélie ; une vision lui montra Philippe persécuté, poursuivi, et l'accusant à son tour.

— Je le jure, dit-elle.

Marianna retint un cri de rage ; et laissant tomber sa tête sur sa poitrine, elle murmura :

— Comme elle l'aime !

Cet effort avait épuisé Amélie ; elle chercha un appui, et tomba entre les bras des sœurs Officières....

Heureusement, la réception était terminée.

Un dernier usage prescrivait de ne pas fermer la loge avant de procéder à une quête en faveur des pauvres. En conséquence, une des sœurs Hospitalières fit le tour des quatre parties du monde, c'est-à-dire de l'assemblée. Chaque franc-maçonne déposa une offrande en rapport avec ses moyens.

....

Quelques heures après, Amélie était à sa toilette, et, malgré son accablement, elle recevait les soins de sa femme de chambre. Elle attendait Philippe, dont la présence devait atténuer ses remords et chasser les souvenirs de la matinée.

Après avoir revêtu une robe de couleur claire, destinée à relever , selon l'expression adoptée, sa physionomie un peu languissante,

Amélie ordonna qu'on introduisît un domestique, qui insistait, lui disait-on, pour lui parler.

— Ce domestique était cravaté et ganté de blanc.

— Madame ne me remet pas ? dit-il.

— Votre livrée ne m'est pas inconnue.

— J'ai l'honneur d'appartenir à Son Excellence, le ministre des affaires étrangères.

— Ah ! s'écria Amélie, vous venez de la part de mon mari ?

— Oui, madame, répondit le aquais d'un air embarrassé et en regardant la ganse de son chapeau.

— Eh bien ! qu'avez-vous à me dire ?

— Que madame me permette....

— J'attends.

— Je prie madame de ne point s'inquiéter.

— Qu'y a-t-il ? Qu'est ce qu'il lui est arrivé ?

— M. Beyle a fait une chute de cheval, dit le laquais.

— O mon Dieu !

— Que madame se rassure ; ce n'est rien.... ou du moins presque rien.... M. Beyle est à peine blessé.

— Mais où est-il ? demanda Amélie toute tremblante.

— Il est à Boulainvilliers.

— A Boulainvilliers ?

— Oui, madame ; dans la maison de campagne de Son Excellence, à deux pas d'Auteuil. Voici comment cela est arrivé : Son Excellence avait fait demander M. Beyle. M. Beyle s'est empressé de se rendre à cet ordre ; mais, en route, son cheval a été effrayé par le bruit d'une charrette chargée de fers. M. Beyle est tombé et a dû se faire conduire en voiture chez Son Excellence....

— Mais sa blessure ?

— C'est peu de chose, madame ; une foulure ....une entorse, tout au plus.

— Oh ! n'importe, il faut que je le voie ! dit Amélie.

— C'est facile, s'empressa de répondre le laquais ; et pour peu que madame ait quelques doutes et conserve quelque inquiétude, je suis chargé par Son Excellence de la conduire immédiatement auprès de M. Beyle. Une des voitures du ministère est en bas.

— Thérèse, mon chapeau, mon châle.

— Madame sort ?

— A l'instant, je vais à Boulainvilliers. Donnez donc !

— Voici, madame.

Amélie fut prête en moins d'une minute.

— Accompagnerai-je madame ? demanda la femme de chambre.

— A cette question, le laquais cravaté de blanc ne put retenir un mouvement qui passa inaperçu des deux femmes.

— Non, reprit Amélie après un moment de réflexion.

— Madame rentrera bientôt ?

— Je ne sais, je vais rejoindre mon mari.

Thérèse étonnée, s'inclina.

Au bout de quelques instants, une voiture emportait rapidement Amélie dans la direction du hameau de Boulainvilliers.

Pendant ce temps, Philippe Beyle et le comte d'Ingrande, dans l'ignorance de ce qui se passait, se promenaient bras dessus bras dessous sur le boulevard, et entraient au Café Anglais pour y dîner.

Improvisée et due à l'initiative du comte d'Ingrande, cette partie avait pour tous les deux l'attrait d'un repas de célibataires. Pourquoi ces distractions, d'ailleurs bien innocentes, ont-elles toujours lieu hors du cercle des habitudes ? Les épicuriens modernes, qui savent mener de front la politique, l'industrie, la famille, les arts et le plaisir, pourraient seuls nous l'apprendre.

XXV.

LE GUET-APENS.

Un dîner au Café Anglais exige une apparition dans une loge de théâtre et un tour au Cercle. Le comte d'Ingrande et Philippe Beyle connaissaient trop bien le code de la vie mondaine pour essayer de se soustraire, à ces deux principaux articles. Vers onze heures, ils entrèrent au Club, avec l'intention seulement d'y passer, d'y distribuer deux ou trois poignées de main, de s'y déganter, de s'y reganter et de partir. Rien de plus sagement résolu, comme on voit.

Le hasard voulut que ce soir-là ils entrassent dans une pièce où l'on jouait.

Machinalement, ils prirent place à une table de jeu, autour de laquelle des hommes vraiment supérieurs par l'intelligence étaient confondus avec quelques-unes de ces nullités facétieuses qui n'ont d'autre mérite que celui de savoir se ruiner en souriant, dussent-elles, au premier jour de pauvreté, se brûler paisiblement la cer-velle entre un dernier cigare et une suprême grimace.

Philippe Beyle et le comte d'Ingrande étaient à peine assis que le dialogue suivant s'engagea entre une frisure blonde qui arrivait et une barbe olympienne au repos :

—Vous ne serez donc jamais exact, Bécheux ? dit la barbe.

—Colombin, ne m'accablez pas de reproches je sais mes torts, repartit la frisure.

— Vous deviez venir me prendre à Tortoni entre cinq et six heures ?

— C'est vrai.

— Et il en est onze passées.

— Archi-vrai.

— Eh bien ! mais ce n'est pas plaisant... dit Colombin étonné.

— C'est même excessivement désagréable ; mais il y a des circonstances atténuantes, et je demande à les plaider.

—Tu plaides donc, toi, Bécheux ? dit un joueur sans se retourner.

— Je pourrais plaider, répondit Bécheux offusqué par cette interpellation ; je suis inscrit sur le tableau des avocats.

— Bécheux avocat ? murmurèrent quelques personnes en levant la tête.

— Oui, messieurs, oui, dit-il en se rengorgeant et en jouant avec son lorgnon.

— Charmant !

— Inouï ! !

— Ravissant ! ! !

Et un éclat de rire général couvrit ces exclamations ironiques.

Bécheux devint rouge ; il essaya de sourire, mais il n'y parvint pas.

— Voyons ! reprit Colombin, le prenant en pitié ; quelles sont ces circonstances atténuantes ?

— Acceptez-vous le cas de force majeure ? dit Bécheux.

— Qu'est-ce que cela ?

— Par exemple, l'incarcération ?

— Comment ! on vous aurait tenu enfermé, Bécheux ?

— Vous allez voir.

— Attention ! maître Bécheux va plaider s'écria le même joueur.

— Je revenais du bois de Boulogne vers trois heures ; vous voyez que j'avais parfaitement le temps d'arriver à Tortoni pour cinq heures. Le temps était superbe....

— L'air pur.

— Les oiseaux faisaient entendre de délicieux concerts.

— Oh! messieurs! s'écria Bécheux, vous m'interrompez toujours!

— Continuez, dit Colombin.

— Je montais *Grippe-Soleil*; vous devez connaître *Grippe-Soleil*?

— Non, mais c'est égal.

— Je l'avais mis au trot, qui est l'allure où il excelle, reprit Bécheux.

Sa main sur son coursier laissait flotter les rênes...

— C'était sur la limite d'Auteuil et de Boulainvilliers; depuis quelques instants, je ne pensais qu'à mon rendez-vous avec Colombin. Je me disais: Colombin m'attend; ne soyons pas en retard avec Colombin. Un rendez-vous c'est sacré. Les rois n'ont pas d'autre politesse que l'exactitude.

— Peste! voilà un joli monologue.

— Toutes les cinq minutes, je consultais ma montre.... qui est une fort belle montre.... Avez-vous vu ma montre?

Silence unanime.

— Tout à coup....

— Ah! l'intérêt commence enfin! murmura un des auditeurs.

— J'aperçois le pavillon que s'était fait construire ce pauvre de Porqueval, mon ami intime; le baron de Porqueval, qui vient de mourir; Porqueval, vous savez?

— Après? dit Colombin.

— Toutes les fenêtres étaient fermées; seule, la porte d'entrée était entr'ouverte. Je m'imagine que le pavillon est à vendre. Alors, je n'en fais ni une ni deux, je jette mes brides à Toby; vous savez, Toby, hein?

— Ensuite?

— Puis, j'entre dans l'habitation en me disant: Tiens, mais ce n'est pas laid, cela! pourquoi n'achèterais-je pas cela? Achetons cela! J'y viendrai avec mon ami Colombin, avec ce cher Colombin.

— Merci.

— Allons, allons, Bécheux a acheté le pavillon Porqueval! dit un membre du club;

— Nullement! répliqua Bécheux, et voilà l'endroit où je sollicite toute votre attention.

— Messieurs, c'est bien réellement un avocat; je le reconnais à cette formule.

— Bécheux, notre attention vous est acquise.

— Voici. En acheteur scrupuleux, je fais le tour de l'immeuble, je visite le jardin; je ne rencontre personne. La cave étant placée sous le perron, je veux aussi explorer la cave; j'y pénètre. Il n'y avait pas deux minutes que je lorgnais les tonneaux, lorsque j'entends la porte qui se referme. J'étais prisonnier.

— Prisonnier!

— Hum! cela tourne à l'Anne Radcliffe.

— Je me disposais à appeler, lorsque, en m'approchant de la porte, j'aperçus par les jours que dessinaient les arabesques de fonte.... Devinez qui?

— Messieurs, Bécheux n'est pas seulement un avocat, c'est encore un romancier; voyez quelle habileté dans les suspensions de son récit!

— Puisqu'il l'exige, dit un joueur, fournissons-lui la réplique. Voyons, Bécheux, qu'aperçûtes-vous?

— Un fantôme?

— Un chevalier couvert d'un casque à plume rouge et à visière noire?

— Une licorne qui vomissait des flammes?

— Non, messieurs; j'aperçus une femme, une femme, très belle et que je reconnus aussitôt.

— Voilà Bécheux en bonne fortune!

— Le fat!

— Vous connaissez tous celle que j'ai vue, messieurs.

— Vraiment? dit d'une voix distraite Philippe Beyle, qui ne cessait de jouer avec un bonheur surprenant.

— Et vous plus que personne, monsieur Beyle.

— Bah! s'écria-t-on de toutes parts.

— Mon cher Bécheux, dit Colombin, si vous tenez absolument à être indiscret, n'aggravez pas vos torts en réfléchissant trop longtemps.

Bécheux, piqué par cette observation, continua:

— Certainement, le hasard est pour beaucoup dans ma découverte; mais néanmoins elle a son prix. Depuis quelque temps, il n'est aucun de vous qui ne se soit demandé et qui ne se demande encore: Où diable se cache la Marianna? que devient donc la Marianna?

Philippe Beyle fit un mouvement; mais tranquille en apparence, il continua de jouer, c'est-à-dire de gagner.

— Eh bien! messieurs, la Marianna demeure

à Boulainvilliers, où elle est mystérieusement réfugiée dans le pavillon de mon pauvre ami Porqueval. Dès que je l'ai reconnue, je lui ai souhaité le boujour à travers la porte ; elle est venue me délivrer en me recommandant le plus grand secret.... Et voilà pourquoi je n'ai pas pu me trouver aujourd'hui à Tortoni, au rendez-vous de Colombin.

Bécheux avait fini. Bécheux s'essuya le front et reçut avec modestie les félicitations de ses auditeurs.

L'attention inquiète que Philippe Beyle avait prêtée à cette narration ne l'avait pas empêché de réaliser des bénéfices considérables, si considérables qu'il lui devint impossible de quitter décemment la partie.

En conséquence, Philippe écrivit un petit billet à Amélie pour la prévenir qu'un travail important le retenait au ministère, et le forcerait probablement à y passer la nuit.

Puis il se remit au jeu.

Bientôt la fortune se retourna vers un autre amant avec la soudaineté et l'insolence des courtisanes. De Philippe elle alla à Bécheux qui hérita entièrement de Philippe, qui, après s'être obstiné pendant quelque temps encore, finit par se trouver en perte de mille louis.

Il put se lever, cette fois.

— Cinq heures du matin allaient sonner.

Philippe Beyle remit à M. Bécheux une carte de visite au dos de laquelle il avait écrit au crayon : « Bon pour mille louis, que je paierai aujourd'hui à midi. »

—Mais, mon cher, dit Bécheux, empressé de montrer son savoir-vivre, je n'accepte que votre parole. Reprenez votre carte.

— Je puis mourir d'ici à quelques heures.

— Mes regrets seraient assez vifs pour me faire oublier ma créance.

— Vous êtes un galant homme, c'est connu, répliqua Philippe ; mais permettez-moi d'agir en cette occasion d'après mes habitudes.

Dès que Philippe et le comte se trouvèrent seuls sur le boulevard, Philippe dit :

— Il me manque à peu près en ce moment quatre cent louis pour m'acquitter envers M. Bécheux.

— Bagatelle ! répondit le comte d'Ingrande. Attendez-moi chez vous, mon cher.

Ils se séparèrent.

Le comte se dirigea vers le faubourg Mont-martre, tandis que Philippe Beyle, mécontent de sa nuit et de lui-même, se hâta de regagner son hôtel.

Son étonnement fut grand, lorsque en traversant une antichambre il vit son domestique Jean profondément endormi dans un fauteuil.

Auprès de lui, un flambeau jetait ses dernières lueurs qui ne pouvaient déjà plus lutter avec l'aurore.

— Ce pauvre garçon m'aura attendu, pensa-t-il.

Il appela :

— Jean !

— Monsieur ? dit celui-ci, éveillé en sursaut.

—Vous ne vous êtes donc pas couché ?

— Que monsieur daigne me pardonner, répondit le valet en se frottant les yeux ; dans ce moment je ne sais pas bien encore où je suis.

— Vous êtes dans l'antichambre, et il est six heures du matin, dit Philippe en souriant.

—Il suffit que monsieur le dise pour que je le croie.

— Rappelez vos idées, Jean.

— Les voilà, monsieur, les voilà toutes.

— J'ai envoyé un laquais hier.

— Un laquais ? répéta Jean d'un air ahuri.

— Vous en souvenez-vous ?

— Monsieur veut dire : deux laquais.

— Comment ?

— Celui de l'après-midi et celui de minuit.

Philippe saisit le bras de Jean et le secoua avec rudesse.

— Ah çà ! vous éveillerez-vous, à la fin ?

— Oui, monsieur, dit Jean effrayé.

—Je vous demande s'il est venu hier un homme de ma part.

— De votre part, oui, monsieur. Avec une voiture.

— Eh non ! dormeur enragé.... avec un billet.

— Un billet, c'est vrai. Il est venu avec un billet : je l'avais oublié.

— Pour madame ?

—Pour madame, oui, monsieur. C'est moi qui l'ai reçu.

— Et vous avez remis immédiatement ce billet à ma femme, n'est-ce pas ?

Cette fois Jean regarda Philippe avec une expression qui tenait, non plus du sommeil, mais du plus complet ébahissement.

—Si j'ai remis ce papier à votre.. à madame ? balbutia-t-il.

— Répondrez-vous !

— Mais monsieur sait bien que....

— Je ne sais rien, dit Philippe avec impatience ; avez-vous, oui ou non, remis ce billet à madame ?

— Je l'ai donné à la femme de chambre, répondit Jean.

— Cela revient au même. Allez vous reposer.

— Je remercie monsieur ; je vais lui obéir.

Et Jean sortit avec des gestes et des regards tels, que Philippe en conçut quelques doutes sur la plénitude de sa raison.

Après avoir remédié autant que possible au désordre que les fatigues avaient imprimé à sa toilette et à sa physionomie, Philippe Beyle s'avança, sur la pointe du pied, jusqu'au seuil de la chambre d'Amélie.

Aucun bruit ne vint lui annoncer son réveil.

Il supposa que, contrariée par son retard et peut-être même après une longue attente, elle ne s'était endormie qu'à une heure fort avancée.

Philippe ne voulut pas interrompre un sommeil déjà troublé par sa faute.

Ce ne fut qu'au bout de deux heures qu'il se décida à entrer chez elle.

Elle n'y était pas. Le lit était intact.

XXVI.

Philippe Beyle éprouva un de ces bouleversements qui mettent une première ride sur le visage de l'homme.

Il vit sur un guéridon le billet envoyé par lui.

Il s'en empara.

Le cachet y était encore.

Philippe fit quelques pas au hasard dans la chambre ; les pas d'un homme halluciné.

Cinq minutes après, il sonna. Il s'était assis, il feignait de lire une revue.

Ce fut Thérèse qui arriva.

Elle poussa une exclamation de surprise en apercevant Philippe.

— Ah ! s'écria-t-elle, monsieur n'est donc pas en danger ! Que je suis contente !

— En danger ? Pourquoi pensiez-vous que j'étais en danger ? demanda-t-il.

La femme de chambre demeura bouche béante.

— Parlez, Thérèse.

— C'est que.... hier....

— Eh bien ? hier ?

— On est venu de la part de monsieur.

— On est venu dire que j'étais en danger ?

— Pas en danger, mais souffrant, répliqua la femme de chambre.

— Souffrant ?

— A la suite de votre chute de cheval. En effet, monsieur est encore tout pâle.

— Continuez, Thérèse, dit Philippe ; ce que vous racontez m'intéresse ; je tiens d'ailleurs à savoir comment ma commission a été faite. On est donc venu hier ? A quelle heure ?

— A quatre heures de l'après-midi environ.

— De l'après-midi. C'est bien. Vous étiez là, sans doute ?

— Oui, monsieur.

— Qui est-ce qui est venu ?

— Un domestique à la livrée du ministre.

Philippe Beyle se contraignit.

— A la livrée du ministre ? Vous en êtes sûre, Thérèse ?

— Oh ! oui, monsieur. D'autant plus sûre qu'il est venu avec une voiture du ministère.

— Ah !

— On dirait que monsieur ignore tous ces détails.

— Non, certainement ; mais je crains qu'on n'ait été trop loin... qu'on n'ait alarmé à tort ma femme. Ce domestique, vous l'avez entendu, qu'a-t-il dit ?

— Il a dit que monsieur était tombé de cheval en se rendant à la maison de campagne du ministre, mais que c'était peu de chose ; que, du reste, si madame voulait savoir à quoi s'en tenir, le ministre lui envoyait une de ses voitures, qui avait ordre de la conduire immédiatement auprès de monsieur.

— J'entends.... auprès de moi.... oui, Thérèse ; mais ce n'est pas tout.

— Quoi donc ?

— Madame.... qu'est-ce qu'a fait, madame ?

— Elle n'a fait qu'un bond d'ici dans la voiture, dit la femme de chambre.

— Elle est partie ?

— Je le crois bien !

— Pour.... où ? demanda Philippe respirant à peine.

— Attendez donc ; je ne me rappelle plus.

— Cherchez bien.

— Ah ! pour Boulainvilliers.... oui, Boulainvilliers.... c'est cela !

— Thérèse, on étouffe ici. Ouvrez cette fenêtre.

— Philippe eut en ce moment le courage et

la force de s'imposer la plus horrible des contraintes, afin de cacher à ses gens les atteintes presques déshonorantes d'un rapt aussi éclatant.

Thérèse, immobile, le regardait.

— Monsieur a peut-être eu tort de s'en revenir sitôt, dit-elle ; et je ne comprends pas que madame n'ait pas accompagné monsieur, dans l'état où il est.

— Vous pouvez vous retirer, Thérèse ; je sais tout ce que je voulais savoir.

La femme de chambre obéissait, il la rappela.

— J'attends M. le comte d'Ingrande, dit-il ; prévenez Jean afin qu'il l'introduise dans mon cabinet, au cas où je ne serais pas encore rentré.

— Comment ! monsieur veut sortir ? Dans ce moment ! Monsieur n'y pense pas !

— Allez.

Puis il se leva.

Il venait de se rattacher à un espoir.

Malgré l'heure matinale, il courut chez la marquise de Pressigny ; mais ce fut pour apprendre qu'elle était partie la veille pour la campagne.

Sa seule espérance arrachée, Philippe dut se retourner forcément vers le soupçon qui avait jailli dans sa pensée lors de l'interrogatoire de Thérèse.

Sa femme avait été victime d'un guet-apens dressé par Marianna.

C'était à Boulainvilliers que demeurait Marianna ; c'était à Boulainvilliers qu'on avait attiré Amélie. Le doute devenait presque impossible.

De retour chez lui, il trouva le comte d'Ingrande qui l'attendait.

Le comte jeta un coup d'œil étonné sur Philippe, et lui dit :

— Vous vieillissez, mon cher.

— Je vieillis ? murmura Philippe Beyle.

— Ah çà ! tournez-vous donc du côté de cette glace : vous êtes cadavéreux. Mon gendre, je ne vous conseillerais pas de passer souvent vos nuits à jouer. Voici vos quatre cents louis que je vous apporte.

— Je vous remercie.

— Ces jeunes gens d'à présent ! Plus d'ardeur, plus de tempérament. C'est incompréhensible. Voyez-moi et regardez-vous.

— Oui, la fatigue....

— Tiens ! vous avez acheté cela ? dit le comte en appliquant son lorgnon sur un petit cadre.

— Quoi ?

— Ce Corot. Je l'avais marchandé, il y a deux mois pour.... pour quelqu'un. C'est très frais ; un peu négligé. A propos....

Il se retourna vers Philippe.

— Je veux embrasser Amélie.

Philippe ne bougea pas.

— Si nous passions chez elle ? dit le comte en marchant vers la porte.

Philippe étendit la main pour l'arrêter.

— Ah ! dit M. d'Ingrande, elle est sortie ?

— Oui.

— Déjà ? Quelque pratique de dévotion, sans doute. J'attendrai son retour. Jean me servira à déjeûner. Sans indiscrétion, qu'est-ce que vous avez payé ce Corot ?

— Vous attendrez.... son retour ?

— Est-ce que cela vous gêne ? reprit le comte ; vous avez l'air troublé, ce matin. Je l'ai remarqué quand vous êtes entré.

La porte de la chambre s'ouvrit, Thérèse parut.

— Monsieur.... dit-elle avec agitation.

— Qu'est ce que c'est ? je ne veux pas recevoir ! s'écria Philippe, heureux de cacher son embarras sous une explosion d'impatience.

Le comte fit signe à cette fille de parler.

— Ce n'est pas une visite, monsieur, c'est bien autre chose ! dit Thérèse d'une voix mystérieuse.

— Eh bien ! je vous écoute.

— Mme la comtesse d'Ingrande est arrivée à Paris. A peine descendue dans son hôtel, elle vient d'envoyer un de ses gens pour prévenir madame qu'elle l'attendait.

— Mme d'Ingrande à Paris ! s'écria Philippe.

— Il n'y a rien là de surprenant, reprit le comte, qui l'observait.

— Vous avez raison, balbutia Philippe.

Le comte ajouta :

— Et elle désire voir sa fille ; c'est encore tout simple, c'est.... comme moi.

— Que dois-je répondre au laquais ? demanda Thérèse, en regardant alternativement les deux hommes.

Comme aucun d'eux ne prenait la parole, elle continua :

— Monsieur veut-il que je dise que madame n'est pas à Paris ?

— Non ! s'écria vivement Philippe Beyle ; j'attends madame d'un instant à l'autre.

Le comte d'Ingrande congédia d'un geste la femme de chambre.

Dès que la porte se fut refermée sur elle, il marcha à Philippe et ne lui dit que ces mots :

— Où est ma fille ?

— Monsieur le comte....

— Répondez, où est-elle ? Votre figure renversée, vos phrases entrecoupées me font présager un malheur.

— Eh bien ! oui, dit Philippe, un malheur ! Il y a un malheur sur elle comme sur moi.

— Je m'en doutais.

— On a usé d'un subterfuge, pendant mon absence, pour enlever Amélie.

— Quand ? demanda le comte terrifié.

— Hier.

— Qui ?

— Une femme.

— Philippe, vous êtes fou.

— C'est vrai, je devrais dire un démon, puisqu'il s'agit de Marianna.

— La cantatrice Marianna ?

— Oui.

— Celle qui fut votre maîtresse ?

— Celle-là, et qui me fait cruellement expier aujourd'hui mon caprice d'autrefois.

— Au nom du ciel, expliquez-vous ! dit le comte ; dans quel but supposez-vous que cette Marianna ait fait enlever ma fille ?

— Le sais-je !

— Croyez-vous à un danger réel ?

— Je crois à tout, dès que j'aperçois le doigt de Marianna.

— Quel parti comptez-vous prendre ?

— Un hasard inouï m'a mis sur la trace de ce rapt. Vous rappelez-vous l'histoire racontée au club par M. Bécheux ?

— Non.

— Il n'importe. C'est grâce à cette histoire si saugrenue qu'elle soit, que je connais la demeure de Marianna.

— Vous la connaissez ? s'écria le comte d'Ingrande ; mais alors partons, partons, partons tout de suite ! Un tel enlèvement participe plus de la folie que du crime. Allons trouver cette femme.

— Soit, monsieur le comte.

— Habituée aux expédients de théâtre, elle aura voulu les transporter dans la vie réelle. Il est impossible, à l'heure qu'il est, qu'elle ne se repente pas de son imprudence.

Philippe Beyle hocha le front.

— Vous ne connaissez pas la Marianna, dit-il.

En peu de temps, Philippe Beyle et le comte, grâce à un excellent attelage, arrivèrent à Boulainvilliers, devant le pavillon indiqué par M. Bécheux.

C'était une de ces constructions fragiles et gracieuses comme on en voit un assez grand nombre aux environs de Paris. Elevées dans une heure d'opulence et abandonnées aux premiers jours d'infortune, ces improvisations architecturales, ces chefs-d'œuvre de la vanité prodigue sont finalement achetés au tiers de leur valeur par de bas spéculateurs ou par des Madeleines repentantes en quête d'une Sainte-Baume avec potager, cour et dépendances.

Philippe Beyle et M. d'Ingrande eurent soin de laisser leur voiture à distance.

Aux sons d'une clochette, une paysanne arriva.

— Nous sommes les personnes que madame attend, dit Philippe d'un ton si affirmatif que toute demande d'explication eût été hors de propos.

Aussi la paysanne ne trouva-t-elle rien à répliquer.

Ils se dirigèrent vers la maison, comme s'ils en eussent été les familiers.

Ni l'un ni l'autre ne s'étonnèrent de la facilité avec laquelle on leur livrait l'entrée de cette retraite où, ce jour-là surtout, il était naturel de s'attendre à un redoublement de précautions. Ils étaient trop animés pour s'arrêter à des détails dont un indifférent n'eût pas manqué d'être frappé.

Ils franchirent le perron.

Là, Philippe dit à son beau-père :

— Monsieur le comte, il convient, il est prudent que vous m'attendiez ici. L'entretien que je vais avoir avec Marianna est décisif, et doit se passer sans témoin. C'est du moins mon opinion.

— La connaissance que vous avez du caractère de cette femme vous met à même mieux que moi de décider du choix des moyens à employer. J'agirai selon vos instructions.

— Eh bien ! reprit Philippe, si dans une demi-heure je ne suis pas redescendu dans ce vestibule, c'est que votre intervention sera nécessaire, c'est que votre autorité sera indispensable.

— J'entends, dit le comte.

Philippe Beyle s'élanç ers l'escalier du premier étage.

La porte d'un salon était entr'ouverte. Il la poussa et se trouva face à face avec Marianna.

Décidément, les circonstances le favorisaient.

Marianna fit un cri, et recula en l'apercevant.

— Vous, chez moi ! dit-elle ; vous ! vous !

— Pas d'éclat, madame ; c'est inutile, et ce pourrait devenir dangereux. Pas de bruit, croyez-moi. Restons seuls tous deux. Vous savez pourquoi je viens ici ?

— Vous oubliez....

— Oh ! ne perdons pas de temps ! Ce n'est pas l'heure des récriminations.

— Que voulez-vous, enfin ?

— Je veux ma femme !

Marianna le regarda du haut en bas ; et son bras s'étendit vers un timbre qui était à sa portée.

Mais, avant que le timbre résonnât, le bras de Marianna était emprisonné dans la main de Philippe.

Elle murmura :

— C'est vrai ; j'oubliais vos façons d'agir.

Il lui lâcha le poignet, et elle alla s'asseoir, avec une apparence de calme, sur un divan.

— M'avez-vous entendu ? lui dit-il.

— Oui.

— Où est-elle ?

— Encore ? dit Marianna haussant les épaules.

— Ne dissimulez pas ; je sais tout.

— Une phrase pour effrayer.

— Pour punir !

— Monsieur !

— Peu m'importe de blesser votre dignité ; ce n'est pas de votre dignité qu'il s'agit à présent. Il me faut Amélie.

— Qu'y a-t-il de commun entre votre femme et moi ?

— Elle est tombée dans le piège que vous lui avez tendu.

— Un piège ?

— Faites-y attention. Vous jouez un jeu qui peut vous devenir funeste. Si je suis accouru ici d'abord, vous devez m'en savoir gré, car j'aurais pu simplement m'adresser à la justice. Je ne l'ai pas fait, par un reste d'égard pour vous.

— De la clémence, dit ironiquement Marianna.

— Non, de la pitié, c'est-à-dire ce qu'on doit aux insensées, aux femmes atteintes de vertige....

— Ah ! vous êtes imprudent de me parler ainsi ! s'écria-t-elle, l'œil plein d'un feu noir.

— Allons donc ! redressez-vous donc ! Soyez donc vous-même ! Quittez ce vêtement d'imposture qui ne va pas à votre taille ! Pour une haine comme la vôtre, pas de moyens mesquins. Voyez, est-ce que je ruse, moi ? est-ce que je prends cette peine avec vous ? Fi donc ? Ne rampez plus comme les vipères, bondissez et frappez comme les lionnes !

— Je me souviendrai du conseil quand il en sera temps, murmura-t-elle.

Philippe consulta la pendule et dit :

— Il faut que dans deux heures ma femme soit chez moi.

— Sur qui comptez-vous pour cela ?

— Sur vous, premièrement, et, à votre défaut,....

— A mon défaut, sur le procureur du roi, n'est-ce pas ? c'est là ce que vous voulez dire ?

— Non, madame ; je sais que, par vos relations, vous pouvez jusqu'à un certain point échapper à une instruction dirigée contre vous.

— Par mes relations ? répéta Marianna.

— Tenez, jouons cartes sur table. Il existe en plein Paris, au temps où nous vivons, une association de femmes assez folles pour oser mettre leur volonté ou plutôt leurs fantaisies en opposition avec la loi. Amélie est aujourd'hui l'une des victimes de ce tribunal inique.

— Mais quel rapport ?....

— Aucun, si vous voulez. Supposons que je vous raconte un rêve. Eh bien ! je vous dis moi : c'est par votre instigation qu'Amélie est détenue arbitrairement, c'est par votre instigation qu'il faut qu'elle soit rendue à la liberté.

Marianna se tut, comme fatiguée par cet entretien.

— J'ai voulu faire un appel à votre raison, reprit Philippe ; maintenant, que les malheurs qui vont arriver retombent sur votre tête ! Ce n'est pas vous seule que je vais atteindre ; c'est la Franc-Maçonnerie des Femmes tout entière.

— La Franc-Maçonnerie des Femmes ! répéta-t-elle en ayant de la peine à cacher la joie que lui causait cet aveu.

— Oui, s'écria Philippe, c'est-à-dire une ligue coupable, une dérision, une monstruosité ! Ne croyez pas que je menace en vain. Vous me connaissez ; je vais jusqu'au bout de mes projets. Je dénoncerai la Franc-Maçonnerie des

Femmes. Je ne la dénoncerai pas à un procureur du roi ; j'irai plus haut. Un secrétaire général du ministre des affaires étrangères n'est pas le premier venu ; on l'écoute, on m'écoutera. Je montrerai les plus grands noms compromis avec les noms de la borne et du bouge. Tous ces noms me sont connus, j'en ai la liste. Mon plan de campagne est dressé : je fais cerner le lieu de vos réunions clandestines et les quatre rues qui y aboutissent. Une serre conduit à la salle des séances ; on y trouvera des preuves, des insignes. Il y aura scandale, je vous en avertis, car je suis déterminé à tout. Je suppose même que les magistrats auxquels je m'adresserai, que le préfet de police, que le ministre de la justice se refusent à provoquer un éclat ; j'admets que votre institution trouve des protections jusque sur les marches du trône ; j'en appellerai au public. Pour parvenir à lui, tous les moyens me seront bons : le journal, le mémoire, l'affiche, le livre. J'ai des amitiés nombreuses, je les intéresserai à ma cause. Ma voix sera entendue, je défie vos bâillons. Je révélerai vos ignobles mystères, vos ridicules cérémonies ; je vous renverserai, entendez-vous, je vous renverserai.

— Vous divaguez...

— Non, car vous êtes pâle et vous tremblez.

— Moi !

— Réfléchissez-y, dit Philippe. Une séquestration de personne est sévèrement punie ; du même coup, votre vengeance ruinera votre association.

Marianna se leva.

— Est-ce tout ce que vous avez à me dire ? demanda-t-elle froidement.

— Non. J'ai un mot à ajouter.

L'accent dont à son tour, il accompagna ces paroles épouvanta presque Marianna.

Il s'approcha d'elle, et la brûlant du regard :

— Vous avez osé toucher à Amélie. J'aurais tout oublié, excepté cela. L'entretien que nous venons d'avoir sera le dernier, probablement ; gravez-le dans votre mémoire. Retenez bien ceci surtout : dans deux heures, Amélie sera chez moi, ou le secret de la Franc-Maçonnerie des Femmes sera livré aux quatre vents de Paris.

Philippe Beyle partit après cette déclaration.

Au bas de l'escalier, il retrouva le comte d'Ingrande, qui l'attendait.

Lorsqu'elle se fut bien assurée que la porte du pavillon s'était refermée sur leurs pas, Marianna alla écarter un rideau derrière lequel il y avait quatre femmes.

Ces quatre femmes appartenaient à la Franc-Maçonnerie.

C'étaient la comtesse Darcet, Mme Guillermy ; Mme Flachat et Mme Ferrand.

Elles avaient assisté à la scène qui vient d'être racontée.

— Eh bien ? dit Marianna en les regardant tour à tour.

— Mme Beyle nous a trahies, murmura la comtesse Darcet.

— Descendons vers elle, à présent, reprit Marianna, dont les yeux jetaient des éclairs de triomphe.

XXVII.

Le lecteur a compris qu'Amélie était effectivement tombée dans les rets de Marianna.

Devons-nous révéler tous les moyens employés par celle-ci ? N'a-t-on pas assez dit quelles nombreuses intelligences la Franc-Maçonnerie des Femmes comptait en tout lieu ? Est-il utile de faire entendre, par exemple, que la narration de M. Bécheux était une chose prévue et ordonnée ?

Arrivée au pavillon de Bonlainvilliers, Amélie avait été introduite dans une salle du rez-de-chaussée, où elle s'était trouvée en présence de Mme Guillermy, de la comtesse Darcet, de Mme Flachat et de Mme Ferrand.

Elle les reconnut immédiatement, et la crainte traversa son esprit.

— Mesdames, veuillez me dire où je suis, demanda-t-elle.

— Vous êtes sous notre sauvegarde, lui répondit la comtesse Darcet.

— Mais mon mari.... cette chute ?....

— On a dû employer ce moyen pour vous conduire ici.

— Je ne suis donc pas chez le ministre ? dit Amélie avec étonnement.

— Vous êtes chez une de nos sœurs.

— Laquelle ?

— Vous l'apprendrez bientôt.

— Mesdames, mesdames, qu'est-ce que cela signifie ? Pourquoi m'a-t-on trompée ? Est-ce un jeu ? Dissipez mon inquiétude, je vous en prie.

— Au milieu de nous, vous n'avez rien à craindre, dit Mme Guillermy.

— Il n'importe ! On a usé de mensonge pour

m'attirer dans cette maison ; je ne peux, je ne dois pas y rester.

— Ma chère enfant, dit la comtesse Darcet, votre volonté cesse d'être individuelle, du moins pour quelques instants ; car nous agissons au nom de la Franc-Maçonnerie.

Ce mot glaça les veines de la jeune femme.

— De la Franc-Maçonnerie ! murmura-t-elle.

— Quoique nouvelle dans notre ordre, vous n'ignorez pas la prudence de nos décrets, non plus que l'esprit de sagesse qui préside à nos actions. Vous alarmer, c'est donc nous faire injure.

— Mais pourquoi des détours ? pourquoi la violence ? Ne serais-je pas accourue de plein gré sur un appel de notre société.

— Tout vous sera expliqué, dit Mme Ferrand avec douceur.

— J'en appelle à la Grande-Maîtresse.

— Son autorisation est inutile ici. Toute sœur a le droit de nous requérir au nombre de quatre, sans engager pour cela notre responsabilité.

— Qui vous a requises ? demanda Amélie.

Les quatre femmes gardèrent le silence.

— De sorte que je suis votre prisonnière ? reprit-elle.

— Pour peu de temps.

— Mon mari peut s'étonner de mon absence.

— Nous avons songé à tout ; que cette considération ne vous préoccupe point.

— C'est bien, dit Amélie ; je suis en votre pouvoir ; j'attendrai ma délivrance de votre bon plaisir.

Lorsqu'elle se vit seule, Amélie essaya de pénétrer le mystère qui l'environnait. Sa première pensée fut celle-ci : Philippe avait-il déjà trahi le secret qu'elle lui avait confié ? Dans le même instant où elle subissait pour lui mille combats et mille remords, à l'heure où pour le sauver elle parjurait sa foi chrétienne, lui, inhabile et dédaigneux, avait-il laissé surprendre son imprudence ou son scepticisme ?

— Qui sait si maintenant on ne lui tend pas le même piège qu'à moi ! se disait-elle ; et, s'il y tombe, quel compte la Franc-Maçonnerie ne me demandera-t-elle pas de ma faute ?

Cette rêverie l'absorba pendant plus d'une heure.

La pièce où se trouvait enfermée Amélie était, comme nous l'avons dit, une dépendance du rez-de-chaussée. Une fenêtre, à laquelle des barreaux avaient été posés récemment, donnait sur une cour intérieure. Le mobilier était simple : d'un côté une bibliothèque, de l'autre une panoplie.

Cette panoplie dans la maison d'une femme était une particularité assez significative pour attirer l'attention d'Amélie.

Un soupçon s'empara d'elle à l'aspect de ces armes.

Etait-elle bien chez une femme, en effet ?

Mais ce soupçon s'effaça au souvenir de l'honorabilité de Mme Ferrand et des trois autres femmes qui s'étaient constituées ses gardiennes.

Néanmoins elle examina en détail la panoplie, qui était du plus beau travail artistique.

Elle s'arrêta tout à coup, étonnée, devant un écusson qu'elle reconnut pour être celui de la famille de Trémeleu.

Un poignard qu'elle détacha du faisceau lui offrit également le chiffre d'Irénée.

Ce nom qui se représentait subitement à elle dans un tel lieu et dans de telles circonstances, lui inspira de mélancoliques réflexions.

— C'était l'époux que ma mère me destinait, pensa Amélie ; il était du même rang que moi. Avec lui, ma vie se fût écoulée silencieuse et digne, sans ardeurs, mais sans remords. J'ai méconnu la volonté maternelle ; Dieu m'en punit.

La journée s'acheva sans amener la délivrance d'Amélie ; une chambre à coucher attenait à la pièce où elle était détenue : elle y passa la nuit. On lui avait donné une cameriste, ou plutôt une surveillante.

Le lendemain, vers midi, au moment où ses inquiétudes commençaient à revêtir une teinte plus sombre, elle entendit un bruit de pas.

Cinq femmes entrèrent.

La première semblait la moins émue ; Amélie la reconnut : c'était Marianna.

Toutes deux échangèrent un regard lent, profond.

— Madame, dit Marianna, vous êtes libre.

Une telle décision n'avait pas été prise sans de longues et mûres délibérations. Les arguments de Philippe Beyle, ses intentions, son énergie bien connue, tout cela avait été discuté et mis en opposition avec les projets de Marianna. Son plan de vengeance avait dû céder devant l'intérêt de la Franc-Maçonnerie des Femmes.

A ces paroles inattendues, Amélie demeura immobile et comme indécise.

— Si je suis libre maintenant, pourquoi donc

étais-je prisonnière tout à l'heure ? dit-elle, à la fin ; ma délivrance m'étonne autant que ma captivité.

— C'est à votre conscience qu'il appartient de vous répondre, répliqua Marianna.

Amélie se tourna vers les autres femmes, qui l'examinaient avec une sincère expression de tristesse.

— Et vous, mesdames, serez-vous plus explicites ? leur demanda-t-elle.

— Vous avez trahi notre société, murmura Mme Ferrand.

— Est-ce au témoignage de madame que vous vous en rapportez ? dit Amélie en désignant Marianna par un mouvement de tête méprisant.

— Non.

— Alors où sont les preuves de votre accusation ?

— Votre mari sort d'ici.

— Philippe ! s'écria-t-elle avec angoisse.

— Il a parlé, et ses paroles ont été entendues par nous.

— C'est impossible.

— Madame, notre douleur égale la vôtre.

— C'est un nouveau piège. Philippe n'a pu parler. D'ailleurs, qu'aurait-il pu dire ?

Marianna sourit froidement et répondit :

— A quoi bon tant vous inquiéter, si vous êtes innocente ? Laissez là ces propos. La liberté vous est rendue ; que n'en profitez-vous ?

— Vous avez raison, dit Amélie après un silence ; je me disculperai devant la Franc-Maçonnerie des Femmes ; mais auparavant, il faut que je vous parle en particulier, à l'instant même. Mesdames, le permettez-vous ?

— Notre rôle est fini, dit la comtesse Darcet en se retirant, suivie de ses amies silencieuses.

Certaine de leur départ, Amélie revint devant Marianna.

— Est-ce la vie de Philippe ou la mienne que vous voulez ? lui demanda-t-elle.

— Je ne veux la vie de personne, répondit Marianna.

— Il faut que votre haine se décide pourtant et choisisse entre lui et moi. Je suis lasse à mon tour de vous rencontrer sans cesse sur mon passage. Votre opiniâtreté n'a plus de nom, et quand je songe que vous m'avez tenue prisonnière là, chez vous, je vous trouve d'une hardiesse à mériter tous les châtiments !

Cette apostrophe siffla comme une lanière aux oreilles de Marianna.

— Finissons-en, reprit Amélie. Et d'abord pour ce qui est de la Franc-Maçonnerie des Femmes et de ma trahison, sachez que vous êtes aussi bien perdue que moi.

— Laquelle de nous deux a parjuré son serment ?

— Je prouverai votre complicité. Je montrerai les lettres anonymes que vous avez fait écrire à Philippe. Ce sont ces lettres qui lui ont inspiré ses premiers doutes, et qui l'ont engagé à épier mes sorties. L'homme qui les a écrites sous votre dictée, je l'ai cherché, je l'ai découvert. Vous l'aviez payé, je l'ai enrichi. Il témoignera contre vous.

— Inventions ! murmura Marianna, qui ne put se défendre de quelque trouble.

— Que vous êtes bien une femme de théâtre, dit Amélie, en haussant les épaules, et à quels misérables moyens vous ne dédaignez pas de recourir ? Je m'étonne que, me tenant en votre pouvoir, l'idée ne vous soit pas venue de me faire disparaître dans une trappe. C'eût été digne de vous.

Marianna voulut répondre.

Mais la jeune femme n'avait pas fini ; l'indignation la rendait puissante.

— Je n'ai jamais haï personne jusqu'à présent, mais il me semble que je m'y prendrais autrement que vous en pareil cas, et surtout plus hautement. La haine a sa noblesse, elle aussi. Vous ne nous en doutiez guère, n'est-il pas vrai ? Allez, vous ne méritiez pas d'être aimée de Philippe !

Ce mot était le coup de grâce.

— En le recevant, les lèvres de Marianna blanchirent.

— Je ne.... méritais pas.... son amour ? balbutia-t-elle, partagée entre la colère et la douleur.

— Non, dit Amélie.

— Et.... pourquoi ?

— Parce que vous n'avez pas su mourir à ses pieds ou le frapper aux vôtres.

Marianna baissa la tête.

— C'est vrai, dit-elle comme en se parlant à elle-même ; j'ai été barbare, ne pouvant être forte. D'où cela vient-il ? Hélas ! de mon enfance sans doute. On m'a trop tourmentée et battue pour qu'il ne m'en soit pas resté un mauvais levain. Ce n'est pas comme cela que se font les éducations dans votre monde, n'est-ce pas ? Où voulez-vous que nous autres, nous apprenions ce qui est vice et vertu ? Au sortir du berceau, nous ne savons épeler que deux mots : Travail et crainte. Ensuite, si nous devenons mauvaises, on s'étonne, on s'irrite on ne veut pas que le sang grossier de nos pères se réveille par intervalles dans nos veines. J'en suis fâchée, madame, mais je n'ai pas été à l'école des vengeances raffinées ou superbes. Je me venge comme je peux et comme je sais ; je n'y mets pas d'amour-propre. Après cela, que j'aie mérité ou non d'être aimée de votre mari, c'est une question que vous ne pouvez guère décider, vous. Mais ce que je n'ai pas mérité, à coup sûr, c'est d'être traitée par lui avec dédain et lâcheté ; c'est d'être jouée comme un cheval et frappée comme une esclave. Fille du peuple ou fille du monde, il n'y a qu'une manière de ressentir de semblables outrages.

— Vous vous trompez, répliqua Amélie ; ce qui serait un crime vis-à-vis d'une femme légitime, n'est qu'une punition souvent exemplaire pour une femme placée en dehors de la loi et du respect. Soyez honnêtes, avant tout, si vous tenez à être traitées en femmes honnêtes. Pourquoi auriez-vous les mêmes priviléges que nous autres ? Vous n'êtes que des hochets aux mains des hommes, vous le savez, vous acceptez cette situation, et vous ne voulez pas qu'un jour ou l'autre on vous rejette comme des hochets, dût-on vous briser en vous rejetant ! L'orgueil ne rachète pas le malheur. Si Philippe vous a frappée dans un instant d'oubli, c'est qu'une colère supérieure à la sienne précipitait son bras. Vous auriez dû vous incliner ; mais non, vous avez voulu la lutte, la lutte obscure, vile, masquée ; la lutte avec la délation et la calomnie. Il n'est plus en votre pouvoir ni au mien d'en arrêter les effets maintenant : nous roulerons ensemble dans le gouffre creusé par vous.

— Eh bien ! tant mieux ! s'écria Marianna ; car je vous hais encore plus peut-être que je ne le hais, lui ! Je vous hais pour tout le bonheur que vous lui avez donné ! Je vous hais, pour votre beauté pure et calme, rivale de ma beauté inquiète et sombre ; pour votre enfance bénie, enveloppée de dentelles, couverte de baisers ; pour votre jeunesse fière et studieuse ; pour votre rang, pour votre nom, pour tous les avantages que vous a faits le hasard ! Je vous hais pour votre supériorité, qui m'accable ! Je vous hais enfin, parce que je l'aime toujours !

— Ah ! s'écria Amélie, en se redressant comme la statue de la Pudeur indignée.

— Comprenez-vous maintenant pourquoi ma haine a deux serres, et pourquoi je ne peux atteindre lui sans vous, vous sans lui ! Je l'aime, je l'aime plus que jamais !

— Madame !....

— Vous avez voulu me parler en particulier, continua Marianna ; je vous ai écoutée ; je vous ai laissée dire tout à votre aise. Vous me laisserez dire, aussi moi. J'ai appris par vous que je n'étais qu'un grain de poussière, la moindre des créatures, la proie du malheur. Soit. Ce que vous n'avez pas ajouté, je le devine ; vous êtes surprise de ce que je n'ai pas demandé à la religion un refuge. Que voulez-vous ? on ne m'a pas seulement appris un *Pater* quand j'étais petite. Je vous l'ai dit : c'est toute une éducation à faire. Mais quelle que soit la sévérité de celui qui me jugera, il ne verra dans ma vie qu'un amour, qu'une faute. Je n'ai jamais aimé que Philippe, je n'aimerai jamais que lui, mais à ma manière, entendez-vous, comme les filles de pauvres gens, brutalement, égoïstement, sans raison. C'est incompréhensible, je le sens ; mais je ne veux pas qu'il soit heureux par d'autres ; je préfère qu'il souffre par moi. Ah ! si on pouvait me le livrer malade, abandonné, sans ressources, je l'adorerais plus que je ne l'ai jamais adoré, toutes mes minutes seraient à lui seul. Madame, je ne sais pas comment vous l'aimez, mais je doute que ce soit autant et mieux que moi.

Amélie n'avait jamais entendu rien de pareil. La révélation de cette passion étrange la remplissait de stupeur.

— Tenez, ajouta Marianna, qui prenait sa revanche ; il y a une chose qui, de temps en temps, me console ; il y a un souvenir qui est pour moi ce que la goutte d'eau est pour le condamné : pendant trois mois, il m'a bien aimée.

— Assez, madame ! dit Amélie.

— Si vous saviez les serments qu'il m'a faits, le soir, quand sa tête s'appuyait sur mon épaule ; qu'il était alors enthousiaste et beau, mon Philippe !

— Oh ! vous allez vous taire ! s'écria Amélie.

— Pourquoi donc ?

— Parce que je vous l'ordonne.

— Vous ! dit Marianna avec un sourire railleur.

— Oh ! misérable et lâche ! murmura Amélie en s'avançant vers elle ; enfant de la boue, qui ne sait que ramasser de la boue pour insulter ! femme qui se salit pour salir !

Marianna eut un moment de réflexion.

— Voyons, dit-elle à Amélie, vous qui êtes de noblesse comme je suis de théâtre, qu'eussiez-vous donc imaginé contre une femme que vous auriez haïe comme je vous hais?

— Ne le devinez-vous pas?

— Je ne suis pas assez ingénieuse pour inventer, mais je suis assez courageuse pour ne point reculer.

— Dites-vous vrai?

— Essayez.

Amélie alla vers la porte et y mit le verrou.

— Que faites-vous? dit Marianna, étonnée.

— Vous allez voir.

Ensuite, se dirigeant vers la panoplie, elle en détacha deux épées contenues dans deux fourreaux de chagrin.

— Devinez-vous, maintenant?

— Un duel? murmura Marianna.

— Un duel.

— Nous ne sommes que des femmes....

— Nous nous haïssons comme des hommes, nous pouvons nous battre comme des hommes.

— Sans témoins?

— Chacune de nous va écrire quelques mots qui attesteront la loyauté de notre combat. Cela suffira. La survivante anéantira son écrit.

— Mais....

— Vous hésitez! J'en étais sûre, dit Amélie avec un inexprimable dédain et en jetant les épées sur une table.

— J'accepte! s'écria Marianna.

— Ecrivons donc.

— L'instant d'après on eût pu voir un étrange spectacle dans cette salle éclairée par les lueurs incertaines d'un jour pluvieux. Deux femmes, jeunes et belles toutes deux, se battaient à l'épée. Le regard flamboyant, la joue pâle et le souffle suspendu, elles s'épiaient, cherchant à se frapper au cœur. Jamais on n'eût assisté à un combat plus sobre de mouvements. L'art y était méconnu peut-être, du moins de la part de Marianna, mais l'instinct du danger la protégeait mieux que n'auraient pu le faire ses vagues souvenirs d'escrime. Amélie, justement parce qu'elle avait reçu les leçons des professeurs les plus renommés, s'exposait beaucoup plus que son adversaire. Elle invoquait des ressources de méthode à l'instant où l'autre, portant toute sa force uniquement dans son bras, lança son fer en avant et rencontra le but.

Amélie ne poussa pas un cri; elle tomba, morte.

Marianna avait promis de renvoyer à Philippe Beyle sa femme avant deux heures; elle tint parole.

XXVIII.

Grâce à son système de fourgon-logis, M. Blanchard, comme on l'a vu, se donnait ordinairement le plaisir de se réveiller chaque matin en présence d'un nouvel horizon. Le choix du lieu était toujours abandonné au bon goût du cocher; c'était sa grande préoccupation; il fallait éviter la monotonie des perspectives souriantes, procurer un réveil en forêt après un réveil en plaine; fournir une matinée au bord de l'eau après une matinée sur une montagne. Et que de difficultés à vaincre! Ce cocher avait fini par devenir un véritable artiste, rien qu'en cherchant ainsi l'originalité des contrastes. Du reste, M. Blanchard, qui appréciait et savait récompenser tous les genres de mérite, ne manquait pas de faire venir le brave homme et de le gratifier chaque fois que le point de vue était heureusement choisi. Un jour, en ouvrant ses stores, M. Blanchard se voyait sur le Mont-Valérien: deux attelages de renfort expliquaient cette ascension; le lendemain, il se sentait singulièrement balancé: il était en pleine mer.

Or, il advint qu'un matin, M. Blanchard en se mettant à la fenêtre, n'aperçut qu'une haute muraille grise et nue.

Il fit la grimace d'un gourmet mal servi.

— Médiocrement réjouissant! dit-il; voyons de l'autre côté.

Et, se retournant, il vit une seconde muraille absolument pareille à la première.

— C'est plat, c'est mauvais, grommela-t-il; le goût de ce drôle se déprave. Allons, en route; vite, sortons de ce puits!

M. Blanchard agita un cordon qui, d'habitude, mettait le cocher en émoi et les chevaux au galop.

Mais le ressort était sans doute cassé, car l'immeuble ne bougea pas.

Il eut recours à un autre cordon qui devait amener son valet de chambre; mais ce nouvel appel demeura également sans effet.

La colère monta aux joues de ce sybarite de la locomotion.

— Morbleu! s'écria-t-il; ces maroufles sont-ils donc au cabaret!

D'une seule enjambée, M. Blanchard traversa le salon, l'antichambre, et il se trouva sur le marchepied.

— Holà ! Poitevin, Baptiste....

La menace expira sur ses lèvres : il était en face de trois personnages vêtus de noir. A la boutonnière du plus âgé fleurissait le ruban de la Légion-d'Honneur. Les deux autres n'offraient de particulier qu'une attitude silencieuse, méditative, incertaine.

M. Blanchard crut naturellement avoir affaire à trois honnêtes bourgeois attirés sous les roues de son char par une puérile curiosité. En conséquence, il fit un demi-tour sur lui-même, rentra dans l'antichambre, y prit un carton et l'accrocha à l'extérieur ; c'était le fameux avis conçu en ces termes : AUJOURD'HUI, RELACHE.

Les trois bourgeois ne parurent pas attacher une grande importance à l'apparition de cet écriteau. Cependant le plus âgé murmura quelques mots que les deux autres accueillirent avec des signes de tête approbatifs.

— Démence paisible, n'est-ce pas ? et cependant vanité exagérée.

— Il s'imagine être une pièce curieuse.

— Les lettres de l'écriteau ont-elles été tracées de sa main ?

— Nous pouvons le lui demander.

D'abord stupéfait, M. Blanchard fut pris d'une irrésistible hilarité en entendant ces étranges paroles. Pendant plusieurs secondes il se tordit sur son marchepied.

— C'est cela, ajouta le monsieur décoré ; dilatation nerveuse par le rire, joie sans motif.

— Bravo ! bravo ! dit M. Blanchard, dès qu'il put articuler.

— Si nous l'interrogions sur son identité ? demanda un des trois observateurs.

— Il n'y a pas de danger à cela, répondit le plus âgé.

— Monsieur.... prononça le premier en s'adressant à M. Blanchard, voulez-vous nous faire l'honneur de nous dire qui vous êtes ?

— Parfait ! la scène des médecins de Molière. Ah ! ah ! ah !

— Manie théâtrale, il n'est constamment occupé que de choses de comédie....

— De bravos....

— De relâches....

— Il n'a pas répondu cependant à ma question ; permettez-moi de la lui poser en nouveaux termes.

— Volontiers.

— Est-ce à M. Blanchard que vous avons l'honneur de parler ?

— A lui-même, messieurs.

— Est-il vrai qu'il demeure dans un omnibus ?

— Pas précisément, mais dans une voiture aussi grande qu'un omnibus.

— Nous permettra-t-il de visiter son domicile ?

— Avec plaisir, messieurs ! répondit M. Blanchard avec des démonstrations de politesse exagérées et comme s'il donnait la réplique à des acteurs.

— Vous voyez, dit le vieux monsieur en s'adressant à ses compagnons ; il s'exprime fort bien ; l'aliénation n'est que partielle ; peut-être même n'y a-t-il que manie. Le traitement le plus simple est celui qui conviendra le mieux.

En ce moment, un petit vieillard pâle, les yeux hagards, les vêtements en désordre, se précipita dans l'enceinte où stationnait la voiture de M. Blanchard.

— A moi, ma garde ! mes gentilshommes ! Mon épée, donnez-moi seulement mon épée ! s'écriait ce malheureux.

Deux robustes garçons, qu'à leur costume on pouvait reconnaître pour des infirmiers, suivaient de près le petit vieillard. L'un d'eux tenait un treillis de lin ou chemise de force, sous laquelle il s'apprêtait à le prendre comme un poisson dans un filet.

— Ah ! vous qui êtes roi comme moi, mon frère ! dit le vieillard ; faites-moi justice !

— Pourquoi donc tout ce tapage ? demanda le personnage à la décoration.

— Monsieur le directeur, répondit l'un des infirmiers en ôtant sa casquette, nous avons beau lui promettre qu'on lui rendra ses Etats, il ne veut jamais recevoir sa douche.

— Monsieur le maréchal, et vous, monsieur le grand-chancelier, allez replacer mon frère sur le trône qui lui appartient ! dit solennellement celui qu'on venait de qualifier du titre de directeur.

— Ah ! s'écria le petit vieillard, ivre d'orgueil et de joie ; le jour de la justice est donc enfin venu ! A cheval, messieurs, à cheval ! Tu, tu, tu, ru, ru, tu ! Hop !

Il marcha en triomphateur devant les deux infirmiers.

M. Blanchard avait suivi cette scène d'un regard plein de stupéfaction.

— Messieurs, dit-il enfin avec un accent courtois, mais légèrement ému, seriez-vous assez bons, à votre tour, pour m'apprendre à quelle distance de Paris je me trouve actuellement.

— Vous êtes à cinq kilomètres environ de la barrière du Trône.

— Je crois avoir compris, poursuivit-il en descendant de son marchepied ; je suis à Charenton.

— Charenton-Saint-Maurice, ajouta tristement le directeur.

M. Blanchard promena autour de lui des regards à la fois inquiets et curieux.

Situé dans un des plus beaux paysages du monde, sur un coteau d'où la vue embrasse le parc de Vincennes et les îles de la Marine, l'hospice de Charenton élève ses innombrables arceaux qui rappellent les grands cloîtres italiens. Nous ne savons rien de plus majestueux que cet édifice, entièrement moderne du reste, et d'une étendue à faire soupirer d'envie les phalanstériens. Cependant l'admiration s'apaise pour faire place à un autre sentiment, dès qu'on se sait en présence de la Cité de la Folie ; la blancheur intense de ces murailles blesse les yeux, leur hauteur paraît affligeante, les grâces du paysage sont oubliées. Là vivent, comme entre parenthèses, cinq cents personnes environ, hommes et femmes, dont l'âme, à demi échappée du corps, n'y est retenue que par un dernier lien, semblable à un oiseau martyr. C'est une autre humanité à côté de l'humanité ; c'est le principe de vie triomphant dans ce qu'il a de plus absurde et de plus énigmatique, et victorieusement installé sur les ruines de l'intelligence.

Du vieux Charenton, du Charenton des lettres de cachet et des détentions arbitraires, il ne reste que quelques bâtiments, un groupe de pavillons ardoisés sur le versant du coteau. Le nouveau Charenton, tout à fait en harmonie avec les besoins actuels, ne renferme pour ainsi dire que l'aristocratie de la démence ; on n'y reçoit que des fous assez riches pour payer leur pension, ou assez célèbres jadis pour que le gouvernement la leur paie ; aussi est-ce un lieu de bon goût, où les accords du piano se marient au bruit des pièces d'échecs et des cornets de trictrac ; où les soins du jardinage alternent avec les travaux de broderie ; où les rêves,—bien qu'un peu biscornus,—s'envolent méthodiquement dans les spirales bleuâtres du cigare.

Ces dernières années, si fécondes en chocs politiques, ont amené une recrudescence dans le nombre des aliénés. Nous ne parlons que de ce qui concerne Charenton, car nous ne voulons pas entreprendre une statistique, rendue de jour en jour plus difficile par l'accroissement des maisons de santé. Cette concurrence élevée contre les établissements patronés par l'Etat devait inévitablement stimuler l'imagination des spéculateurs ; une industrie, étrange au premier aspect, est née et s'est fortifiée : nous voulons parler des *commis-voyageurs en fous*, qui aujourd'hui sillonnent la France et l'étranger, s'introduisent dans les familles dont un des membres n'est pas absolument sain d'esprit, offrent des avantages considérables, des rabais, une bonne exposition au midi, une nourriture délicate, et les meilleurs médecins de la Faculté. Ces messieurs ont des prospectus ; ils font ordinairement deux voyages par an ; la tournée la plus importante est celle du Midi. Il y a la bonne saison et la saison morte ; il y a aussi des années où les fous *donnent* considérablement, comme autrefois les pendus en Normandie.

On arrive à Charenton en suivant une charmante allée d'arbres, le long d'un cours d'eau aux talus gazonnés et coupé d'espace en espace par de petits ponts de bois. Au bout de dix minutes de marche, un portail grillé se présente aux regards, sur la gauche. C'est là. Vous voyez qu'après tout ce n'est pas bien effrayant ; le malheur est qu'un préjugé y veille sur le seuil.

Toute la poésie du chemin avait été perdue pour M. Blanchard, puisque le transport avait été effectué pendant son sommeil ; mais en revanche, il ne perdit pas un détail de l'architecture de l'hospice. Ainsi que beaucoup de personnes, il s'était jusqu'alors toujours représenté Charenton sous la forme d'une maison noirâtre, cachée dans des broussailles ; il se trouvait en face d'un monument aux galeries superposées, grandiose comme un aqueduc, élégant comme un palais. Il fut surpris et ébloui.

Son examen terminé, il s'adressa au personnage âgé et décoré.

— Je viens, lui dit M. Blanchard, de vous entendre qualifier de directeur ; êtes-vous, en effet, le directeur de céans ?

— Oui, monsieur.

— Dans ce cas, et puisque je dois à une facétie de mes gens l'avantage de me trouver avec vous, me permettez-vous, en attendant leur retour, de visiter votre établissement ?

— J'allais vous en faire la proposition, répondit le directeur avec empressement.

— Ensuite, messieurs, ajouta M. Blanchard, s'il vous plaît d'accepter à déjeuner dans ma voiture, je serai vraiment heureux de vous faire les honneurs de chez moi.

Le directeur échangea un sourire clément avec ses compagnons.

Quelques façons furent faites pour inviter M. Blanchard à passer le premier.

Il s'engagea dans l'escalier naturel et presque à pic qui monte aux bâtiments. Chaque pas déroulait à son œil charmé des nappes de verdure, des bois, des villages, des routes poudreuses et serpentines; la Marne frétillait et brillait; l'air s'épurait, on soupçonnait des villes à l'horizon. Les nuages étageaient leurs sommets neigeux que transperçaient par intervalles les flèches d'or du soleil.

Les visiteurs traversèrent une voûte et se trouvèrent dans le vaste préau de l'administration.

Arrivé là, le directeur fit signe à un infirmier d'approcher.

— Chevet, demanda-t-il, avez-vous préparé la chambre de monsieur?

— Ah! c'est monsieur, qui est le nouveau pensionnaire, dit l'infirmier en regardant M. Blanchard.

— Oui. Vous allez le conduire au n° 10.

En se retournant vers M. Blanchard, le directeur lui dit d'un ton paternel:

— Vous serez très bien; rien ne vous manquera. La division où je vous place n'est composée que de gens absolument paisibles; il y en a même plusieurs qui sont en voie de convalescence. Excusez-moi de vous quitter, j'ai mes occupations de directeur; nous nous reverrons tantôt, vous dinerez à ma table. Chevet, vous entendez, monsieur dinera à ma table aujourd'hui.

— Où faudra-t-il mettre son couvert? demanda l'infirmier.

— Mettez-le à côté du romancier.... entre le romancier et le colonel.

Le directeur allait se retirer, lorsque M. Blanchard, qui était resté muet de stupeur, le retint vivement par le bras.

— Un mot, dit-il.

— Quoi?

— Qu'est-ce que cela veut dire? De qui parlez-vous?

— Chevet vous expliquera le train de la maison; c'est un de nos plus anciens infirmiers. Moi, je suis un peu pressé.

— Non, non, je veux savoir....

Le directeur regarda ses amis d'un air de plaisanterie.

— Hein? qu'est-ce que je vous disais? Toujours les mêmes! Ils veulent savoir. C'est leur mot à tous: savoir; ils ne sortent pas de là. Il est vrai que, de mon côté, j'ai les mêmes réponses depuis quinze ans. Vous allez voir.

M. Blanchard fronça le sourcil à ce langage familier.

— Une seule question, monsieur? dit-il brusquement.

— Parlez.

— Est-ce que l'on m'a conduit ici pour y être détenu?

— Pour y être détenu, non, mais pour y subir un traitement de quelques jours, nécessité par votre état d'agitation maladive, agitation dont vous ne vous rendez peut-être pas bien compte, mais qui existe, qui est constatée. Ce traitement est d'ailleurs, comme vous le verrez, la moindre des choses: il consiste dans la promenade, dans la distraction. Nous savons que dans le monde on se fait une toute autre idée de Charenton, une idée terrible; le mot seul est un épouvantail.... Ce sont des contes de bonne femme, des chimères, et vous ne tarderez pas vous-même, mon cher monsieur, à revenir de ces préventions, si du moins vous les avez jamais partagées.

Ces paroles qui, comme venait de l'avouer le directeur, servaient évidemment à tous les nouveaux venus, avaient été prononcées par lui avec une affabilité, une onction qui eussent peut-être ébranlé tout autre que M. Blanchard.

Mais M. Blanchard n'était pas homme à se payer de périodes et de ménagements oratoires. Il ajouta en se contenant:

— Je veux bien prendre au sérieux votre discours, monsieur, et abonder un instant dans votre sens. Mais obligez-moi de me dire par quelle volonté j'ai été amené ici, et en vertu de quelle autorité il est possible de m'y retenir.

— Volontiers, monsieur. Les choses se sont passées dans l'ordre accoutumé; c'est-à-dire que votre translation a été opérée sur un certificat de votre médecin....

— Je n'ai pas de médecin!

— Lequel certificat a été envoyé immédiatement, selon l'usage, à la préfecture de police. C'est ainsi qu'on procède. Avez-vous d'autres renseignements à me demander? Je vous prie·

rai seulement de les formuler succinctement, car je suis attendu à l'économat.

— Je vais résumer, selon votre vœu, dit M. Blanchard avec une teinte d'ironie. Dans la supposition où cette.... mystification.... viendrait à me lasser au bout de quelques heures, quel moyen ai-je de la faire cesser ?

— Second discours, murmura le directeur à ses amis ; ils prétendent être victimes d'une mystification plus ou moins odieuse. Ecoutez.

Il reprit son sourire le plus urbain.

— Mon cher monsieur, le plus court est d'attendre la visite du médecin en chef. Lui seul peut décider du plus ou moins d'opportunité de votre mise en liberté. Cette visite a lieu tous les trois jours ; après-demain vous pourrez exposer vos justes moyens d'opposition devant lui ; l vous écoutera avec la considération à laquelle vous avez droit, et je ne doute pas que vous ne triomphiez aisément de la précipitation et peut-être même des intrigues qui vous ont amené ici.

Le directeur passa sa langue sur ses lèvres en signe de satisfaction.

— Puis-je écrire ? demanda M. Blanchard.

— Tant que vous voudrez. Seulement vos lettres devront passer sous mes yeux, et l'envoi en sera ajourné après la décision de notre savant docteur.

— Monsieur, vous vous exprimez on ne peut mieux, et votre bienveillance est excessive, dit M. Blanchard ; je n'ai rien de plus à ajouter.

— J'en étais sûr, répliqua le directeur, nous nous entendrons à merveille.

Après un échange de salutations, M. Blanchard suivit l'infirmier à la garde duquel il venait d'être commis. Il traversa plusieurs divisions jusqu'à ce qu'ils fussent arrivés à celle qui portait le n° 10. Sous les arcades d'une vaste cour, se promenaient une trentaine d'individus, fort paisibles en apparence, ainsi que le directeur les lui avait signalés. Les autres composant la division, étaient réunis dans la salle publique, où ils lisaient, jouaient, fumaient, selon leurs diverses aptitudes. M. Blanchard qui, au premier moment, avait ressenti une vive répugnance et une certaine tristesse, vit s'évanouir par degrés ses appréhensions ; rien ne semblait indiquer jusqu'à présent qu'il fût dans une maison d'aliénés.

L'infirmier Chavet le conduisit à sa chambre ; elle était presque luxueuse : tapis, calorifère, et surtout point de vue d'un prix inestimable.

— Si monsieur s'habitue à la maison, hasarda l'infirmier, monsieur aura le loisir de payer un domestique, qui lui sera exclusivement attaché et qui couchera dans une chambre voisine de la sienne.

— Ah ! ah ! murmura Blanchard.

— Nous avons plusieurs pensionnaires qui ont des valets de chambre ; entre autres, le colonel.

— Qu'est-ce que c'est que le colonel ?

— C'est celui à côté de qui monsieur dînera ce soir....un bien brave homme....seulement je préviendrai monsieur de ne pas trop faire attention à sa manie.

— Quelle est donc sa manie ?

— Il se croit empaillé, répondit l'infirmier.

— Je ne le contrarierai pas.

— Monsieur a-t-il quelque chose à me demander pour le moment ?

— Non.

— Du reste, monsieur a une sonnette dans sa chambre.

Et l'infirmier Chavet s'éloigna, après avoir fermé à double tour la porte de la dixième division.

M. Blanchard, livré à lui-même, s'aventura avec quelque timidité dans la cour. On le regarda à peine. Les pensionnaires avaient, pour la plupart, un air de gravité qui imposait ; quelques-uns se promenaient deux à deux, et il surprit des lambeaux de conversation d'une lucidité et d'un bon sens incontestables. Au bout d'une demi-heure, M. Blanchard se sentit fort embarrassé ; devait-il aborder ses nouveaux collègues ou attendre d'en être abordé ? Ils ne manifestaient aucune curiosité à son égard, et cela le remplissait de surprise, au point de se demander s'il était bien réellement à Charenton ou dans une athénée quelconque.

Enfin, un de ces messieurs vint à son secours. C'était un grand jeune homme, aux cheveux très noirs, mis avec modestie.

Il dit à M. Blanchard :

— Vous êtes ici depuis peu de temps, monsieur, à ce qu'il me semble ?

— Depuis une heure à peu près.

— C'est cela. Vous trouverez le régime très doux. Quant aux infortunés dont la compagnie vous est imposée, ils sont aussi inoffensifs que moi.

— Monsieur......dit M. Blanchard, de plus en plus confondu et les yeux fixés sur son interlocuteur.

— Je vois ce qui vous préoccupe, reprit le grand jeune homme avec un sourire ; vous cherchez sur ma physionomie des traces d'égarement ; vous n'en trouverez pas. Cela vient d'un fait bien simple et qui cependant est d'une rareté inouïe, à ce qu'on prétend : je sais que je suis fou.

— Ah ! dit M. Blanchard.

— Oui ; et cette conviction constitue à la fois ma supériorité et mon malheur. La médecine ne me pardonnera jamais ma clairvoyance.

— Puisque c'est vous, monsieur, qui m'amenez sur ce terrain délicat, oserai-je vous demander comment se manifeste votre folie, et quel en est le caractère ?

— C'est bien simple, dit le jeune homme ; je n'ai pas de folie à moi particulière : j'emprunte celle des autres, quand ils n'en ont pas besoin. Lorsque nous aurons fait plus ample connaissance, je vous prierai de me prêter la vôtre, si, du moins, vous n'y tenez pas trop. Je paie demi-bourse ici, et mes moyens ne me permettent pas d'avoir une spécialité de folie en toute propriété. Donc, je suis un peu forcé de vivre sur le commun. Du reste, on me prête assez volontiers, je n'y pas à me plaindre. Il n'y a qu'un instant, ce gros, qui est accoudé sur la balustrade, m'a prêté sa folie, qui consiste à se croire l'avant-dernier des Mohicans ; je viens de la lui rendre à présent, après l'avoir gardée vingt minutes, et c'est pourquoi vous me voyez dans l'état de calme parfait.

M. Blanchard restait silencieux.

Avait-il affaire à un mauvais plaisant ou à un aliéné véritable ?

Tout en se promenant avec ce jeune homme, il vit passer devant lui un individu qui paraissait très affairé et qui alla coller une affiche sur un des piliers de la cour.

M. Blanchard s'approcha et lut ce qui suit :

ORDRE DU JOUR.

L'an II de l'hygiène moderne.

Si du flegme chez vous la dose est excessive,
On sent maux d'estomac, de tête et de côté ;
L'estomac, abreuvé d'un torrent de salive,
Des mets les plus exquis se trouve dégoûté,
Le pouls est faible, rare, et sa marche est tardive ;
Et cette aqueuse humeur la nuit vous fait songer
Que vous voyez une eau prête à vous submerger.

Nota bene. — « Mon ami Teyssonneau se trouvait dans ce cas ; sur deux années, il est resté dix-sept mois alité. Je l'ai guéri ; vous pouvez prendre vos renseignements rue Aumaire, près de la voûte. Ce n'est pas pour les 30 francs qu'il me doit, le pauvre garçon ! je lui en fais bien volontiers cadeau. Sa femme était un peu mon alliée, par Gustave ; je l'ai guérie, elle aussi, d'une pituite. Évitez surtout les émotions trop fortes. »

XXIX.

Peu à peu, les hôtes de la maison royale de Charenton, se départirent de leur réserve vis-à-vis de M. Blanchard. Quelques-uns sollicitèrent l'honneur de lui être présentés, et le grand jeune homme se fit gracieusement leur intermédiaire.

M. Blanchard vit de la sorte passer sous ses yeux plusieurs variétés de malades et des types qu'il eût bien de la peine à ne pas croire échappés des légendes allemandes. C'étaient des gens qui causaient avec le vent, qui prédisaient la ruine de la papauté ou qui se prétendaient doués de la sonorité de l'harmonica. Un autre, après dix minutes d'un entretien fort sensé, le quitta fort brusquement en lui annonçant que c'était l'heure à laquelle il partait habituellement pour les Antipodes, au moyen d'un trou qu'il s'imaginait avoir creusé dans le jardin.

Il vit le fou immobile, espèce de fakir qui s'était astreint à ne faire aucun mouvement, parce que, disait-il, le temps s'était arrêté.

— J'attends qu'il se remette en route pour faire comme lui.

Telles étaient, à quelques syllabes près, les seules paroles qu'on pouvait tirer de ce maniaque, robuste gaillard qu'il fallait habiller, transporter, faire manger et coucher.

Il vit le fou arithmétique, le plus insupportable des fous, chiffre vivant, rapportant tout aux chiffres et n'agissant que par eux ; il avait remplacé l'alphabet par vingt-quatre chiffres correspondants. En saluant M. Blanchard, il lui dit :

— 2, 15, 14, 10, 15, 21, 18 !

Cela signifiait : bonjour.

On conçoit tout ce qu'une conversation avec un tel être devait avoir de fatigant. Lui, cependant, semblait ne pas s'en apercevoir : sa volubilité était excessive ; il mêlait les chiffres et jonglait avec eux comme un jongleur avec des boules dorées.

M. Blanchard s'empressa de quitter cette colonne d'addition.

Il vit encore des inventeurs foudroyés par leur invention, et qui traçaient machinalement sur les murs des lignes mystérieuses ; ceux-là ne fréquentaient personne ; la fixité de leurs regards et de leur attitude, disait l'unité de leur malheur. M. Blanchard passa avec respect devant ces victimes de l'Idée.

Le grand jeune homme, qui s'était institué son cicerone, l'engagea à entrer dans la salle de réunion.

Une partie de billard était engagée ; la galerie se pressait à une distance respectueuse des joueurs.

— La bille en tête et les trois bandes, dit le premier joueur en accusant son coup.

— Gare au *contre !* repartit le second ; à ta place, je jouerais l'*effet.*

On se serait cru dans un café du Palais-Royal.

Un vieux monsieur aux mouvements presque automatiques, et qui s'obstinait à garder deux épaulettes sur son habit noir, toucha doucement l'épaule de M. Blanchard. Celui-ci se retourna et crut reconnaître ce colonel dont le portrait lui avait été tracé par l'infirmier.

— Pardonnez l'extrème licence que je prends, lui dit ce nouvel excentrique d'une voix adoucie à dessein.

— Il n'y en a aucune, monsieur.

— Nous m'avez semblé un homme de goût, et mon désir le plus vif serait de vous consulter.

— Sur quel sujet ? demanda M. Blanchard.

— Je suis convaincu à l'avance que vous ne verrez pas dans mes paroles un texte à railleries ....comme les autres.

— Certainement non.

— Me trouvez-vous bien empaillé ?

— Mais...... pas mal.

— Eh bien ! moi je ne suis pas content, dit le colonel avec une profonde expression de tristesse.

— Peut-être êtes-vous trop exigeant.

— C'est ce que tout le monde me dit. Mais je sais par malheur à quoi m'en tenir. On empaillait bien mieux autrefois. Je ne durerai pas dix ans.

— Oh ! si !

— Non : on a lésiné sur les matières premières. J'ai déjà été plusieurs fois obligé de me raccommoder moi-même. Et puis, il me reste de l'odeur.

— Vous vous trompez, dit M. Blanchard.

— Auriez-vous par hasard un peu de paille dans vos poches ?

— De la paille ? Non.

— Tant pis ; vous m'en auriez mis dans les oreilles. Rendez-moi le service d'en prendre partout où vous pourrez. Moi, de mon côté, je vais demander à l'infirmier une aiguille et du fil. Hélas ! je sens que je me décous tous les jours.

Sur cette parole mélancolique, le colonel s'éloigna par petites saccades.

— D'où lui vient cette bizarre idée ? demanda M. Blanchard à son cicerone ; se prend-il pour un oiseau ou un quadrupède ?

— Pas le moins du monde ; son unique ambition est de figurer au Musée de l'Artillerie.

M. Blanchard n'en était plus à se récrier ; tout commençait à lui paraître naturel.

— Si vous êtes désireux de connaître un pensionnaire complètement persuadé, celui-là, de son animalité, regardez de ce côté, dit le grand jeune homme. Voyez-vous cet individu qui affecte là-bas une pose menaçante et exaspérée ? Je suis sûr qu'en ce moment il croit représenter le dragon de Saint-Michel. C'est un fou comme vous et comme moi.

— Je vous remercie, dit tranquillement M. Blanchard.

— Il croit avoir seul le monopole de personnifier tour à tour les animaux célèbres. Hier, il s'est réveillé en nous assourdissant d'un *cocorico* éclatant comme un son de trompette : il se figurait être le coq de Saint-Pierre. La veille, il avait été le bœuf de Saint-Luc, et il avait grogné en conséquence. Il n'est pas tous les jours aussi pieux, et ses excursions dans la mythologie sont assez fréquentes. J'ai même plusieurs motifs de croire qu'il a été enfermé ici pour s'être cru trop indiscrètement le cygne de quelque Léda moderne. Mais cela ne me regarde pas. Tantôt vous l'entendrez hennir comme Bucéphale ou vous le verrez ramper comme l'araignée de Pélisson. Il vous proposera une partie de dominos comme Munito. L'autre jour, il m'a sauté à la gorge en me prenant pour le chevalier Macaire et en se mettant à la place du chien de Montargis ; mais le lendemain, il s'est grandement repenti en pleurant comme la biche de Geneviève de Brabant.

— Tous ces fous sont fort ingénieux ! remarqua M. Blanchard.

— Ils n'ont que cela à faire, ajouta modestement le grand jeune homme aux cheveux noirs.

— C'est vrai; mais j'en vois quelques-uns qui lisent ce qu'on appelle *les grands journaux*. Est-ce qu'on ne craint pas d'éveiller chez eux les susceptibilités politiques ?

— Oh ! non ! D'abord, les fous politiques, proprement dits, sont classés dans une autre division, qu'ils occupent tout entière. Les fous de notre division, de la division n° 10, n'ont que de la curiosité et pas de passion. On leur permet de s'abonner eux-mêmes, et pour leur compte, à toutes les feuilles périodiques. Quant à moi, mes ressources modiques m'interdisent une telle félicité.

Cette première journée ne parut à M. Blanchard ni longue ni ennuyeuse ; au contraire. La tournure de son esprit s'accommoda de ce milieu fantasque où se mouvait l'essaim des rêves personnifiés. Ne voulait-il pas d'ailleurs aller en Turquie ? n'avait-il pas précédemment exprimé le désir de visiter les pays où les femmes sont voilées et où les hommes sont armés ! Il devait être content, ce nous semble. Charenton lui donnait un avant-goût de Constantinople.

Au dîner, il se trouva placé, comme on l'en avait prévenu, entre le colonel et ce personnage qu'on appelait le romancier. C'était un honneur de dîner à la table du directeur, et cet honneur était accordé à tour de rôle à ceux qui avaient su le mériter par une conduite et une docilité exemplaires. Ce jour-là, une trentaine de pensionnaires d'élite avaient été invités. Le directeur reconnut de loin M. Blanchard et lui fit un signe amical de la main.

Dès que M. Blanchard se fut assis, le romancier engagea la conversation et se pencha à son oreille ; voici ce qu'il lui dit :

— « Par une belle matinée du mois de juin, un cavalier suivait lentement les bords de l'Escaut ; sa physionomie respirait un air de franchise et de valeur ; son panache ondoyait au gré du vent....»

— Je connais, je connais ! dit M. Blanchard en l'interrompant.

— C'est dommage, murmura le romancier ; mais j'en ai d'autres. « O ma Juana, jure-moi que tu ne seras jamais à d'autre qu'à ton Pablo ! Ainsi s'exprimait, dans une sierra d'Aragon, un jeune homme qu'à son air martial et décidé, à sa veste ornée de broderies, il était facile de reconnaître pour un muletier....»

— Je connais cela aussi.

— Vous êtes difficile.

En ce moment, un fou se leva avec vivacité et vint répandre une petite poudre blanche dans l'assiette de M. Blanchard.

— Qu'est-ce que c'est ? qu'est-ce que c'est ? s'écria celui-ci en faisant un bond.

— Goûtez votre potage maintenant, lui dit le fou, qui avait regagné sa place.

— Eh bien ! monsieur Corbulon, dit sévèrement le directeur.

— Qu'a-t-il mis là-dedans ? demanda M. Blanchard à son voisin le colonel.

— Rien de malfaisant. C'est un original qui s'imagine avoir retrouvé la recette de l'ambroisie.

— Va-t-il recommencer son manège pour tous les plats ?

— Oh ! non !

— « Dans la rue de la Grosse-Ecritoire, à Reims, l'observateur eût remarqué, il y a trente ans environ, une maison d'obscure apparence, construite dans le style lombard. A l'une des étroites fenêtres, qui avaient scrupuleusement gardé leurs carreaux encadrés de plomb, apparaissait par intervalles une ravissante tête de jeune fille....»

C'était le romancier qui s'était penché de nouveau vers M. Blanchard.

— J'ai lu ce début pas plus tard qu'avant-hier, se hâta de dire celui-ci.

— On me l'aura dérobé.

— C'est probable.

Pendant ce colloque, un fou placé en face de M. Blanchard lui avait effrontément enlevé sa côtelette.

M. Blanchard voulut se récrier.

— Ne dites rien, lui dit le fou ; je suis invisible.

— « Corne-bœuf ! Pasques-Dieu ! la sambre-goi ! mes cavaliers, je jure qu'il en restera au moins quatre de vous sur le carreau ! s'écria l'épais Amaury en soulevant lourdement son hanap ciselé....»

— Assez ! assez, de grâce ! dit M. Blanchard, que la mauvaise humeur commençait à gagner.

— C'est un épisode de la guerre des Albigeois, murmura le romancier confus.

Depuis quelques minutes, M. Blanchard prêtait l'oreille à un bruit qui l'inquiétait, une espèce de grattement qui partait du côté du colonel.

— Entendez-vous ? dit M. Blanchard.

— Chut !

— C'est don c vous?

— Oui, répondit le colonel, faites comme moi, je tire de ma chaise autant de paille que je peux.

— Mais elle va se défoncer.

— Soyez tranquille.

— « Le général de Morange n'était pas un de ces hommes ordinaires qui, après avoir affronté le feu des batailles, s'en vont paisiblement, retirés au fond d'un château, tourner le fuseau d'Hercule aux pieds d'une Omphale de sous-préfecture. C'était une âme de bronze.... »

— Ah ! vous devenez fatigant, mon cher ! s'écrie M. Blanchard.

— La suite au prochain numéro, dit le fou en baissant la tête.

XXX.

Aucun autre incident ne signala le dîner. Il était impossible que la conversation se généralisât. Le dessert achevé, on ramena les pensionnaires à leurs divisions respectives, où, après une séance assez animée dans la salle de réunion chacun d'eux se retira, selon son degré de fortune, dans le dortoir commun ou dans la chambre qui lui était particulière.

Privé de sa voiture pour [la première fois depuis un an, M. Blanchard se coucha avec un dépit réel dans la cellule qui lui avait été affectée. En découvrant son lit, il aperçut sous l'édredon une feuille de papier qu'on y avait sans doute glissée pendant son absence.

L'ayant dépliée, il lut ce fragment, fraîchement écrit sinon fraîchement inventé :

« Pitié pour Amanda ! Si elle fut coupable, que sa faute retombe sur moi seul ! J'étais ton ami, j'ai pu l'oublier ; sans doute mon crime est grand, mais il n'est peut-être pas sans excuse. Amanda était si belle, et tu étais si imprudent ! Que de promenades délicieuses nous avons faites, elle et moi, au bord de la Nièvre, à l'heure où le soleil se couche dans les nuages empourprés. Ton souvenir, il est vrai, passait souvent entre nous comme un remords, mais il était vite chassé. Pauvre ami, je n'ai pas osé soutenir ta vue ; mais je tremble pour Amanda : sois grand, sois généreux, sois magnanime ; pitié pour elle ! pitié ! pitié ! »

M. Blanchard n'eut pas de peine à reconnaître, dans ce style d'une banalité insoutenable, son voisin de table le romancier. Il replia le fragment sans en terminer la lecture ; puis, il s'endormit en rêvant à son étrange aventure,

dont il attendait le dénoûment, sans *le désirer ni le craindre*, comme dit le poète.

La seconde journée n'offrit de remarquable à M. Blanchard qu'un bal de fous. Il est d'usage à Charenton de réunir, à de certaines époques de l'année, les pensionnaires des deux sexes dans une soirée dansante et musicale. M. Blanchard eut la chance, dès son arrivée, de pouvoir assister à l'une de ces fêtes vraiment originales ; il fit connaissance avec quelques fous des autres divisions, et les présentations eurent lieu avec une gravité du meilleur air. L'habit noir était d'obligation, il n'y avait à reprendre au goût des costumes qu'une exubérance trop sensible de décorations illusoires, telles que crachats, brochettes et cordons. A part ces témoignages d'une innocente vanité, la physionomie du bal ne laissait rien à désirer sous le rapport de la convenance et de l'élégance.

C'était surtout la partie féminine de l'assemblée qui attirait l'attention de M. Blanchard : il y avait là de jeunes et gracieuses personnes, dont l'attitude et les paroles eussent fait illusion dans tous les salons ; quelques-unes d'entre elles chantèrent des romances à la mode ; et cependant il lui semblait qu'aux premières lueurs du jour la note allait tout à coup se briser sous leurs doigts, qu'elles-mêmes s'évanouiraient et se réduiraient en vapeur, et que les plus attardées regagneraient d'un pas chancelant l'atelier de poupées de Nuremberg d'où elles étaient sorties. Il n'en fut rien. Le bal de Charenton se termina aussi prosaïquement que les bals de la Chaussée d'Antin et de la bourgeoisie. Les fous s'inclinèrent respectueusement devant les folles ; quelques unes de celles-ci étaient attendues au dehors par leurs femmes de chambre, qui jetèrent sur leurs épaules des mantelets de satin garnis de fourrures, et les aidèrent à traverser rapidement l'espace qui les séparait de leur bâtiment réservé.

Le jour de la visite du médecin trouva M. Blanchard dans un léger état d'irritation. Comme pour aggraver cet état, le hasard voulut qu'il n'eût affaire ce jour-là qu'au médecin adjoint, qui était d'ailleurs un homme d'honnêtes manières, et qui reçut M. Blanchard avec des égards tout particuliers.

— On m'a beaucoup parlé de vous, monsieur, lui dit-il, et je suis aise de me rencontrer avec un homme dont les originalités ont toujours été marquées au cachet de l'esprit.

— Originalités ! originalités ! murmura M. Blanchard, dont le mécontentement s'accrut à

ce début; je n'ai jamais brigué ni mérité le titre d'original.

— J'entends original à la façon de Brancas,
d'Alcibiade; ingénieux, si vous préférez un autre terme.

— Monsieur, laissons-là mon originalité, et
souffrez que je vous adresse une question sur laquelle probablement vous devez être blasé, mais
que je ne puis en conscience vous épargner.
Pourquoi suis-je détenu ici ?

— Vous êtes de ceux avec lesquels le subterfuge serait inutile et indigne, répondit le médecin; votre grande éducation, votre position sociale, et surtout la lucidité parfaite où je vous
vois en ce moment, tout me fait un devoir de
vous répondre avec franchise et netteté. Monsieur Blanchard, quelques-uns de vos derniers
actes ont absolument échappé à votre propre
conscience; j'ai le regret de vous en instruire.

— Pouvez-vous me citer ces actes ?

— Votre dossier est un peu volumineux, dit le
médecin en feuilletant une liasse de papiers placée sur son pupitre.

— Ah! j'ai un dossier, dit M. Blanchard en
qui ce mot causa une désagréable impression.

— Dans ces quinze derniers jours surtout, le
journal de votre existence, tracé par une main
amie offre des épisodes qu'il paraît difficile d'expliquer autrement que par un dérangement mo-
mentané des facultés cérébrales.

— Continuez, monsieur. je vous en prie.

— Par exemple, vous avez séjourné sur des
arbres.... vous vous êtes travesti en homme
du peuple.... vous avez fatigué de vos instan-
ces indiscrètes tous les habitants d'un quartier...
vous avez tenu enfermé pendant plusieurs jours,
après lui avoir fait oublier sa raison, un jardinier.... De telles actions appartiennent à un
ordre trop romanesque pour être admises dans
la vie réelle.

M. Blanchard écoutait en silence.

— Enfin, reprit le médecin en tournant son
fauteuil vers lui, cela pourrait peut-être à la ri-
gueur ne pas justifier complétement la mesure
dont vous vous plaignez; mais vous avez été
plus loin, rappelez-vous-le; vous avez été surpris,
la nuit, dans une maison où vous êtes entré par
escalade. Votre nom et votre fortune vous ont
mis à l'abri d'un soupçon déshonorant, mais la
sanité de votre jugement en a reçu une grave
atteinte. Il y avait deux partis à prendre; le
premier était de vous livrer à la justice. lo second était de vous confier à la médecine; c'est

le second que l'on a choisi.

— Alors, vous croyez que je suis fou ?

— Je ne puis ni ne veux répondre aujour-
d'hui à une demande d'une pareille importance.
C'est trop peu d'un seul entretien. Ce qu'il m'est
seulement permis de vous dire quant à présent,
en toute conviction, c'est que, si vous n'êtes pas
un fou, vous avez agi comme un fou.

— N'admettez-vous pas que des motifs mystérieux, quoique raisonnables, aient pu motiver
ma conduite pendant ces quinze derniers jours?

— Faites connaître ces motifs; mon devoir
est de les apprécier, et s'ils plaident en faveur
de votre bon sens, nul plus que moi n'est disposé
à vous faire rendre justice.

M. Blanchard éprouva pour la première fois
un sérieux embarras. Il ne lui était pas difficile
de reconnaître la vengeance de la Franc-Maçonnerie des Femmes dans le coup qui l'atteignait;
mais il lui était impossible de parer ce coup immédiatement, car il se sentit lié par l'engagement qu'il avait pris avec Philippe Beyle, lors
de leur rencontre sur le boulevard des Invalides : « Donnez-moi votre parole d'honneur, avait
dit Philippe, que vous ne révélerez à personne
ce que vous aurez vu avant de me l'avoir révélé
à moi. » M. Blanchard avait donné sa parole.
Or, pour sortir de Charenton, c'est-à-dire pour
fournir au médecin des explications satisfaisantes
sur son aventure, il lui était indispensable de se
dégager vis à vis de Philippe Beyle.

— Avant de confier à votre loyauté un secret
dont la révélation entraînera ma mise en liberté, j'ai besoin d'écrire à Paris, dit M. Blanchard.

— Vous connaissez sans doute les usages de
la maison? répondit le médecin; votre lettre
doit m'être soumise avant de parvenir à son
adresse. Mais si vous tenez à ne pas perdre de
temps, écrivez-là sous mes yeux.

— Soit, dit M. Blanchard.

Il traça les lignes suivantes :

« Maison royale de Charenton.

» Je vous vois d'ici, mon cher monsieur Beyle
ouvrir des yeux étonnés en lisant les premiers
mots de ce billet. Mon Dieu! oui, je suis aux
Petites-Maisons, comme disaient nos pères; tout
ce que j'ai pu imaginer, dans mon horreur des
usages et des costumes, sert aujourd'hui à ma
confusion. Seulement j'ignore qui m'a procuré
ce voyage imprévu, qui a payé les guides; je
soupçonne qu'on aura acheté l'autorisation d'un

mien neveu, mon unique parent. Voilà pour le côté pratique de cet enlèvement, digne du beau temps des prisons d'Etat. Maintenant, si je m'avise de chercher dans l'ombre la main qui a refermé sur moi les portes du monde soi-disant raisonnable, je la vois petite, blanche et gantée....

» Venez bien vite, mon cher diplomate ; je vous expliquerai comment vous êtes le principal obstacle à ma délivrance. Au nom de Salomon de Caux, du Tasse, de Latude, et de tant d'autres de mes prédécesseurs, venez, si vous ne voulez pas que s'ajoute bientôt à ce martyrologe illustre le nom de votre infortuné serviteur,

» BLANCHARD. »

» Division n° 10. »

Cette lettre fut envoyée immédiatement ; mais Philippe Beyle ne put en prendre connaissance, car à la suite de la catastrophe qui avait terminé les jours de sa femme, une fièvre dangereuse s'était emparée de lui.

Surpris de ne recevoir aucune réponse, M. Blanchard écrivit une seconde lettre, puis une troisième.

« Je vous ai fait une promesse qui me gêne horriblement, lui disait-il ; la situation est sérieuse pour moi : il s'agit de savoir si je suis ou si je ne suis pas fou. J'attendrai encore une semaine, mais si, après ce délai, vous n'êtes pas venu me dégager de ma parole, je serai forcé de passer outre et de *faire des révélations*, comme on dit en style de cour d'assises. Où diable pouvez-vous être ? Vous serait-il arrivé quelque chose d'analogue à mon accident ? Je tends les bras vers vous comme vers un autre Malesherbes ! »

Le même silence ayant accueilli cette missive M. Blanchard se décida à demander un entretien secret et solennel au médecin en chef de Charenton.

Dans cet entretien, il raconta minutieusement ses explorations et ses découvertes autour de la cité des Invalides : il avait assisté, caché, à une réunion clandestine de femmes ; il avait reconnu Amélie, Marianna, la marquise et une foule d'autres encore ; il avait entendu des secrets capables de troubler la tranquillité de plusieurs familles. Il termina en s'accusant hautement ce sanhédrin en robes de soie d'avoir attenté à sa liberté pour prévenir ses indiscrétions.

Le médecin l'écouta en souriant, de l'air d'un amateur qui entend une ariette pour la centième fois.

Lorsque M. Blanchard eut terminé ses aveux il chercha dans le dossier et y prit une feuille de papier numérotée.

— Oui, répondit M. Blanchard.

— Eh bien ! tout ce que vous venez de me raconter y était écrit à l'avance.

— Qu'est-ce que cela prouve ?

— Cela prouve que votre manie est connue, qu'on en attendait l'explosion, et que l'explosion vient d'avoir lieu.

M. Blanchard pâlit.

— Alors ce que je vous ai révélé vous laisse incrédule ? demanda-t-il.

— Absolument, dit le médecin.

— Cette ligue de femmes ?....

— Illusion pure !

— Mais mon affirmation, mes yeux, mes sens !

— Aberration ! délire passager !

— Monsieur !.... s'écria M. Blanchard chez qui la colère se fit jour à la fin.

Le médecin agita un cordon de sonnette, qui amena un infirmier.

— Chavet, attendez là mes ordres, dit froidement le médecin.

XXXI.

M. Blanchard avait eu le temps de se remettre.

— Faites retirer cet homme, dit-il avec émotion, je promets de me modérer.

Dès que l'infirmier fut parti :

— Monsieur, dit M. Blanchard au médecin, je vous crois honnête homme ; bien que vous soyez fatigué de réclamations semblables à la mienne, il est cependant des fibres chez vous qu'on peut faire vibrer. En dépit de la certitude apparente de vos renseignements, veuillez supposer qu'il ait été possible de surprendre votre bonne foi.

— Je consens à cette supposition, monsieur ; où en voulez-vous venir ?

— Vous êtes marié, n'est-ce pas ?

— Oui, monsieur, dit le médecin, étonné de se voir lui-même mettre en jeu par son sujet.

— Eh bien ! si, à mon tour, je vous affirmais sur l'honneur avoir vu votre femme à cette assemblée, que m'objecteriez-vous ?

Le médecin parut se recueillir ; puis, après quelques moments :

— Monsieur, je vous répondrais d'abord que cela m'importe peu, parce que ma confiance en ma femme est illimitée, et ensuite que cela n'importe pas du tout à votre cause. Des femmes se réunissent et choisissent pour lieu de réunion un endroit solitaire ; pourquoi vous arrogez-vous le droit de venir les y troubler ? Les œuvres qu'elles y accomplissent tombent-elles sous votre juridiction ? Etes-vous un magistrat ou un simple particulier ? Et quel autre intérêt que celui d'une curiosité puérile vous a guidé dans vos prétendues découvertes ?

M. Blanchard demeura abasourdi.

Le médecin continua :

— Vous me parlez d'une franc-maçonnerie de femmes ; mais, monsieur, je n'ai jamais ignoré et la justice non plus n'a jamais ignoré l'existence de cette franc-maçonnerie. Vos révélations ne sont rien moins que nouvelles. C'est comme si vous veniez nous dénoncer en grand mystère les bureaux de bienfaisance et le Mont-de-Piété.

Les regards de M. Blanchard se portèrent sur le médecin avec un égarement réel.

— Tenez, monsieur Blanchard, reprit celui-ci, voulez-vous me permettre de vous donner un conseil ?

— Avec reconnaissance, monsieur.

— Renoncez à cette étrange idée qui vous porte à croire que vous avez mis la main sur un mystère de Paris. Ne vous substituez pas à la justice. Laissez se réunir autant qu'il leur plaira vingt femmes, cinquante femmes. En un mot, chassez un souvenir qui a accaparé jusqu'à présent une trop grande portion de votre intelligence ; repoussez une préoccupation qui pourrait devenir exclusive ; rentrez dans le cercle des habitudes et des idées usuelles. Oubliez ; votre liberté est à ce prix.

Le médecin s'était levé sur ces derniers mots ; c'était une façon polie de congédier M. Blanchard.

Mais celui-ci n'était pas entièrement satisfait.

— Au risque de paraître complétement aliéné, lui dit-il, il me reste à faire un dernier appel à votre loyauté. Je ne crois pas être fou ; c'est un fait acquis pour moi, ne souriez qu'à demi. D'un autre côté, votre omnipotence en cette maison ne saurait être révoquée en doute. En présence de ces deux faits, mon embarras est grand ; par ma famille, par moi-même, par ma

fortune, j'ai conservé dans le monde des influences qu'il ne me serait peut-être pas impossible de mettre en jeu. Une considération m'arrête : je ne veux pas heurter ma résistance contre votre conviction. Dans cette conjecture, soyez le juge. Je me remets entre vos mains avec confiance ; agissez selon votre cœur et selon votre honneur.

— Je vous remercie de cette marque d'estime, dit le médecin ; j'ai tout lieu d'espérer que vous n'aurez pas à vous en repentir.

Ils se séparèrent sur ces paroles.

La Franc-Maçonnerie des Femmes avait triomphé jusque dans Charenton. Cela n'était pas douteux pour M. Blanchard. Il crut prudent de laisser passer l'orage qu'il avait allumé.

Mais dans l'intervalle, un phénomène se déclara en lui, si exceptionnel, que notre plume, exercée cependant à toutes les analyses, hésite à en décrire les phases. Le mieux est peut-être d'aborder de front la difficulté et de dire simplement : M. Blanchard s'habitua peu à peu à Charenton. Après avoir roulé dans sa tête toutes sortes de plans d'évasion, après avoir rêvé de faire des échelles de cordes avec ses draps et de percer un souterrain avec un clou, une réaction bizarre s'opéra dans son esprit. Il découvrit un beau matin qu'il se portait à merveille, que l'air du canton lui convenait infiniment, qu'il s'ennuyait moins qu'au Club, et qu'à tout prendre Charenton valait bien les Eaux-Bonnes ou même une villa florentine.

La monotonie, qu'il redoutait tant, évita de l'atteindre dans cette habitation tout acquise aux sauts et aux tressauts de la vie physique et morale. Il ne se passait pas d'heure qu'un pensionnaire ne vînt lui narrer un épisode digne d'intérêt à plusieurs points de vue, ou lui poser une question dont la portée philosophique ne laissait pas que de se dégager sous une forme inusitée. Son cerveau se remplit petit à petit de nouveaux casiers, et dans ses casiers s'installèrent avec le temps des idées d'un ordre inaccessible pour d'autres que pour lui seul. Un spiritualisme particulier l'envahit à son insu et devint insensiblement le seul élément possible de sa félicité. Observateur acharné, où donc eût-il rencontré des sujets d'étude plus variés, des sources de sensations plus fécondes ? Il n'y avait guère qu'une seule différence entre le monde et Charenton, et cette différence était toute à l'avantage de ce dernier endroit : c'est que là, du moins, les défauts, les vices, marchaient à visage découvert, presque fiers d'avoir anéanti la raison qui les gênait.

Sentait-il germer en lui un grain de satiété, il sollicitait et obtenait aisément son changement de division. A voir arriver un nouveau pensionnaire, M. Blanchard éprouvait particulièrement une satisfaction fort vive. On a prétendu qu'afin de peupler sa résidence selon ses désirs et ses goûts, il avait eu quelques conférences avec un de ces commis-voyageurs dont nous avons fait mention plus haut, et qu'il lui avait promis une prime assez ronde pour chaque nouveau fou qu'il dirigerait sur Charenton.

Cet amour pour la vie en marge de la société fut poussé à un tel point qu'au bout de quelque temps M. Blanchard ne songea plus à réclamer sa liberté. Il est vrai de dire aussi qu'on ne songea pas à la lui offrir. Quelques-uns de ses amis cependant parvinrent à découvrir sa retraite et entreprirent de lui faire visite ; mais il leur fut répondu que M. Blanchard n'attendait et ne voulait recevoir personne. Cela était vrai.

M. Blanchard avait-il perdu la raison et trouvé en échange le bonheur après lequel il courait depuis si longtemps ?

Érasme dirait : Oui. Nous nous contenterons de dire : Peut-être ! comme Montaigne.

———

Un matin, un homme vêtu de noir, triste, sévère, et dont la pâleur accusait une longue convalescence, se présenta chez Mme la marquise de Pressigny.

C'était Philippe Beyle.

Elle lui tendit la main sans mot dire ; mais lui resta debout et ne parut pas s'apercevoir du mouvement de la marquise.

— Qu'avez-vous, Philippe ? lui demanda-t-elle ; est-ce que les larmes que nous avons versées sur l'ange qui n'est plus n'ont pas cimenté entre nous les liens de famille ?

— Les larmes que nous avons versées, madame, avaient une source différente. Les vôtres jaillissaient sans doute du repentir.

— Du repentir, Philippe ? Je ne comprends pas vos paroles.

— N'êtes-vous pas le premier auteur de la mort d'Amélie ?

— Moi ! s'écria la marquise stupéfaite.

— Si ce n'est la tante, c'est du moins la Grande-Maîtresse.

— Silence, Philippe ! un pareil mot dans votre bouche est imprudent.

Il sourit avec dédain.

— Je ne crains rien, madame, je vous le dis hautement, à vous, que c'est votre franc-maçonnerie qui a tué ma femme.

— Oh ! taisez-vous, ou je finirai par douter de votre raison.

— Ce ne doit pas être cependant la première fois que les remords s'éveillent en vous. Quelquefois l'image d'Amélie a dû vous apparaître pour vous accuser, sinon pour vous maudire.

— De quoi m'accuserait-elle ? murmura la marquise.

— N'est-ce pas vous qui, abusant de votre autorité, l'avez entraînée dans l'antre ignominieux où elle devait trouver la mort ?

— Philippe, vous oubliez que vous parlez dans mon salon.

— Et de quel nom voulez-vous que j'appelle le lieu où, dans une confusion détestable d'idées et d'intérêts, les anges du foyer se rencontrent avec les larves de la rue ! Quoi ! songer sans terreur qu'à de certaines heures, les femmes les plus intelligentes et les plus délicates, les divinités de la famille, les muses des entretiens aimables et élevés, désertent leur foyer et deviennent, dans une communauté de sentiments, les égales de ces créatures dont le nom est une fanfare et la vie un scandale ! Allons, madame, n'essayez pas de défendre un lieu aussi honteux.

— Je l'essaierai pourtant, répondit la marquise : en entrant dans le lieu de nos réunions, on cesse d'être une individualité. Interdisez-vous l'entrée de vos temples aux Madeleines et aux Ninons ? Croyez-vous vos femmes et vos sœurs déshonorées parce qu'à la porte d'une chapelle l'eau bénite leur aura été offerte par une pécheresse fameuse ? Non ; eh bien ! les œuvres que nous accomplissons dans notre ordre sont assez méritoires pour nous purifier de tout contact fangeux.

— Pas d'équivoque, madame : ou vous êtes avec la société, ou vous êtes contre la société.

— Nous sommes avec les faibles contre les forts ; nous sommes avec la victime contre les oppresseurs.

— Orgueil et mensonge ! dit Philippe; la justice est avec le droit dans l'encrier du procureur, la force est avec la loi dans le bras du juge ; quiconque invoque l'un ou l'autre est certain d'être entendu. Hors de ces pouvoirs, il n'y a de force que dans l'arme du crime. Il n'y a de justice que dans les associations ténébreuses : l'épée de Marianna et les arrêts de la Franc-Maçonnerie des Femmes.

— Vous allez trop loin, monsieur, dit la marquise de Pressigny.

— Voilà votre force et votre justice ! Toutes deux sont admirables. Et vous qui avez osé vous attribuer la part la plus haute de cette effrayante responsabilité, êtes-vous bien en garde contre votre conscience ? Ne se révolte-t-elle jamais contre les trames que vous autorisez, contre les actes qui se font en votre nom ! Grande-Maîtresse de la Franc-Maçonnerie, c'est un beau titre en effet; il est dommage qu'il soit obscurci par une tache de sang.

— Assez, Philippe ! dit-elle.

— Laissez-donc ! la Franc-Maçonnerie des Femmes n'a pas rien que des juges ; il lui faut aussi des sbires et des bourreaux ; c'est un grand corps organisé ; je vous en fais mon compliment.

— Monsieur, répondit la marquise offensée, il n'y a que vous de coupable en tout ceci ; vous qui avez toujours manqué de générosité, de grandeur et d'élan ; vous qui avez impitoyablement arraché à la pauvre Amélie l'aveu d'un serment auquel elle n'avait consenti que pour vous protéger.

— Me protéger ?

— Vous le savez bien. Vous avez eu dans votre jeunesse un de ces attachements que le monde excuse quand il est dénoué loyalement : il pouvait laisser des regrets d'une part, mais il ne devait pas laisser de haine. Pourquoi donc Marianna vous a-t-elle haï ? Parce que vous avez été sans pitié pour elle.

— J'étais jeune, madame, voilà ma seule excuse, répondit Philippe Beyle.

— Et quand donc doit-on être bon et loyal, si ce n'est quand on est jeune ?

Il garda le silence.

— Ce fut pour vous préserver de cette juste haine, reprit la marquise de Pressigny, que votre femme entra dans une société dont elle n'aurait probablement jamais fait partie sans cette circonstance. Si c'est un crime de ma part de

l'y avoir entraînée, je consens à ce que ce soit vous qui m'en fassiez le reproche.

— Eh ! madame ! que ne me laissiez-vous exposé à la haine de Marianna ! J'aurais mieux aimé cela. Aux mauvais jours de ma vie, j'ai souvent rencontré devant moi le canon d'un pistolet ; j'ai vu bien des embûches se dresser sur ma route ; j'ai dû avoir raison de bien des trahisons ; vous voyez pourtant que je suis toujours vivant. La vengeance de Marianna ! mais je l'eusse attendue de pied ferme, entre l'amour de ma femme et ma propre dignité. Et quand même j'eusse dû succomber dans cette lutte, eh bien ! je serais mort en plein bonheur et en plein honneur !

Un silence suivit ces paroles.

La marquise de Pressigny le rompit la première.

— Enfin, monsieur, mes meilleures intentions m'auront été doublement funestes.

— Comment cela, madame ?

— J'ai perdu ma nièce et j'ai trouvé un ennemi.

— Un désapprobateur.

— Si j'ai bien compris, cependant, la Franc-Maçonnerie des Femmes a désormais en vous un adversaire implacable, dit-elle avec inquiétude.

— Ma première pensée avait été en effet d'invoquer les lois.

La marquise tressaillit.

— Mais la réflexion m'a fait renoncer à ce projet. Provoquer une instruction, c'eût été livrer aux tribunaux une liste de noms parmi lesquels je ne pouvais oublier qu'on trouverait en tête celui de Mme Amélie Beyle.

— Vous avez sagement agi.

— La mort d'Amélie m'a d'ailleurs rendu à peu près insensible.

— Alors, monsieur, je puis compter sur votre discrétion ? demanda-t-elle en l'observant.

— Sur ma discrétion seulement.

— Que voulez-vous dire ?

— Cette visite est la dernière que je vous fais, madame.

— Vous partez ? vous allez voyager sans doute ?

— Non, dit Philippe Beyle, je ne suis pas de ceux dont une excursion en Italie ou sur les bords du Rhin cicatrise les blessures. Je reste à

Paris. Mais vous me permettrez de ne plus franchir le seuil de cet hôtel, qui me rappellera
longtemps de douloureux souvenirs. Entré par
hasard et presque violemment dans votre famille, j'en sors par une catastrophe qui doit nous
faire étrangers l'un à l'autre. La marquise de
Pressigny a reçu mes adieux. En la revoyant,
je craindrais de ne me pas souvenir assez de la
tante d'Amélie, et de me trop souvenir de la
Grande-Maîtresse de la Franc-Maçon: rie des
Femmes.

Puis il prit son chapeau, recouvert d'un crê-
pe, et il sortit.

Philippe Beyle est aujourd'hui ce qu'il était
il y a dix ans. Il est resté dans son chemin, n'a-
vançant ni ne reculant. On évite de lui nuire,
mais on ne le protège plus. Il a accepté ce rôle,
qui le fait plus indépendant et qui convient
mieux à sa fierté.

Il n'a plus revu Marianna ; après la mort d'A-
mélie, elle aura passé à l'étranger, protégée
dans sa fuite par l'invisible puissance de la
Franc-Maçonnerie des Femmes. Il est impossible que sa haine ne soit pas assouvie maintenant : du moins Philippe Beyle n'en ressent plus
les effets.

Semblable à un autre Atlas, Philippe Beyle
ne se dissimule pas qu'il porte avec lui un lourd
fardeau. Le moindre faux pas peut entraîner la
chute du globe maçonnique et le broyer en même temps sous ses décombres. On lui a tendu
des pièges de diverses natures, et dont quelques-
uns furent, dit-on, recouverts des fleurs les plus
enivrantes. Il est toujours sorti victorieux jusqu'à présent de ces épreuves.

A sa gravité naturelle, s'est ajoutée une légère teinte de mélancolie. Il est devenu un de
ces héros mystérieux qu'on désigne dans les salons en disant : C'est lui ! au grand tourment
des curieux qui, après avoir surpris le nom prononcé à voix basse, se demandent d'où vient la
renommée attachée à ce nom.

Il n'est pas besoin d'ajouter qu'il a renoncé à
décrier les femmes ; il ne parle plus d'elles qu'a-
vec la plus grande circonspection. S'il raille
encore, par un reste d'habitude, ses épigrammes
ont tout le parfum des madrigaux. Au-dessus du
brasier dévorant qui a englouti ses ardeurs, ses
espérances, ses joies, voltige une petite fumée,
mince comme celle qui sort du foyer des pauvres
gens ; cette fumée, c'est l'expérience.

Une fois, il lui est arrivé une aventure assez
originale. C'était à un de ces bals masqués que
donnait encore, quelque temps avant la chute
de Louis-Philippe, la princesse C.... Fatigué
de l'orchestre, Philippe Beyle, errant d'appartement en appartement, avait trouvé un refuge
dans un petit salon dont les fenêtres donnaient
sur la Seine. Il y était depuis quelque temps, et,
nonchalamment assis sur un sofa, il se sentait
dans une de ces dispositions qui participent du
rêve sans appartenir cependant au sommeil. A
plusieurs reprises, il vit s'approcher et tourner
autour de lui, avec un air de mystère, plusieurs
femmes en dominos roses et en loups de velours.
Une d'elles, après avoir hésité, finit par lui toucher l'épaule du bout du doigt, tandis que par
un geste elle sembla recommander aux autres
femmes de ne pas s'éloigner.

— Que me veux-tu, charmant domino ? dit
Philippe Beyle en se soulevant.

— Prends garde ! lui répondit-on ; depuis
quelques jours tu as fait des démarches pour te
rapprocher de M. Blanchard. Dans ton intérêt,
crois-moi, renonce à ton dessein.

— Dans mon intérêt.... ou dans le tien ?
dit-il devenu sérieux.

— Tu as notre secret, mais nous pouvons te
perdre.

— Non, dit-il en se recouchant à moitié sur
le sofa.

— Tu es bien confiant, reprit le domino rose ;
cependant tu devrais n'avoir pas oublié que tout
nous est possible.

— Bah ! répondit Philippe d'un ton léger,
vous ne seriez ni assez audacieuses, ni assez mal-
habiles pour me perdre entièrement. De quoi
pourriez-vous me menacer ? du parfum d'un gant
empoisonné ou de la chute d'un moellon ? Fi
donc ! Le secret que j'ai surpris est au contraire
une garantie de ma sécurité. Avec cette armu-
re, je marche sans crainte ; je suis même certain que la Franc-Maçonnerie des Femmes tient
écartés de mes pas jusqu'aux plus vulgaires accidents ; car, qui te dit, charmant domino rose,
qu'au lendemain de ma fin déplorable, un mémoire ne parviendrait pas à la justice ? Le
moyen te semble usé, depuis la scène de Buri-
dan ; mais il peut servir encore. Allons, on ne
me prend pas sans vers. J'ai amassé des trésors
de précautions. Rentrez votre épée de Damoclès
dans le fourreau, chères alliées. Me poursuivre

jusque dans le bal, au son d'un motif de Strauss, c'est d'ailleurs de mauvais goût.

L'essaim des dominos roses se dissipa peu à peu.

Cinq ou six seulement restèrent autour de Philippe Beyle, qui reprit :

— J'avais presque oublié votre association ; pardonnez-moi. Mais, que voulez-vous ? Je me suis habitué à ne plus considérer la Franc-Maçonnerie des Femmes que comme une assurance sur la vie.... Charmant domino rose, veux-tu valser avec moi ?

CHARLES MONSELET.